CONTAG 1963-2023

AÇÕES DE REPRODUÇÃO SOCIAL E FORMAS DE AÇÕES COLETIVAS

MARCO ANTONIO TEIXEIRA

mórula
EDITORIAL

REVISÃO
Marília Pereira

PROJETO GRÁFICO
Patrícia Oliveira

CIP-BRASIL. CATALOGAÇÃO NA PUBLICAÇÃO
SINDICATO NACIONAL DOS EDITORES DE LIVROS, RJ
Elaborado por Meri Gleice Rodrigues de Souza — CRB 7/6439

T267c

Teixeira, Marco Antonio

Contag: 1963-2023: ações de reprodução social e formas de ações coletivas / Marco Antonio Teixeira. - 1. ed. - Rio de Janeiro: Mórula, 2023.

448 p. ; 21 cm.

Inclui bibliografia

ISBN 978-65-81315-58-0

1. Confederação Nacional dos Trabalhadores Rurais Agricultores e Agricultoras Familiares. 2. Trabalhadores rurais - Brasil. 3. Agricultura familiar - Brasil. 4. Movimentos sociais - Brasil. I. Título.

23-83468 CDD: 305.9630981
CDD: 316.343-057.57(81)

Rua Teotônio Regadas 26 sala 904
20021_360 _ Lapa _ Rio de Janeiro _ RJ
www.morula.com.br _ contato@morula.com.br
/morulaeditorial /morula_editorial

SUMÁRIO

5 **PREFÁCIO** | Olhar a Contag por dentro
LEONILDE SERVOLO DE MEDEIROS

17 **APRESENTAÇÃO**

25 **INTRODUÇÃO**

57 **UMA TRAJETÓRIA DA CONTAG**

143 **AÇÕES DE REPRODUÇÃO SOCIAL**

189 **FORMAS DE AÇÕES COLETIVAS**

289 **ENTRE AÇÕES COLETIVAS E AÇÕES DE REPRODUÇÃO SOCIAL**

363 **POSFÁCIO** | Contag, 2015-2023

379 **REFERÊNCIAS**

409 **LISTA DE ABREVIATURAS E SIGLAS**

417 **ANEXO 1** | Descrição das ações da Contag conforme tipologia das ações

422 **ANEXO 2** | Entrevistas consultadas

428 **ANEXO 3** | Diretorias da Contag, 1963-2023

445 **AGRADECIMENTOS**

PREFÁCIO

Olhar a Contag por dentro

LEONILDE SERVOLO DE MEDEIROS
Professora do CPDA/UFRRJ, pesquisadora do CNPq

No âmbito das Ciências Sociais, a literatura que se volta para o estudo dos conflitos, movimentos e formas de organização dos atores no campo no Brasil tem mostrado pouca preocupação com a análise do sindicalismo. Há muitas pesquisas sobre o período que antecede o golpe empresarial-militar de 1964, a maior parte delas focando movimentos específicos (ligas, associações), em determinadas localidades e unidades da federação, e que são fundamentais para a compreensão da dinâmica organizativa que se constituía, em especial a partir dos anos 1950.

Debruçando-nos sobre esses trabalhos, torna-se inevitável a pergunta: se os conflitos adquiriam escala ascendente, se eram recorrentes em diferentes pontos do país, se havia uma organização crescente e cada vez mais sólida, o que ocorre com eles em uma situação de forte repressão aos trabalhadores e trabalhadoras? É comum a resposta de que o período autoritário eliminou todas as formas organizadas de resistência e que os movimentos só reapareceram no início dos anos 1980, com a redemocratização. Se efetivamente a repressão, tanto a privada como a do Estado, eliminou lideranças e fragilizou as condições de mobilização e reivindicação, não é menos verdade que algumas bandeiras de luta se mantiveram vivas e se soldaram às resistências locais que continuavam ocorrendo em diversos pontos do país. Esse fato não é produto do acaso: foi fundamental a ação do sindicalismo de trabalhadores rurais que se formalizou antes do golpe, mas que ganhou representatividade, se bem que limitada, em plena ditadura.

O pouco interesse por pesquisas sobre o que ocorreu em termos de organização no campo de meados dos anos 1960 ao final da década de 1970 revela um olhar que acaba por estigmatizar o sindicalismo que se constituiu naquele momento, descartando seu potencial como recurso organizativo e de resistência dos trabalhadores e trabalhadoras[1]. Considerado "atrelado ao Estado", dados os limites que lhe foram impostos pela Consolidação das Leis do Trabalho (CLT), à qual nasceu subordinado, parece que pouco ou nada tinha para iluminar a reflexão sobre continuidades das lutas no campo. Com isso, menosprezou-se sua presença não só nos chamados "anos de chumbo", mas também ao longo da redemocratização e até os dias de hoje: os "movimentos" que proliferaram a partir dos anos 1980, com outras tradições organizativas e formas de ação, têm recebido atenção privilegiada das pesquisas. Sem dúvida, eles trazem importantes inovações em termos de construção de novos atores e ressignificação de antigas questões, mas isso não pode obscurecer a importância do sindicalismo rural.

Embora haja alguns estudos marcantes sobre sua história, em especial no seu período de formação, como os de Rudá Ricci (1999), Peter Houtzager (2004), Claudinei Coletti (1998), entre outros, ainda há muito que explorar sobre a complexidade das práticas da organização sindical que se constituiu a partir de 1962, quando é reconhecido o direito à sindicalização dos trabalhadores do campo, são criadas as primeiras federações sindicais estaduais, culminando em 1963 com a fundação da então chamada Confederação Nacional dos Trabalhadores na Agricultura, depois Confederação Nacional dos Trabalhadores

---

1 Da mesma forma, há um consenso sobre o papel das entidades patronais como Confederação Rural Brasileira e Sociedade Rural Brasileira na articulação do golpe, mas raríssimos estudos sobre elas nos anos subsequentes.

e Trabalhadoras na Agricultura e hoje Confederação Nacional dos Trabalhadores Agricultores e Agricultoras Familiares (Contag).

Avançar nessa reflexão, a partir de referenciais teóricos que permitem olhar a ação sindical rural sob novos ângulos, é o desafio enfrentado por Marco Antonio Teixeira no presente livro. O autor se propõe a analisar o tema a partir de alguns elementos que marcam a história da Contag. Para tanto, escolhe algumas ações desenvolvidas ao longo de sua trajetória: congressos, mobilizações nacionais como os Gritos da Terra e as Marchas das Margaridas, mas também articulações internacionais, como é o caso da adesão à Confederação dos Produtores Familiares, Campesinos e Indígenas do Mercosul Ampliado (Coprofam). Com isso, trata quer de momentos internos de definição de diretrizes de ação, como é o caso dos congressos, quer de grandes mobilizações de rua. Paralelamente a esse resgate, vai mostrando como as possibilidades desses eventos são dadas pelo espectro de ações menos visíveis, "para dentro", mas fundamentais para que se possa entender como se produz esse coletivo.

Optando por tomar a Contag (e não federações filiadas ou a prática sindical localizada) como objeto de reflexão, o autor enfrenta o desafio de analisar um processo organizativo singular na história sindical do Brasil. Em primeiro lugar, porque, como já apontava Moacir Palmeira num texto seminal (Palmeira, 1985), o sindicalismo rural em nosso país é uma construção "de cima para baixo", no sentido de que, ao contrário do que se passou com as confederações sindicais urbanas, a confederação protagoniza a conformação de bandeiras e práticas que se estendem para as federações e sindicatos, por meio de processos formais e informais de formação de lideranças, envolvendo atividades como encontros, seminários, cursos, plenárias, congressos, circulação de publicações, como boletins e informes.

Esse conjunto de práticas vão constituindo, ao longo dos sessenta anos da trajetória da Contag, um modo de operar baseado em determinados princípios, cujo fundamento último é uma postura reivindicativa em relação ao Estado, mas que se faz predominantemente dentro de determinados limites: o respeito às normas legais. Trata-se de demandar direitos (incluindo aí o direito à terra), fazer reivindicações de políticas públicas. Em situações favoráveis, mobilizar, realizar grandes eventos para mostrar sua força (e todos sabemos como os grandes números são centrais nas mobilizações), mas quase sempre cuidando de não se colocar em situações de confronto aberto com o Estado. Em alguns poucos momentos, como mostrado no livro, elas ocorrem, mas não se constituem a regra e são seguidas de busca de diálogo, com base nas leis vigentes.

A segunda singularidade é dada pelo fato de que, até 2015, quando foi criada, por um processo de dissociação, a Confederação Nacional dos Trabalhadores Assalariados e Assalariadas Rurais (Contar), para representar com exclusividade esse segmento, a Contag falava pelo conjunto dos trabalhadores e trabalhadoras do campo, na sua diversidade de categorias, formas regionais e demandas específicas: assalariamento (com moradia, ou não, dentro das propriedades e apresentando, ao longo de sua história, uma enorme variação local), parceria, arrendamento, pequena propriedade, posse... Trata-se de situações que encontram definição legal, mas são marcadas por diferentes formas de vivenciar a exploração, de se ligar à produção, à terra, ao território e de construção de identidades. Basta observar as pautas e discussões de congressos, apresentadas com detalhes no livro, bem como atentar para a dinâmica e a dimensão expressiva das mobilizações, para perceber essa diversidade, que, não raras vezes, produziu estranhamentos e conflitos.

É esse conjunto complexo e seu movimento ao longo do tempo que a pesquisa de Marco Antonio Teixeira se dispõe a acompanhar. E o faz de forma cuidadosa e problematizadora.

O autor analisa sessenta anos da história da confederação (da sua fundação, em 1963, até 2023), o que lhe permite perceber como determinadas rotinas se estabelecem, práticas se consolidam e concepções se estabilizam. Mas abrem espaço também para inovações que aparecem em grandes mobilizações nacionais, como é o caso dos Gritos da Terra Brasil (GTB) e das Marchas das Margaridas; na busca de articulação internacional; em debates sobre propostas programáticas, produto de costuras de divergências internas, como é o caso do Projeto Alternativo de Desenvolvimento Rural Sustentável e Solidário, resultado da aproximação, nos anos 1990, da Contag com a Central Única dos Trabalhadores (CUT), entidades até então portadoras de linhas de ação e concepções distintas sobre o papel do sindicalismo, mas com importantes convergências de bandeiras.

Ao longo desse processo, o autor mostra como vai se modificando a ação e a representação contaguiana. Se, ao longo da década de 1980 são os assalariados (e seu ciclo de greves) e a demanda por reforma agrária (em especial a partir das lutas dos posseiros) que dão visibilidade à ação sindical, na década seguinte, uma categoria se projeta: os chamados "agricultores familiares". Embora já presentes e reivindicando melhores condições de produção desde os anos 1970, os então chamados "pequenos produtores" ressignificam seu espaço, passam a se identificar a partir de uma determinada forma de trabalho (a familiar), vão ganhando força política e são reconhecidos pelo Estado com a criação de políticas públicas específicas, em especial o Programa Nacional de Apoio à Agricultura Familiar (Pronaf). É essa categoria que passa a ser o centro da disputa por representação, inclusive com a criação, já no início dos anos 2000, de uma Federação dos Trabalhadores da Agricultura Familiar do Brasil (Fetraf-Brasil), depois transformada em Confederação da Agricultura Familiar do Brasil (Contraf-Brasil), ligada à CUT. Esse processo coloca em xeque a própria estrutura sindical e obriga a Contag a se repensar em termos de representação. Já mais recentemente, são os trabalhadores e trabalhadoras assalariadas que constituem uma organização própria. Com isso, se resolvem tensões internas, mas é um desafio para a pesquisa entender em que medida a herança da construção sindical contaguiana permanece ou até onde se rompe...

Embora o objeto da pesquisa, como o autor ressalta em diferentes momentos do texto, seja definido como as "atividades de reprodução" do sindicalismo, sem dúvida o trabalho abre uma porta instigante para questionamentos sobre as disputas internas e o processo conflituoso de construção de alguns consensos que permitem que a confederação busque se manter como representativa do conjunto dos trabalhadores e trabalhadoras rurais. Não se trata de um processo linear, mas carregado de tensões entre grupos internos, que envolvem representatividade regional, disputas de concepções entre diferentes vertentes e alinhamentos políticos do sindicalismo.

Nesse processo, há um esforço recorrente de construir e reconstruir uma unidade mínima entre propostas distintas sobre o modo de agir sindical e a respeito de que segmentos de suas "bases" são objeto de atenção prioritária a cada conjuntura tanto da política nacional, quanto da interna ao sindicalismo. E isso em um contexto particular em que grupos específicos se projetam na cena política como "movimentos", chamando a atenção para o que consideram limites da ação sindical e para as possibilidades de outros formatos organizativos, menos comprometidos com as estruturas oficiais e reconhecidas.

Com efeito, é nas duas décadas finais do século passado que se firmam o Movimento dos Trabalhadores Rurais sem Terra (MST), que passa a disputar a bandeira da reforma agrária com o sindicalismo, inovando nas formas de ação e também no modo de organizar as famílias nas terras conquistadas; o Movimento dos Atingidos por Barragens; o Conselho Nacional dos Seringueiros; o Movimento dos Pequenos Agricultores (MPA); o Movimento das Quebradeiras de Coco de Babaçu; a organização dos quilombolas, o Movimento das Mulheres Camponesas... Embora a pesquisa se atenha à Contag, sem dúvida, não é possível pensar os passos desta organização independentemente da ampla disputa por falar em nome de segmentos dos trabalhadores do campo. Afinal, grande parte desses movimentos surgem a partir de críticas ao modo de agir do próprio sindicalismo, das chamadas "oposições sindicais" que proliferam na segunda metade dos anos 1970 e na década de 1980, estimuladas, em especial, pela renovação da Igreja Católica sob os ventos da Teologia da Libertação. Não por acaso, o sindicalismo passa a se autodenominar, desde os anos 1980, como "movimento" sindical.

Buscando olhar a Contag por dentro, Marco Antonio Teixeira opta por investir nas entranhas de um processo pouco explorado nas pesquisas até agora disponíveis: a capacidade de autoconstrução de um todo, de um "movimento", que se apresenta na cena pública como unificado e voz do conjunto dos trabalhadores do campo. Trata-se de um equilíbrio delicado, uma arquitetura cuidadosa, que envolve relações de poder que vão reunindo federações e sindicatos em torno de algumas ideias-força, mas que, como já apontado, se erige sobre acirradas disputas em torno não só das diretrizes programáticas, mas também da capacidade de dar direção, não apenas formal, mas efetivamente política, a esse todo.

Caso exemplar é a filiação da Contag à CUT, em meados dos anos 1990, após uma década de busca de distância e neutralidade em relação às centrais sindicais existentes no país e, alguns anos depois, sua desfiliação e volta a uma posição de neutralidade, uma vez que, no início dos anos 2000, as federações se dividiram, uma parte mantendo-se na CUT, outra buscando a Central dos Trabalhadores e Trabalhadoras do Brasil (CTB), fundada em 2007. Tudo sempre em nome da construção/manutenção da unidade, mote permanente, mas que vai ganhando diferentes contornos na medida em que essa mesma unidade começa a ser questionada por dentro.

O livro é solidamente ancorado em uma vasta pesquisa empírica que envolve não só trabalho com documentos, entrevistas, mas também uma vivência em alguns momentos do cotidiano da instituição, uma vez que o autor atuou como consultor em algumas atividades de pesquisa e formação. É esse tripé que lhe permite perceber e valorizar o que chama de "reprodução". Mas isso só é possível porque seu olhar e escolhas são guiados por questões teóricas extremamente relevantes e adequadas: trata-se de iluminar um processo mais profundo e complexo que desvenda como uma organização se reproduz por meio de um conjunto de práticas não imediatamente perceptíveis. Focando o sindicalismo a partir dos processos que permitem perceber como, a partir do diverso e do contraditório, se conforma uma unidade, também mutável, o estudo ressalta como se constitui o dia a dia da ação sindical, em que as experiências formativas se desenvolvem, se produz o interconhecimento de tradições e culturas distintas de luta, costuras se fazem, e se criam as condições necessárias para o desenvolvimento das ações coletivas e a própria existência das organizações. Mas esse caminho não é simples: só pode ser trilhado se, metodologicamente, houver um giro no olhar, mediado quer por uma sólida formação teórica, quer pela argúcia da observação empírica.

Como caminho para a análise, o autor elege alguns eventos exemplares: os congressos, realizados com regularidade e que dão régua e compasso para as ações sindicais nos anos seguintes; os Gritos da Terra, grandes mobilizações anuais que buscam abrir canais de diálogo com os governantes para obtenção de políticas públicas; as Marchas das Margaridas, realizadas a cada quatro anos para apresentar as demandas das mulheres trabalhadoras que crescentemente ganharam visibilidade e construíram uma pauta própria, inclusive afirmando seu direito de representação dentro do sindicalismo e, portanto, de ocupar postos na hierarquia de poder sindical.

Essas mobilizações são momentos cruciais dos movimentos: nelas se produzem demandas, uma imagem para a imprensa e, por meio dela, a existência para o grande público. Por meio delas também se constrói a visibilidade necessária para se afirmar como força política frente ao Estado, em eventos performativos, marcado por grandes números, em que as demandas ao Estado são levadas ao Estado, ao mesmo tempo em que legitimadas para a sociedade e para dentro, fortalecendo a imagem da unidade (Champagne, 1998).

Ao longo do texto, a própria relação com o Estado é matizada e trabalhada em momentos conjunturais muito diferentes: o do período ditatorial em que a violência se abatia sobre os trabalhadores do campo, com suas várias dimensões até hoje ainda pouco conhecidas e que conforma um modo de agir "prudente", nas palavras de Regina Novaes (1997); a redemocratização, com possibilidade de construir demandas (nem sempre atendidas, claro), fazer grandes mobilizações e negociá-las, mas em contextos bastante distintos, alguns de possibilidade de pressão, de articulação com outras entidades ou de chamados à participação e ao diálogo, outros de fechamento de portas, como no governo Bolsonaro). Permeando-os, a tensão entre a emergência de políticas públicas que atendiam a segmentos de trabalhadores e trabalhadoras e o caráter limitado das ações de reforma agrária; a precarização crescente do trabalho rural, as migrações e as crescentes denúncias de exploração do trabalho em condições análogas à escravidão; a continuidade da violência, ora por meio do braço armado do Estado, ora pela sua omissão em relação às ações do poder privado.

Nesse processo, com rupturas e continuidades, vai se constituindo um modo de agir que, como antes apontado, valoriza o respeito à legislação vigente. Mas não se trata, como afirmado em diferentes momentos do livro, de mera subordinação à lei. O caminho é tipicamente o da mobilização da lei em favor dos trabalhadores e trabalhadoras, particularmente, a relacionada às condições de trabalho, como foi o caso das greves do início dos anos 1980, feitas respeitando a lei de greve do regime militar. Mas também no que diz respeito ao acesso à terra, inicialmente com base no Estatuto da Terra, elaborado na ditadura empresarial militar e que definia as condições em que seriam possíveis as desapropriações para assentamento de trabalhadores rurais e apontava para o projeto modernizador da ditadura para o campo. Depois, com base na Constituição de 1988 e legislação complementar. No caso dos conflitos fundiários, estimulando federações e sindicatos a tomar conhecimento do que se passava em suas áreas de ação, a produzir relatos detalhados dos conflitos. Não foram poucas as denúncias feitas pela Contag, ao longo da ditadura, sob a forma de ofícios, mas que mantinham, apesar do procedimento "administrativo" (Palmeira, 1985), trocas, produção de conhecimento e delineamento de estratégias de ação. Em que pese poucas terem eco, foram fundamentais para o processo de construção do movimento e criação de um *habitus* específico no tratamento das questões fundiárias, ao mesmo tempo que se definiam algumas das condições de construção do próprio movimento: a constituição de um corpo de assessores com formação em Direito, cursos de formação em que a legislação era uma das âncoras importantes. O fundamental era difundir direitos como condição da ação sindical.

Marco Antonio Teixeira, com suas opções analíticas, atualiza velhos debates, mostrando a pouca fertilidade da oposição entre organização e movimentos sociais, como se as ações coletivas, organizando-se, perdessem uma certa espontaneidade e flexibilidade, sendo aprisionadas pelas organizações e estruturas de poder que lhes são próprias. Ou ainda das visões que tendem a olhar apenas para a dimensão expressiva das lutas sociais que aparecem nas grandes mobilizações, levando ao que Melluci (2001) chama de "cegueira do visível", que ignoram as redes submersas, que entrelaçam atores e, de alguma forma, os produzem.

O livro suscita inúmeras questões, na medida em que o sindicalismo, pelo seu caráter de reconhecimento oficial, é o canal por onde se criam adesões pontuais para inclusive garantir acesso a outras políticas públicas, não só as voltadas à produção como também as dirigidas à reprodução dos indivíduos e suas famílias. É importante lembrar que os sindicatos de trabalhadores rurais, até há bem pouco tempo, eram as instituições que podiam dar declaração que habilitava o trabalhador, por exemplo, a solicitar direitos previdenciários. Assistencialismo? Resposta simples em um país em que o acesso a direitos no campo enfrenta inúmeras dificuldades e que não dá conta da possibilidade das ações sindicais cotidianas politizarem a prestação de serviços assistenciais.

Ainda resta como questão pesquisar e discutir a relação do sindicalismo, em suas diferentes vertentes, com o Poder Legislativo, não só apresentando demandas, pressionando e negociando emendas com deputados, mas também buscando eleger quadros advindos de suas bases para o Congresso e, assim, abrir possibilidade de outras formas de ação política.

Ao longo dos últimos anos, permanecem alguns temas espinhosos a serem consideradas na trajetória do sindicalismo rural: algumas bandeiras parecem ter se fragilizado pelo caminho, em especial a da luta por terra, que foi sendo cada vez mais protagonizada por outras organizações, como é o caso do MST, que combinam confronto (as ocupações) com a negociação. Sem dúvida, o sindicalismo promoveu muitas ocupações e conseguiu a realização de muitos assentamentos. Mas, é o Movimentos dos trabalhadores Rurais Sem Terra (MST) que ganhou reconhecimento e se constituiu na esfera pública como a expressão mais acabada da luta pela reforma agrária, uma luta que se desdobra não só no acesso à terra, mas em propostas de organização social e produtiva dos assentados. Além disso, identidades múltiplas emergem (quilombolas, seringueiros, ribeirinhos etc.) conformando grupos, fazendo mobilizações e demandas que trazem novos desafios para a representação sindical. Paralelamente, o trabalho em condições análogas à escravidão é uma chaga que permanece e que mostra as dificuldades da ação sindical em determinadas esferas.

São muitas as reflexões teóricas e empíricas que o livro provoca. Trata-se de uma leitura fundamental para entender a atuação da Contag, à qual não tem se dado o devido destaque, mas que há sessenta anos tem trazido para o debate questões centrais não só referentes ao mundo rural brasileiro, mas à sociedade em que vivemos.

REFERÊNCIAS

CHAMPAGNE, Patrick. *Formar a opinião*. O novo jogo político. Petrópolis: Vozes, 1998.

COLETTI, Claudinei. *A estrutura sindical no campo*. Campinas: Editora da Unicamp, 1998.

HOUTZAGER, Peter. *Os últimos cidadãos*. Conflito e modernização no Brasil Rural. São Paulo: Globo, 2004.

MELUCCI, Alberto. *A invenção do presente*. Petrópolis: Vozes, 2001.

NOVAES, Regina Reyes. *De corpo e alma*. Catolicismo, classes sociais e conflitos no campo. Rio de Janeiro: Graphia, 1997.

PALMEIRA, Moacir. A diversidade da luta no campo: luta camponesa e diferenciação do campesinato. In: PAIVA, Vanilda (org.). *Igreja e questão agrária*. São Paulo: Loyola, pp. 43-51, 1985.

RICCI, Rudá. *Terra de Ninguém*: Representação Sindical Rural no Brasil. Campinas: Editora da Unicamp, 1999.

APRESENTAÇÃO

Bráulio Rodrigues da Silva foi a primeira pessoa que eu entrevistei no contexto de uma pesquisa. Era setembro de 2005 e eu estava no quarto período da graduação em História na Universidade Federal do Estado do Rio de Janeiro (Unirio). A entrevista fazia parte das minhas atividades como bolsista de iniciação científica. Eu trabalhava em um núcleo de pesquisa focado em estudos sobre trabalho e desenvolvia um projeto sobre as lutas de trabalhadores e trabalhadoras rurais por terra no Rio de Janeiro nos anos 1960 e 1970, que acabou resultando no meu trabalho de conclusão do curso, "Os trabalhadores rurais e as lutas no campo na Baixada (1964-1979)" (Teixeira, 2009).

Seu Bráulio, como era conhecido, foi uma importante liderança da luta de trabalhadores e trabalhadoras rurais no Rio de janeiro[2]. Engajou-se na luta pela defesa da posse da terra nos anos 1940 em Nova Iguaçu, na Baixada Fluminense, cidade onde nasci e vizinha daquela em que morei até me tornar adulto. Sua atuação política era parte de um conjunto de lutas que aconteciam nas áreas rurais de diversas partes do país — lutas de posseiros, de arrendatários, salariais e pela organização de trabalhadores em torno de associações, ligas e sindicatos. Essas lutas deram as condições para a criação de organizações sindicais de trabalhadores e trabalhadoras rurais no país, no começo dos anos 1960, das quais Seu Bráulio participou.

---

2 A trajetória de Bráulio Rodrigues da Silva foi documentada no livro "Bráulio Rodrigues da Silva. Memórias da luta pela terra na Baixada Fluminense". Ver Silva e Medeiros (2008).

O golpe de 1964 selou o destino de Seu Bráulio, que, assim como diversos outros militantes políticos de esquerda, foi perseguido e preso. Mas ele nunca abandonou a luta. Com o arrefecimento da repressão, a sua atuação política, que estava pouco visível nos anos da ditadura, pôde novamente ganhar mais visibilidade pública. Entre diversas causas, se engajou na luta pela desapropriação da área que se tornou o assentamento Cachoeira Grande nos anos 1980, em Magé, também na Baixada Fluminense. Essa área veio a se tornar o local de moradia de Seu Bráulio e foi onde ocorreu aquela primeira entrevista. Naquele momento, eu ainda não tinha a dimensão real da importância daquele sujeito para a luta dos trabalhadores e trabalhadoras rurais no Brasil. Sua atuação política estava na origem do que veio a se tornar o sindicalismo rural.

Anos depois, em 2010, voltei ao assentamento Cachoeira Grande e também aos assentamentos vizinhos, América Fabril e Conceição de Suruí. Tratavam-se de áreas separadas por uma estrada, com características físicas bastante similares e com históricos de ocupação que as entrelaçavam. Cachoeira Grande foi ocupada desde o final do século XIX, principalmente como área de moradia para os funcionários de uma unidade da Companhia América Fabril, uma empresa têxtil criada em 1878, com o nome Fábrica de Tecidos Pau Grande, e que foi a fábrica têxtil brasileira com maior volume de capital no setor após a Primeira Guerra Mundial. Já as áreas conhecidas como América Fabril e Conceição de Suruí foram sendo ocupadas, principalmente, nos anos 1950 e 1960, por pessoas com origem na área de Cachoeira Grande, como parentes dos funcionários da fábrica, e de outras partes do estado e do país que buscavam um pedaço de terra para viver e trabalhar.

As terras ocupadas por aqueles que passaram a se reconhecer como "posseiros" se valorizaram e logo algumas pessoas reclamaram a sua propriedade, os que ficaram conhecidos como "grileiros". Para lutar pelo direito de permanecer nas terras em que viviam há anos, os "posseiros" buscaram o apoio do Sindicato de Trabalhadores e

Trabalhadoras Rurais (STTR) de Magé. Uma das principais lideranças dessa disputa foi Antônio Ernesto Neto, que havia migrado da Paraíba para o Rio de Janeiro em busca de um pedaço de terra, chegando em Magé no começo dos anos 1960. Sua origem o levou a ser conhecido como Antônio Paraíba. Eu o chamava de Seu Antônio e tive a oportunidade de entrevistá-lo algumas vezes em seu sítio em Conceição de Suruí, onde vivia há décadas. A primeira vez foi em maio de 2010.

Seu Antônio se tornou liderança sindical, foi presidente do STTR de Magé e ocupou cargos na Federação dos Trabalhadores e Trabalhadoras na Agricultura do Estado do Rio de Janeiro (Fetag/RJ). Naquele momento, aprendi com ele, entre outras coisas, como o Movimento Sindical dos Trabalhadores e Trabalhadoras Rurais (MSTTR) atuou durante a ditadura, sob repressão e ameaças políticas de policiais, exército e agentes empresariais. Um dos resultados principais dessa luta foi a desapropriação das áreas América Fabril e Conceição de Suruí ainda nos anos 1970.

Anos depois, a falência da Companhia América Fabril levou os seus donos a reclamarem a devolução das casas e terras de Cachoeira Grande, onde os seus antigos funcionários viviam e trabalhavam há décadas, muitos deles cultivando a terra. Essa situação levou os moradores de Cachoeira Grande a se organizarem e lutarem pela permanência na área onde viviam. A proximidade física e a memória das lutas nas áreas vizinhas os levaram a procurar o apoio do STTR de Magé, que mediou e apoiou os trabalhadores rurais a conquistarem a desapropriação no início dos anos 1980.

Novamente, Seu Antônio teve atuação marcante naquele caso, assim como o STTR de Magé e a Fetag/RJ. Essa luta levou os moradores de Cachoeira Grande, que se reconheceram como "posseiros", a conquistarem a desapropriação nos anos 1980. A história da luta pela desapropriação das áreas América Fabril, Conceição de Suruí e Cachoeira Grande resultou na minha dissertação de mestrado, "Conflitos por terra em diferentes configurações: um estudo de caso em Magé, RJ" (Teixeira, 2011), defendida no Programa de Pós-Graduação de Ciências

Sociais em Desenvolvimento, Agricultura e Sociedade da Universidade Federal Rural do Rio de Janeiro (CPDA/UFRRJ), sob orientação da Professora Leonilde Servolo de Medeiros.

No mesmo ano em que terminei o mestrado, em 2011, fui contratado como consultor pela Contag para trabalhar em um projeto na política de desenvolvimento territorial. O projeto incluía a realização de atividades de pesquisa e formação com lideranças sindicais do Rio de Janeiro. Sem ter tido nenhum vínculo direto com a Contag até então, apenas por meio de trabalhos acadêmicos ou histórias de lideranças sindicais fluminenses dos anos 1960, 1970 e 1980, por meio da consultoria tive a primeira oportunidade de ir à sua sede, em Brasília, onde conheci seus escritórios e o Centro de Estudo Sindical Rural (Cesir).

Aquele momento marcou a minha aproximação com a Contag e a Fetag/RJ, onde eu atuava diretamente, permitindo-me conhecer um pouco do MSTTR na atualidade. Após o término do projeto, fui contratado como consultor em outra iniciativa, que também se concentrava em políticas públicas, mas o foco, dessa vez, estava no crédito fundiário. Ao longo dos quatro anos em que tive relação de consultor com a Contag, tive a chance de ir a diversas atividades sindicais nacionais, regionais e estaduais, como o Encontro Nacional de Formação da Escola Nacional de Formação da Contag (Enfoc) (2011) e o 11º Congresso Nacional dos Trabalhadores e Trabalhadoras Rurais da Contag (2013). Em meio a essas atividades, iniciei o doutorado em 2013 e elegi a Contag como meu tema de pesquisa.

O livro que apresento aqui é uma versão editada e revisada da tese de doutorado que apresentei ao Programa de Pós-graduação em Sociologia do Instituto de Estudos Sociais e Políticos (Iesp), da Universidade do Estado do Rio de Janeiro (UERJ), em 2018, sob orientação do professor Breno Marques Bringel. A pesquisa para a elaboração deste livro foi realizada entre 2013 e 2018. O meu envolvimento e aprendizagem sobre o MSTTR, que de alguma forma orienta este livro, no entanto, é devedor da minha trajetória de pesquisa e do meu trabalho com o movimento sindical, construída em relação com trabalhadores e trabalhadoras rurais e lideranças sindicais como Bráulio Rodrigues da Silva, Antônio Ernesto Neto e tantas outras que entrevistei ou tive a chance de conhecer desde 2005. A todos eles e a todas elas, dedico este livro.

Mas por que estudar a Contag? Com a história que contei acima, espero ter conseguido explicar como se constituiu a minha motivação para elaborar a tese e, agora, o livro sobre a Contag. Mas isso é somente parte da história. A outra parte é a motivação que se conformou em um duplo incômodo. O primeiro era o de não encontrar trabalhos acadêmicos suficientes sobre a atuação da Contag. A despeito de ter lido estudos de vários pesquisadores e pesquisadoras sobre o MSTTR, ainda havia poucos estudos sobre a Contag em si, como os de Luzia Guedes Pinto (1979), Leonilde Medeiros e Joaquim Soriano (1984), Ricardo Tavares (1992), Rudá Ricci (1999) e Arilson Favareto (2006). Não havia muitos trabalhos recentes sobre a Contag ou estudos que se dedicassem a interpretar a trajetória da entidade ao longo de toda a sua atuação e não somente restrita a certos períodos, como os trabalhos de Leonilde Medeiros (2014a) e Carolina Ramos (2011a), ou a algumas de suas mobilizações, como o de Vilênia Aguiar (2015) sobre a Marcha das Margaridas ou de Priscila Delgado de Carvalho (2018) sobre as articulações transnacionais.

O segundo incômodo tinha a ver com a visão difundida entre várias pessoas, de lideranças de movimentos sociais a acadêmicos, sobre a atuação da Contag: a de que se tratava de uma organização que havia sido "pelega" durante a ditadura ou que era muito "desmobilizada". O que eu lia, observava e descobria em minhas pesquisas e vivências com a Contag não correspondia a essa visão. Uma vez, quando já fazia o doutorado, fui confrontado com a pergunta de um pesquisador sênior: por quê estudar a Contag se ela tinha sido uma entidade "pelega" durante a ditadura? Sua pergunta era baseada em uma determinada concepção de luta política e no desconhecimento da trajetória da Contag. Eu estava convencido de que a história da confederação precisava ser mais estudada e contada.

Afinal, seria possível entender a emergência de vários movimentos sociais no campo a partir dos anos 1980 sem se referir à Contag, suas federações e sindicatos? Falo aqui das ocupações de terra no sul do país que deram origem ao MST e dos empates e da luta de seringueiros no norte do país, por exemplo. É possível falar da luta dos canavieiros no Nordeste e em várias partes do país no final dos anos 1970 e ao longo dos anos 1980 sem entender a atuação da Contag? É possível compreender o I Plano Nacional de Reforma Agrária desenvolvido no governo José Sarney (1985-1990) sem a atuação da Contag? Ou a Constituinte de 1988? E a conquista da previdência social rural? Do Programa Nacional de Fortalecimento da Agricultura Familiar (Pronaf)? É possível entender a formação da liderança de Margarida Maria Alves e a Marcha das Margaridas sem falar da Contag? A esse ponto, você já pode imaginar a resposta para essas perguntas. Se não, espero com este livro ajudar a respondê-las.

Embora a tese esteja acessível a quem desejar consultá-la em bibliotecas físicas e digitais, como o Portal de Teses da Capes, as características de um trabalho acadêmico de doutorado deixam, muitas vezes, a tese restrita a um universo bastante limitado. Publico este livro com a intenção de que os resultados desta pesquisa cheguem a um público maior do que o acadêmico; de que pessoas interessadas na trajetória da Contag, que não necessariamente estão na academia, possam acessar este trabalho de forma direta, o que talvez não acontecesse se a pesquisa ficasse restrita às bibliotecas universitárias. Publico também para homenagear e fazer justiça à história da Contag, tão pouco presente em livros de ampla circulação.

Suprimi aqui muitas das discussões teóricas desenvolvidas na tese. Entendo, no entanto, que este livro também chegará a pesquisadores e pesquisadoras interessados nos temas aqui tratados. Por isso, convido a quem desejar se aprofundar nas discussões teóricas relacionadas ao tema a consultar a íntegra da minha tese de doutorado (Teixeira, 2018).

Apesar de nutrir o desejo de publicar este livro há anos, este era um projeto em suspenso principalmente por dois motivos. Em primeiro lugar, pela falta de tempo para me dedicar a edição. Desde que terminei o doutorado, trabalhei por dois anos como coordenador de projetos prestando serviços para organizações da sociedade civil nas áreas de filantropia, fortalecimento institucional, justiça socioambiental e mudanças climáticas. Depois disso, e desde 2019, tenho trabalhado como pesquisador de pós-doutorado, baseado na Alemanha, onde lidero um grupo de pesquisa, inclusive com pesquisa relacionada ao universo do sindicalismo rural, focado sobretudo na mobilização das mulheres do campo, da floresta e das águas no contexto da Marcha das Margaridas. Em segundo lugar, pela falta de recursos financeiros para a edição.

Esses empecilhos começaram a ser resolvidos quando fui procurado pela assessora de formação da Contag, Raimunda de Oliveira, que, em nome da confederação e no marco das atividades que vão celebrar os 60 anos da Contag, ofereceu o apoio material para publicar este livro. O apoio, porém, foi além, e se traduziu em incentivo e suporte com a identificação de fontes e informações sobre o que aconteceu depois do marco final desta pesquisa, em 2015. Como este livro vem a público oito anos após a pesquisa — e, bom, como esses oito anos foram cruciais na história do Brasil —, escrevo um pouco sobre o cenário da Contag nessa conjuntura, texto publicado como posfácio.

Também foi importante para tornar a publicação realidade a premiação da tese na terceira edição do prêmio Maria de Nazareth Baudel Wanderley, concedido pela Rede de Estudos Rurais em 2021. O reconhecimento do trabalho por pares serviu para dar mais visibilidade ao estudo sobre a Contag e, por sua vez, motivação para tornar o trabalho mais acessível a um público mais amplo.

Estamos em 2023, ano em que a Contag completa seu 60º aniversário. Contraditoriamente, a importância política, social, cultural e econômica dessa entidade, não só para o meio rural brasileiro, mas para o país, não se reflete na quantidade de estudos voltados a entender e analisar a sua trajetória. Por isso, espero que a edição deste livro no marco dos 60 anos da Contag chegue para suprir parte desta lacuna e sirva para motivar mais pesquisadores e pesquisadoras a se voltarem ao estudo da mais antiga confederação de trabalhadores e trabalhadoras rurais do país. Arquivos e fontes inexploradas para isso, eu garanto, não faltam. Desejo também que o livro nutra reflexões e debates de trabalhadores e trabalhadoras rurais, lideranças sindicais e de outros movimentos sociais.

Com isso, estaremos não só colaborando para dar visibilidade à trajetória da Contag, mas sobretudo contribuindo para um maior e melhor conhecimento sobre a origem da comida que nos alimenta; sobre a distribuição desigual de terras que nos levou a ser um dos países com maior concentração de terras no mundo; sobre as disputas por territórios e bens comuns; sobre a luta por direitos que deem condições de vida dignas no campo para crianças, jovens e pessoas da terceira idade, agricultores e agricultoras familiares, assalariados e assalariadas rurais, indígenas, quilombolas, ribeirinhos e ribeirinhas, pescadores e pescadoras, extrativistas, quebradeiras de coco, assentados e assentadas da reforma agrária, camponeses e camponesas e tantos outros sujeitos políticos que se conformaram no meio sindical ou em relação a ele. Em resumo, conhecer a trajetória da Contag é também conhecer um pouco da formação do Brasil desde a segunda metade do século XX e, portanto, conhecer um pouco sobre o país que nos tornamos.

INTRODUÇÃO

Não é raro encontrar quem fale sobre "desmobilização", "crise", "refluxo", "desarticulação", "imobilismo" ou "fim" dos movimentos sociais. Em geral, essas interpretações só consideram que os movimentos sociais atuam quando identificam seus atos mais visíveis, que são as mobilizações de massa, geralmente expressas em marchas, passeatas e greves, entre outros. A década de 1990 no Brasil, por exemplo, foi vista por intérpretes dos movimentos sociais como um período de desmobilização. Geralmente, costuma-se considerar as mobilizações pelo *impeachment* de Collor e as ações do MST na última década do século XX como exceções à regra. Em oposição, compreende-se como casos emblemáticos de mobilização os movimentos sociais que emergiram na década de 1980, que incluem uma ampla gama de causas e sujeitos políticos, como a luta pela anistia, pela redemocratização, greves operárias, líderes comunitários etc.

A dicotomia "mobilização *versus* desmobilização" tem sido utilizada para caracterizar a atuação dos movimentos sociais, influenciando muitas interpretações de cientistas sociais. Ao se pautarem por esse binômio, os intérpretes dos movimentos sociais produzem uma visão rígida e pouco relacional das ações coletivas dos movimentos, ressaltando um ou outro aspecto. Para fugir dessa rigidez, é necessário refletir sobre essa dicotomia à luz de experiências históricas concretas. Partindo dessa premissa, este livro tem como objetivo construir uma abordagem alternativa que ressalte uma visão mais relacional sobre a atuação de movimentos sociais.

Essa reflexão é feita a partir da análise da trajetória da Confederação Nacional dos Trabalhadores e Trabalhadoras na Agricultura (Contag), a instância nacional do MSTTR[3] no Brasil, criada em 1963[4]. Antes disso, houve um processo social de organização política dos trabalhadores e trabalhadoras do campo que remonta a pelo menos fins dos anos 1940 e que ganhou força ao longo da década seguinte e nos primeiros anos da década de 1960[5]. A Contag é, por isso, um caso interessante que permite a aferição das interpretações dominantes, pois possibilita analisar, em diferentes conjunturas (políticas e sociais, mas também em diferentes momentos de hegemonias interpretativas), a atuação de um movimento social.

Utilizo o termo "movimentos sociais", aqui, como categoria analítica (Melucci, 1999; 2001) e como categoria empírica, dependendo do contexto do seu emprego. Como categoria analítica, utilizo-o para delimitar o problema de pesquisa, ou seja, para apreender experiências

---

3 Em 1998, por decisão do 7º congresso da Contag, o termo "trabalhadora" foi incluído no nome do congresso. O chamado de "Congresso Nacional dos Trabalhadores Rurais (CNTR)" passou a ser denominado "Congresso Nacional dos Trabalhadores e Trabalhadoras Rurais (CNTTR)". Essa alteração foi adotada nas demais nomenclaturas e siglas do movimento sindical. Dessa forma, o termo trabalhadoras passou a estar presente nos nomes da Confederação Nacional dos Trabalhadores e Trabalhadoras na Agricultura (Contag), Movimento Sindical dos Trabalhadores e Trabalhadoras Rurais (MSTTR) e Sindicato dos Trabalhadores e Trabalhadoras Rurais (STTR), por exemplo. Essa mudança buscou ressaltar a contribuição das mulheres no movimento sindical. Neste livro, utilizo os nomes da Contag, MSTTR e STTR conforme a nomenclatura após 1998, ainda que me refira a períodos anteriores quando o termo não era utilizado dessa forma. Faço isso por entender que a contribuição das mulheres é constitutiva ao processo de formação do MSTTR e que esse sujeito político precisa ser reconhecido e visibilizado. Devido a este histórico, utilizo as flexões masculinas e femininas para me referir aos sujeitos mencionados neste texto — por exemplo, trabalhadores e trabalhadoras. O nome do CNTR e CNTTR são utilizados conforme a nomenclatura de cada período.

4 A regulamentação da sindicalização rural ocorreu com a Portaria nº 355-A, de 20 de novembro de 1962 e foi consolidada com a aprovação do Estatuto do Trabalhador Rural em 1963.

5 Sobre o processo de constituição e organização dos movimentos sociais no campo, ver Medeiros (1989).

de sujeitos políticos que compartilham entre si aspectos comuns de identidade e solidariedade, atuam coletivamente a partir de reivindicações afins, possuem certa perenidade e se reconhecem ou são reconhecidos no processo dessa atuação como movimentos sociais. Identidade, formas de ação e reivindicações comuns não são dados *a priori*, mas se constituem a partir de uma experiência social vivida coletivamente pelos sujeitos no decorrer do processo social. Já a permanência ao longo do tempo é uma característica comum em boa parte das definições de movimentos sociais, servindo para distingui-los de outras experiências coletivas mais efêmeras[6]. Essa concepção é importante porque reúne uma diversidade de experiências empíricas, tornando-as analiticamente comparáveis. Como categoria empírica, o termo "movimentos sociais" é usado basicamente para me referir ao sujeito político estudado, a Contag. Faço isso acompanhando a maneira como os próprios sujeitos políticos se nomeiam e são reconhecidos. De acordo com essa lógica, também utilizo, muitas vezes, o termo "movimento sindical" para me referir empiricamente ao caso estudado. Isso porque a Contag muitas vezes se identifica como "movimento social" ou "como movimento sindical".

A pesquisa aqui apresentada cobre o período entre 20 de dezembro de 1963, data de criação da Contag, e 31 de outubro de 2015. Essa data refere-se a uma mudança importante no contexto do movimento, que altera significativamente sua estrutura. É quando o Sistema Contag[7] opta pela representação da categoria dos agricultores e das agricultoras familiares e se dissocia da categoria dos assalariados rurais, em processo que fica exposto com mais detalhes no primeiro capítulo do livro.

---

6 É o caso das definições de Tilly (1978), para citar um exemplo. Esse aspecto também foi ressaltado por Diani (1992) em artigo no qual analisa diferentes concepções conceituais de movimentos sociais de acordo com as linhas interpretativas de cada corrente teórica.

7 O termo Sistema Contag se refere ao conjunto de instâncias que compõe o MSTTR: confederação, federações e sindicatos.

A fim de evitar interpretações dicotômicas que se pautem pela caracterização da atuação da confederação como "mobilizada" ou "desmobilizada", a pesquisa desenvolvida mostrou que, ao estudar a atuação da Contag, era importante considerar quer a dimensão pública, quer a dimensão não pública ou pouco pública da ação da entidade sindical. Muitos estudos fazem isso, mas sem tratar essas dimensões de forma articulada: ora se concentram na dimensão visível da ação, ora na dimensão pouco ou nada visível da atuação. Em outras palavras, estudam as ações coletivas ou as ações de reprodução social, para adotar a terminologia que utilizarei daqui para a frente.

Em termos gerais, as ações coletivas se referem às maneiras pelas quais os movimentos sociais atuam publicamente. Muitos estudos tratam desse aspecto, sendo esse um dos principais campos de pesquisa sobre movimentos sociais. Já o termo ações de reprodução social é utilizado aqui para designar as atividades dos movimentos sociais que criam as condições necessárias para o desenvolvimento das ações coletivas e a própria existência dos movimentos sociais. Alguns estudos sobre movimentos sociais abordam esses aspectos utilizando outras formulações e enfoques. O que os estudiosos geralmente não fazem é identificar, relacionar e analisar essas duas dimensões de maneira correlacionada, aspecto que considero importante para se ter uma visão mais complexa e totalizante da atuação dos movimentos sociais.

Para explicar a abordagem mencionada, recorro a uma metáfora relativamente conhecida e já utilizada anteriormente, mas potente em sua capacidade elucidativa[8]. Comparo as formas de ações cole-

---

8 Essa metáfora foi utilizada, por exemplo, por Clemens e Hugges (2002) e citada por Bringel em trabalho no qual o autor analisa a obra de Charles Tilly. "Em várias de suas dimensões, os movimentos sociais são como icebergs, com grande parte da sua vida acontecendo por debaixo da superfície visível (Clemens; Hughes, 2002, p. 212). Captar essas dimensões invisíveis para um "analista de escritório" (que normalmente tem como foco somente os aspectos visíveis da ação coletiva, ou seja, sua dimensão exógena) é fundamental" (Bringel, 2012, p. 57).

tivas dos movimentos sociais com a parte de um *iceberg* que emerge no mar e é vista por quem está na superfície da água — um marinheiro, por exemplo. Contudo, há uma parte do *iceberg* submersa, que pode ser vista por quem observa a grande pedra de gelo de dentro do mar — como um mergulhador. Ou pode não ser vista por ninguém. Essa parte submersa pode ser comparada às ações de reprodução social. É tarefa do pesquisador ser marinheiro e mergulhador: navegar ao redor do *iceberg* e observar a grande pedra de gelo que desponta do mar; e mergulhar para conhecer as partes não visíveis do *iceberg* quando vistas da superfície[9]. Note que as partes visíveis e não visíveis do *iceberg* são dimensões interdependentes de um todo. Elas podem ser descritas separadamente, porém, não podem ser compreendidas em profundidade se não forem consideradas em seu conjunto de forma articulada. Recorro a essa metáfora para argumentar que uma explicação mais complexa da atuação dos movimentos sociais deve pensar os aspectos visíveis (formas de ações coletivas) e não ou menos visíveis (ações de reprodução social) da atuação dos movimentos de maneira interdependente, buscando, assim, uma compreensão mais holística do fenômeno social.

Antes de discorrer sobre como os conceitos de formas de ações coletivas e ações de reprodução social são usados nas análises que realizei, é preciso fazer algumas considerações sobre outra dimensão central neste livro: o Estado. Como um dos principais focos de atuação da Contag tem sido o Estado brasileiro, ao analisar as formas de ações coletivas da confederação investiguei, particularmente, a relação entre

---

9 Além da superfície, há outros elementos que influenciam na composição do iceberg, como a composição química da água do mar e do próprio *iceberg* e as influências externas da natureza e do homem. Menciono isso para destacar que no caso do estudo dos movimentos sociais há vários outros elementos que são importantes para a compreensão do fenômeno, como o processo de engajamento militante. Contudo, não é possível tratar em profundidade de todos eles no escopo desse trabalho.

a Contag e o Estado ao longo do período estudado, tomando como referência na pesquisa, por questões de operacionalização de recorte e delimitação analítica, o poder executivo. Considerando que, no âmbito dos estudos sobre movimentos sociais, não há um grande acúmulo da discussão sobre a noção de Estado — e esse é um primeiro problema recorrente nesse campo de estudos que ressalto aqui —, deixo a seguir algumas notas a respeito do uso do conceito nesta pesquisa.

Adoto, aqui, como entendimento da noção de Estado, a perspectiva que entende essa categoria como relação social. Trata-se da concepção de Estado de Nicos Poulantzas (1981), segundo a qual é entendido como a condensação de uma relação de forças, para o qual a luta de classes, particularmente a luta política e a dominação política, tem um papel fundamental na sua "ossatura institucional" e na sua reprodução histórica. Ao incluir a luta de classes na sua formulação, Poulantzas buscou produzir uma concepção mais relacional para o conceito de Estado, afastando-se do que ele considera um teoricismo formalista na teoria do Estado que se centrava apenas no aspecto das relações de produção no sentido de uma estrutura econômica para compreender a formação do Estado. De acordo com Poulantzas:

> [...] o Estado, no caso capitalista, não deve ser considerado como uma entidade intrínseca, mas como aliás é o caso do "capital", *como uma relação, mais exatamente como a condensação material de uma relação de forças entre classes e frações de classe, tal como ele expressa, de maneira sempre específica, no seio do Estado* (Poulantzas, 1981, p. 147, grifo meu).

O Estado como condensação de uma relação permite um distanciamento da compreensão do Estado como "Coisa" e do Estado como "Sujeito". No primeiro caso, o Estado é visto como um instrumento passivo manipulado por uma única classe ou fração. Nenhuma autonomia é reconhecida a ele. No segundo, a autonomia do Estado é considerada absoluta e sua vontade é vista como instância racionalizante da sociedade civil. Dessa forma, com a concepção de Poulantzas, o Estado, sua política, suas formas e suas estruturas não são meras traduções mecânicas dos interesses da classe dominante, mas fruto de uma relação de forças que o torna uma expressão condensada da luta de classes em desenvolvimento (Poulantzas, 1981).

As reflexões de Poulantzas (1981) permitem ter uma visão mais abrangente e relacional do contato entre movimentos sociais e Estado, essencial para que seja possível perceber a inter-relação entre as partes a partir da experiência social, rejeitando categorias definidas *a priori*, que geralmente classificam essa dinâmica de relação por meio da dicotomia "autônomos" ou "institucionalizados". Essa classificação é comum na literatura brasileira e insuficiente para entender as complexas dinâmicas de relação entre ambas as partes. A concepção de Estado de Poulantzas permite compreender as transformações do Estado ao longo do tempo porque reconhece a existência de lutas no seu interior entre diferentes setores, inclusive as massas populares. As ações dos movimentos sociais, por exemplo, não são externas ao campo estratégico do Estado e produzem efeito nele, ainda que estejam fisicamente excluídas dos espaços de poder institucional do Estado.

Adotar uma concepção clara de Estado é também importante para que se evite um segundo problema comum na literatura brasileira sobre a relação com os movimentos sociais: a pouca clareza sobre a diferenciação entre Estado e governo, conceitos muitas vezes utilizados de forma indiferenciada. O termo "governo" tem pelo menos dois sentidos principais: 1) refere-se ao "conjunto de pessoas que exercem o poder político e que determinam a orientação política de uma determinada sociedade" (Levi, 1998, p. 553); 2) refere-se também ao complexo dos órgãos que institucionalmente têm o exercício do poder (Levi, 1998), sendo essa acepção mais próxima da realidade do Estado moderno. Dessa forma, o governo se refere mais ao exercício do poder por pessoas e setores. Os conceitos de governo e Estado estão relacionados, mas neste trabalho procuro, sobretudo, entender como as forças se expressam e se articulam com o Estado, entendendo o governo como mais um ator importante nesse conjunto.

Finalmente, o terceiro problema que gostaria de destacar e que está relacionado ao anterior é que há uma tendência dos estudos sobre a relação entre movimentos sociais e Estado em analisar essa problemática a partir de recortes temporais de curto prazo, muitas vezes circunscritos a uma gestão governamental. As causas para isso são variadas e passam, entre outros fatores, pela lógica da pesquisa acadêmica recente que necessita de resultados rápidos, mas também aos interesses dos pesquisadores e pesquisadoras em cada momento. Nas últimas décadas, por exemplo, tem sido particularmente comum o esforço de pesquisas sobre a relação entre movimentos sociais de base popular e a relação com governos progressistas que chegaram ao poder em algumas partes da América Latina nas primeiras décadas do século XXI[10]. Se por um lado esses estudos trouxeram contribuições importantes para pensar as fronteiras entre movimentos sociais e Estado, por exemplo, por outro lado contribuíram pouco para pensar nos padrões de relação entre Estado e movimentos sociais em diferentes conjunturas, governos e relações sociais e de poder materializadas no Estado.

Por isso, neste trabalho, optei por analisar a atuação da Contag de maneira longitudinal entre 1963 e 2015, como já destaquei, e nesse escopo discuto a sua relação com o Estado em diferentes conjunturas. Isso me permitiu entender mudanças nos padrões de relação dos sujeitos políticos e transformações nas maneiras de atuação do movimento em relação ao Estado em função, entre outros fatores, do contexto político, governo no poder e contexto de relações sociais.

---

10 Essa onda começou com a vitória eleitoral de Hugo Chávez na Venezuela, em 1998, e foi seguida por outras vitórias no Chile (2000), Brasil (2002), Argentina (2003), Uruguai (2004), Bolívia (2005), Equador (2006), Nicarágua (2006), Paraguai (2008) e El Salvador (2009).

Como disse anteriormente, boa parte dos estudos sobre movimentos sociais se dedica às suas ações coletivas, e provavelmente um dos conceitos mais utilizados nesses casos é repertório de confronto (ou alguma de suas variações), elaborado por Charles Tilly (1978). Uma dimensão central na noção de repertório de confronto é o conflito. Tilly se concentrou fundamentalmente na análise das ações contenciosas em detrimento das ações que estavam imbuídas de consenso. Trata-se, portanto, do foco em um tipo de ação. No seu livro de 1978, *From Mobilization to Revolution,* Tilly destacou: "Meu próprio trabalho empírico se concentrou no conflito e não no consenso" (1978, p. 50)[11]. Embora estivesse convicto de que seu modelo de explicação pudesse funcionar no estudo de ações não contenciosas, o próprio Tilly deixa claro os limites das evidências em sua abordagem para dar conta da aplicação do conceito para situações não contenciosas de ações coletivas.

Nesta pesquisa, preferi não utilizar o conceito de repertório de confronto. Tilly o concebia como unidade básica da noção as interações conflitivas e, ao realçar o caráter contencioso das ações coletivas, o conceito limita as possibilidades de se pensar em ações não conflitivas, ou pelo menos em ações que não sejam estruturadas fundamentalmente pelo conflito entre as partes. Um outro problema nas perspectivas que enfatizam os conflitos nos estudos das ações coletivas é que elas tendem a igualar ações coletivas às grandes mobilizações, perdendo de vista que os movimentos sociais dedicam tempo e recursos significativos para desenvolver e sustentar outras formas de ação nas quais o conflito não é uma característica constitutiva, conforme sugere Silva (2010).

A atuação da Contag ao longo da sua trajetória é um caso que desafia a potencialidade do termo repertório de confronto. Em muitas

---

11 No original: "*my own empirical work has concentrated on conflict rather than consensus.*"

situações, como demonstrarei ao longo do livro, o que estruturou a ação da Contag não foi majoritariamente o conflito contra o seu interlocutor, mas a cooperação, o diálogo e, algumas vezes, até mesmo a parceria. Se esse tipo de relação que a Contag estabeleceu com o Estado, por exemplo, foi particularmente comum no momento dos governos do Partido dos Trabalhadores (PT), não é raro encontrar situações anteriores nas quais a orientação das ações coletivas da entidade era mais a busca de um diálogo e parceria com o Estado do que o conflito.

Dessa forma, o ponto de partida deste livro é uma visão que se considera mais ampla e abrangente das ações coletivas porque é capaz de identificar a variedade das formas que as ações dos movimentos sociais podem assumir na experiência social. Parto da premissa de que o que estrutura as ações coletivas são as relações sociais, mais do que os conflitos.

Com isso, entendo que a unidade básica das ações coletivas são as relações sociais, que podem ser conflitivas ou não. Uma das referências básicas para pensar as relações sociais como o cerne da organização da vida social, da qual fazem parte as ações coletivas, é Max Weber. De acordo com Cohn, um dos comentadores de Weber, o conceito de relação social: "[...] se refere à conduta de múltiplos agentes que se orientam reciprocamente em conformidade com um conteúdo específico do próprio sentido das suas ações" (Cohn, 2003, p. 30).

Para isso, considero necessário romper abordagens que sejam exclusivamente focadas em esquemas classificatórios ou concepções preliminares do que é a ação coletiva e trabalhar a partir de uma abordagem que pense as ações coletivas a partir da experiência histórica dos sujeitos e orientada por debates teóricos[12]. Assim, aproximo-me muito mais de uma abordagem pragmatista na maneira de conceber a construção da categoria ações coletivas neste livro. O desenvolvimento

---

12 Nesse ponto, posso dizer que concordo com Tilly (1978), para quem a história era parte fundamental da compreensão social e sociológica.

de uma pesquisa baseada em uma abordagem pragmatista se caracteriza pela observação e descrição de práticas concretas, de experiências circunscritas a situações. Em outras palavras, ao invés de uma visão de simples exterioridade em relação ao que descreve, a abordagem pragmatista acompanha as experiências e as perspectivas dos sujeitos.

Dessa forma, utilizo a categoria formas de ações coletivas para compreender as maneiras pelas quais sujeitos políticos atuam coletivamente com fins comuns considerando a perspectiva dos próprios sujeitos sobre essas ações. Então, a ideia de formas de ações coletivas nesse trabalho exprime a elaboração dos sujeitos na própria experiência das ações. Os sujeitos políticos constroem e dão formas às ações coletivas conforme cada situação.

Se a experiência histórica é elemento central que orienta a elaboração de uma forma de ação coletiva em um dado momento, como a noção de repertório de Tilly salienta, a categoria formas de ações coletivas ressalta também o papel dos atores na conformação delas mesmas não só por meio da maneira como atuam, mas também pelo sentido que atribuem às ações. Essa concepção não nega que haja tendências entre as formas de ações coletivas, mas destaca que elas se conformam em cada "figuração"[13] (Elias, 2006; 2008) e que os sentidos atribuídos pelos atores às ações tendem a torná-las mais variadas do que a princípio podem parecer se observarmos apenas suas formas.

A possibilidade de a ação assumir formas diversas foi um fator que orientou minha análise sobre as ações coletivas da Contag. Para a construção de uma perspectiva que permite perceber a diversidade das

13 Figuração é um conceito desenvolvido por Elias (2008, 2006) como uma maneira de superar o problema tradicional na sociologia: a separação entre indivíduo e sociedade. Dessa forma, figuração expressa as formas específicas de interdependência que relacionam indivíduos entre si. Segundo Corcuff, essa noção possibilita que o sociólogo abandone o velho esquema causal e unilinear dos processos sociais do tipo "A causa B" para analisá-los do ponto de vista da interdependência entre as ações individuais e as ações sociais (Corcuff, 2001).

formas de ações coletivas foi fundamental a leitura de Thompson (1998). O historiador inglês, em um estudo no qual analisa alguns motins de fome ocorridos na Inglaterra no século XVIII, mostrou que há diversas formas de ações coletivas alternativas à rebelião, comumente identificada como a mais óbvia. Entre elas: "[...] petições em massa junto às autoridades, jejum, sacrifícios e orações, inspeções até as casas dos ricos ou migração de aldeias inteiras" (Thompson, 1998, p. 206).

Outro autor que contribui para esta reflexão é Palmeira (2009), na medida em que olhou para os diferentes modos de ação dos trabalhadores e trabalhadoras do campo e nelas enxergou diferentes formas de luta. Para Palmeira, diante da expulsão dos moradores e moradoras pelos proprietários na região da Zona da Mata pernambucana, ocorre uma reação por parte dos expulssos, que não foi pontual nem esporádica, mas presente em todos os momentos.

Palmeira observou que a reação dos trabalhadores e trabalhadoras à intimidação do proprietário para que desocupassem o sítio ou a casa foi esperar que o proprietário e seus "vigias" (espécie de polícia privada) destruíssem seu roçado ou destelhassem sua casa. Com isso, os trabalhadores e as trabalhadoras procuravam o sindicato ou a justiça em resposta à ação ilegal dos proprietários. "Esperar", nesse contexto, caracteriza-se como forma de ação. Um pesquisador que fosse a campo procurar por formas convencionais de ações coletivas provavelmente teria dificuldade em encontrá-las e poderia chegar a uma conclusão equivocada: a de que não havia lutas sociais na região. Não foi esse o caminho feito por Palmeira, que observou em diferentes ações as expressões de formas de luta dos trabalhadores e trabalhadoras.

A multiplicidade das motivações que fundamentam o desencadeamento da ação, questão vinculada à anterior, também foi central em minha análise. Para isso, foi importante no trabalho de Thompson (1998) a interpretação de que não eram apenas elementos econômicos os motivadores para as ações populares. O autor estudou os motins de fome na Inglaterra do século XVIII e percebeu que se, por um lado, o aumento dos preços, os maus procedimentos dos comerciantes e a fome certamente eram motivadores dos motins, por outro lado, esses elementos não explicavam de maneira holística as motivações das ações. O motivo para o desencadeamento das ações diretas estava também ligado à manutenção dos costumes, que o autor chama de "economia moral dos pobres". O historiador inglês mostra ainda que essa economia moral não tinha implicações só nos momentos de perturbação social, mas influenciava, de forma geral, o governo e o pensamento do século XVIII (Thompson, 1998).

Essa leitura chama a atenção para a importância da multiplicidade de motivações que levam os atores a agir nas lutas sociais. Honneth (2003) também reforça a concepção de que os estudos sobre ações coletivas devem analisar não só os interesses pragmáticos e racionais dos sujeitos que agem, mas também os aspectos culturais e morais. Sobre esse aspecto, Honneth (2003) chama a atenção para o fato de que a luta social não tem como ponto de partida apenas interesses, mas também sentimentos morais de injustiça, e destaca que abordagens da historiografia podem revelar o nexo firmado entre desrespeito moral e luta social[14].

Muitos casos históricos já mostraram que a segurança da sobrevivência econômica motivou o protesto e a rebelião em massa. Saber se, em linhas gerais, o conflito social segue a lógica da persecução de interesses, a lógica da formação da reação moral ou mesmo entender como esses elementos se combinam permanece como questão empírica. O que não se deve evitar é deter a teoria social na dimensão do interesse, pois isso obstruiria a visão do significado social dos sentimentos morais.

Por último, gostaria de fazer algumas observações sobre como abordo o conceito de ações de reprodução social nesta pesquisa. O conceito de

---

14 Honneth (2003) cita os trabalhos de E. P. Thompson (1990), Barrington Moore Jr. (1987) e Andreas Griebinger (1981) como as primeiras comprovações empíricas dessa tese.

reprodução nas ciências sociais possui diferentes significados e varia a partir das qualificações que o acompanha. As investigações sobre a dimensão reprodutiva do trabalho procuram entender, de maneira geral, as atividades que não se restringem ao universo produtivo e que permitem a reprodução da classe trabalhadora, como o trabalho que se faz no âmbito doméstico. Há um número expressivo de trabalhos sobre isso, no campo de estudos sobre o campesinato, por exemplo, como os de Bourdieu (1962) e Carneiro (2001).

A reflexão sobre o tema da reprodução social teve força nos trabalhos de Marx e de marxistas em geral. Aqui, quero destacar a crítica feminista ao modelo de explicação da reprodução social do trabalho de Marx, debate contido na explicação do teórico sobre o processo de acumulação primitiva e da divisão social do trabalho. Silvia Federici (2004) afirma que há em Marx uma separação entre as esferas da produção e reprodução do trabalho; que essa explicação usa apenas o salário para comandar o trabalho dos não assalariados; e desvaloriza a posição social das mulheres com o advento do capitalismo. Para Federici, esteve ausente das análises de Marx reflexões sobre as transformações que o capitalismo introduziu na reprodução da força de trabalho e na posição social das mulheres[15].

Diante desse diagnóstico, Federici propôs interpretações alternativas para o entendimento dessa questão. Com isso, em "Calibã e a

15 O trabalho de Federici foi tomado aqui como referência de um debate mais amplo sobre a reflexão do trabalho reprodutivo relacionado à discussão sobre o trabalho das mulheres, modo pelo qual inicialmente me aproximei desse debate. Os estudos sobre as atividades entendidas como não produtivas exercidas pelas trabalhadoras rurais e que são fundamentais para a reprodução do campesinato/agricultura familiar/modo de vida rural, por exemplo, foi a principal porta de entrada para começar essa reflexão. Algumas dessas reflexões podem ser vistas em trabalhos publicadas em coletâneas como as de Medeiros e Neves (2013) e Hora, Macedo e Rezende (2015).

Bruxa" (2004)[16], a autora parte de uma leitura feminista para ressaltar os limites da abordagem de Marx sobre o trabalho reprodutivo ao não enxergar a dimensão de criação de valor e exploração desse trabalho. De acordo com Federici, no novo sistema que estava sendo criado, as atividades das mulheres foram definidas como não trabalho, como um recurso natural disponível para todos. E isso forneceu as bases necessárias para a fixação delas no trabalho reprodutivo e para utilizá-las como trabalho mal remunerado na indústria artesanal doméstica. Nas palavras de Federici:

> Com o desaparecimento da economia de subsistência que havia predominado na Europa précapitalista, a unidade entre produção e reprodução, típica de todas as sociedades baseadas na produçãoparaouso, chegou ao fim conforme essas atividades foram se tornando portadoras de outras relações sociais e eram sexualmente diferenciadas. *No novo regime monetário, somente a produçãoparaomercado estava definida como atividade criadora de valor, enquanto a reprodução do trabalhador começou a ser considerada como algo sem valor do ponto de vista econômico e, inclusive, deixou de ser considerada um trabalho.* O trabalho reprodutivo continuou sendo pago — embora em valores inferiores — quando era realizado para os senhores ou fora do lar. *No entanto, a importância econômica da reprodução da força de trabalho realizada no âmbito doméstico e sua função na acumulação do capital se tornaram invisíveis, sendo mistificada como uma vocação natural e sendo designada como "trabalho de mulheres".* Além disso, as mulheres foram excluídas de muitas ocupações assalariadas, e, quando trabalhavam em troca de pagamento, ganhavam uma miséria em comparação com o salário masculino médio (Federici, 2004, p. 132-133, grifo meu).

---

16 A formulação da ideia de reprodução social permeia o trabalho da autora. Desse conjunto, merece menção a coletânea de artigos da autora publicada em 2012, sob o título: *Revolution at Point Zero: Housework, Reproduction, and Feminist Struggle*.

Ou seja, a introdução do capitalismo representou a exclusão das mulheres da esfera do trabalho socialmente reconhecido e das relações monetárias. A crítica feminista feita por Federici, que mostrou os limites da interpretação de Marx para a dimensão da reprodução social no capitalismo, foi a principal base de inspiração para a reflexão sobre os limites das abordagens que tendem a estudar ações coletivas como temas isolados da esfera do que eu chamo aqui de ações de reprodução social dos movimentos sociais[17].

Em outras palavras, a reflexão de Federici me levou a entender, por meio de analogia, que o trabalho reprodutivo dos movimentos sociais é o que permite a realização das ações coletivas e, para o melhor entendimento da atuação deles, é fundamental superar as barreiras entre as duas dimensões — ações coletivas e ações de reprodução social — e analisá-las de maneira interdependente, conforme os termos de Elias (2006, 2008).

Geralmente, os estudos sobre mobilizações (passeatas e marchas, por exemplo) se centram na análise da forma acabada das ações coletivas e por isso não levam em conta as incertezas que estão em jogo no processo de construção da ação, como a negociação da utilização do espaço público com autoridades, a preocupação com a segurança dos participantes, a escolha do melhor dia e hora para se marchar, os recursos financeiros necessários para se elaborar toda a ação, os canais e estratégias de publicização da ação, assim como os elementos imponderáveis.

---

17 Entendo o processo de atribuição de um novo significado a um termo já utilizado recorrentemente na literatura sociológica como se fosse um processo antropofágico: degluto teorias, conceitos e ideias provenientes da literatura das ciências sociais e vis-à-vis com os dados empíricos busco elaborar noções que orientam a compreensão da vida social nesse trabalho.

Neste livro, as ações de reprodução social se referem às atividades do movimento social que criam as condições necessárias para o desenvolvimento das ações coletivas e a própria perenidade/existência social do movimento. São as ações de reprodução social que acontecem principalmente nos intervalos das manifestações coletivas e criam as condições, entre outros fatores, para que essas aconteçam. Assim como Federici (2012) percebeu que o trabalho reprodutivo é o que mantém o mundo em movimento, são as ações de reprodução social dos movimentos sociais que os mantêm em movimento. Por isso, aqui, ações coletivas e ações de reprodução social são dimensões de um todo. Em toda ação coletiva há ações de reprodução social, assim como em todas as ações de reprodução social estão contidas possibilidades de se realizar ações coletivas.

COMENTÁRIOS SOBRE O MÉTODO

Como a essa altura você já sabe, este livro é um desdobramento da minha tese de doutorado. Nesse caso, não posso introduzi-los à sua leitura sem antes tecer alguns comentários sobre como esta pesquisa foi feita. É o que farei a seguir.

Acredito que os métodos devem ser pensados em diálogo com o problema de pesquisa. Muitas vezes, apenas um método não é suficiente para tratar o problema e, por isso, é preciso utilizar diferentes ferramentas de maneira conjugada. Foi o que fiz neste trabalho, combinando basicamente três elementos: análise de documentos produzidos pela Contag ou demais instâncias do movimento sindical de trabalhadores e trabalhadoras rurais, como: jornais, boletins, relatórios, anais de congressos etc.; entrevistas feitas por mim e consulta a entrevistas feitas por terceiros com antigos e atuais diretores, diretoras, assessores e assessoras da Contag; e observação participante de eventos do MSTTR.

Inicialmente, para encontrar documentos sobre a Contag, consultei o Centro de Documentação e Informação (CID)[18] da Contag e o Núcleo de Estudos, Pesquisa e Referência sobre Movimentos Sociais e Políticas Públicas no Campo do Programa de Pós-graduação em Desenvolvimento, Agricultura e Sociedade da Universidade Federal Rural do Rio de Janeiro (NMSPP/CPDA/UFRRJ). Posteriormente, encontrei também documentos no Cesir da Contag. Depois de algum tempo de consulta, percebi que não seria possível analisar os documentos em sua totalidade no âmbito da pesquisa devido ao grande volume de material encontrado.

Apesar disso, insisti na consulta para mapear o tipo de material que tinha encontrado. Nesse processo, localizei um conjunto de relatórios anuais da Contag, sobretudo dos anos 1970, 1980 e começo dos 1990, que continham uma minuciosa descrição das atividades desenvolvidas pela confederação ao longo de cada ano. Não consegui, no entanto, localizar muitos dos relatórios mais recentes. Alguns fatores contribuíram para a dificuldade em encontrar esse material, entre eles: a ausência ou descontinuidade de uma política deliberada e centralizada de gestão documental na entidade; e a dispersão dos documentos mais recentes provocada, principalmente, por duas razões. Em primeiro lugar, pela divisão da organização interna da Contag, desde 1990, em diretorias temáticas por áreas de atuação (política agrícola, política agrária, assalariados rurais etc.). Com isso, desde então a produção documental de cada secretaria tende a ser guardada pela própria secretaria, aumentando a descentralização. Em segundo lugar, pela adoção do uso de computadores e internet pela Contag, que aos

---

18 O CID/Contag foi criado com a missão d:e "[...] armazenar, organizar e preservar qualquer tipo de documento que tenha registrado informações relacionadas ao MSTTR". Disponível em: http://www.contag.org.br/index.php?modulo=portal&acao=interna&codpag=289&nw=1. Acesso em: 13 jan. 2023.

poucos intensificou a produção e circulação de documentos muitas vezes somente por meio eletrônico. Isso fez aumentar a dificuldade em reunir, organizar e armazenar os documentos de forma integrada.

Minha ideia inicial era construir um banco de dados que sistematizasse as informações encontradas em todos os relatórios localizados. No entanto, o resultado disso teve limites que eu não previ inicialmente porque a estrutura dos relatórios não se mantém ao longo de todo o período estudado. As alterações no formato do documento causariam incongruência na sistematização dos dados, uma vez que não eram sempre as mesmas informações encontradas. Apesar de não ser possível ter um banco de dados como planejei *a priori*, mantive o plano de elaborar um banco sobre a atuação da Contag com base nos relatórios anuais dos anos 1970 e 1980, por dois motivos principais.

O primeiro deles é perceber que aqueles relatórios anuais traziam dados inéditos sobre a atuação da Contag no período. Além dos desafios de encontrar fontes sobre a atuação da Contag nessas décadas, entrevistar as pessoas que atuaram na confederação naquele momento pode ser uma tarefa bem difícil, porque são pessoas de idade avançada, quando ainda vivas, e já não têm mais disponibilidade para conceder entrevistas ou se lembram pouco daquele momento. Além disso, essas pessoas estão em diferentes locais do país e, no contexto desta pesquisa, não havia recursos para viajar para vários estados. No momento de realização desta pesquisa, ainda realizava todas as minhas entrevistas apenas presencialmente.

O segundo é porque considero inédita e profícua a possibilidade de sistematizar os dados disponíveis nos relatórios em um banco de dados sobre a atuação de um movimento social, tendo como fonte documentos produzidos pelo próprio movimento. Isso significa ter a narrativa do próprio movimento sobre a sua atuação. E esse aspecto é original entre as pesquisas que trabalham com banco de dados de eventos de protesto, porque elas, em sua maioria, utilizam como fontes materiais de imprensa. Ou seja, narrativas produzidas por atores externos ao movimento[19]. Um dos relatórios consultados apresenta uma breve observação sobre o documento em si que ajuda a entender como o relatório era concebido pela Contag:

> O relatório ora apresentado ao Conselho de Representantes da Contag não deve ser apreciado somente como uma simples descrição de atividades realizadas ou tabulação de dados estatísticos. Ele representa também uma forma de atuação, uma posição firme e decidida em favor de uma causa e a crença, dos que fazem a Contag, no trabalhador rural e nos seus órgãos de classe (Contag, 1977a, p. 2).

Em resumo, no final, o banco de dados foi concebido como uma maneira de organizar o material coletado de modo a construir um mapeamento sistemático de como a Contag atuou em determinado período, a partir de sua própria narrativa. Por outro lado, o processo de construção do banco me deu ideias sobre como abordar o estudo da atuação dos movimentos sociais.

Três elementos são centrais no banco de dados: a ação, o tempo e os sujeitos políticos. A análise dessas três variáveis me permite identificar: 1) padrões de atuação da Contag ao longo do tempo; 2) padrões de articulação de sujeitos políticos de acordo com: a) o tipo de ação; b) o tempo.

---

19 Apesar das diferenças destacadas em relação aos trabalhos que utilizam a abordagem dos eventos de protesto, a concepção do banco de dados que elaborei se inspirou na abordagem criada por Charles Tilly (1978, 1995) e, portanto, se associa e é devedor do conjunto de estudos que trabalham com esse tipo de método de pesquisa. No Brasil, essa metodologia tem servido de inspiração para autores como Angela Alonso (2015, 2017), Marcelo Kunrath, Gabrielle Oliveira Araújo e Matheus Mazzilli Pereira (2016) e Luciana Tatagiba e Andreia Galvão (2019). Após a pesquisa que deu origem a este livro, desenvolvi um estudo, junto com Priscila Delgado de Carvalho, Renata Motta e Camila Penna, com base na metodologia de eventos de protesto seguindo a abordagem deste livro, ou seja, a partir de fontes produzidas pelos próprios movimentos (Carvalho, P. D. de; Teixeira, M. A.; Motta, R.; Penna, C., 2022).

Em relação ao elemento ação, procurei respeitar a maneira como a Contag nomeava as suas próprias atividades. Quando comecei a elaborar o banco de dados, ainda não utilizava as categorias formas de ações coletivas e ações de reprodução social. A definição dessas categorias foi, em grande parte, resultado desse trabalho de sistematização e análise do banco de dados, sobretudo do que chamei inicialmente de forma genérica de ação, como sinônimo para as atividades da Contag. Voltarei a essa discussão a seguir, ainda na introdução.

No processo de elaboração do banco, ao descrever as ações, muitas vezes, foi preciso uniformizar a nomenclatura das ações para garantir a comparação dos dados. As ações foram descritas em sua maioria considerando as características, objetivos e/ou a relação estabelecida entre a Contag e seu interlocutor. Um critério secundário usado na descrição das ações foi considerar os termos utilizados pela literatura de movimentos sociais e, mais especificamente, a literatura que trabalha com bancos de dados de eventos de protesto.

O elemento tempo, por sua vez, se refere ao ano no qual a ação foi desenvolvida e é importante por ressaltar a historicidade da ação analisada. Os sujeitos políticos se referem aos sujeitos em relação e que nas suas práticas dão materialidade e significados à ação. No banco de dados, separei os sujeitos políticos em três tipos diferentes: 1) Contag, sempre presente nas ações. Era critério para inclusão de uma ação no banco de dados ela ter sido protagonizada pela confederação; 2) instância do Estado com a qual a Contag se relacionou na ação, se foi o caso; 3) outros sujeitos, incluindo aqui outras instâncias do movimento sindical (regional, estadual ou local) e outros atores da sociedade civil.

Além disso, registrei no banco de dados informações referenciais sobre a fonte consultada que permitissem a mim ou a qualquer outro pesquisador refazer os caminhos de pesquisa; a quantidade de vezes que a ação se repetiu em cada ano; observações sobre o conteúdo da ação descrita que poderiam servir de subsídio na análise futura do tema, quando era o caso.

A seguir, estão listadas as ações mapeadas:

QUADRO 1 | **AÇÕES DA CONTAG**

1	Abaixo-assinado
2	Ação dirigida a empresas
3	Ação institucional (poder executivo estadual)
4	Ação institucional (poder executivo federal)
5	Ação institucional (poder judiciário)
6	Ação institucional (poder legislativo estadual)
7	Ação institucional (poder legislativo federal)
8	Ação institucional (poder legislativo municipal)
9	Ações de expansão do Sistema Contag
10	Apoio e/ou participação em atividades promovidas por entidades de base da Contag
11	Outros (articulação com instituições da sociedade civil)
12	Articulação com instituições de classe
13	Articulação com instituições internacionais
14	Articulação com instituições religiosas
15	Atividades de avaliação, pesquisa, debate ou planejamento da Contag
16	Atividades administrativas, financeiras e eleitorais
17	Atividades de formação da Contag
18	Campanhas
19	Campanhas salariais
20	Concessão de entrevista
21	Eventos
22	Manifestações coletivas
23	Participação da Contag em palestras e atividades de pesquisa
24	Publicações

Para uma descrição mais detalhada do significado de cada uma das ações, ver o anexo 1. O passo seguinte foi classificar as ações identificadas em uma tipologia da ação da Contag. Ou seja, reunir as ações que tinham conexões entre si em cinco categorias aglutinadoras conforme a classificação a seguir:

QUADRO 2 | **TIPOLOGIA DAS AÇÕES**

TIPOLOGIA DAS AÇÕES	DESCRIÇÃO
AÇÕES INTERNAS	ações promovidas pela Contag que garantem o funcionamento do próprio movimento.
AÇÕES DE ARTICULAÇÃO COM ATORES DA SOCIEDADE CIVIL	as diferentes formas de ação da Contag com atores da sociedade civil.
AÇÕES DIRIGIDAS À SOCIEDADE	ações da Contag que buscam promover mudanças na sociedade.
AÇÕES DIRIGIDAS AO ESTADO	ações da Contag de articulação, demanda ou contestação a alguma instância do Estado.
AÇÕES DIRIGIDAS À SOCIEDADE E ESTADO	ações nas quais a Contag busca ao mesmo tempo promover mudanças na sociedade e articular, demandar ou contestar algo a alguma instância do Estado.

A classificação das atividades descritas nos relatórios da Contag em ações e a construção das categorias aglutinadoras têm finalidade exclusivamente analítica. A classificação das ações de um movimento social em uma tipologia de cinco tipos reduz e limita o que o movimento social faz. Por isso, assumindo os limites dessa classificação, entendo essa tipologia como um tipo ideal, um instrumento teórico analítico (Weber, 1979), na medida em que existe no plano das ideias sobre os fenômenos e não nos próprios fenômenos.

A classificação de uma ação depende do enfoque pelo qual se olha para ela. O caso do Grito da Terra Brasil (GTB), por exemplo, é ilustrativo disso. O GTB é uma mobilização anual feita pela Contag desde 1994, cujo foco é uma ação de negociação de políticas públicas com o Estado, mas que também envolve mobilizações de rua. Na sua origem, foi feito por meio da articulação entre diversos movimentos sociais e outros atores, que compartilhavam a liderança da mobilização. Ou seja, essa ação poderia ter sido classificada na categoria "ações dirigidas ao Estado", "ações dirigidas à sociedade e Estado" ou "ações de articulação com atores da sociedade civil". Contudo, como preferi analisar o esforço de ação do Grito voltado para o Estado, classifiquei e analisei essa situação como uma ação dirigida ao Estado.

Neste livro, trato cada uma das tipologias de ação identificados a partir de casos emblemáticos das ações da Contag. Utilizo a noção de casos emblemáticos inspirados na abordagem desenvolvida pela Comissão Camponesa da Verdade (CCV) (ver Sauer *et al.*, 2015)[20]. Casos emblemáticos da ação da Contag serão ações que podem ser entendidas como metonímias da tipologia de ação identificadas por permitir a partir dela o entendimento do todo pela parte. Portanto, por meio da narrativa de casos emblemáticos, tratarei de cada uma das tipologias aqui apresentadas nos capítulos dois, três e quatro.

No quadro a seguir, descrevi a correspondência entre as ações e sua tipologia, identificando quais delas compõem cada categoria.

---

20 "[...] a CCV trabalhou, parcialmente, com a noção de "caso emblemático" — episódio importante, historicamente circunscrito, ou um processo temporal mais longo, envolvendo pessoa, grupo de pessoas e comunidades inteiras — como situações e episódios que exemplificam a violência, a violação de direitos e as diversas formas de repressão no campo. São exemplos, no sentido de evento ou episódio particular, que, ao serem resgatados, (re)construídos e recontados, explicitam ações e violações por parte do Estado e de seus agentes" (Sauer *et al.*, 2015, p. 26-27).

QUADRO 3 | **AÇÕES DA CONTAG CONFORME TIPOLOGIA DAS AÇÕES**

	TIPOLOGIA DAS AÇÕES				
	AÇÕES INTERNAS	AÇÕES DE ARTICULAÇÃO COM ATORES DA SOCIEDADE CIVIL	AÇÕES DIRIGIDAS À SOCIEDADE	AÇÕES DIRIGIDAS AO ESTADO	AÇÕES DIRIGIDAS À SOCIEDADE E ESTADO
AÇÕES DA CONTAG	AÇÕES DE REPRODUÇÃO SOCIAL		AÇÕES COLETIVAS		
1. Abaixo-assinado					
2. Ação dirigida a empresas					
3. Ação institucional (poder executivo estadual)					
4. Ação institucional (poder executivo federal)					
5. Ação institucional (poder judiciário)					
6. Ação institucional (poder legislativo estadual)					
7. Ação institucional (poder legislativo federal)					
8. Ação institucional (poder legislativo municipal)					
9. Ações de expansão do Sistema Contag					
10. Apoio e/ou participação em atividades promovidas por entidades de base da Contag					
11. Outros (articulação com instituições da sociedade civil)					
12. Articulação com instituições de classe					

QUADRO 3 | **AÇÕES DA CONTAG CONFORME TIPOLOGIA DAS AÇÕES** (cont.)

	TIPOLOGIA DAS AÇÕES				
	AÇÕES DE REPRODUÇÃO SOCIAL		AÇÕES COLETIVAS		
AÇÕES DA CONTAG	AÇÕES INTERNAS	AÇÕES DE ARTICULAÇÃO COM ATORES DA SOCIEDADE CIVIL	AÇÕES DIRIGIDAS À SOCIEDADE	AÇÕES DIRIGIDAS AO ESTADO	AÇÕES DIRIGIDAS À SOCIEDADE E ESTADO
13. Articulação com instituições internacionais					
14. Articulação com instituições religiosas					
15. Atividades administrativas, financeiras e eleitorais					
16. Atividades de avaliação, pesquisa, debate ou planejamento da Contag					
17. Atividades de formação da Contag					
18. Campanhas					
19. Campanhas salariais					
20. Concessão de entrevista					
21. Eventos					
22. Manifestações coletivas					
23. Participação da Contag em palestras e atividades de pesquisa					
24. Publicações					

Por fim, identifiquei entre as tipologias de ação que correspondem prioritariamente às ações de reprodução social e quais constituem as formas de ações coletivas. Ao descrever esse passo a passo, pode ficar a impressão de que se tratou de um processo linear. Contudo, foi um trabalho repleto de idas e vindas e diálogo e reflexão entre as fontes e a literatura sobre o tema. Provavelmente, o mais correto é dizer que, mais do que identificar quais tipologias correspondem às ações de reprodução social e às formas de ações coletivas, as tipologias me levaram à formulação e significado das categorias ações de reprodução social e formas de ações coletivas.

Além da análise dos documentos, fiz ao todo 25 entrevistas, reunindo aproximadamente 50 horas de gravação. Também consultei 15 entrevistas feitas por terceiros para outros contextos de pesquisa, mas que tratavam da atuação da Contag ou de outras instâncias do movimento sindical[21].

A observação participante aconteceu em diferentes situações: participação no 11º (2013) e 12º (2017) congressos da Contag; participação na 5ª Marcha das Margaridas (2015); atuação como consultor em dois convênios da Contag com o Ministério do Desenvolvimento Agrário (MDA) (2011 e 2015/2016), o que me fez ir à sede da confederação em diversas ocasiões; estadias na Contag para acompanhamento de atividades cotidianas e realização de entrevistas no segundo semestre de 2015. O trabalho de campo realizado caracteriza-se como uma etnografia multissituada, que consiste na observação específica de eventos, situações, contexto e pessoas conectadas (Hannerz, 2003).

Como disse anteriormente, no começo da elaboração do banco de dados sobre a atuação da Contag, comecei a mapear as ações desenvolvidas pela confederação conforme elas eram descritas nos relatórios. No começo, o meu foco era identificar as ações coletivas da Contag. Por isso, a preocupação inicial em identificar e descrever as ações. Foi

21 Ver lista com as entrevistas feitas e consultados no anexo 2 deste livro.

no processo de análise dos relatórios e descrição das ações que percebi que havia um volume significativo das atividades da confederação que não eram ações coletivas, mas que eram parte central do trabalho da entidade. Descrevê-las e analisá-las me pareceu fundamental para que pudesse, de maneira particular, contar a história da Contag, e, de maneira geral, desenvolver uma abordagem para estudar a atuação de movimentos sociais. A isso se somou a minha observação participante na Marcha das Margaridas, em 2015.

Na ocasião, passei as semanas anteriores à Marcha acompanhando o planejamento e organização da mobilização de massa que durou dois dias. Chamou-me bastante atenção o fato de as ações coletivas geralmente terem muito destaque nos estudos, enquanto o processo organizativo nem sempre ser mencionado ou considerado nas análises de muitas mobilizações de massa. Foi, portanto, no processo de pesquisa, que as categorias formas de ações coletivas e ações de reprodução social e seus significados se forjaram.

Em resumo, nesta seção, procurei explicar o percurso metodológico que me levou a elaboração deste livro e suas principais categorias analíticas. Tavares dos Santos (1991) descreveu esse processo de pesquisa como um “caminho inverso”, destacando as idas e vindas entre a teoria e empiria inerentes ao percurso de pesquisa. Espero que estas páginas tenham ajudado a esclarecer um pouco do meu caminho, repleto de idas e vindas, que me levaram a construir uma história parcial da atuação da Contag.

Feitos esses comentários iniciais sobre o tema, abordagem teórica e métodos, convido-os agora a conhecer um pouco da trajetória e das formas de ações coletivas e ações de reprodução social da Contag. No primeiro capítulo, apresento de forma sintética a trajetória do movimento a partir de uma periodização elaborada principalmente a partir dos marcos internos do MSTTR, conforme destacados nos documentos analisados, e nas entrevistas realizadas, principalmente, em diálogo com o contexto histórico.

A periodização feita se dividiu em sete fases, a saber: 1) antecedentes e fundação da Contag (anos 1950-1964); 2) o golpe de 1964 e a intervenção sobre a Contag (1964-1968); 3) da eleição de José Francisco da Silva até o 3º congresso (1968-1979); 4) o 3º congresso da Contag e a mudança na forma de atuação da confederação (1979-1990); 5) a reestruturação da Contag (1990-1995); 6) A filiação da Contag à CUT e a criação do Projeto Alternativo de Desenvolvimento Rural Sustentável (PADRS) (1995-2009); 7) da desfiliação da CUT à criação de uma confederação específica de agricultores e agricultoras familiares (2009-2015).

O segundo capítulo é dedicado ao estudo das ações de reprodução social da Contag. Nele, retomo as linhas gerais da noção de ações de reprodução social, descrevo as situações nas quais a Contag atua e que constituem o que denomino de ações de reprodução social e analiso dois casos emblemáticos. O primeiro é o dos congressos da Contag — entre 1963 e 2015, período no qual foram realizadas 11 edições. A partir desse caso, procuro mostrar a importância dessa atividade para o funcionamento e perenidade da instituição, descrevendo como as decisões tomadas nesses eventos definem o rumo político da entidade e ajudam a entender as ações coletivas desenvolvidas pelo MSTTR.

O segundo caso analisado é o da atuação da Contag na Confederação de Organizações de Produtores Familiares, Campesinos e Indígenas do Mercosul Ampliado (Coprofam). Por meio desse exemplo, procuro esmiuçar a maneira como a Contag tem desenvolvido ações em parceria com atores da sociedade civil. Nesse caso, destaco as articulações feitas com entidades internacionais de representação de agricultores e agricultoras familiares, campesinos e indígenas no âmbito do Mercosul, cuja atuação conjunta acabou gerando a constituição da Coprofam. Esse caso é particularmente interessante por ressaltar a atuação da entidade para além do âmbito nacional.

Já o terceiro capítulo é dedicado ao estudo das formas de ações coletivas ao longo do tempo. Aqui, utilizei dois critérios para a escolha das situações analisadas: escolhi casos que abarcassem diferentes momentos históricos da Contag e que abrangessem ações dirigidas à sociedade; ações dirigidas ao Estado; e ações dirigidas à sociedade e Estado. Dessa forma, nesse capítulo, trato da: 1) luta com base na legislação (anos 1960-1970); 2) campanhas salariais e greves (1978-anos 1980); 3) GTB (1994-2015).

Finalmente, no quarto e último capítulo, examino a Marcha das Margaridas (2000-2015) como uma forma de ação coletiva e ações de reprodução social ao longo dos primeiros quinze anos de existência da mobilização, procurando destacar a contribuição das mulheres nessa história. O que procurei fazer aqui foi trabalhar de forma sistemática e conjunta a análise das formas de ações coletivas e ações de reprodução social. Espero com isso mostrar como a abordagem que junta as duas pontas dessa atuação de um movimento social tem maiores chances de apresentar uma explicação mais completa da atuação dos movimentos sociais.

Encerro o livro com um posfácio que aborda a atuação da Contag de 2015 até 2023. Analiso, à luz do contexto político, social e econômico as ações de reprodução social e formas de ações coletivas da confederação no período mais recente. Esta seção foi escrita para este livro e tem a intenção de atualizar o leitor e leitora sobre a atuação recente da Contag e estimular novos trabalhos.

Boa leitura!

UMA TRAJETÓRIA DA CONTAG

As experiências que têm subsidiado a elaboração de interpretações hegemônicas e abrangentes sobre os movimentos sociais no Brasil são, em sua maioria, urbanas. Os movimentos grevistas do ABCD paulista[22], iniciados em 1978, têm sido considerados a "retomada" dos movimentos sociais no país após o golpe de 1964[23]. Em contrapartida à grande visibilidade dos movimentos grevistas do ABCD, pouco se fala de uma série de eventos ocorridos no mesmo período no meio rural.

Em 1979, por exemplo, mais de cem mil canavieiros pararam de trabalhar nas usinas da Zona da Mata de Pernambuco para reivindicar seus direitos trabalhistas[24]. Antes disso, desde meados dos anos 1970 ocorriam os "empates" dos seringueiros do Acre, que eram uma forma de ação coletiva para impedir a derrubada das florestas, ato precedido pela expulsão dos seringueiros para apropriação das terras. A atuação dos seringueiros e a brutal violência contra esse movimento acabou dando visibilidade ao que acontecia na região. Os dois principais líderes na época, Wilson Pinheiro e Chico Mendes, foram assassinados, em 1979 e 1988, respectivamente[25]. Foi também no final dos anos 1970 que emergiram mobilizações de reação à implantação de novas barragens em diferentes partes do país, como Tucuruí, no Pará, Itaipu (binacional com Paraguai), no Sul, e Itaparica, no Nordeste.

Esses exemplos mostram que alguns episódios de grande mobilização não foram identificados nem por grande parte da literatura acadêmica nem pelas forças políticas mais à esquerda como marcos da "retomada" dos movimentos sociais no Brasil após o golpe de 1964. Apesar dessa invisibilidade, as mobilizações em áreas rurais foram intensas nesse período.

---

22 O termo refere-se às cidades industriais localizadas na Região Metropolitana de São Paulo: Santo André, São Bernardo do Campo, São Caetano do Sul e Diadema.

23 Ver, por exemplo, Telles (1987) e Salles (1988).

24 Ver Sigaud (1980).

25 Sobre esse caso, ver Almeida (2004).

Partindo desse diagnóstico, busco neste livro analisar a atuação do MSTTR por meio da sua confederação ou entidade de representação nacional, a Contag, que é um dos mais importantes movimentos sociais de trabalhadores e trabalhadoras rurais do país, com abrangência nacional, ampla pauta de reivindicações, múltiplas formas de ações e interlocução com diversos atores, entre eles, o Estado. Criada em 1963, a Contag completou 60 anos em 2023, dos quais conto uma parte neste capítulo.

Até 2015, marco desta pesquisa, a confederação representava as categorias agricultores e agricultoras familiares e assalariados e assalariadas rurais e era composta por 27 federações estaduais, que reuniam 3936 sindicatos municipais[26]. As federações se organizam em polos ou regionais sindicais que reúnem sindicatos da mesma região geográfica. Alguns sindicatos se organizam em delegacias sindicais, conformadas geralmente por comunidades, fazendas ou sítios da sua área de atuação, que ajudam a organizar a base de atuação. Para se referir a esse conjunto de entidades é comum usar as expressões "Sistema Contag" ou "MSTTR", sendo essa mais comum no âmbito do sindicalismo rural.

Até 2015, a Contag estava estruturada em Presidência e Vice-Presidência (que também coordena as relações internacionais) e mais 11 secretarias, que coordenavam as frentes de luta do MSTTR. São elas: Secretaria Geral; Política Agrária; Política Agrícola; Políticas Sociais; Formação e Organização Sindical; Finanças e Administração; Meio Ambiente; Mulheres Trabalhadoras Rurais; Trabalhadores e Trabalhadoras da Terceira Idade; Jovens Trabalhadores e Trabalhadoras Rurais; Assalariados e Assalariadas Rurais.

Apresento neste capítulo a trajetória da Contag para situar a atuação política da confederação no contexto da sua genealogia. O que procuro fazer aqui, seguindo os passos de Norbert Elias (1994), é uma sociogênese

---

26 Informação obtida com assessoria da Contag.

do Movimento Sindical dos Trabalhadores e Trabalhadoras Rurais. Por isso, nas próximas páginas, apresentarei uma breve história da Contag com base em trabalhos acadêmicos, documentos e entrevistas. Longe de narrar em detalhes o percurso histórico da Contag, o objetivo é apresentar uma breve contextualização, destacando alguns marcos fundamentais. Para isso, elaborei uma periodização em sete fases, de acordo com marcos internos do próprio movimento. Como toda periodização, essa também possui certa arbitrariedade. Contudo, na eleição dos marcos, procurei me orientar e dialogar com o que já existe em outros trabalhos sobre o movimento, assim como nas narrativas dos documentos e sujeitos políticos entrevistados. Dessa forma, cheguei à seguinte periodização: 1) antecedentes e fundação da Contag (anos 1950-1964); 2) golpe de 1964 e intervenção; 3) da eleição de José Francisco da Silva até o 3º congresso (1968-1979); 4) a retomada das lutas de massa (1979-1990); 5) reestruturação da Contag (1990-1995); 6) filiação à CUT e criação do PADRS(S) (1990-1995); 7) da desfiliação da CUT até a dissociação sindical (2009-2015).

ANTECEDENTES E FUNDAÇÃO DA CONTAG (ANOS 1950-1964)

A regulamentação da sindicalização rural ocorreu em 1962 e provocou um crescimento no registro de organizações de representação de trabalhadores rurais já existentes, além da criação de novas. Foi essa regulamentação que forneceu as bases legais para a criação da Contag em 1963. Contudo, a constituição de sujeitos políticos organizados no campo brasileiro não é resultado da legislação criada. É, principalmente, produto do processo de organização de sujeitos políticos no campo que remonta a processos sociais e políticos anteriores à legislação instituída.

Para ficar restrito ao contexto do que se convencionou chamar de movimentos ou lutas sociais no campo, o processo de organização política dos trabalhadores e trabalhadoras rurais é herdeiro das lutas sociais que se desenvolveram pela ação de diversos sujeitos políticos[27]. Antes esporádicas e localizadas, foi a partir dos anos 1950, principalmente, que as lutas no campo ganharam força e o campesinato se tornou um ator político relevante no cenário nacional por meio das suas mobilizações.

Naquele momento, surgiram diversas organizações de representação dos sujeitos sociais do campo, como: as Ligas Camponesas — provavelmente a mais conhecida delas —, que eram associações de trabalhadores rurais criadas no final da década de 1950, inicialmente nos estados de Pernambuco e da Paraíba, que posteriormente se expandiram para outras localidades sob influências diversas; as Associações de Lavradores e Trabalhadores Agrícolas, sob influência do Partido Comunista Brasileiro (PCB); o Movimento dos Agricultores Sem Terra (Master), criado em 1960, no Rio Grande do Sul, sob influência do governador do estado, Leonel Brizola, que chegou a ter 47 acampamentos em todo o estado até março de 1964 (Medeiros, 1989; Sauer *et al.*, 2015).

Dentre as organizações que surgiram nesse contexto, merece destaque a criação da União dos Lavradores e Trabalhadores Agrícolas do Brasil (Ultab), por ter sido a primeira organização que pretendia ser instância nacional de representação de trabalhadores rurais. A criação da Ultab ocorreu em 1954 e foi um passo importante para superar o localismo e o isolamento das lutas no campo. A sua fundação aconteceu na II Conferência Nacional dos Lavradores e Trabalhadores Agrícolas. A Ultab tinha o objetivo de coordenar as lutas camponesas em âmbito

---

27 Para saber mais sobre a história das lutas sociais no campo no Brasil, ver as edições da "Coleção História Social do Campesinato no Brasil", especialmente os volumes I e II do tomo Formas de Resistência Camponesa: visibilidade e diversidade de conflitos ao longo da história (Motta; Zarth, 2008; 2009) e os volumes I e II do tomo Lutas camponesas contemporâneas: condições, dilemas e conquistas (Fernandes; Medeiros; Paulino, 2009).

nacional e foi constituída sob forte influência comunista (Grynszpan, 1987; Medeiros, 1989). Contudo, nem sempre a Ultab conseguiu articular as diversas organizações dos trabalhadores no campo e lhes dar direção. Na prática, as associações e organizações locais desempenhavam o papel de organizar as resistências e as lutas no cotidiano. A presença da Ultab se dava fundamentalmente nas formulações de bandeiras mais gerais, como a da reforma agrária (Medeiros, 1989).

A Ultab foi a entidade que convocou o Congresso Camponês de Belo Horizonte, em 1961, que teve a participação de outras forças políticas que atuavam nas áreas rurais, como as Ligas Camponesas e o Master. Alguns autores consideram esse congresso um marco na história das organizações políticas no campo devido a dois aspectos: "a proposta de reforma agrária radical, 'na lei ou na marra', e as divergências entre Francisco Julião e o Partido Comunista Brasileiro, em torno da validade da luta por medidas parciais de reforma agrária" (Medeiros, 1989, p. 56). Esse congresso marcou ainda o reconhecimento político e social da categoria "camponês" como um termo que sintetiza um conjunto de forças heterogêneas que lutavam no campo. A presença de importantes autoridades no congresso, como do então presidente da República, João Goulart (1961-1964), são indicadores do fato político de relevo e da gravidade que a questão agrária assumia (Medeiros, 1989).

Ressalto aqui de forma breve as lutas e organizações do campo que antecederam a fundação da Contag para frisar que a constituição dessa confederação de trabalhadores e trabalhadoras rurais é fruto de um processo histórico de mobilizações e organizações no campo e de conformação do trabalhador rural como sujeito político no cenário nacional.

Nesse contexto, a Portaria nº 209-A/25, de 25 de junho de 1962, do Ministério do Trabalho, regulamentou a sindicalização rural no país, uma demanda antiga de setores rurais politicamente organizados, criando as bases legais para a organização e o reconhecimento de sindicatos, federação e confederação de trabalhadores rurais e de empregadores. A Portaria também estabeleceu categorias de enquadramento de atividades e profissões que deveriam orientar a criação de organizações sindicais de trabalhadores e empregadores. De acordo com ela, posseiros, arrendatários e outras categorias de pequenos produtores ficavam agrupados como empregadores[28]. A mudança dessa situação aconteceu em 27 de novembro de 1962, por meio da Portaria 355-A, também do Ministério do Trabalho[29]. Essa Portaria fez alterações no quadro de atividades, estabelecendo que os produtores autônomos, pequenos proprietários, arrendatários e trabalhadores autônomos que explorassem atividade rural sem empregados, em economia familiar ou coletiva, eram considerados trabalhadores. Dessa forma, ficaram estabelecidas quatro categorias econômicas ou profissionais de trabalhadores rurais: trabalhadores na lavoura; trabalhadores na pecuária e similares; trabalhadores na produção extrativa rural; produtores autônomos.

O reconhecimento dos direitos trabalhistas dos assalariados e assalariadas do campo só foi efetivado com o Estatuto do Trabalhador Rural (Lei nº 4214 de 02/03/1963)[30]. De acordo com o Estatuto (artigo 2), os assalariados do campo eram: "pessoa física que presta serviços a empregador rural, em propriedade rural ou prédio rústico, mediante salário pago em dinheiro ou in natura ou parte in natura e parte em dinheiro". Do ponto de vista legal, e para efeitos de organização sindical, a unificação de todas as categorias em uma — trabalhador rural — ocorreu somente em 1965 por meio da Portaria do Ministério do Trabalho (nº 71, de 02/02/1965) (Picolloto; Medeiros, 2016). De acordo com a regulamentação da sindicalização rural:

---

28 Diário Oficial da União, 12 jul. 1962, p. 7499-7500.

29 Diário Oficial da União, 27 nov. 1962, p. 12236-12238.

30 O Estatuto do trabalhador Rural (Lei nº 4.214, de 2 de março de 1963, e publicada no Diário Oficial no dia 18 de março de 1963) representou a extensão da legislação social ao trabalhador rural, fornecendo as bases para a organização sindical do campo brasileiro.

> Em cada município poderia haver um único sindicato, que representaria o conjunto dos que trabalhavam no campo, quer em regime de economia familiar (em terra própria; pagando uma renda pelo uso da terra ou sem ter título legal de propriedade), quer como assalariados, permanentes ou temporários. Na prática, o sindicato representava localmente apenas uma das categorias, que poderia ser tanto a majoritária no município, quanto aquela que, por sua trajetória mais ativa ou por laços com o poder local, tinha seus interesses representados pelo grupo que dirigia o sindicato. Ou seja, efetivamente apenas alguns segmentos eram representados. Esses sindicatos se agrupavam no plano estadual em federações de trabalhadores na agricultura (Fetags) e, no plano nacional, na Contag (Picolloto; Medeiros, 2016, p. 3).

Dessa forma, a partir de 1962, centenas de sindicatos de trabalhadores de trabalhadoras rurais foram fundados. De acordo com Ricci (2009), o Ministério do Trabalho reconhecia os sindicatos dirigidos por lideranças das correntes partidárias do ministro em exercício. Assim, na gestão de Franco Montoro (8 de setembro de 1961 a 12 de julho de 1962), os sindicatos beneficiados eram aqueles ligados às correntes sindicais católicas, vinculação do então ministro, que era do Partido Democrata Cristão. Já na gestão de Almino Afonso (24 de janeiro a 18 de junho de 1963), do PTB, mas aliado ao PCB, então clandestino, os maiores beneficiados foram os sindicatos dirigidos por lideranças comunistas. Para Ricci (2009), o processo de sindicalização dos trabalhadores rurais naquele período foi marcado por acordos estabelecidos no interior da Comissão Nacional de Sindicalização Rural (Consir).

No Boletim Trabalhador Rural, edição comemorativa dos dez anos da Contag, há a informação de que, em 1962, existiam 153 sindicatos fundados, sendo 83 reconhecidos. Após a criação do Estatuto do Trabalhador Rural, em 1963, esse número aumentou, chegando a 475 sindicatos fundados, sendo 220 reconhecidos. Em 1963, foram fundadas também várias federações de trabalhadores e trabalhadoras na agricultura, chegando a um total de 29 federações em 18 estados até o final daquele ano, embora nem todas tenham sido reconhecidas[31].

É nesse contexto que a Contag é fundada, em 20 dezembro de 1963, como entidade de representação nacional dos trabalhadores e trabalhadoras rurais. A eleição da primeira diretoria da Contag foi realizada nos dias 19 e 20 de dezembro de 1963. Na ocasião, participaram delegados sindicais de 263 sindicatos rurais reconhecidos, 480 em processo de reconhecimento no Ministério do Trabalho e 29 federações de 19 estados do Brasil, número indicativo da existência de mais de uma federação por estado e, portanto, sinal da competição política pela representação dos trabalhadores e trabalhadoras rurais naquele momento.

Sobre o processo de criação da Contag, o assessor jurídico da confederação no momento da entrevista, Ivaneck Perez Alves, comentou:

> Na verdade, já tinha um pedido do Ministério do Trabalho, feito pelo pessoal ligado à Igreja Católica, de criação da CNTA [Confederação Nacional dos Trabalhadores na Agricultura]. Por isso, inclusive, que a Contag, das confederações oficiais, é a única que não segue a lógica do nome. Porque sempre é CNTC, CNTI, CNTE, tudo assim. A Contag é Contag, porque o nome CNTA estava ligado a esse pedido da igreja católica. O ministro segurou esse pedido e forçou a convocação de um congresso, com a participação de todas as forças. E aí, quem ganhou, nesse processo, ganhou a direção, foi o Lyndolpho Silva, que era ligado ao PCB[32].

O processo de disputa pela criação de sindicatos, federações e confederação também foi tratado na entrevista com o ex-assessor educacional da Contag ao longo dos anos 1960 a 1980, José Gonçalves.

---

31 O "Trabalhador Rural", Ano 6, nº 1, janeiro 1974.

32 Entrevista com Ivaneck Perez Alves concedida ao autor em 28/10/ 2011.

Antes de ingressar na confederação, José Gonçalves atuava no sindicalismo rural em Pernambuco e, por isso, foi testemunha dos eventos que narrou. Zé Gonçalves, como é conhecido, contou:

> [...] Falta eu te falar que, antes do golpe de 64, nós chegamos a ter 29 federações[33]. Porque houve aquela caminhada para assumir a liderança do movimento sindical. Então, nós tivemos várias tentativas, dos diversos grupos, de organizar federações, organizar sindicatos. [...] Agora, o que é que acontecia aí? Acontecia que ninguém queria perder a liderança, junto aos trabalhadores rurais. E os trabalhadores rurais só estavam organizados em duas facções, mais ou menos: nós tínhamos a federação dos pequenos proprietários e nós tínhamos a dos assalariados. [...]. Então, nós entramos no bolo também, para não perder. Quem estava nessa linha também era o pessoal do PCB. O pessoal comunista. E, para não se perder liderança, começamos a fazer sindicatos de tudo quanto era canto. E federações também. A cada 5 sindicatos, fazia-se uma federação. A cada três federações, fazia-se, podia fazer uma confederação. Então, quando nós chegamos a cinco, então, a gente já propôs, na convenção de Natal, organizar a equipe da Contag[34].

A "Convenção de Natal" foi, segundo José Gonçalves, o evento de fundação de uma confederação de trabalhadores e trabalhadoras ligada a grupos da Igreja Católica. A convenção mencionada por José Gonçalves é, provavelmente, a "I Convenção Brasileira de Sindicatos Rurais", que ocorreu entre 15 e 20 de setembro de 1963 em Natal,

---

33 O estabelecimento de quatro categorias profissionais de trabalhadores e trabalhadoras rurais pela Portaria 355-A, de 27 de novembro de 1962, possibilitou a existência de mais de uma federação por estado.

34 Entrevista com José Gonçalves concedida ao autor em 24/10/2014.

Rio Grande do Norte. Um dos objetivos do encontro era discutir a Confederação Nacional dos Trabalhadores na Agricultura (CNTA), que, na disputa pelo reconhecimento sindical, perdeu para a Contag, então iniciativa do grupo de federações ligadas ao PCB, e não foi reconhecida como entidade nacional representativa dos trabalhadores e trabalhadoras rurais pelo Ministério do Trabalho. Foi possível descobrir a informação sobre o nome oficial da Convenção por meio da matéria do Jornal Diário de Natal intitulada "Reunião em Natal será ponto de partida para sindicalização rural"[35]. De acordo com a reportagem, somente tinham direito a voz e voto os sindicalistas ligados às federações credenciadas pelos sindicatos. Os demais participantes podiam observar, mas não participar das discussões, explicava o advogado da Federação dos Trabalhadores na Agricultura do Estado de Pernambuco (Fetape), João Moura. Segundo Moura:

> O grande objetivo do conclame [...] é dar uma consciência profissional ao trabalhador rural para cujo plano pró-sindicalização estruturado pelos próprios líderes camponeses, será executado, tendo por base a vivência dos problemas agrários e a integração definitiva dos trabalhadores nos princípios da Justiça e moral cristãos. Na Convenção, continuou, serão discutidos assuntos ligados ao estudo da reforma agrária, ao Estatuto do Trabalhador Rural, à Superintendência da Reforma Agrária (Supra), à Previdência Social Rural e à Confederação Nacional dos Trabalhadores da Agricultura (CNTA)[36].

Contudo, como já destacado, a confederação que recebeu o reconhecimento do Ministério do Trabalho foi a Contag. A disputa pela

35 Jornal Diário de Natal, de 8 de setembro de 1963, p. 2 e 4. Fonte: Hemeroteca Digital.

36 Jornal Diário de Natal, de 8 de setembro de 1963, p. 2 e 4. Fonte: Hemeroteca Digital.

criação da confederação correspondia a uma concorrência mais ampla entre católicos e comunistas pela liderança da organização dos trabalhadores e trabalhadoras rurais no campo. Para os católicos, tratava-se de conter a expansão do comunismo no campo, como a atuação do Partido Comunista e das Ligas Camponesas.

No mesmo dia da criação da Contag, em 20 dezembro de 1963, foram aprovados os seus Estatutos e a direção da instituição e ocorreu a posse dos diretores, com a presença do então ministro do Trabalho, representando o presidente da República, e o presidente da Superintendência de Política Agrária (Supra). A chapa eleita foi formada por meio de uma composição ampla, envolvendo algumas das principais forças atuantes no campo brasileiro, entre elas a Ultab, a Ação Popular (AP)[37] e grupos católicos do Nordeste. Apesar de a matéria sobre a formação da chapa, publicada no Jornal Terra Livre, anunciar que a frente única era formada por todas as correntes, algumas forças políticas ficaram de fora da chapa eleita, como o Master e as Ligas Camponesas[38]. O primeiro presidente da Contag foi Lyndolpho Silva[39] e o primeiro tesoureiro foi Nestor Veras, ambos ligados ao PCB. O secretário da entidade foi Sebastião Lourenço de Lima, ligado à AP. A composição

37 A AP foi fundada em 1962 e era marcada por uma forte influência do humanismo cristão. O movimento era formado a partir dos membros mais radicalizados das juventudes especializadas, principalmente da Juventude Universitária Católica (JUC), Juventude Operária Católica (JOC) e Juventude Estudantil Católica (JEC). Após o golpe de 1964, a AP sofreu um processo de crise sobre os rumos da sua atuação. A partir de 1967, o debate sobre a adoção de princípios marxistas aumentou e a AP assumiu uma postura marxista-maoísta, marcando a radicalização do movimento. Em 1972, aconteceu uma cisão na AP, que passu a se chamar Ação Popular Marxista-Leninista (APML), e eliminou dos quadros da organização os partidários da linha maoísta (Kornis, s/ d.).

38 "Terra Livre", Ano XIV, nº 130, SP, janeiro de 1964, p. 1.

39 Para mais detalhes sobre o primeiro presidente da Contag, ver Arquivo Lyndolpho Silva, do CPDA/UFRRJ. Disponível em: http://r1.ufrrj.br/cpda/als/. Acesso em 24 março de 2023.

de forças políticas presentes na primeira diretoria da Contag é representativa de parte dos grupos que disputavam articular a organização sindical dos trabalhadores e trabalhadoras rurais no Brasil. De acordo com Ricci (1999, 2009), no congresso de fundação da Contag, estiveram presentes dez federações vinculadas ao PCB, oito vinculadas à AP e seis dirigidas por grupos católicos do Nordeste.

José Gonçalves era uma das pessoas presentes no congresso de fundação da Contag. Segundo ele, o grupo a que pertencia, de sindicalistas do Nordeste ligados à Igreja e aos Círculos Operários Católicos[40], foi "escanteado", perdendo espaço para o grupo com maior tendência à esquerda[41].

Em entrevista ao Jornal Terra Livre, Lyndolpho Silva, primeiro presidente da Contag, destacou o fato de que a unidade reinou entre os presentes no congresso: "Essa unidade estava plasmada, fundamentalmente, na existência de uma única chapa e na unanimidade de votos por ela recebido"[42]. A unidade exaltada pelo líder comunista veio a ser uma das marcas características do sindicalismo da Contag, que, ao longo de toda a sua trajetória, buscou sempre que possível ter apenas uma chapa nas eleições sindicais.

Na mesma entrevista, Lyndolpho Silva anunciou que as primeiras atividades da Contag se desenvolveriam em torno da instalação da sede da entidade no Rio de Janeiro e da aplicação efetiva do Estatuto do Trabalhador Rural e da regulamentação dos seus itens que tratavam da Carteira Profissional, da Previdência Social, do desconto de habitação, do Imposto Sindical e do Conselho Arbitral. Além disso, constituíam o programa inicial: regulamentação dos contratos de arrendamento e

---

40 Os Círculos eram uma força ligada à Igreja Católica e tinham importante influência em algumas entidades do MSTTR no pré-golpe de 1964, sobretudo no Rio de Janeiro e em São Paulo.

41 Entrevista com José Gonçalves concedida ao autor em 24/10/2014.

42 "Terra Livre", Ano XIV, nº 130, SP, janeiro de 1964, p. 5.

parceria, financiamento direto ao pequeno agricultor, preços mínimos compensadores nas fontes de produção, títulos definitivos de posse aos verdadeiros posseiros e a reforma agrária com a modificação do parágrafo 16 do artigo 141 da Constituição[43]. Ou seja, o foco no cumprimento da legislação, demanda que orientará a ação da Contag nos anos subsequentes, já estava no horizonte de atuação da Contag, mesmo antes do golpe de 1964.

O reconhecimento da Contag chegou em 31 de janeiro de 1964 por meio do Decreto nº 53.517[44]. O decreto estabeleceu as atribuições da Contag e aprovou os seus Estatutos Sociais, na forma do instituído pelo Estatuto do Trabalhador Rural:

> Como entidade sindical de grau superior coordenadora dos interesses profissionais dos trabalhadores na agricultura, pecuária e similares, produção extrativa rural, bem como dos trabalhadores autônomos e pequenos proprietários rurais, em todo o território nacional[45].

Em abril de 1964 ocorreu um golpe de Estado, destituindo o presidente da República. No bojo desse processo, a Contag sofreu intervenção por parte do Ministério do Trabalho, como tantas outras entidades sindicais no país. Com isso, a direção da entidade foi substituída por uma Junta Governativa nomeada pelo Ministério do Trabalho. A Junta foi liderada por José Rotta, católico circulista e presidente da Federação de Trabalhadores Rurais de São Paulo (Fetaesp). De acordo com Ramos (2011a), os outros interventores foram José Agostinho Neto e Ambrósio Ivo Aureliano. A nova direção se preocupou em dotar a Contag de uma

43 "Terra Livre", Ano XIV, nº 130, SP, janeiro de 1964, p. 1.

44 "Terra Livre", Ano XIV, nº 130, SP, janeiro de 1964, p. 1.

45 Diário Oficial da União, 5 fev. 1964, p. 1169.

sede provisória, dar-lhe certa estrutura administrativa e promover o reestabelecimento do movimento sindical de trabalhadores e trabalhadoras rurais a nível nacional após a intervenção. Essa Junta esteve à frente da confederação por praticamente um ano e, depois disso, foram convocadas eleições, reestabelecendo a normalidade administrativa da Contag. O mesmo aconteceu com algumas federações e sindicatos, sobretudo aqueles ligados à linha comunista. Portanto, entre a fundação da Contag, em dezembro de 1963, e a intervenção, em abril de 1964, pouco foi feito. Após o golpe, o rumo da luta dos trabalhadores e trabalhadoras do campo e do sindicalismo rural foi alterado.

O GOLPE DE 1964 E A INTERVENÇÃO SOBRE A CONTAG (1964-1968)

O Ato Institucional nº 1, de 9 de abril de 1964, concedeu ao autodenominado Comando Supremo da Revolução, representado pelos Comandantes em Chefe do Exército, da Marinha e da Aeronáutica, o poder de, entre outras coisas, cassar mandatos legislativos de todas as esferas e suspender direitos políticos de qualquer pessoa pelo prazo de dez anos.

Foi nesse contexto de cerceamento das liberdades políticas que se deram as intervenções sindicais, ordenadas pelo Ministério do Trabalho e Previdência Social. Essa ação buscava controlar as organizações sindicais a partir dos objetivos e funções a elas atribuídos pelo novo governo (Figueiredo, 1978), atingindo várias entidades recém-criadas do movimento sindical de trabalhadores e trabalhadoras rurais, dentre elas a Contag. As intervenções confirmavam, portanto, uma clara ingerência do Estado sobre as entidades sindicais. Os sindicatos foram encarados pelo governo militar como canal prioritário de controle sobre a classe trabalhadora. Longe de opor-se à sua existência, o ministro do Trabalho Arnaldo Sussekind (1964-1965) nomeou interventores ou juntas governativas, buscando estabelecer controle direto sobre as entidades sindicais por meio da cassação dos dirigentes considerados subversivos ou pelo afastamento de diretorias eleitas antes do golpe.

Lyndolpho Silva, presidente da Contag no momento do golpe, teve seus direitos políticos cassados, em 1965, por dez anos. Ele se manteve na clandestinidade, sob risco de prisão, até 1973, quando se exilou na Europa, estabelecendo-se em Praga, onde permaneceu até o retorno ao país, em 1979, beneficiado pela Lei de Anistia (Sauer *et al.*, 2015; Carneiro; Cioccari, 2011).

Mas o desmantelamento das organizações sindicais não aconteceu apenas por meio das intervenções oficiais. Os efeitos das intervenções, ameaças de intervenções e repressão política atingiram também muitos sindicatos recém-criados, seja por meio da fuga das suas principais lideranças, pela não obtenção da carta sindical que as reconheciam oficialmente como entidade de representação sindical, ou ainda pela dificuldade de atuação política em um contexto de restrições democráticas. Se em 1963 havia 29 federações em 19 estados, em 1967 existiam apenas onze. A redução das federações pode ser explicada, em grande medida, pela dificuldade de organização política dos movimentos sociais nesse período, e é indicativa da repressão que atingiu as entidades sindicais. Mas pode ser explicada também pelo fato de, a partir de 1965, ter acontecido a unificação de todas as categorias em uma — trabalhador rural — com Portaria do Ministério do Trabalho (nº 71, de 02/02/1965), já mencionada. A partir deste decreto, o sindicalismo deixou de representar diversas categorias em um mesmo sindicato e passou a existir somente a categoria "trabalhador rural" para efeitos de enquadramento sindical (Medeiros, 1989).

Depois disso, novas medidas governamentais determinaram os canais de acesso aos postos administrativos e diretivos dos sindicatos oficiais, proibindo muitos sindicalistas de concorrer a cargos eletivos ou privando-os de seus direitos políticos, seja por pertença partidária anterior, seja por suas opiniões ideológicas. Havia ainda outras maneiras criadas pelo Ministério do Trabalho para interferir nas entidades sindicais. De acordo com Paulo Jarbas, que começou a trabalhar na Contag em 1968 no setor de contabilidade e foi assessor da Contag por décadas, o Ministério buscava exercer o controle da confederação por meio do exame da prestação de contas, solicitando alterações na prestação constantemente, buscando com isso criar problemas para a entidade. Sabendo disso, Paulo Jarbas disse que a estratégia era fazer as correções que eram solicitadas e, quando não havia mais solução, devolver os recursos referentes às notas eventualmente não aceitas pela equipe do Ministério[46]. Além disso, de acordo com Figueiredo (1978), a legislação existente também foi utilizada de maneira efetiva e ampla para controlar as entidades sindicais.

O dispositivo legal que garantiu ao Ministério do Trabalho o direito de intervir nas entidades sindicais não foi uma novidade do governo militar, mas estava garantido desde 1943 pela CLT. No entanto, durante o governo Castello Branco, o Estado brasileiro usou esse dispositivo de maneira repressiva e sistemática para justificar legalmente as intervenções na maioria dos casos. Até 1966, o artigo 528 da CLT determinava que:

> Ocorrendo dissídios ou circunstâncias que perturbem o funcionamento do sindicato, o ministro do Trabalho, Indústria e Comércio poderá nele intervir, por intermédio de delegados com atribuições para administração da associação e executar ou propor as medidas necessárias para normalizar-lhe o funcionamento[47].

46 Entrevista com Paulo Jarbas concedida ao autor em 25/11/2015.

47 Consolidação das Leis do Trabalho, artigo 528. Disponível em: http://www.planalto.gov.br/ccivil_03/decreto-lei/Del5452.htm. Acesso em: 03 jan. 2023.

Esse artigo ganharia nova redação com o Decreto-lei nº 3, de 27 de janeiro de 1966, incluindo, ao lado das circunstâncias que perturbam o funcionamento da entidade sindical, "motivos relevantes de segurança nacional".

Além do artigo 528, os artigos 521 e 549 da CLT também são citados de forma exaustiva para justificar o afastamento de diretorias depostas ou sob investigação e a gestão do patrimônio da entidade sindical. O artigo 521, na alínea "a", versa sobre a "proibição de qualquer propaganda de doutrinas incompatíveis com as instituições e os interesses da Nação, bem como de candidaturas a cargos eletivos estranhos ao sindicato"[48], servindo de justificativa não apenas para a destituição das diretorias, mas impedindo que as diretorias depostas pudessem concorrer novamente às eleições. Para isso, o artigo foi associado à Portaria nº 40, de janeiro de 1965, sobre a qual falarei a seguir.

Já o artigo 549 da CLT, que naquela época tratava dos bens e rendas das entidades sindicais, determinava que eles não poderiam ser alienados sem o conhecimento da Comissão Nacional de Sindicalização e do ministro do Trabalho. Esse dispositivo era acionado sempre que os relatórios dos interventores e os pareceres do Departamento Nacional do Trabalho (DNT) informavam a suspeita de "malversação do dinheiro da entidade"[49].

Entre abril e maio de 1964, segundo levantamento realizado nos Diários Oficiais da União, o Ministério do Trabalho nomeou 242

---

48 Consolidação das Leis do Trabalho, artigo 528. Disponível em: http://www.planalto.gov.br/ccivil_03/decreto-lei/Del5452.htm. Acesso em: 03 jan. 2023.

49 A Lei nº 6.386, de 9.12.1976, que altera dispositivos da Consolidação das Leis do Trabalho e dá outras providências, alterou o artigo 549 para a seguinte redação: "A receita dos sindicatos, federações e confederações só poderá ter aplicação na forma prevista nos respectivos orçamentos anuais, obedecidas as disposições estabelecidas na lei e nos seus estatutos." Consolidação das Leis do Trabalho, artigo 528. Disponível em: http://www.planalto.gov.br/ccivil_03/decreto-lei/Del5452.htm. Acesso em: 03 jan. 2023.

interventores e determinou a intervenção em sete das dez confederações, entre elas o Comando Geral dos Trabalhadores (CGT) e a recém-criada Contag. Cabia aos interventores investigar, identificar e denunciar o passado de lideranças sindicais conhecidas, selando assim o futuro dos dirigentes que planejavam a resistência e a luta pelo atendimento de suas demandas (Estevez; Teixeira, 2015).

Em 21 de janeiro de 1965, o ministro do Trabalho Arnaldo Sussekind publicou a Portaria nº 40, apelidada entre os trabalhadores e trabalhadoras de "AI-5 do movimento sindical". Conforme explica Santana: "ela instruía os interventores a iniciar processos contra as direções depostas pelo golpe, por supostas irregularidades, impedindo-os, pelo exposto na portaria, de retornar ao sindicato via eleição" (2001, p. 151). Está aí expressa claramente a intenção governamental de controlar os sindicatos pela escolha de seus líderes.

Mattos (2009) destacou que, entre 1964 e 1967, os interventores eram líderes em sua maioria ligados aos Círculos Operários Católicos e ao sindicalismo estadunidense que haviam perdido sua hegemonia para o PCB e para o Partido Trabalhista Brasileiro (PTB) nos anos Goulart[50]. No meio rural, outras forças também exerceram o papel de interventores, como o Serviço de Orientação Rural de Pernambuco (Sorpe), e o Serviço de Assistência Rural (SAR), no Rio Grande do Norte. Na Contag, a junta governativa que assumiu a entidade após o afastamento dos antigos líderes era composta por sindicalistas ligados aos Círculos.

De acordo com Ricci (2009), havia um acordo entre militares e setores da Igreja para manter a organização sindical dos trabalhadores e trabalhadoras rurais. O combinado era unificar as diversas instâncias

---

50 A Confederação Internacional de Operários e Sindicatos Livres (CIOSL), por exemplo, foi a entidade ligada ao sindicalismo estadunidense de maior proeminência no Brasil nesse período e buscou controlar entidades sindicais por meio do oferecimento de benesses aos associados, tais como diárias e passagens a dirigentes sindicais que desejassem fazer cursos de formação nos Estados Unidos da América e México, entre outros países. Esses cursos estavam impregnados de ideologia anticomunista. Para maiores informações, ver: Frederico (2010).

locais em uma única base — o Sindicato de Trabalhadores Rurais (STR) —, mantê-las abertas, principalmente aquelas sob controle da Igreja, e ter indicações de interventores da Igreja. A manutenção da organização sindical se deu porque: "para o regime que se constituía, marcado por uma proposta modernizadora da economia e da sociedade, não se tratava de eliminar o sindicalismo rural, mas sim de lhe dar outra direção, mais condizente com os novos tempos" (Medeiros, 1989, p. 88).

O interventor nomeado pelos militares para a direção da Contag foi José Rotta, católico circulista que dirigia a Fetaesp. Era, portanto, alguém familiar às pautas dos trabalhadores e trabalhadoras rurais, mas que se diferenciava da linha de condução desenvolvida pelas forças presentes na direção anterior da Contag, com origens na militância do PCB. Muitos dos interventores que passaram a ocupar os cargos de direção no interior das instâncias de representação do MSTTR tinham origem em setores da Igreja que disputavam a hegemonia da representação dos trabalhadores e trabalhadoras rurais com os comunistas no pré-golpe. Isso significou que os interventores não eram sujeitos deslocados e exteriores ao movimento sindical, mas também atuavam na defesa dos sujeitos do campo, de acordo com sua visão de mundo.

A intervenção na Contag durou até 1965. Naquele momento, seis federações estaduais já haviam se reorganizado (São Paulo, Bahia, Rio Grande do Sul, Sergipe, Pernambuco e Paraíba), e as eleições para a confederação foram convocadas. O resultado das eleições legitimou os interventores pelo voto. A chapa eleita para a diretoria da Contag na gestão 1965-1968 tinha a seguinte composição: José Rotta, de São Paulo, como presidente; Euclides Nascimento, de Pernambuco, como primeiro vice-presidente; João Almeida Cavalcanti, do Rio Grande do Sul, como secretário-geral; Agostinho José Neto, do Rio de Janeiro, como tesoureiro (Barcellos, 2008, p. 88)[51]. "A chapa de 1965 parece incorporar diversos segmentos apoiados e/ou articulados pela Igreja no

51 Para consultar as diretorias efetivas da Contag, ver anexo 3.

processo de competição política que antecedeu o golpe militar, indicando que esses setores eram heterogêneos" (Tavares, 1992, p. 109). Muitos dos quadros ligados à Igreja que ocuparam cargos nos sindicatos estavam imbuídos de uma concepção de direitos que os faziam defender a necessidade do combate às variadas formas de opressão que atingia os homens e mulheres que viviam no campo no Brasil (Medeiros, 2014b).

Francisco Urbano Araújo Filho, que esteve na direção da Federação dos Trabalhadores na Agricultura do Estado do Rio Grande do Norte entre 1966 e 1974, quando assumiu o cargo de secretário-geral da confederação, vindo a se tornar presidente da entidade entre 1992 e 1998, destacou que a realização da eleição para a diretoria da Contag em 1965 foi um sinal de que a repressão não foi absoluta. Embora encabeçada por José Rotta, a chapa vitoriosa contou com dirigentes de diversas federações que, em muitos casos, foram escolhidos por meio de um processo de composição de chapa negociado pelas lideranças estaduais do movimento sindical. A chapa escolhida e vitoriosa foi ratificada pelo Ministério do Trabalho, sem sofrer interferência. Esse fato aponta que a repressão do Estado à Contag não atingia todas as atividades da confederação. Havia espaços de atuação com certa liberdade, que foram utilizados pelos dirigentes quando possível. Com isso, a Contag não deixou de negociar com o governo militar, mesmo sabendo que o contexto não era favorável às causas dos trabalhadores e trabalhadoras rurais, de acordo com Francisco Urbano. Para o dirigente sindical, a pauta de reivindicações da Contag levava à instituição a ter que negociar com o Estado, foco da demanda dos trabalhadores.

A atuação da Contag, sob a liderança de José Rotta, focou em organizar a entidade e dar apoio assistencial aos trabalhadores. Para Agostinho José Neto, tesoureiro da confederação entre 1965 e 1968, a Contag, naquele momento, não passava de um "monte de papéis". Com isso, o líder sindical buscou destacar que o trabalho da confederação se concentrou em atividades burocráticas em detrimento de atividades diretas de mobilização com os trabalhadores. Para o diretor, não havia campo de luta naquele momento por conta do controle político exercido por forças ligadas ao governo. Agostinho mencionou em sua entrevista que: "o delegado do DOPS disse que sabia a hora que a gente chegaria e saía de casa, que sabia até o ônibus que a gente pegava"[52].

Um dos trabalhos aos quais os novos dirigentes da Contag se dedicaram foi à organização da estrutura sindical com o objetivo de fazer valer a recém-regulamentada contribuição sindical. Até então chamado de imposto sindical, esse dispositivo foi disciplinado, desde 1943, na CLT, pelos artigos 578 a 610. A Lei nº 5.172/1966, que dispunha sobre o Sistema Tributário Nacional e instituiu normas gerais de direito tributário aplicáveis à União, Estados e Municípios, passou a chamar o dispositivo de contribuição sindical.

A contribuição foi um passo importante para a sustentabilidade financeira das entidades, permitindo a estruturação da confederação, federações e sindicatos. Foi com esse recurso que a confederação adquiriu seu patrimônio e expandiu e fortaleceu a estrutura sindical nos anos subsequentes.

No início dos trabalhos da Contag, o Círculo Operário do Rio de Janeiro emprestou sala e equipamentos para a entidade, dando-lhe condições mínimas de funcionamento para exercer suas atividades. Para José Gonçalves, assessor na Federação de Pernambuco quando Rotta era presidente da Contag, o apoio dos Círculos foi fundamental para a manutenção das atividades sindicais dos trabalhadores e trabalhadoras rurais, ainda que com limites[53]. De acordo com Francisco Urbano de Araújo Filho[54], após o golpe, a Contag também teve apoio

---

52 Entrevista concedida por José Neto Agostinho a Leonilde Servolo de Medeiros no dia 09 de novembro de 1982, disponível no NMSPP/CPDA/UFRRJ.

53 Entrevista com José Gonçalves concedida ao autor em 24/10/2014.

54 Entrevista com Francisco Urbano de Araújo Filho concedida ao autor em 22/10/2015.

da Contec, que ofereceu dinheiro e estrutura física para que a confederação se mantivesse funcionando[55].

Outra ação de destaque na gestão de Rotta, de acordo com alguns entrevistados, foi a criação de delegacias regionais, responsáveis pela articulação dos estados de cada região. Essas delegacias eram dirigidas por lideranças escolhidas por Rotta em negociação com os dirigentes das federações. Entre as ações promovidas nas delegacias estava a realização de encontros regionais sobre temas diversos. José Gonçalves contou que assessorou a delegacia do Nordeste e que, nesse contexto, promoveu encontros para debater, por exemplo, questões relacionadas ao setor canavieiro[56].

Outro momento de destaque nesse período foi o congresso de trabalhadores rurais, em 1966, que contou com o patrocínio do recém-criado Instituto Nacional de Desenvolvimento Agrário (Inda) (Medeiros, 1989). As questões abordadas no congresso referiram-se ao Estatuto da Terra[57], ao Estatuto do Trabalhador Rural, à Previdência Social, direito à greve etc. A questão da reforma agrária apareceu de forma tímida, apenas na solicitação de que o Instituto Brasileiro de Reforma Agrária (Ibra) tornasse a lei uma realidade concreta: "[...] quer pela caracterização do maior número possível de áreas prioritárias, com a consequente desapropriação, quer pela imediata adjudicação das terras desapropriadas aos trabalhadores" (Medeiros, 1989, p. 91). Para

---

55 A Contec foi presidida por Rui Brito de Oliveira Pedrosa entre outubro de 1965, em substituição a Aluísio Palhano Pedreira Ferreira (1963-1964), cujo mandato foi cassado no contexto do golpe, e outubro de 1972, quando a entidade sofreu nova intervenção por parte do Ministério do Trabalho.

56 Entrevista com José Gonçalves concedida ao autor em 24/10/2014.

57 O Estatuto da Terra (Lei nº 4.504, de 30 de novembro de 1964) foi definido em seu artigo 1º como "lei [que] regula os direitos e obrigações concernentes aos bens imóveis rurais, para os fins de execução da Reforma Agrária e promoção da Política Agrícola". De acordo com Medeiros (1989), era formada de duas partes bastante distintas: uma sobre reforma e outra sobre desenvolvimento.

Medeiros (1989), apesar da resistência organizada ter desaparecido, as conclusões desse congresso sugerem que as demandas anteriores permaneciam vivas e, em alguns aspectos, estavam presentes nas organizações impostas aos trabalhadores.

De acordo com o relato de Francisco Urbano, a inclusão do tema reforma agrária no documento final do congresso se deu devido a atuação estratégica de um advogado da federação do Rio Grande do Norte, Edson Luís Sena, em acordo com alguns dirigentes sindicais. Francisco Urbano contou que faltava equipe técnica com habilidade para relatar as discussões dos grupos de trabalho e fazer o relatório final do congresso, que seria apresentado no final do evento. Diante disso, Rotta pediu o apoio de Edson Luís Sena para esta atividade. Edson, por sua vez, combinou com alguns dirigentes que se isolaria e desapareceria até a manhã seguinte para concluir o documento e entregá-lo nos momentos anteriores a sua leitura final, antes da sua aprovação. Isso daria pouco ou nenhum tempo para debate do material e aumentaria a chance de o tema "reforma agrária" permanecer no documento final, que foi lido e aprovado sem debates[58]. A memória de Francisco Urbano sobre esse episódio ilustra as dificuldades de se tratar de temas considerados contrários a visão do governo militar em exercício.

No entanto, apesar de o tema da reforma agrária ter sido tratado no congresso, as propostas apareciam de forma difusa. Isso ajuda a explicar o fato de que, na lembrança de Acácio Fernandes dos Santos, dirigente da Federação de Trabalhadores na Agricultura do Estado do Rio de Janeiro (Fetag-RJ), as discussões foram basicamente sobre a questão da previdência, da legislação, e não foram muito discutidas questões referentes à reforma agrária. A luta pela reforma agrária, nesse sentido, parece ter perdido força naquele momento, não porque os

58 Entrevista com Francisco Urbano de Araújo Filho concedida ao autor em 22/10/2015.

trabalhadores e trabalhadoras desacreditaram dela, mas devido à dificuldade em se falar do tema: "Não se falava em reforma agrária. Falar com o grupo que estava no poder de reforma agrária era uma piada. A gente falava, fazia discursos por aí afora, mas na prática, pra exigir era difícil, não tinha condição mesmo"[59].

Na avaliação de Acácio, esse congresso foi importante, pois fez com que os dirigentes presentes percebessem que o funcionamento dos sindicatos era permitido e que o movimento estava vivo, tirando um pouco o medo que sentiam de se organizar em virtude da repressão[60]. Perguntado sobre a ação do Delegacia de Ordem Política e Social (DOPS) no congresso, Acácio esclareceu que esse problema não existiu, pois o presidente da Contag era José Rotta, que havia sido o interventor nomeado pelo governo. Além disso, o congresso foi realizado junto com o Inda, um órgão do Estado[61]. Isso fazia a presença de policiais e do exército desnecessária, pois o Estado já tinha seus representantes naquele espaço.

Porém, o trabalho conduzido por Rotta não era consensual entre todas as entidades do movimento sindical. Ao longo do mandato do dirigente paulista, líderes sindicais de outros estados se articularam para fazer oposição à direção constituída. O processo de sedimentação da oposição a Rotta teve início principalmente nos sindicatos e federações ligados ao Serviço de Orientação Rural, grupo ligado a setores da Igreja Católica de segmento diferente ao grupo de José Rotta, que era relacionado aos Círculos Operários.

---

59 Entrevista com José Neto Agostinho concedida a Leonilde Servolo de Medeiros no dia 09/11/1982, disponível no NMSPP/CPDA/UFRRJ.

60 Entrevista com Acácio Fernandes dos Santos concedida a Leonilde Servolo de Medeiros no dia 26/10/1982, disponível no NMSPP/CPDA/UFRRJ.

61 Entrevista com Acácio Fernandes dos Santos concedida a Leonilde Servolo de Medeiros no dia 26/10/1982, disponível no NMSPP/CPDA/UFRRJ.

DA ELEIÇÃO DE JOSÉ FRANCISCO DA SILVA ATÉ O 3º CONGRESSO (1968-1979)

Novas eleições para a Contag aconteceram em 1968, e um grupo descontente com o domínio de José Rotta criou uma chapa para concorrer à diretoria. De acordo com Ricci (2009), os principais temas da chapa de oposição foram a denúncia de corrupção que envolvia a direção da Contag e a luta pelos direitos dos trabalhadores e trabalhadoras e trabalhadoras rurais inscritos na legislação brasileira. A chapa de oposição era encabeçada por José Francisco da Silva, dirigente oriundo de Pernambuco, e terminou por vencer as eleições, derrotando seu opositor por um voto.

De acordo com José Gonçalves, ex-assessor da Contag, foi no contexto das atividades desenvolvidas nas delegacias sindicais criadas na gestão de Rotta que se articulou a criação de uma chapa de oposição a ele. Gonçalves explicou que os encontros realizados nas delegacias facilitaram a articulação de dirigentes sindicais de diferentes estados, que dialogaram e se uniram para constituir uma chapa de oposição[62]. Já Francisco Urbano contou que a articulação para a construção dessa chapa começou a ser desenvolvida em um congresso que ocorreu em 1967, no Rio de Janeiro, e que foi organizado pela Contag e pela Contec. Tratou-se de uma conferência intersindical com trabalhadores rurais e bancários, entre outros. Nesse evento, lideranças de Pernambuco se aproximaram das lideranças do Rio Grande do Sul e do Rio de Janeiro que faziam parte da então direção da Contag: José Agostinho Neto, tesoureiro, do Rio de Janeiro, e João de Almeida Cavalcante, secretário-geral, do Rio Grande do Sul[63].

---

62 Entrevista com José Gonçalves concedida ao autor em 24/10/2014.

63 Entrevista com Francisco Urbano de Araújo Filho concedida ao autor em 22/10/2015.

Essa eleição é identificada pelos dirigentes que então assumiram a direção da entidade como um momento de ruptura institucional por ter ocorrido a "retomada" da entidade pelos "representantes legítimos" dos trabalhadores (Medeiros, 2014b). Essa interpretação é hegemônica tanto no meio sindical como na literatura acadêmica, tendo como principal porta-voz Moacir Palmeira (1985, p. 46). Contudo, ela não é unânime. Para Tavares (1992), a ideia de "retomada" precisa ser relativizada como uma ruptura radical, quando, na verdade, para esse autor, parece ter acontecido uma estratégia de penetração na estrutura da Contag pelas lideranças pernambucanas formadas pelo Sorpe.

Para justificar o argumento, Tavares cita a eleição para a Contag de 1965, quando a chapa liderada por José Rotta contou com a participação de sindicalistas de diferentes partes do país, inclusive Euclides Nascimento, de Pernambuco. Nas palavras de Tavares: "o papel jogado por Nascimento foi muito importante, no sentido de que atuou como ponte, abrindo as portas para que, em 1967, a liderança pernambucana pudesse disputar a hegemonia na confederação" (Tavares, 1992, p. 109). Além disso, de acordo com Tavares, "dados de entrevista mostram que o objetivo inicial era desalojar José Rotta da presidência da Contag, mantendo-o na diretoria, mas em cargo secundário. O ex-interventor, no entanto, não aceitou passivamente sair do centro do cenário e então duas chapas disputaram o pleito" (Tavares, 1992, p. 110).

Se por um lado é necessário relativizar a ideia de "retomada", por outro não se pode ignorar o significado atribuído pelas lideranças a esse momento: a retirada da presidência de uma pessoa nomeada pelo governo militar e a ascensão de alguém sem vinculação com a intervenção sofrida após o golpe. A chapa vencedora, no entanto, não era composta exclusivamente por dirigentes que faziam oposição à direção estabelecida, mas também por lideranças que foram parte da direção anterior, entre os quais estavam Euclides Nascimento, de Pernambuco, e Agostinho José Neto, do Rio de Janeiro. Ambos faziam parte da direção em exercício liderada por Rotta.

A avaliação do grupo que buscava assumir a direção da Contag era de que não seria possível ganhar as eleições sem as lideranças que então compunham a diretoria, uma vez que a chapa era eleita por votação de um colégio eleitoral formado por um representante de cada federação[64]. Sobre o processo de composição de chapa, José Francisco destacou:

> E na Contag, era um voto por estado. Para se candidatar, disputar uma chapa, bastava ser sindicalizado, entendeu? Isso era da própria lei, do próprio estatuto do trabalhador rural. Agora, você se candidatava, duas chapas, três chapas, para disputar aqueles onze votos[65]. É claro que você não tinha condições, se não houvesse uma articulação muito grande, não tinha condições. Para duas já foi difícil! Fizemos uma articulação com a oposição, que se somou seis estados[66].

---

64 O artigo 538 da CLT regulava o processo de escolha dos dirigentes das confederações. De acordo com a lei: "art. 538. A administração das federações e confederações será exercida pelos seguintes órgãos:
a) diretoria;
b) conselho de representantes.
§ 1º A diretoria será constituída, no máximo, de sete e, no mínimo, de três membros, eleitos pelo conselho dos representantes, com mandato por dois anos.
§ 2º O presidente da federação ou confederação será escolhido, dentre os seus membros, pela diretoria.
§ 3º O conselho dos representantes será formado pelas delegações dos sindicatos ou das federações filiadas, constituída cada delegação de dois e quatro membros respectivamente conforme se tratar de Federação e de confederação, com mandato por dois anos, cabendo um voto a cada delegação". Disponível em: http://www.planalto.gov.br/ccivil_03/decreto-lei/Del5452.htm. Acesso em: 03 jan. 2023.

65 Em 1968, havia 11 federações em situação legal no país.

66 Entrevista com Josefa Martins Reis e José Francisco da Silva concedida a Leonilde Medeiros no contexto da pesquisa Movimentos sociais e formação de militantes: uma reflexão sobre as experiências do meio rural brasileiro, disponível no NMSPP/CPDA/UFRRJ.

E continua:

> Aí foi fácil a gente articular essa questão do Rio Grande do Sul, Rio de Janeiro, Pernambuco, Rio Grande do Norte... e Sergipe. [...] E a gente articulou com a Paraíba também. Era onze e a gente estava contando com sete a quatro. [...] A gente contou com oito. Contou com um cearense lá. O cearense fracassou, fraquejou. Porque a pressão foi violenta, na retomada da Contag, foi violenta. Porque de um lado estava o poder, estava o Estado, o Ministério do Trabalho lá dentro, não é?[67]

O processo de convencimento dos dirigentes estaduais foi intenso. Segundo José Francisco, oito estados foram convencidos a votar na chapa de oposição a Rotta durante o período de campanha. Contudo, desse total, seis realmente confirmaram esta posição, suficiente para garantir a vitória de José Francisco: Pernambuco, Rio Grande do Norte, Alagoas, Sergipe, Rio Grande do Sul e Rio de Janeiro. Na véspera da votação, o dirigente da Paraíba se sentiu mal e foi para o hospital, ainda segundo a narrativa de José Francisco. Seu substituto não manteve posição favorável à oposição. Além disso, o dirigente do Ceará também mudou de voto[68].

A história da apuração das eleições entre José Rotta e José Francisco foi repetida por vários entrevistados e tem *status* de episódio heroico na história do MSTTR, tendo marcado a memória de muitos dirigentes.

---

67 Entrevista com Josefa Martins Reis e José Francisco da Silva concedida a Leonilde Medeiros no contexto da pesquisa Movimentos sociais e formação de militantes: uma reflexão sobre as experiências do meio rural brasileiro, disponível no NMSPP/CPDA/UFRRJ.

68 Entrevista com Josefa Martins Reis e José Francisco da Silva concedida a Leonilde Medeiros no contexto da pesquisa Movimentos sociais e formação de militantes: uma reflexão sobre as experiências do meio rural brasileiro, disponível no NMSPP/CPDA/UFRRJ.

Um dos relatos de destaque é o de Francisco Urbano, que contou em detalhes os momentos da apuração:

> Começou o primeiro voto: Zé Rotta, Zé Rotta, Zé Rotta, até cinco votos. Um, dois, três, quatro, cinco votos — nós tremendo lá. É que a gente sabia que alguns companheiros seriam presos no Rio de Janeiro. O Rotta, ganhasse a eleição, naquele mesmo dia ele entregava alguns companheiros e alguns seriam presos, ou preso quando chegasse em cada cidade nossa. [...] Bom, e aí começa a apuração. Agora, todo mundo sabe o que é agarrar a tua mão na cadeira? Que que vai acontecer no sexto? José Francisco. Empatou cinco a cinco. E o cara [que fazia a apuração] sacana fazia sempre sensação, fazia pra matar a gente um pouquinho antes. Aí o último voto, ele pegou, olhou assim, olhou pro presidente da mesa, olhou assim "José...", aí o cara olhou pra ele como 'me diga logo essa porra aí'. "José Francisco". Todo mundo gritou, pulou, o cara se levantou, disse: "quero ordem na mesa, ordem no plenário". Se a gente bagunçasse, ele, não... aí todo mundo entendeu. Tem que ficar aqui que é pra lavrar a ata[69].

Em suma, o que parece ter havido na vitória da chapa liderada por José Francisco em 1968 foi uma composição entre lideranças para assumir os postos de direção da confederação. Dessa forma, dirigentes com concepções políticas distintas passaram a codirigir a entidade a partir de então.

Tavares (1992) contou que houve tentativas de anular esse resultado, que, no entanto, resultaram infrutíferas. O trabalho de composição da chapa de oposição a Rotta e a possível vitória de José Francisco de nada adiantaria se o resultado das urnas não fosse validado pelo Ministério do Trabalho, o que aconteceu.

---

69 Entrevista com Francisco Urbano de Araújo Filho concedida ao autor em 22/10/2015.

Uma das primeiras ações da nova diretoria eleita foi realizar um encontro nacional com as onze federações existentes para promover a integração e planejar a ação articulada do Movimento Sindical de Trabalhadores Rurais. José Francisco se lembra que entre a posse, em março de 1968, e o encontro, em julho, houve tempo apenas de planejar a atividade e convencer as federações a participar. A integração das federações era um passo importante naquele momento na concepção dos dirigentes sindicais eleitos para refazer os laços rompidos e disputas geradas nas eleições do ano anterior, quando duas chapas disputaram a direção da confederação.

Esse encontro foi chamado de "Seminário de Integração dos Programas da Contag, Delegacias da Contag, Federações", mas ficou conhecido pelos dirigentes sindicais como Encontro de Petrópolis, por ter acontecido naquela cidade fluminense. O Encontro de Petrópolis traçou linhas de atuação do MSTTR, entre as quais se destacou a reorganização e integração do movimento sindical e a realização de ações de educação[70]. Nas palavras de José Francisco, foi necessário:

> [...] Centrar a discussão em torno das principais bandeiras do movimento e não em torno de divergência [...]. E, para tanto, [...] tirar uma linha de ação do movimento [...], para reestruturar o movimento e aproveitar as brechas, os espaços que tinha, para defender os trabalhadores, de acordo com a sua realidade[71].

---

70 Entrevista com Josefa Martins Reis e José Francisco da Silva concedida a Leonilde Medeiros no contexto da pesquisa Movimentos sociais e formação de militantes: uma reflexão sobre as experiências do meio rural brasileiro, disponível no NMSPP/CPDA/UFRRJ.

71 Entrevista com Josefa Martins Reis e José Francisco da Silva concedida a Leonilde Medeiros no contexto da pesquisa Movimentos sociais e formação de militantes: uma reflexão sobre as experiências do meio rural brasileiro, disponível no NMSPP/CPDA/UFRRJ.

De acordo com Francisco Urbano, o Programa de Integração Nacional: "[...] definiu toda uma estratégia de como você trabalhar e fortalecer, assim 'use a lei', pra poder fazer as reuniões. O que a gente discutia lá não estava escrito. Porque ia ser preso se escrevesse"[72]. No trecho a seguir, Francisco Urbano comentou com mais detalhes sobre o Programa.

> E aí começou a ter um grande debate no Sul, porque a gente só falava em reforma agrária e direito trabalhista e o Sul queria política agrícola. Naquela época, ele já falava. Então criou-se um grande programa chamado Programa de Integração Nacional. Acho que até aí nunca ninguém tinha falado sobre isso. Nós passamos uma semana no Rio de Janeiro, com a eleição do Zé Francisco, trancado todo mundo, pau quebrando com dirigente conservador, aí vem os assessores, pessoal progressista, de esquerda. Então nós criamos um grande programa de integração nacional. O que que era esse? Era um programa pra discutir política agrícola, um programa pra discutir reforma agrária, um programa pra discutir direito trabalhista. E um programa de formação, capacitação e organização sindical. Que era todo programa de capacitação. Você tinha um programa de capacitação para a organização sindical e dentro dele você colocava os interesses de cada grupo. Então nós íamos discutir agora com o pequeno produtor tudo que ele queria. E não ficar discutindo reforma agrária com ele, né? Isso facilitou. Nós estamos juntos até hoje e agora começamos a se dividir [refere-se ao processo de dissociação sindical dos assalariados da Contag em curso no momento da entrevista][73].

72 Entrevista com Francisco Urbano de Araújo Filho concedida ao autor em 22/10/2015.

73 Entrevista com Francisco Urbano de Araújo Filho concedida ao autor em 22/10/2015.

Na nova gestão, portanto, três linhas de atuação marcaram a ação da Contag até 1979: 1) a busca constante pela expansão e construção da unicidade sindical (característica, aliás, que marca toda a trajetória da Contag, até 2015); 2) a ação educativa e de formação; 3) a orientação da luta por meio das vias legais de ação e diálogo. A atuação da Contag nesse período deve ser entendida considerando-se o contexto da época, de forte repressão do governo em exercício às organizações de trabalhadores, e a trajetória das suas lideranças, muitas delas forjadas em uma militância ligada a setores da Igreja Católica, que prezavam pelo diálogo e negociação como meio de atuação. Aqui, discutirei principalmente o primeiro ponto — expansão e construção da unicidade sindical —, retomando as demais questões à frente.

A ideia da expansão da estrutura sindical no país era criar federações e sindicatos em que esses não existissem. O primeiro passo foi formar delegacias sindicais nas quais não havia presença do MSTTR para fomentar a criação de sindicatos e federações. Foi o que aconteceu, por exemplo, nos estados de Minas Gerais (1968), Santa Catarina (1968), Goiás (1970), Piauí (1970), Mato Grosso (1971) e Maranhão (1972)[74]. O trabalho de reconstrução sindical em todo o país era importante para recuperar os sindicatos que haviam sido fechados ou sofrido intervenção após o golpe de 1964, e para criar e expandir a malha sindical, ampliando a capilaridade do MSTTR e a interlocução política com atores locais nas diferentes regiões.

De acordo com notícia do Boletim Trabalhador Rural, publicação da Contag, a expansão do sindicalismo entre os trabalhadores e trabalhadoras rurais brasileiros foi um dos pontos altos da atuação da Contag

74 Os anos entre parênteses correspondem às datas de criação das federações estaduais. Entrevista com Josefa Martins Reis e José Francisco da Silva concedida a Leonilde Medeiros no contexto da pesquisa Movimentos sociais e formação de militantes: uma reflexão sobre as experiências do meio rural brasileiro, disponível no NMSPP/CPDA/UFRRJ.

nos seus primeiros dez anos de existência. Se em seu primeiro ano a Contag tinha 475 sindicatos filiados, dez anos depois havia 1881, atingindo 47,51% dos municípios brasileiros, com mais de dois milhões de trabalhadores sindicalizados[75]. Somente entre 1971 e 1980 foram criados mais 1.200 STR, de acordo com Ricci (1999).

O processo de criação de novos sindicatos não se fazia sem dificuldades. Francisco Urbano se lembra que a interferência do Ministério do Trabalho nas entidades sindicais ainda era grande no final dos anos 1960 e ao longo da década de 1970, que incluía ações como o impedimento de algum candidato participar das eleições sindicais por meio de uma ação arbitrária[76].

Para ampliar o número de sindicatos, foi importante a constituição de uma equipe de assessoria na Contag. E se estimulou que ele fosse feito nas federações. Aquelas que não tinham condições financeiras para isso contaram com o apoio da confederação[77]. José Gonçalves explicou em sua entrevista como foi estruturada a equipe de assessores e assessoras da Contag, comparando o modelo criado na gestão de José Francisco com o modelo de gestão anterior, de José Rotta:

> Enquanto o Rotta trabalhava com departamentos — departamento jurídico, departamento agrário, departamento isso, departamento aquilo — isolado, sem ter uma comunicação, sem ter um trabalho de congraçamento, nós chegamos lá e tiramos logo o nome de departamento para assessoria: assessoria jurídica, assessoria educacional, assessoria contábil,

---

75 O Trabalhador Rural, Ano 6, nº 1, janeiro 1974.

76 Entrevista com Francisco Urbano de Araújo Filho concedida ao autor em 22/10/2015.

77 Entrevista com Josefa Martins Reis e José Francisco da Silva concedida a Leonilde Medeiros no contexto da pesquisa Movimentos sociais e formação de militantes: uma reflexão sobre as experiências do meio rural brasileiro, disponível no NMSPP/CPDA/UFRRJ.

> assessoria de reforma agrária. Com isso, na minha mente e na mente dos nossos dirigentes que estavam comigo — Zé Francisco e companhia limitada —, com isso a gente desmontava aquela linha capitalista, que o cara, no seu departamento, também tem seu chefe, depois tem os seus subalternos, certo? Aqui, não. *Com a assessoria, você vai ter um trabalho mais horizontal*. Um trabalho mais conjunto. E foi com isso que a gente reuniu a primeira equipe da Contag, com contador, com advogado, com sociólogo, com educador. Com as peças que a gente tinha[78].

Um dos mais importantes princípios dessa reconstrução e expansão sindical foi a busca pela unicidade sindical entre as diferentes organizações que compunham o movimento sindical — sindicatos, federações e confederação. O princípio da unicidade sindical estava descrito na CLT, em seu artigo 516, que dizia: "Não será reconhecido mais de um Sindicato representativo da mesma categoria econômica ou profissional, ou profissão liberal, em uma dada base territorial"[79].

O princípio da unicidade alimentava a concepção da Contag de unidade da base, importante para fortalecer o sistema sindical de trabalhadores e trabalhadoras rurais que se forjava no país e para criar uma identidade para o movimento sindical a despeito das divergências de concepções políticas entre as diversas entidades que compunham o MSTTR.

O processo de construção da unicidade sindical foi permeado por disputas. Talvez a mais famosa delas seja aquela entre os trabalhadores do Sul, em grande medida preocupados com questões agrícolas, e os do Nordeste, conhecidos por se identificarem mais com questões de política agrária e salarial. Portanto, a construção da unidade sindical deve ser vista como uma ação forjada politicamente pela Contag, que procurava dar as diretrizes ao conjunto das federações e dos sindicatos,

78 Entrevista com José Gonçalves concedida ao autor em 24/10/2014, grifo meu.

79 Disponível em: http://www.planalto.gov.br/ccivil_03/decreto-lei/Del5452.htm. Acesso em: 03 jan. 2023.

ao mesmo tempo em que consolidava sua estrutura e constituía suas propostas (Palmeira, 1985; Tavares, 1992; Picolloto; Medeiros, 2016).

Havia um entendimento entre dirigentes, assessores e assessoras da Contag entrevistados e entrevistadas de que o trabalho de base de reconquista e criação de novos sindicatos era uma atividade possível diante do contexto de repressão e redução das possibilidades de ação de enfrentamento direto vividas pelos movimentos sociais durante a ditadura. Ao mesmo tempo, o trabalho de base era importante para o fortalecimento do MSTTR e daria as bases de sustentação para a emergência de um movimento sindical mais combativo quando o governo militar arrefecesse.

Essa é uma visão compartilhada pelos atores *a posteriori*. Ainda que houvesse na época um entendimento de que essa era uma ação possível diante do contexto, era difícil prever por quanto tempo seria necessário atuar de forma mais sutil e com menos combates diretos, de modo a evitar a repressão. De acordo com Ricci, essa posição política estava pautada em uma leitura específica dos assessores e assessoras da Contag: "[...] para quem a conquista gradual da democracia e do Estado de Direito não rimava com pressões políticas constantes que fossem interpretadas como provocação" (Ricci, 2009, p. 328).

Uma das expressões dos esforços da Contag em ampliar sua rede sindical é a grande quantidade de audiências que a confederação realizou com o Ministério do Trabalho na época, conforme identificado nos relatórios anuais da Contag. A assessoria sindical da Contag acompanhava constantemente os processos das federações e sindicatos que tramitavam no Ministério do Trabalho, principalmente aqueles que tratavam de investidura sindical. Tratava-se de um processo contínuo e cotidiano e um trabalho quase invisível para quem analisa as ações coletivas de movimentos sociais, mas fundamental para a expansão e perenidade do sindicalismo. Um trabalho que expressa as duas dimensões da atuação de um movimento sindical: a dimensão invisível de um trabalho cotidiano de acompanhamento, pressão e articulação e uma ação de pressão sobre as autoridades estatais.

A forte relação da Contag com o Ministério do Trabalho nos anos 1970 se deve à necessidade de a confederação ter os seus sindicatos e federações reconhecidos por essa estrutura do Estado, conforme determinava a lei. De acordo com o relatório anual de 1972: "Durante o ano de 1972, por motivo de Investidura Sindical, realizaram-se várias audiências com o Sr. Ministro do Trabalho, com o Secretário Geral e Secretário do MTPS e com o Diretor do Departamento Nacional do Trabalho (DNT)" (Contag, 1972, p. 4).

Um fato que contribuiu para o crescimento do número de sindicatos e, por sua vez, do sistema contaguiano, foi a criação do Fundo de Assistência e Previdência do Trabalhador Rural (Funrural), em 1971, pelo governo federal. De acordo com Ricci (2009), o Funrural estava previsto no Estatuto do Trabalhador Rural (Lei nº 4.214, de 1963), mas só foi criado em 1971: "o fato é que, via assistencialismo ou construção da unidade e laços de lealdades entre dirigentes sindicais rurais, o sindicalismo de trabalhadores rurais prosperou nos anos 70" (Ricci, 2009, p. 329).

De acordo com Tavares: "a extensão ao campo de benefícios e de assistência à saúde, repassados através dos sindicatos de trabalhadores rurais, estimulou a sindicalização rural ao longo dos anos 70 e 80" (Tavares, 1992, p. 23). Além disso, os benefícios previdenciários também influenciaram no aumento da procura de trabalhadores pelos sindicatos. Com isso, uma grande rede dos sindicatos de trabalhadores e trabalhadoras rurais se constituiu.

Em meio à expansão do movimento sindical, a Contag mudou sua sede do Rio de Janeiro para Brasília, em 1972. Inicialmente se estabeleceu em uma sede provisória com a maioria dos seus funcionários. Nesse ano, foi inaugurado o Cesir, em sede provisória, também em Brasília, para a realização de encontros destinados à capacitação e aperfeiçoamento de lideranças, orientadores, orientadoras, assessores e assessoras sindicais. A construção do que viria a ser a sede definitiva da Contag e do Cesir teve início em 1973. Esses fatos são indicativos do processo de expansão pelo qual a entidade passava.

Outro encontro destacado como particularmente importante para o MSTTR por alguns entrevistados foi o de Itaparica, na Bahia, em 1970. Esse encontro teve o objetivo de reunir sindicalistas com setores da Igreja que atuavam junto ao MSTTR para buscar recuperar o apoio desse segmento para a luta do movimento sindical. A avaliação da Contag era que setores da Igreja haviam se afastado das lutas no campo. Para expressar esse afastamento, José Gonçalves descreveu que a Igreja vinha mantendo uma ação "flácida", embora não "entregue", em algumas federações. Já nas palavras de Josefa Reis, que foi assessora educacional da Contag, a Igreja estava "recuada"[80].

A Contag convidou os principais bispos do Brasil com histórico de participação e apoio às lutas do campo para debater reforma agrária. Estiveram presentes, entre outros, Dom Edmundo, do Rio Grande do Sul, Dom Pelé, da Paraíba, Dom Zé Brandão, de Sergipe, Dom Zé Rodrigues, da Bahia.

O encontro durou dez dias e grande parte da programação foi dedicada ao debate da questão da comunicação no movimento sindical. Para isso, a Contag convidou o Centro de Comunicação Social do Nordeste (Cecosne), com o objetivo de oferecer ferramentas de comunicação que facilitassem a aproximação do movimento sindical das bases em todo o Brasil[81]. José Gonçalves destacou outros aspectos do encontro:

> Agora, foi antecedido por seis dias de comunicação, dada pela Faculdade de Comunicação do Recife. Veio um grupo de lá treinar a gente em processos educacionais explicando como é que se faz um jornal, como é que a gente pode colaborar com as notícias para um jornal — jornal da cidade dele — e tudo, quais são as nossas atitudes perante os meios de

80 Entrevista com Josefa Martins Reis (Zefinha) e José Francisco da Silva concedida ao autor em 17/03/2017.

81 Entrevista com Josefa Martins Reis (Zefinha) e José Francisco da Silva concedida ao autor em 17/03/2017.

comunicação que estavam surgindo também, que não são os meios de hoje. Que hoje já está bem mais avançado. Olha a preocupação! Seis dias, a gente, interno, lá. E os três últimos dias com a bancada de bispos, técnicos da igreja, dirigentes sindicais de federações e companhia limitada[82].

Ainda, outro encontro nacional realizado pela Contag nesse período de destaque foi a segunda edição do congresso da Contag, em 1973. Na memória dos entrevistados, esse evento foi marcado pela tentativa dos militares de impedir o debate sobre o tema da reforma agrária. De acordo com Josefa Reis, o Ministério do Trabalho, na época sob a chefia de Júlio Barata, chegou a impedir a realização da atividade.

Para lidar com a proibição, José Francisco reuniu os líderes das federações já presentes em Brasília para o congresso e foi negociar com o ministro, argumentando que muitos já estavam no Distrito Federal e outros tantos a caminho de Brasília e que por isso não era possível desmarcá-lo. E, a partir disso, se desenrolou um diálogo entre o ministro e José Francisco, relatado pelo assessor educacional da Contag, José Gonçalves. Segundo ele, o ministro argumentou:

> — Ok. Então, se há o congresso [em 1973], não há o tema reforma agrária.[83]
> — Ministro, um congresso de trabalhador rural, não tem a reforma agrária como tema?
> — Bom, se vai ter congresso e vai ter reforma agrária, eu vou botar os nossos companheiros lá. (O pessoal da repressão, não é?)

---

82 Entrevista com José Gonçalves concedida ao autor em 24/10/2014.

83 Era o contexto do governo Emílio Médici (1969-1973) e a questão da reforma agrária era associada a pautas comunistas, a inimigos dos militares. Foi nesse governo que dois focos guerrilheiros no meio rural foram dissolvidos, um no Vale do Ribeira, no Estado de São Paulo, e outro na região do Araguaia, no Pará.

> — O senhor pode fazer o que quiser, ministro. Agora, a gente não veio pedir ao senhor para fazer o congresso, não. O congresso estava convocado. A gente veio conversar com o senhor, que o congresso vai acontecer[84].

Em entrevista concedida a Leonilde Medeiros, José Francisco também mencionou esse episódio e narrou em detalhes o que disse ao ministro naquela ocasião:

> Olha ministro: o problema é o seguinte: a Contag tem tido o cuidado de não discutir, nos seus congressos, as coisas que não têm fundamento na nossa Constituição, na nossa legislação. Agora, as coisas que estão fundadas na legislação e na Constituição, é um direito dela, é um dever dela, discutir essas coisas. E a reforma agrária é um tema que foi aprovado. Está aí o Estatuto da Terra, está aí o Ibra, não é? E foi aprovado inclusive, no governo militar. A Mensagem 33[85] foi encaminhada ao Congresso [...] e foi aprovada no governo de Castelo Branco. E até hoje não foi revogada. Está em vigor. Então, um país que tem a sua lei, e nem sequer discutir [...] isso pode? E uma lei que passou pelo crivo do governo militar? E aí? Que congresso é esse? A quem cabe a reforma agrária? À Contag. É área rural, é área nossa! Se o movimento urbano discute ou não discute a reforma agrária é outros quinhentos. Mas a Contag fazer um congresso e não discutir o Estatuto da Terra e a reforma agrária?[86].

---

84 Entrevista com José Gonçalves concedida ao autor em 24/10/2014.

85 A mensagem nº 33, de 26 de outubro de 1964, encaminhou ao Congresso Nacional o Projeto de Lei sobre o Estatuto da Terra.

86 Entrevista com Josefa Martins Reis e José Francisco da Silva concedida a Leonilde Medeiros no contexto da pesquisa Movimentos sociais e formação de militantes: uma reflexão sobre as experiências do meio rural brasileiro.

Feito isso, foi necessário redobrar os cuidados durante a realização do encontro. No trecho a seguir, José Gonçalves explica quais foram as estratégias traçadas para lidar com a presença da vigilância do governo militar no congresso:

> Agora, o que é que nós fizemos? Essas coisas nem sempre se coloca aí, não. O que é que nós fizemos? Nós agora trabalhamos quem eram os coordenadores das comissões. Nós tínhamos cinco comissões. [...] [legislação trabalhista rural, educação, previdência social rural, reforma agrária e colonização e desenvolvimento agrícola]. Em cada comissão dessa, se antes a gente já tinha cuidado, com essa do ministro, a gente teve mais cuidado ainda, não é? Então, nós colocamos companheiros do Rio Grande do Sul muito mais assim, com aquela calma, com aquele jeito, numa das comissões. Nós colocamos um cara mais tarimbado numa comissão do sindicalismo, que era quente, entendeu? Na de política agrícola — acho que era política agrícola — quente também. Então, a gente calçou os coordenadores. Bom, e reunimos os coordenadores antes de partir para lá. Aí, o Zé Francisco coloca a situação e tal, e dá as dicas como é o comportamento. [Tratar] os pontos, mas também não achar que são os heróis da coisa. Então, calçamos tudo e foi feito o congresso[87].

A tentativa de controle, vigilância e repressão por parte do governo militar não afetou apenas os encontros da confederação, mas também buscou atingir a estrutura de reprodução social do MSTTR ao tentar impedir que a chapa eleita para compor a diretoria da Contag em 1977 tomasse posse. Após a disputada eleição de 1968, José Francisco foi reeleito presidente da Contag nas eleições seguintes, até a de 1986, ficando no cargo até 1989. Contudo, na eleição de 1977, outros desafios surgiram.

---

87 Entrevista com José Gonçalves concedida ao autor em 24/10/2014.

Apesar de vencer as eleições, a chapa não foi reconhecida pelo Ministério do Trabalho, que, de acordo com a CLT, precisava legitimar os resultados das eleições. José Francisco contou, em uma das entrevistas que concedeu, que foi chamado pela Divisão de Segurança e Informação (DSI) do Ministério do Trabalho para ser informado que seu nome seria vetado. Na ocasião, ele argumentou que havia participado e vencido as eleições e, se fosse preciso, iria à Justiça do Trabalho contra a tentativa de impedi-lo de assumir o cargo[88]. A tentativa de impedir que a chapa vencedora assumisse era uma ação significativa contra a confederação que atacava diretamente a normalidade da sua reprodução social, colocando em risco o funcionamento regular da confederação.

O primeiro passo do Ministério do Trabalho para tentar conter a permanência de José Francisco como presidente da Contag foi suspender a posse da chapa eleita por trinta dias, segundo José Francisco. Para reverter o quadro, José Francisco, por sua vez, buscou o apoio de outros atores, entre eles: Arnaldo Prieto e Ulysses Guimarães, ministro do Trabalho e deputado federal por São Paulo, respectivamente[89]. Ao mesmo tempo, foi organizada a posse da diretoria eleita pela própria Contag. Francisco Urbano contou que, na presença de todos os presidentes das federações estaduais, a diretoria eleita tomou posse e registrou o fato em ata, que posteriormente foi reconhecida em cartório. O documento foi então protocolado e entregue no Ministério do Trabalho, acompanhado de um pedido de audiência com o ministro. Com tudo isso, a diretoria acabou sendo reconhecida e empossada[90].

---

88 Entrevista com Josefa Martins Reis e José Francisco da Silva concedida a Leonilde Medeiros no contexto da pesquisa Movimentos sociais e formação de militantes: uma reflexão sobre as experiências do meio rural brasileiro.

89 Entrevista com Josefa Martins Reis e José Francisco da Silva concedida a Leonilde Medeiros no contexto da pesquisa Movimentos sociais e formação de militantes: uma reflexão sobre as experiências do meio rural brasileiro.

90 Entrevista com Francisco Urbano de Araújo Filho concedida ao autor em 22/10/2015.

O 3º CONGRESSO DA CONTAG E A MUDANÇA NA FORMA DE ATUAÇÃO DA CONFEDERAÇÃO (1979-1990)

A conjuntura política começou a ter sinais de mudanças em fins dos anos 1970, com o crescimento das mobilizações populares e o enfraquecimento do governo militar. As lutas no campo também ganharam visibilidade nesse período na onda de crescimento das mobilizações coletivas no contexto de redemocratização e de crítica ao governo militar.

Atenta aos sinais de mudança, a Contag organizou uma série de cursos de formação que antecederam o congresso de 1979, o terceiro da entidade. Ao todo, foram realizados 18 cursos de 20 dias no Cesir, com 25 participantes por turma, todos dirigentes sindicais estaduais. Cada turma era formada por cinco participantes de cinco diferentes estados e, com isso, procurava-se estimular a convivência e a troca de experiências entre realidades distintas do movimento sindical no Brasil. Os cursos tratavam de temas abrangentes, como a formação agrária do Brasil, instrumentos de luta, história do sindicalismo, questão agrária, trabalhista, agrícola, social e organização social e trabalho de base[91]. Esses cursos podem ser entendidos neste livro como casos típicos de ações de reprodução social na medida em que colaboraram para a perenidade do movimento sindical ao refletirem sobre a própria organização da entidade e ao formar novos líderes, por exemplo. Ao mesmo tempo, eles contribuíram para criar condições para que ações coletivas fossem feitas nos anos seguintes.

Dessa forma, um dos efeitos do curso foi nivelar a formação dos dirigentes sindicais que participariam do congresso de 1979. Não por acaso, o 3º congresso se tornou um marco na trajetória política da Contag devido à mudança na linha de atuação coletiva da Contag,

---

91 Entrevista com Josefa Martins Reis (Zefinha) e José Francisco da Silva concedida ao autor em 17/03/2017.

orientada a partir de então para o desenvolvimento de ações coletivas de massa. No plano interno, a resolução foi desenvolver "lutas unificadas", conforme destacou Josefa Reis[92].

A interpretação da conjuntura política que orientou a mudança na atuação da Contag a partir de 1979 foi exposta nos anais do 3º congresso. O que o texto abaixo ressalta é uma leitura da conjuntura política feita pelos sujeitos políticos que orienta a decisão sobre a linha de ação a seguir. De acordo com o documento:

> A situação política também apresenta mudanças importantes. Não há dúvida que ainda estamos longe da plenitude democrática. Mas a movimentação de toda a sociedade brasileira em prol da reordenação da vida política do País começa a dar seus frutos. Movimentos pela anistia, pela volta ao Estado de Direito etc. passaram a ter o seu lugar no cenário político. O Congresso Nacional começou a reassumir seu papel de poder autônomo. Igreja, as universidades, os empresários, as associações profissionais lançaram-se com firmeza na luta pela redemocratização. As greves, dos operários inicialmente, e agora também das camadas médias, ao mesmo tempo que demonstram a vontade dos trabalhadores de aumentarem sua participação na vida nacional, chamam a atenção do País para o fato de que seu modelo sindical está superado e que a liberdade sindical é um elemento indispensável à construção de uma democracia. O atual presidente da República tem proclamado sua intenção de responder positivamente a essas aspirações de liberdade e de promover uma efetiva abertura política. Ainda é cedo para se fazer uma avaliação da ação governamental nesse campo. No entanto, já se percebem resultados positivos. É sentimento generalizado entre os trabalhadores que a redemocratização não pode ser retardada (Contag, 1979b, p. 83).

92 Entrevista com Josefa Martins Reis (Zefinha) e José Francisco da Silva concedida ao autor em 17/03/2017.

Foi a partir dessa avaliação da conjuntura política que, em 1979, se discutiu a ideia de atualizar as práticas sindicais então vigentes. O resultado desse debate veio com a recomendação do 3º congresso de dar prioridade às formas coletivas de reivindicação e pressão. Em outras palavras, depois de 1979, tratava-se mais de pressionar e exigir do que de pedir, como antes. Nas palavras de Medeiros:

> As propostas aprovadas nesse evento [3° congresso] alinharam a Contag com diversas concepções e demandas do chamado "novo sindicalismo" que então emergia, em especial no que se referia à defesa da liberdade e autonomia sindical e na concepção de que não bastava pedir, mas que era necessário exigir e pressionar o Estado para que fossem atendidas as reivindicações dos trabalhadores, em especial no tangente ao acesso à terra, aumentos salariais, melhores preços para os produtos agrícolas e mudanças na previdência social (Medeiros, 2014, p. 253).

Nas palavras de Josefa Reis: "o 3º congresso deu um salto qualitativo para as lutas de massa, coletivas. Foi aí que saiu o plano de luta pelas campanhas, pela terra, pelo combate às consequências da seca. [...] Passou-se a ter as chamadas 'lutas unificadas'"[93]. A decisão de mudar a estratégia de atuação da Contag não deve ser vista como um ato de diretores da confederação, mas como resposta do conjunto do movimento sindical aos processos em curso no país.

Além de ser precedido por uma série de cursos, o congresso de 1979 aprovou a realização de encontros estaduais para refletir sobre a prática de atuação do sindicalismo face à situação socioeconômica e política do país. Os encontros foram temáticos nas principais áreas de atuação da Contag naquele momento: assalariados, assalariadas,

93 Entrevista com Josefa Martins Reis (Zefinha) e José Francisco da Silva concedida ao autor em 17/03/2017.

posseiros, posseiras, pequenos agricultores e agricultoras e trabalhadores e trabalhadoras atingidos por barragens, no vale do Rio São Francisco, e ocorreram em 13 estados do país. Eles tiveram o objetivo de fazer um diagnóstico, avaliando a atuação do movimento sindical no encaminhamento das soluções e se posicionando com novas atitudes para colocar em prática as metas traçadas (Contag, 1980). A realização de diagnósticos para orientar a ação da Contag era prática já desenvolvida no âmbito do MSTTR, especialmente na atuação da Contag.

As mudanças apontadas pelo 3º congresso já puderam ser percebidas nos documentos subsequentes, como no relatório anual de 1980, que muda o discurso em relação aos anteriores, adotando uma narrativa de maior enfrentamento nas ações, como reflexo da alteração na linha de atuação da confederação. De acordo com o documento:

> Cumprindo as decisões do 3º Congresso, os Trabalhadores Rurais realizaram e registraram uma série de mobilizações, objetivando, de forma coletiva, a solução de problemas comuns a cada grupo da categoria. Cerca de um milhão e meio de camponeses fazendo greves, indo às ruas em passeatas e concentrações, barrando estradas, recuperando terras que lhes foram tomadas ou resistindo contra a implantação de projetos anti-sociais, manifestaram, em 1980, sua insatisfação com os rumos da política agrícola do país, ao tempo em que formularam reivindicações e por elas lutaram, visando à melhoria de suas condições de vida no campo (Contag, 1980, p. 13).

Outra marca discursiva que chama atenção nos relatórios anuais foi o aparecimento de uma tabela intitulada "manifestações coletivas" no documento de 1981. A descrição desses dados não aparecia antes provavelmente pelo fato de essa prática não ser o foco de atuação do movimento. Com as mudanças operadas a partir de 1979, surgiu a necessidade de relatar o que foi feito em termos de mobilizações coletivas pela Contag a partir de então.

Emblemático desse momento foi a greve dos canavieiros de Pernambuco de 1979, que foi seguida por um ciclo de greves em outras partes do país nos anos subsequentes, até meados dos anos 1980, abrangendo os estados de Pernambuco, Rio Grande do Norte, Paraíba, Minas Gerais, São Paulo e Rio de Janeiro[94] (Ver Sigaud, 1980; Tavares, 1992).

Também ocorreram diversas mobilizações em torno da demanda por terras e por políticas agrícolas em várias partes do país[95]. De acordo com o relatório anual de 1979:

> A intensificação dos Conflitos de terra e a consequente mobilização dos Trabalhadores Rurais como forma de garantir sua permanência na terra, contra aqueles que quiseram espoliar o seu principal direito desencadeou uma série de ações, *exigindo da Contag interferência direta ou indireta* junto ao seu Conselho de Representantes, junto às Autoridades e, notadamente, junto à Classe. Levantamento de conflitos, denúncias à opinião pública, participação em concentrações e encontros, análises dos problemas desses Trabalhadores, sobretudo, posseiros, foram atividades constantes do ano (Contag, 1979b, p. 3-4, grifo meu).

Também ganharam força nesse momento as mobilizações políticas específicas por parte dos então chamados "pequenos agricultores". Apesar do número significativo e de serem parte importante da base de sustentação da Contag, até então eles tinham tido pouca visibilidade. A emergência dessa categoria na cena pública ocorreu sobretudo no sul do país, com as mobilizações por melhores preços para seus produtos, créditos com melhores condições de juros, direitos previdenciários etc. (Medeiros, 2014).

---

94 Tratarei dessa mobilização no terceiro capítulo.

95 Sobre as greves de Pernambuco, ver Sigaud (1980; 1986).

Para Medeiros (2014), dois aspectos foram importantes para entender a emergência dos pequenos agricultores como atores centrais na cena pública: 1) embora fossem parte da base da Contag desde a fundação, essa foi hegemonizada ao longo dos anos 1970 por dirigentes nordestinos que privilegiavam a reforma agrária e direitos trabalhistas como bandeiras de luta; 2) as mudanças no setor agrícola brasileiro, que afetaram profundamente os agricultores de base familiar. O trecho a seguir ajuda a entender o processo de mobilização dessa categoria.

> Na década de 1970, a acelerada transformação tecnológica das atividades agrícolas provocou uma intensa diferenciação dos agricultores, parte deles integrando-se às agroindústrias e gerando um tipo de produtor profundamente dependente das empresas processadoras (é o caso dos produtores de aves, suínos, de uvas para produção de vinhos, frutas para conservas etc.). Outros se tecnificaram, tornando-se bastante dependentes da compra de insumos modernos e com dificuldade de competir, embora de forma subordinada, com produtores melhor inseridos nos mercados. Uma parcela não conseguiu permanecer na terra ou não teve condições, seguindo as tradições dos 'colonos', de comprar terras para os filhos, engrossando o contingente dos sem terras. Parte deles tentou a sorte nos projetos de colonização na Amazônia, outros passaram a se mobilizar por terra em seus locais de origem, em especial a partir do apoio da Igreja Católica. É importante considerar que não se trata de trajetórias estanques (Medeiros, 2014, p. 257).

Ainda, a Contag atuou ativamente nas mobilizações em torno da defesa dos atingidos por barragens e participou dos atos unificados pela seca. A construção de grandes barragens sem plano de assentamento das comunidades rurais afetadas trouxe consequências para a população, principalmente a perda do acesso à terra e ao rio, fonte de vida e trabalho para os trabalhadores e trabalhadoras rurais. Um dos casos em que a Contag atuou foi em Itaparica, localizada em Petrolândia, no estado de Pernambuco, na divisa com o estado da Bahia. A ação da confederação se deu no sentido de apoiar a organização da população atingida e orientar a ação, fazendo denúncias, apoiando mobilizações ou realizando ações jurídicas e administrativas.

A mobilização em torno das secas seguiu o mesmo padrão: organização dos trabalhadores, mobilizações locais e denúncia da situação ao governo, exigindo medidas para resolver a situação. Em 1981, por exemplo, uma série de atos públicos foi realizado entre seis e treze de setembro com o objetivo de ampliar as denúncias à opinião pública, buscando obter mais apoio às reivindicações.

Seis anos após o congresso de 1979, marco na mudança da linha de atuação da Contag, foi realizado um novo congresso, em 1985. Com um intervalo de seis anos, os delegados e delegadas sindicais voltaram a se reunir em mais um ano fundamental para a transição democrática no país. Se em 1979 era o momento de abertura política cuja principal pauta era a anistia política, 1985 foi marcado pelo começo do primeiro governo democrático, ainda eleito indiretamente via colégio eleitoral.

Naquele momento, os delegados e delegadas sindicais fizeram um balanço sobre a linha de ação tomada pelo MSTTR. Entre as principais pautas de atuação naquele momento estavam: resistência e ocupações de terras; greves dos assalariados e assalariadas; grandes mobilizações e boicotes dos pequenos agricultores; grandes mobilizações nas áreas de barragem e seca e pela reformulação da Previdência Social Rural (Contag, 1985b, p. IV).

Ao mesmo tempo em que a atuação política de massa da Contag ganhava força, também crescia a crítica às práticas sindicais vigentes no interior do MSTTR. No final dos anos 1970 e ao longo dos anos 1980, as chamadas "oposições sindicais" ganharam força como um grupo crítico às concepções e práticas da Contag, alinhadas com a defesa de uma estrutura sindical mais flexível, menos centralizada e voltada para a mobilização e ocupação dos espaços públicos (Medeiros, 2014).

Foi também principalmente nesse período que se multiplicaram as organizações de trabalhadores e trabalhadoras no campo, campo hegemonizado nacionalmente pela Contag até então. As entidades que surgiam conduziam, em geral, lutas mais específicas a partir de estruturas menos rígidas do que os sindicatos.

> Em áreas onde ainda não havia sindicatos ou onde estes eram percebidos como entidades que 'não se comprometiam com as lutas', segmentos da Igreja, vinculados à Teologia da Libertação, passaram a denunciar o processo de expropriação e a se colocar como porta-vozes dos trabalhadores, estimulando sua organização e denunciando o processo de expropriação em curso. [...] A partir dessas críticas e práticas de enfrentamento, constituíram-se grupos que, ao longo dos anos 1980, buscaram quer a 'tomada' dos sindicatos, procurando alterar sua linha de atuação, quer a construção de organizações não sindicais, que se autoidentificavam como 'movimentos', mais flexíveis e autônomas em relação ao Estado. É o caso do MST [...] e das organizações de atingidos por barragens no Sul, que posteriormente se articularam nacionalmente por meio do Movimento dos Atingidos por Barragem — MAB. Os próprios seringueiros, cujas lutas, no Acre, num primeiro momento, foram eminentemente conduzidas pelos sindicatos, acabaram criando uma organização própria, o Conselho Nacional dos Seringueiros, com o objetivo de ultrapassar os limites de ação que a estrutura sindical oferecia. Mas foi também a situação de assalariados da cana em São Paulo, que romperam com a federação local em 1989, apoiando-se na Constituição de 1988, que garantiu liberdade e autonomia sindical (Medeiros, 2014a, p. 255).

Um sinal de não conformação de parcelas da base da Contag com todas as diretrizes da confederação foi o comparecimento de um número expressivo de sindicalistas rurais ao congresso que fundou a CUT, no início dos anos 1980. Apesar de ter participado de todo o processo de articulação de uma central de trabalhadores e trabalhadoras, a Contag rompeu com o grupo que organizava a criação da central quando ele adotou resolução que permitia a participação das oposições sindicais, o que representava para a Contag um rompimento com a noção de unicidade sindical, cara ao MSTTR (Favareto, 2006). Defensora da unicidade sindical, a Contag condenou o encontro e se manteve alinhada à Conferência Nacional da Classe Trabalhadora (Conclat), embora sem se filiar a ela (Medeiros, 2014a).

As disputas por diferentes concepções de condução política do movimento sindical são indícios da diminuição do consenso ou da visibilização das cisões internas no sindicalismo. No trecho abaixo, Medeiros descreve o processo de enfraquecimento da unidade contaguiana ao longo dos anos 1980:

> No 4º congresso da Contag, realizado em 1985, já ficou evidente a presença das 'oposições', como força organizada, defendendo seus princípios. Embora minoritário, esse segmento foi muito ativo e provocou debates em torno de alguns pontos polarizadores, entre eles os relacionados à estrutura sindical. Também temas como reforma agrária foram objeto de intensa discussão, demarcando posições, uma vez que os setores sindicais majoritários, hegemonizados pela Contag, tendiam a apostar na possibilidade de que o novo governo efetivamente fizesse reforma agrária com a qual a Aliança Democrática havia se comprometido, enquanto que os setores cutistas, muitos deles ligados ao MST, não depositavam confiança nas promessas governamentais e preferiam mobilizar os trabalhadores para ocupações, como forma de pressão (Medeiros, 2014a, p. 258).

O processo de articulação de oposições sindicais culminou com a criação da Secretaria Nacional de Trabalhadores Rurais no II congresso da CUT, realizado em 1986. Em 1988, a Secretaria se transformou em Departamento Nacional dos Trabalhadores Rurais. Essa estrutura se ampliou e ganhou capilaridade nos estados por meio da criação de Departamentos Estaduais (Medeiros, 2014a; Ricci, 2009). A criação de uma nova estrutura sindical de representação dos trabalhadores e trabalhadoras rurais naquele momento é expressão de uma cisão política importante no MSTTR brasileiro.

Para além das mobilizações em torno das pautas do campo e das ações da Contag das disputas no âmbito dos movimentos, esse período também foi um importante momento de mobilização em torno de pautas mais amplas que definiam os rumos políticos do país. E a Contag fez parte deste processo. A partir do final dos anos 1970, a confederação se engajou na luta contra a ditadura e pela redemocratização, como na Campanha pela Anistia e na Campanha pelas Diretas Já.

Como um movimento social nacional e com intensa capilaridade, a Contag se posicionava em relação às principais questões políticas, sociais, culturais e econômicas nacionais. É um equívoco analisar a Contag apenas do ponto de vista de um movimento social que atua em torno de pautas específicas. A atuação política da Contag em toda a sua história é baseada em um projeto político que aborda as principais questões nacionais e internacionais sob a lente da população brasileira do campo, enfatizando determinados segmentos conforme as situações.

A Contag foi também atuante no processo de articulação política na transição democrática. Refiro-me aqui particularmente à sua interlocução com as forças políticas que se reuniram em torno da Aliança Democrática para disputar a presidência da República, por meio do colégio eleitoral no fim da ditadura[96]. De acordo com Tavares:

96 A Aliança Democrática foi um acordo do PMDB com a Frente Liberal, dissidência do Partido Democrático Social (PDS), para apoiar na eleição a ser realizada por meio do colégio eleitoral em 1985 a chapa formada por Tancredo Neves como candidato a presidente e José Sarney como vice.

> Dirigentes e assessores da Contag, naquela conjuntura, participaram intensamente das articulações políticas que visavam a derrota do regime militar e a vitória do candidato aglutinador das tradicionais forças de oposição, as quais lutavam naquele momento contra Paulo Maluf, candidato do partido de sustentação do governo, o PDS. A Contag fez parte do bloco de forças sociais e políticas que lutou pela democratização do país (Tavares, 1992, p. 342-343).

Nesse processo, a Contag se encontrou com o então candidato à presidência, Tancredo Neves, e lhe entregou uma carta na qual sugeria dois pontos principais: um plano nacional de reforma agrária e o fim da intervenção policial nas greves de assalariados e assalariadas rurais. Para Tavares (1992), foi nesse encontro que se começou a gestar o que viria a ser o I Plano Nacional de Reforma Agrária da Nova República (I PNRA).

Dessa forma, outro ponto que merece destaque na trajetória de atuação da Contag nos anos 1980 é a sua especial atenção à participação política institucional por meio de duas ações prioritárias: a elaboração do PNRA e o processo da Constituinte. Inclusive, o anúncio da proposta do Plano ocorreu no 4º congresso da Contag, em 1985, com a presença do então presidente da República, José Sarney (1985-1990). Maria José Costa Arruda, assessora da Contag, comentou sobre o encontro: "Cara, foi o momento de êxtase político, entendeu? Com todas as autoridades importantes do país, todos os movimentos sociais presentes, o movimento sindical em massa — quase cinco mil participantes, né..."[97].

Na Assembleia Constituinte, a estratégia da Contag era mobilizar a categoria para pressionar deputados e senadores a aprovarem as propostas de interesse dos trabalhadores. Mais especificamente, o empenho da Contag teve dois focos: a luta pela reforma agrária e a conquista da previdência social para os trabalhadores e trabalhadoras

---

97 Entrevista com Maria José Costa Arruda (Zezé) concedida ao autor em 19/03/2015.

rurais. Um exemplo da atuação da confederação na pauta de reforma agrária foi o recolhimento de mais de um milhão de assinaturas em apoio à emenda popular em favor da reforma agrária, como é mencionado nos anais do 5º congresso, no discurso de abertura de Aluísio Carneiro, sindicalista baiano e presidente da confederação naquela ocasião (Contag, 1991, p. 25).

A emenda popular previa a desapropriação de 43 milhões de hectares e o assentamento de 1,4 milhão de famílias. A Contag não foi exitosa nesse pleito, mas conquistou outras vitórias. A inclusão da concepção de função social da propriedade como matéria constitucional, por exemplo, era uma reivindicação da Contag e de outros movimentos sociais.

Também conquistou a inclusão na Constituição do direito à previdência social para os trabalhadores e trabalhadoras rurais. Até então, a categoria recebia benefícios do Funrural (Lei Complementar nº 11/1971), que eram inferiores a um salário mínimo na época e não incluíam os trabalhadores e trabalhadoras rurais no Regime Geral de Previdência Social, o que só aconteceu após a Constituição de 1988.

O processo de democratização que atingia as instituições políticas brasileiras foi acompanhado por práticas democratizantes no plano interno da Contag. Uma das medidas nesse sentido, e que passou a valer após o congresso de 1985, foi a definição de eleições para as entidades sindicais e de grau superior em congresso, ampliando a consulta da escolha dos dirigentes da instância nacional do MSTTR. Até então, a diretoria era escolhida pelo voto de um colégio eleitoral formado pelos presidentes das federações estaduais. Contudo, os avanços ainda demoraram para ser implementados, como mostra Tavares (1992):

> Em 1988, alegando dificuldades financeiras — que de fato existiam, mas não podem ser absolutizadas como justificativa —, a diretoria da Contag criou um complexo sistema eleitoral, no qual, ao invés de um congresso nacional, se fariam encontros estaduais para definir a escolha da nova

> diretoria. Este processo foi denunciado pela oposição à diretoria, especialmente pelos sindicalistas ligados à CUT, como antidemocrático (Tavares, 1992, p. 389).

Também foi em 1985 que, pela primeira vez, um congresso tratou a questão da mulher no temário como um assunto específico. Houve, inclusive, uma moção relativa ao tema nesse encontro, que destacou elementos da situação da mulher trabalhadora rural e indicou a necessidade de uma maior participação das trabalhadoras rurais no movimento sindical.

Em resumo, os anos 1980 foram marcados por muitas mudanças para o movimento sindical de trabalhadores e trabalhadoras rurais e para o país. No plano conjuntural, muitas das apostas feitas pela Contag não tiveram o resultado político esperado: o fracasso do PNRA; a derrota de Lula, candidato apoiado pela Contag, nas eleições de 1989; e o início do processo neoliberal enfraqueceram a atuação dos trabalhadores e trabalhadoras rurais, assim como de diversos movimentos sociais.

No âmbito dos movimentos sociais rurais, nas décadas de 1980 e 1990 a Contag perdeu o protagonismo da luta por terra no Brasil para o MST. As greves de assalariados e assalariadas, especialmente dos canavieiros, também diminuíram. Segundo Medeiros (2014), isso aconteceu devido à impossibilidade de reprodução do "modelo Pernambuco", como ficou conhecida a forma de realização das greves de assalariados, ou pelas novas configurações do mercado de trabalho, marcado pela crescente mecanização do setor e pela busca de mão de obra em setores distantes da produção, aumentando a complexidade dos fluxos migratórios e dificultando a organização dos trabalhadores e trabalhadoras nos locais de moradia e trabalho.

Com a Constituição de 1988, o modo de organização sindical também mudou. Os sindicatos ficaram livres para adotar uma forma organizativa sem seguir um estatuto padrão, e as eleições sindicais deixaram de ser fiscalizadas pelo Ministério do Trabalho. Também elementos relacionados à conjuntura de atuação política dos movimentos sociais rurais colocaram em xeque a hegemonia da Contag no final dos anos 1980. De acordo com Favareto (2006), três fatores contribuíram de forma particular para as mudanças internas da entidade:

> I) ao desgaste resultante de sua aproximação com o Estado, e principalmente com o governo da Nova República, já citado; II) ao seu distanciamento da CUT, não só com a não filiação à central, mas também pela rejeição dos princípios de liberdade e autonomia sindical expressos na Convenção 87 da Organização Internacional do Trabalho, durante o IV Congresso, de 1985; e III) ao episódio relativo à eleição da direção de 1988, realizada de forma indireta apesar das disposições contrárias que indicavam a eleição em Congresso, e sobre a qual foram feitas acusações de fraude (Favareto, 2006, p. 37).

Todas essas mudanças afetaram o MSTTR, que precisou se reestruturar internamente para manter sua reprodução. Dessa forma, o começo dos anos 1990 foi marcado por um período de reestruturação do movimento sindical, que teve que se adaptar aos desafios da nova conjuntura.

A REESTRUTURAÇÃO DO MSTTR (1990-1995)

Os desafios vividos pelo MSTTR no final dos anos 1980 levou a Contag a repensar sua concepção da estrutura sindical, a refletir sobre suas práticas e a replanejar sua atuação política. Em 1990, a Contag realizou a 1ª Plenária Nacional Ampliada do MSTTR, em que um dos principais temas foi a organização interna da confederação.

Um dos destaques desse debate foi a contribuição confederativa como alternativa de autossustentação do MSTTR diante das dificuldades financeiras que o movimento vivia no momento. O depoimento de Ivanek, que foi assessor jurídico da confederação, dá certa dimensão da situação financeira da Contag no começo dos anos 1990:

> Para você ter uma ideia, para trabalhar na Contag o dia inteiro, um assessor, na época, ganhava menos de 5 salários-mínimos. Para dar duas horas de plantão no sindicato dos médicos, eu ganhava dez salários-mínimos. [...] Quando eu entrei na Contag, a Contag era uma entidade quase miserável. Você mantinha a Contag funcionando, muitas vezes, vendendo patrimônio. Vendendo os imóveis que a Contag tinha comprado na época... O 5º Congresso foi realizado com a venda de 2 casas[98].

A partir de 1971, a contribuição sindical destinada ao MSTTR era recolhida automaticamente com base na extensão de terras dos proprietários rurais. O recolhimento era feito junto com o Imposto Territorial Rural (ITR) pelo Incra. A partir de 1975, o governo mudou a regra e o cálculo da contribuição passou a ser medido pela quantidade de funcionários existentes nas propriedades, com base na folha salarial. Com isso, a arrecadação sindical do MSTTR diminuiu. Não só porque nem todas as propriedades tinham funcionários, mas também porque muitos deles eram informais e isso não era contabilizado no cálculo da arrecadação. Para piorar o quadro, as contribuições eram recolhidas por volta do mês de maio e entregues ao MSTTR somente em outubro. Em um contexto de alta taxa de inflação, a perda de recursos era grande[99].

A situação financeira da Contag apresentou sinais de melhora após a Constituição de 1988, quando foi criada uma contribuição confederativa. Além disso, a Lei nº 8.213, de 1991, passou a permitir que,

98 Entrevista com Ivaneck Perez Alves concedida ao autor em 28/10/2015.

99 Entrevista com Ivaneck Perez Alves concedida ao autor em 28/10/2015.

mediante autorização do trabalhador, a contribuição social para a entidade sindical pudesse ser descontada diretamente do benefício previdenciário. E ainda, no governo Fernando Henrique Cardoso (FHC) (1995-2002), começaram a ser feitos convênios com as entidades sindicais com recursos do Fundo de Amparo ao Trabalhador (FAT), o que melhorou a situação financeira da Contag. E são esses recursos que, em sua maioria, sustentaram o MSTTR nos anos subsequentes[100].

Uma das principais mudanças realizadas na Plenária foi a constituição de secretarias específicas para cada área de atuação da Contag, com o objetivo de responder às demandas específicas com mais agilidade e conhecimento e qualificar a articulação da Contag com outros setores da sociedade. A decisão passou a vigorar a partir do 5º congresso, em 1991 — até então, a Contag era organizada em assessorias — jurídico-sindical, educacional, contábil, administrativa, de reforma agrária, de política agrícola, de comunicação. Depois disso, a Contag passou a ter, além dos tradicionais cargos de presidente, vice-presidente, tesoureiro e secretário geral, também secretarias de política agrícola, agrária e salarial. No congresso seguinte, em 1995, essa área de atuação se ampliou ainda mais, e a Contag elegeu também diretores para as então criadas secretarias de política social e formação e organização sindical. Também em 1995 foi eleita uma coordenadora para a Comissão Nacional das Mulheres Trabalhadoras Rurais (CNMTR).

Nos anais do 7º Congresso Nacional dos Trabalhadores Rurais (CNTR), em 1998, há uma justificativa para a criação das secretarias específicas e uma avaliação sobre a sua implantação:

> A criação das secretarias específicas (Política Agrícola, Política Agrária, Assalariados, Políticas Sociais, Formação e Organização Sindical etc.) foi uma tentativa de enfrentar os

100 Entrevista com Ivaneck Perez Alves concedida ao autor em 28/10/2011.

> problemas relativos à diversidade da categoria "trabalhadores e trabalhadoras rurais". Apesar de ter melhorado significativamente a ação sindical do MSTR, não foi suficiente para responder aos problemas e demandas presentes nos diversos setores de representação. O MSTR deve promover um processo de ampliação das secretarias específicas nas Federações e nos STRs (Contag, 1998, p. 37).

A avaliação sobre a criação de secretarias especializadas não é unívoca na Contag. Desde então, e até hoje, há um processo de reflexão sobre essa decisão. Em geral, os dirigentes consideram a especialização um bom caminho para engajar diretores, assessores e assessoras em um tema, tornando-o uma espécie de especialista e porta-voz da Contag em um determinado assunto, área ou setor.

Por outro lado, essa especialização tende a privar o diretor e assessor de uma visão mais ampla do conjunto de temas de atuação da confederação. Francisco Urbano avaliou que esse processo produziu uma espécie de "profissionalização" de diretores em um determinado tema. Na avaliação do ex-presidente da confederação, um dirigente sindical deve ser capaz de falar sobre e conhecer minimamente todos os assuntos pautados pelo MSTTR, e o processo de criação de secretarias específicas, embora sem essa intenção, teria gerado um efeito de especialização que ele considera negativo[101].

O congresso de 1991 foi também importante por ter sido o primeiro a eleger a diretoria da Contag durante o encontro, conforme orientação do 4º CNTR e do Estatuto da Contag.

> Até o 4º Congresso, realizado em 1985, os congressos tinham caráter apenas reivindicatório, discutindo o conteúdo e o encaminhamento das lutas dos trabalhadores. A partir do

---

101 Entrevista com Francisco Urbano de Araújo Filho concedida ao autor em 22/10/2015.

> 5º Congresso eles passam a ser também eleitorais, sendo a primeira Diretoria eleita, liderada por Francisco Urbano Araújo Filho, que substituiu na presidência o sindicalista baiano, Aloisio Carneiro, eleito em 1989 (Contag, 1998, p. 8).

Um fator central para entender as mudanças pelas quais a Contag passava naquele momento é a sua aproximação com a CUT, cujo marco foi o 5º congresso da Contag, em 1991, quando forças do sindicalismo rural ligadas à CUT fizeram parte da chapa eleita para a direção da Contag. Dos sete novos diretores, dois eram sindicalistas ligados à CUT. Favareto (2006) comenta sobre esse processo:

> Após anos de debates, polêmicas, idas e vindas — e numa resposta à crise identificada —, a porção rural da CUT, no início dos anos de 1990, faz uma importante redefinição sobre seu projeto político. Quanto às dubiedades da estrutura sindical, o novo sindicalismo resolve assumir a importância da estrutura sindical oficial e, deixando de lado o posicionamento ambíguo, afirma a necessidade premente de conquista e transformação da Contag. Com relação às bandeiras de luta, o novo sindicalismo abandona as antigas — reforma agrária e direitos trabalhistas, ou reforma agrária, política agrícola e direitos trabalhistas — e assume outras — "um Projeto Alternativo de Desenvolvimento Rural, ancorado na expansão e fortalecimento da agricultura familiar", segmento que passa a ser considerado prioritário nessa nova estratégia para o meio rural que o sindicalismo se propõe a construir (Favareto; Bittencourt, 2000; Medeiros, 1997) (Favareto, 2006, p. 37).

A aproximação entre CUT e Contag alteraria os rumos do sindicalismo dos trabalhadores e trabalhadoras rurais brasileiros. Embora o grupo que historicamente exercia o poder da Contag mantivesse o controle da entidade, inclusive com hegemonia da visão sobre a estrutura sindical, a chegada de dirigentes ligados à CUT provocou mudanças em algumas estratégias de luta, entre elas a ocupação de latifúndios por trabalhadores e trabalhadoras rurais[102] (Tavares, 1992). Contudo, essas mudanças não aconteceram de um dia para o outro. Havia, ainda, no interior do movimento sindical, resistência ao grupo "cutista". A fala de Ivanek Perez Alves é ilustrativa desse momento:

> **IVANEK:** [...] por incrível que pareça, em 1990, eu fui o primeiro assessor assumidamente petista que a Contag teve. Os outros eram escondidos. Você não podia se declarar petista dentro da Contag.
>
> **MARCO:** Por que isso?
>
> **IVANEK:** Porque eles morriam de medo de PT. PT era CUT. Tinha havido todo o processo de disputa com a CUT, durante a época da CGT. Então eles queriam distância do petista[103].

Contudo, a resistência à CUT foi sendo superada aos poucos. A aproximação definitiva com a central sindical aconteceu em 1995, quando delegados e delegadas presentes no 6º congresso da Contag votaram pela filiação da confederação à CUT. A decisão pela filiação foi tomada por meio de votação direta dos delegados e delegadas sindicais presentes no CNTR. O resultado foi: 841 votos pela filiação da Contag à CUT imediatamente, 546 a favor da filiação em janeiro de 1996, 42 em branco e 116 votos nulos.

A atuação da Contag no começo dos anos 1990 não se restringiu apenas à reorganização da estrutura sindical. A confederação manteve

---

102 Algumas ocupações de terra aconteceram antes da aproximação entre CUT e Contag, inclusive antes da criação da CUT, como é o caso da Fazenda Macali e Brilhante, em 1979, no Rio Grande do Sul, e da Fazenda São José da Boa Morte, no Rio de Janeiro, em 1980.

103 Entrevista com Ivaneck Perez Alves concedida ao autor em 28/10/2011.

em pauta suas principais bandeiras de luta e participou de mobilizações nacionais, como a mobilização pelo *impeachment* do então presidente Fernando Collor de Melo, em 1992. Contudo, uma pauta teve centralidade na atuação da Contag e, por isso, concentrou grande parte dos esforços de atuação política da confederação naquele momento: a previdência social. Questão histórica e fundamental na pauta do MSTTR, o direito à previdência aos trabalhadores e trabalhadoras rurais havia sido garantido na Constituição de 1988. Isso significou que a categoria passou a ter os seus direitos previdenciários garantidos pelo Sistema de Seguridade Social com a sua diversificada base de financiamento. Contudo, esse direito não foi regulamentado imediatamente.

Antiga bandeira de luta do MSTTR, o direito à previdência social em regime de segurado especial foi comemorado e é considerado até hoje um dos maiores ganhos políticos dos trabalhadores e trabalhadoras rurais. Com isso, a população do meio rural contemplada pela lei passou a ter acesso universal à previdência social em regime especial, com direito a um salário mínimo condicionado à comprovação do exercício da atividade rural na condição de produtor, parceiro, meeiro, arrendatário rural, garimpeiro ou pescador artesanal, bem como seus respectivos cônjuges que exerceram atividades em regime de economia familiar, sem empregados permanentes. Além disso, o acesso à aposentadoria foi fixado em 60 anos para os homens e 55 anos para as mulheres. Os argumentos para isso eram o ingresso precoce no trabalho no campo, a dureza da jornada e a menor expectativa de sobrevida dos trabalhadores e trabalhadoras rurais[104].

Contudo, para sua efetivação, o direito conquistado precisava ser regulamentado pela presidência da república e foi para que isso

---

104 Essas informações a respeito da previdência social rural constam em: CONTAG. Previdência social rural: potencialidades e desafios. 2016. Disponível em: http://www.contag.org.br/arquivos/relatorio_previdencia%202.pdf. Acesso em: 03 jan. 2023.

acontecesse que a Contag precisou se manifestar. Ivaneck Perez Alves explicou que, enquanto o direito não era regulamentado, os trabalhadores e trabalhadoras não tinham acesso ao novo regime previdenciário nem ao Funrural. Naquele momento, o Instituto Nacional do Seguro Social (INSS) negava todos os pedidos dos trabalhadores e trabalhadoras de acesso à previdência, porque não havia regulamentação da matéria. Por duas vezes, houve redações de projetos de lei que regulamentavam o direito. Contudo, o então presidente Collor vetou ambos na íntegra. A situação começou a reverter quando trabalhadores e trabalhadoras entraram na justiça para fazer valer seu direito. Ivaneck comentou sobre esse processo:

> Foi quando, especialmente alguns advogados na federação do Rio Grande do Sul, começam a organizar a tese e entrar na justiça e ganhar, de que aquele artigo era autoaplicável. E que, portanto, se não tinha regulamentação, era problema do governo. Os trabalhadores tinham direito ao benefício da aposentadoria por idade. E começaram a ganhar. Ganharam. O processo subiu, foi até o Supremo, e ganhou. Então, formou jurisprudência. E não foi só um: foram milhares de processos. Até que o INSS regulamentou. Mas o INSS regulamentou, mas continuou existindo vários problemas. Na verdade, você veio conseguir resolver a maioria desses problemas, já no Governo Fernando Henrique, lá para 1996[105].

Os problemas mencionados por Ivanek passavam pelas declarações e provas da condição de trabalhadores e trabalhadoras rurais. No caso das mulheres, por exemplo, como muitas delas se identificavam como "do lar", quando elas solicitavam o benefício como trabalhadoras rurais, os funcionários do INSS não as reconheciam como tal. Isso se deve à

105 Entrevista com Ivaneck Perez Alves concedida ao autor em 28/10/2011.

falta de conhecimento das características do trabalho rural feminino, marcado por jornadas de trabalho no plantio e na esfera doméstica. A exigência de documentos a um público que não tinha como prática registrar suas atividades em documentos foi outro empecilho, dificultando a aplicação do direito previdenciário para a população do campo. Ivaneck acompanhou esse processo de perto e o comentou:

> Então, foi uma briga que durou, praticamente, até 98 [...]. No início, o INSS aceitava a homologação dos promotores. Depois, eles perceberam que os promotores homologavam qualquer coisa que chegasse na mão deles. Deixou de ser pelo promotor, passou a ser pelo funcionário do INSS. Mas como a lei era muito restritiva, a tendência do funcionário era não se arriscar. Então, ele negava o benefício. Ou então deixava sem julgamento. Foi quando deu aquele represamento que chegou a quase 800.000, em todo o país [de pedidos de aposentadoria][106].

Com tudo isso, a Contag exerceu grande pressão para fazer valer a lei e garantir a regulamentação do direito previdenciário previsto na Constituição, que aconteceu por meio da Lei nº 8.212/91 (Plano de Custeio) e da Lei nº 8.213/91 (Planos de Benefícios). Entretanto, na avaliação de Ivaneck, a questão só se resolveu de fato com novas regulamentações da questão, em 1998, na gestão do então ministro da Previdência Reinhold Stephanes[107], no governo Fernando Henrique Cardoso (1995-2002). As questões referentes à previdência foram aprovadas pela Emenda Constitucional nº 20, de 15 de dezembro de 1998.

---

106 Entrevista com Ivaneck Perez Alves concedida ao autor em 28/10/2011.

107 Stephanes foi um dos principais articuladores do governo nas negociações que buscavam aprovar emendas aos dispositivos constitucionais que regulamentavam a previdência social e outros temas que faziam parte do conjunto de reformas constitucionais propostas pelo governo.

Um dos efeitos da inclusão da política da previdência social foi o aumento do número de sindicalizados no campo. A necessidade de comprovar o exercício da atividade rural levou muitas pessoas à sindicalização. Segundo Antoninho Rovaris, dirigente sindical no STTR nos anos 1990 e diretor da Contag no momento da entrevista, foram sindicalizadas mais de três mil pessoas no sindicato no estado de Santa Catarina, onde atuava[108].

A FILIAÇÃO DA CONTAG À CUT E A CRIAÇÃO DO PADRS (1995-2009)

A aprovação da filiação da Contag à CUT no 6º CNTR, em 1995, levou à extinção do Departamento Nacional de Trabalhadores Rurais (DNTR) e dos Departamentos Estaduais de Trabalhadores Rurais (DETR) da CUT, condição da Contag para a sua filiação à Central (Ricci, 2009). Essa opção foi resultado de uma aproximação e articulação entre as entidades que ganhou corpo inicialmente com a indicação de dois nomes "cutistas" para cargos da direção da Contag, já em 1991. Apesar das divergências internas, houve uma decisão do DNTR/CUT naquele momento de se aproximar da Contag. De acordo com Medeiros:

> Esse foi um momento político particular, na medida em que a própria direção da CUT estava interessada em ampliar sua força atraindo para dentro de si a Contag e fortalecendo-se, dessa forma, em relação às outras centrais sindicais existentes, em especial a Força Sindical que começava também a disputar a adesão dos sindicatos de trabalhadores rurais. Não por acaso, figuras expressivas da direção da CUT estiveram no congresso, ajudando a formalizar acordos que culminaram na filiação da Contag à CUT (Medeiros, 2014, p. 266).

108 Entrevista com Antoninho Rovaris concedida ao autor em 27/10/2015.

Um dos principais elementos de convergência entre CUT e Contag naquele momento era a centralidade dos "agricultores familiares" no universo de representação das entidades sindicais. As bases para a conceituação da agricultura familiar, reconhecendo sua importância para o meio rural e para a situação política e social do Brasil, foram construídas no âmbito do Projeto CUT/Contag de Pesquisa e Formação Sindical. Em vista das diferenças de concepções entre as organizações, foi necessário refletir sobre como superá-las ou como lidar com elas. Ao mesmo tempo, esse projeto foi uma oportunidade para a Contag refletir sobre a situação do universo rural no Brasil no novo contexto pós-constituição. Mais uma vez, a confederação estava atualizando suas concepções à luz do contexto, buscando formas de manter a sua reprodução social.

De acordo com Rocicleide, que foi assessora da Contag, o projeto buscava montar uma proposta de desenvolvimento rural para o país baseada na agricultura familiar. Para isso, buscaram experiências exitosas de agricultura familiar no país[109]. O debate sobre a centralidade do agricultor familiar para a construção de um projeto de desenvolvimento para o meio rural vinha sendo desenvolvido no âmbito da CUT nos primeiros anos da década de 1990. Essa discussão encontrou respaldo na Contag, e esse foi um dos pontos de convergência que permitiu a aproximação das duas entidades. De acordo com Medeiros, o projeto CUT/Contag: "[...] selou a aliança entre as duas grandes forças do sindicalismo rural e consagrou a preeminência dos agricultores familiares como categoria sindical de destaque" (Medeiros, 2014, p. 267a)[110].

Silva (2011) destacou que esse projeto teve três eixos operativos: 1) diagnóstico; 2) formação política; 3) elaboração de diretrizes para

109 Entrevista com Francisca Rocicleide Pereira da Silva (Roci) concedida ao autor em 29/11/2015.

110 Ver Favareto (2006).

um projeto alternativo de desenvolvimento rural com ênfase na agricultura familiar. O diagnóstico teve dois pontos centrais: desenvolvimento e sindicalismo rural. "No primeiro caso, foram estudadas dinâmicas de desenvolvimento em diferentes regiões brasileiras. No segundo, tratava-se de fazer um amplo diagnóstico do sindicalismo no país, em especial o estudo de experiências inovadoras e mobilizadoras" (Medeiros, 2014, p. 267). Para desenvolver esse projeto, a Contag montou uma equipe de consultores, entre os quais estavam os acadêmicos José Eli da Veiga, Ricardo Abramovay, Leonilde Medeiros, Regina Novaes, entre outros. Esse processo foi acompanhado por um corpo de assessores e assessoras da Contag — Francisca Rocicleide Pereira da Silva, Engenio Conoly Peixoto e Ivaneck Perez Alves — e da CUT — Gerson Bittencourt, Diogo del Marco e o Arilson Favareto. Esse grupo era responsável pela organização e concepção do Projeto CUT/Contag de Pesquisa e Formação Sindical em diálogo com os acadêmicos[111].

O Projeto durou de junho de 1996 a dezembro de 1999. O resultado foi a construção do PADRS, um documento político que orienta a atuação política da Contag até hoje e cuja base central é a agricultura familiar.

Naquele momento, a Contag caracterizou a agricultura familiar como o regime formado pelo trabalho familiar, em até quatro módulos fiscais. Posteriormente, inclui-se a possibilidade de ter até dois empregados por propriedade[112]. A mudança do termo sinaliza para uma alteração do enfoque da produção para as pessoas que produzem. De acordo com Medeiros:

---

111 Entrevista com Francisca Rocicleide Pereira da Silva (Roci) concedida ao autor em 29/11/2015.

112 Entrevista com Luiz Vicente Facco concedida ao autor em 24/11/2015. O debate sobre a caracterização da agricultura familiar atravessou anos e teve a contribuição de vários atores. No âmbito sindical, a Contag elaborou o documento Proposta do Movimento Sindical de Trabalhadores Rurais para as Leis Agrária e Agrícola em 1989 e o DNTR/CUT o documento Proposta para um Projeto de Lei Agrícola em 1990. Tanto Contag como DNTR contribuíram com o debate da elaboração da Lei Agrícola, nº 8.171 de 1991, que dispõe sobre o tema (Picolotto, 2014).

> Não se trata apenas de uma mudança de nomes. Quando falamos em mudança identitária estamos nos referindo a um processo que se inicia no final dos anos 1970, com as mobilizações dos pequenos agricultores levadas adiante tanto pelas oposições sindicais, quanto pelas federações ligadas à Contag, em especial no Rio Grande do Sul e Paraná; à circulação nacional e internacional de lideranças, visando troca de experiências, patrocinadas pela Igreja e por organizações não governamentais que, no contexto da redemocratização, apoiavam a organização dos trabalhadores do campo, quer de organização da produção por meio de cooperativas e associações, quer de criação de sindicatos por categorias específicas (avicultores, suinocultores etc.) (Medeiros, 2014a, p. 261-262).

Vale destacar que a mudança que se operava naquele momento era a adoção do termo "agricultor familiar" em detrimento de "pequeno agricultor", expressão mais comum até o começo dos anos 1990. A questão dos pequenos produtores sempre esteve presente no escopo de atuação do MSTTR, mas há um discurso comum de que a Contag não dava centralidade a essa pauta, sobretudo entre os sindicalistas da região Sul, onde a questão era mais presente. Nos anos 1970, por exemplo, as negociações dos pequenos produtores por melhores preços e condições de produção mobilizava os pequenos produtores reunidos em torno dos Sindicatos dos Trabalhadores Rurais (STR) e federações, como se viu.

A partir do começo dos anos 1990, esse quadro começou a se inverter e o debate sobre o que se convencionou chamar "agricultura familiar" foi progressivamente ganhando força e se tornando hegemônico. Hoje, a Contag é uma confederação de representação exclusiva dos agricultores e agricultoras familiares.

O PADRS é, portanto, um plano político que apresenta as diretrizes e a concepção de desenvolvimento do MSTTR. Trata-se de um projeto político que visa se opor ao modelo agrário e agrícola baseado na concentração de terra e renda e na produção de monoculturas para exportação. O PADRS foi uma iniciativa do MSTTR para afirmar para a sociedade brasileira a importância econômica e social do meio rural para o desenvolvimento sustentável.

Se o agricultor familiar já vinha ganhando força no interior do MSTTR desde o começo dos anos 1990, ele se torna o protagonista no interior do movimento. Com a entrada de "cutistas" e o PADRS, essa categoria se torna hegemônica na direção da Contag e o foco da ação da entidade, espaço ocupado antes pelos assalariados e assalariadas rurais e pelas lutas por terra, com a prioridade das pautas dos direitos trabalhistas e da reforma agrária, sobretudo durante a gestão de José Francisco da Silva (Medeiros; Picolotto, 2016). Os anais do 6º CNTR, de 1995, expõem essa mudança: "[o PADRS] implica assumir uma tarefa mais ampla do que a de articular a luta pelos interesses econômicos mais imediatos da categoria. Para implementação desta estratégia, a alteração da estrutura e organização sindical passou a ser imprescindível" (Contag, 1995, p. 36).

Os pontos centrais do PADRS foram aprovados em 1998, no 7º congresso da Contag, e esse é até hoje o projeto político que orienta sua linha de atuação — claro, com algumas mudanças feitas desde então. Os principais pontos são:

> A luta por reforma agrária como forma de romper com o modelo de desenvolvimento excludente, concentrador de terra, renda e poder e para expandir e consolidar a agricultura familiar; a opção pelo modelo da agricultura familiar que, além de propiciar desenvolvimento mais descentralizado, democrático, pode produzir alimentos com menores custos e danos ambientais, além de reduzir o êxodo rural; para os assalariados rurais, tratava-se de criar novos postos de trabalho, reduzir o desemprego e possibilitar melhores condições de vida e trabalho; criação de novas políticas sociais para o campo: educação, saúde, lazer, previdência e assistência social, formação profissional, pesquisa e assistência técnica etc.; e o repensar das relações de gênero e geração para valorizar os diversos sujeitos (mulheres, homens, jovens, crianças e idosos) (Contag, 1998) (Medeiros, Picolotto, 2016, p. 10).

A ação política do PADRS se sustentava na combinação de três pontos: a negociação, a mobilização social e a luta política. Dessa forma, a Contag se aproximava das diretrizes do sindicalismo "cutista" como um todo, marcada pela ideia da ação propositiva (Medeiros, 2014a).

> Tal opção foi vista como a passagem de um sindicalismo reivindicatório, crítico da ação do Estado (marcado fortemente por mobilizações e reinvindicações da década de 1980) para um sindicalismo propositivo (que faz mobilizações, mas que tem propostas concretas, um projeto para a agricultura e para o país), com a participação mais ativa em comissões conjuntas com órgãos do Estado, na realização de estudos sobre a agricultura familiar e na definição de políticas públicas para este público. Este era um tema caro à CUT na época e marcou decisivamente a postura de seus sindicatos filiados (Picolloto; Medeiros, 2016, p. 9-10).

Ivaneck Perez Alves avalia que, com a adoção do PADRS, a Contag muda o seu escopo de atuação, reconhecendo um universo mais amplo da população rural e se posicionando como construtora de políticas públicas[113]. Em 2005, o 9º CNTTR alterou o nome do PADRS, adicionando o termo "solidário". Dessa forma, o projeto político passou a ser denominado Projeto Alternativo de Desenvolvimento Rural Sustentável e Solidário (PADRSS). Com isso, a Contag procurou sobretudo ressaltar a dimensão econômica do projeto, estimulando a formação de cooperativas entre o meio rural e urbano e o desenvolvimento de programas sociais[114].

A preponderância da agricultura familiar como principal elemento da pauta da Contag nesse período precisa ser entendida considerando a perda da importância da confederação nos debates sobre reforma

113 Entrevista com Ivaneck Perez Alves concedida ao autor em 28/10/2011.

114 Jornal da Contag, Ano II, Edição Especial, 9º Congresso, março 2005.

agrária, que passou a ser reconhecida como pauta central do MST. Nos anos 1990, o movimento se consolidou como uma das mais importantes forças sociais do país, internacionalmente conhecida pelas suas ocupações de terras e marchas.

> No que se refere à Contag, [...] a adoção do termo agricultura familiar deu-se num momento em que suas históricas bandeiras de luta eram progressivamente esvaziadas ou tomadas por outro protagonista. A luta pela reforma agrária foi, ao longo dos anos de 1990, sendo diretamente associada a outro movimento social rural — o MST —, o que se deve tanto aos méritos inerentes a esse movimento, suas estratégias, sua vitalidade e representatividade, como também ao excessivo legalismo com que federações e a própria Contag tratavam o tema. Isso muitas vezes obscureceu o fato de que parte das ocupações de terra vinha sendo, na verdade, conduzida também por sindicatos de trabalhadores rurais. Outra das antigas bandeiras da Contag — a defesa dos direitos trabalhistas — perdeu parte daquela relevância histórica de outrora, embora obviamente não tenha se transformado em banalidade (Favareto, 2006, p. 39).

O papel do MST e do sindicalismo variou no plano local. Assim como a aproximação entre CUT e Contag no plano nacional não significou uma reprodução desse modelo no plano local. Em vários estados, as disputas entre os DETRs/CUT e as federações tinha contornos próprios e muitas vezes acirrados, tornando o trabalho de aproximação das entidades algumas vezes impossível. É importante ter em vista que no processo de disputa local surgiram novas entidades de representação de agricultores e agricultoras familiares, e isso vai influenciar o âmbito nacional nos anos subsequentes.

É o caso da criação da Federação dos Trabalhadores na Agricultura Familiar de Santa Catarina (Fetrafesc), em 1997. Antes dela, já havia sido formada uma outra federação de trabalhadores e trabalhadoras com base em uma categoria: a Federação de Empregados e Assalariados Rurais (Feraesp), em 1989, também nascida de divergências com a federação ligada ao Sistema Contag. Essas entidades pediram a filiação à Contag no 7º congresso, em 1998, mas tiveram o pedido recusado em nome da unicidade sindical, o que revela a manutenção de um vínculo à federação que já fazia parte do Sistema Contag.

É possível afirmar que remonta a esse processo de disputas pela representação dos trabalhadores e trabalhadoras rurais nos planos locais a origem da criação de uma nova estrutura de representação sindical de agricultores e agricultoras familiares. Isso acontece inicialmente por meio da Federação dos Trabalhadores na Agricultura Familiar (Fetraf-Sul/CUT), em 2001, e culmina na criação da Federação dos Trabalhadores na Agricultura Familiar do Brasil (Fetraf-Brasil/CUT), em 2004, por ocasião do I Encontro Nacional Sindical da Agricultura Familiar, em Brasília, que reuniu mais de dois mil agricultores e agricultoras familiares provenientes de 22 estados do país. Assim, é rompido o monopólio de representação sindical defendido pela Contag[115] (Medeiros, 2014).

A criação da Fetraf-Brasil/CUT tornou as relações entre Contag e CUT tensas. "A Contag denunciou a criação da nova entidade e, em especial, a posição da CUT em relação a ela, ameaçando a sua desfiliação" (Medeiros, 2014a, p. 269). Contudo, a CUT manteve seu reconhecimento da nova organização porque tinha fortes vínculos com ela. A CUT ajudou na institucionalização da Fetraf, e a nova entidade teve o reconhecimento do governo Lula, recém-iniciado naquele momento.

Em termos de ação política, foi nesse período que se consolidou uma importante ação coletiva da Contag: o GTB. Iniciada em 1994, foi na segunda metade dos anos 1990 que essa ação ganhou força e se tornou uma marca do MSTTR no Brasil. O GTB é uma mobilização

115 Para mais detalhes sobre o processo de criação da Fetraf, ver Picolotto (2011, 2014).

que tem por característica central apresentar e negociar uma pauta de reivindicações para o Estado por meio de mesas de negociação e mobilizações. Falarei sobre essa mobilização em mais detalhes no terceiro capítulo deste trabalho.

Por ora, vale mencionar que as mobilizações do GTB resultaram em uma série de conquistas, sobretudo de políticas públicas. Entre elas, uma das mais lembradas pelos entrevistados é o Pronaf, um programa de crédito cujo principal objetivo é financiar projetos individuais ou coletivos que gerem renda aos agricultores e agricultoras familiares e assentados e assentadas da reforma agrária. A criação do Pronaf aconteceu em 1996, no governo Fernando Henrique Cardoso, e foi precedida pelo Programa de Valorização da Pequena Produção Rural (Provap), instituído em 1994, no Governo Itamar Franco, que basicamente concedia créditos aos agricultores e agricultoras familiares via Banco Nacional de Desenvolvimento Econômico e Social (BNDES).

A criação desses programas significou para os agricultores familiares a possibilidade de ter acesso a créditos em condições mais favoráveis. "Para entender a relevância do fato, é preciso ter em conta que era a primeira vez na história do Brasil que se criava uma linha de crédito voltada para esse tipo de agricultor e se produzia seu reconhecimento como categoria particular" (Medeiros, 2014a, p. 265). Para a Contag, tratava-se de uma conquista importante: uma política diferenciada para a agricultura familiar, antiga bandeira do MSTTR. Ivaneck explica o que isso significa:

> Mas o que é essa política diferenciada? É uma política do grande produtor para o pequeno. É só uma questão de você dar acesso ao pequeno à política que o grande já está tendo acesso. Quando você começa a trabalhar com agricultura familiar, você começa a trabalhar, realmente, brigando por uma política específica. Que é quando você conquista o Pronaf[116].

116 Entrevista com Ivaneck Perez Alves concedida ao autor em 28/10/2011.

Ao reconhecer o avanço que a conquista do Pronaf significou, o próprio Ivaneck avalia os limites do programa:

> Ele trabalha em cima de financiamento de uma produção. Ele não tem uma visão mais completa da produção da agricultura familiar. Não é à toa que a maioria das pessoas que entram nele acaba se endividando, se inviabilizando de continuar acessando — que é um dos problemas mais sérios que nós temos hoje — porque não foi criado um crédito para a agricultura familiar. É um crédito que a agricultura pode acessar, mas ainda é um crédito na lógica dos bancos e dos grandes. Mas foi um avanço significativo, em termos de política agrícola. Antes, você não tinha nada para a agricultura familiar[117].

Além dos avanços na conquista de direitos e de políticas públicas, o MSTTR também passou por algumas mudanças internas nos anos 1990 e 2000. Ao longo dessas décadas, se consolidou uma tendência que já vinha se esboçando desde os anos 1980 no interior do movimento, de afirmação e reconhecimento de especificidades de grupos sociais no meio rural que não podiam ser reduzidas a demandas relacionadas ao apoio à produção e melhor inserção nos mercados. No plano local (que muitas vezes reflete no âmbito nacional), identidades com fortes recortes étnicos e territoriais tiveram destaque nesse período, como quilombolas, faxinalenses, comunidades de fundo e fecho de pasto, quebradeiras de coco, raizeiros, geraizeiros etc.

No âmbito da Contag, esse processo teve diversas repercussões. A primeira (e provavelmente mais forte) delas foi a luta das mulheres por democracia interna. Essa ação remonta aos anos 1970 e 1980, mas foi nos anos 1990 que ela ganhou grande visibilidade. Um dos marcos dessa pauta no período foi a aprovação, no congresso de 1998, da cota

---

117 Entrevista com Ivaneck Perez Alves concedida ao autor em 28/10/2011.

mínima de 30% de mulheres trabalhadoras rurais em todas as instâncias do movimento, resultando na eleição de mulheres para a diretoria executiva e para o conselho fiscal da Contag pela primeira vez na história da entidade. Foi a partir de 1998 também que se incluiu o termo "trabalhadora" no nome do congresso da Contag. Assim, o antes chamado "Congresso Nacional dos Trabalhadores Rurais (CNTR)" passou a ser denominado "Congresso Nacional dos Trabalhadores e Trabalhadoras Rurais (CNTTR)". A adoção do termo "trabalhadora" foi feita nas demais nomenclaturas do movimento sindical, passando a ressaltar a contribuição da mulher nos processos políticos.

Outro grande marco da luta das mulheres do MSTTR nesse período foi a criação da Marcha das Margaridas, uma das maiores mobilizações de mulheres do mundo. A primeira edição da Marcha foi em 2000, seguida por outra em 2003, e, partir de então, novas mobilizações a cada quatro anos — 2007, 2011, 2015 e 2019, essa última não tratada no escopo deste livro. A Marcha é o tema do quarto capítulo deste livro.

Na segunda metade dos anos 1990 também ganhou força o debate sobre a inclusão dos jovens e idosos na organização. A questão já aparecia antes, mas se institucionalizou internamente na Contag no final da década de 1990 e ao longo da primeira de 2000[118]. Um marco importante para a organização política dos jovens trabalhadores rurais foi o I Encontro Nacional de Jovens Rurais, em 1999, passo importante para a articulação política desse grupo. Foi também nesse período que se constituiu a Comissão Provisória de Jovens Trabalhadores e Trabalhadoras Rurais, que atuou inicialmente de forma descontinuada.

O debate sobre as questões dos jovens se solidificou em 2001, quando o 8º congresso deliberou pela criação da Comissão Nacional de Jovens Trabalhadores e Trabalhadoras Rurais (CNJTTR) e pela

118 Ainda no 2º Congresso Extraordinário da Contag, em 1999, o MSTTR deliberou pela caracterização da faixa etária do jovem rural entre 16 e 32 anos (Galindo, 2017).

integração de sua coordenadoria à diretoria executiva da Contag. Isso significou a definitiva incorporação dos jovens trabalhadores e trabalhadoras rurais na organização do MSTTR. Algumas ações marcaram os primeiros anos de atuação dos jovens no MSTTR após a constituição da CNJTTR, entre elas: 1) Projeto Juventude Rural — protagonista do desenvolvimento local sustentável, desenvolvido em parceria com uma entidade alemã, conhecida pela sigla GTZ (*Deutsche Gesellschaft für Technische Zusammenarbeit*); 2) A pesquisa "A voz do adolescente e jovem rural", feita com o apoio do Fundo das Nações Unidas para a Infância (Unicef); 3) o Programa Jovem Saber, de 2004, voltado à formação de jovens trabalhadores e trabalhadoras rurais com temas relacionados ao desenvolvimento local sustentável e solidário e coordenado pela Secretaria de Jovens Trabalhadores e Trabalhadoras Rurais da Contag; 4) o Consórcio Social da Juventude Rural Rita, que durou de 2005 a 2009, dedicado à formação profissional de jovens e desenvolvido com o apoio do Ministério do Trabalho e Emprego (Galindo, 2017).

Outro marco importante para a trajetória da organização política dos jovens rurais foi a aprovação das cotas de participação de, no mínimo, 20% de jovens nas instâncias do movimento sindical, no 9º congresso, em 2005. Dois anos depois, em 2007, foi realizado o 1º Festival da Juventude Rural, uma ação que buscou ao mesmo tempo evidenciar a cultura e identidade da juventude rural, além de propor e negociar políticas públicas específicas com o Estado brasileiro. A ação se tornou parte do calendário do MSTTR e, desde então, outras edições já foram realizadas, em 2011, 2015 e 2023.

A importância das pautas trazidas pelos jovens ganhou espaço também na esfera estatal. Na primeira década dos anos 2000, importantes espaços institucionais foram criados e ampliaram a possibilidade de debate e criação de políticas públicas específicas. Entre esses espaços, destaca-se a Secretaria Nacional de Juventude (SNJ) e o Conselho Nacional de Juventude (Conjuve). Ambos se tornaram importantes interlocutores dos jovens do MSTTR na criação de políticas públicas no período analisado neste livro.

O debate sobre terceira idade ganhou força no contexto da necessidade de inclusão dos diversos sujeitos sociais do campo na organização sindical e na pauta política da Contag, reconhecendo suas especificidades e necessidades setoriais. Com isso, a partir de 1999, os trabalhadores e trabalhadoras da terceira idade realizaram encontros, plenárias e um congresso nacional, em 2004, para definir propostas específicas do segmento, que foram aprovadas e remetidas ao 9º CNTTR, para serem debatidas e deliberadas. Nesse encontro, foi estabelecido o entendimento sobre a terceira idade no movimento sindical, caracterizada como pessoas com idade igual ou superior a 50 anos.

No 9º congresso, também se deliberou pela criação do cargo de coordenador ou coordenadora da Comissão Nacional da Terceira Idade na diretoria executiva da Contag, que foi eleito a partir do 10º congresso, em 2009. No ínterim, uma coordenação provisória atuou na pauta e criou o Coletivo Nacional da Terceira Idade. Em 2009, a Coordenadoria se transformou em Secretaria, assim como as de Juventude e Mulheres, uma medida que buscou dar reconhecimento igual a todas as áreas de atuação da Contag.

Por fim, vale ainda mencionar que, em termos de organização sindical, foram criadas as coordenações regionais da Contag, uma em cada região, a partir de deliberação do 2º Congresso Nacional Extraordinário dos Trabalhadores e Trabalhadoras Rurais (CNETTR)[119]. A ideia era assegurar mais democracia e representatividade na confederação. As coordenadorias ajudariam no entendimento das demandas, reivindicações, hábitos, costumes, potencial e formas de luta de cada região.

119 Fonte: Publicação "Contag 40 anos de luta ao lado do homem e da mulher do campo". Disponível em: http://www.contag.org.br/imagens/CONTAG-Revista-40anos.pdf. Acesso em 26 fev. 2023.

DA DESFILIAÇÃO DA CUT À CRIAÇÃO DE UMA CONFEDERAÇÃO ESPECÍFICA DE AGRICULTORES E AGRICULTORAS FAMILIARES (2009-2015)

Depois de 14 anos filiada à à Central Única dos Trabalhadores (CUT), a Contag se desfiliou da CUT por decisão do 10º CNTTR, em 2009. A decisão decorreu de uma série de divergências internas que têm origem anos antes. O tema esteve em pauta pelo menos desde 2007, quando, na Plenária da Contag, representantes de pelo menos sete estados (RS, SC, PR, SP, MG, MA e BA), lideranças sindicais rurais da Corrente Sindical Classista, ligada ao Partido Comunista do Brasil (PCdoB), do Sindicalismo Socialista Brasileiro (SSB), ligada ao Partido Socialista Brasileiro (PSB), e sindicalistas independentes pautaram o tema da desfiliação (Medeiros, 2014). O interessante é que o processo ocorreu ao mesmo tempo em que a confederação apostava no seu fortalecimento no interior da Central Única, participando da gestão da entidade.

Foi também em 2007 que a CTB foi criada. A origem da CTB está ligada à iniciativa de ativistas da Corrente Sindical Classista que se diziam insatisfeitos com algumas orientações "cutistas", sobretudo com a defesa da unicidade sindical. Quem destacou esse aspecto como importante para a decisão de fundar a CTB foi o dirigente da Contag na época da entrevista, David Wylkerson Rodrigues de Souza, que também se tornou vice-presidente da primeira diretoria da CTB e foi reconduzido ao cargo após o primeiro mandato.

A decisão pela desfiliação da Contag da CUT não se fez sem polêmica interna. O que estava em jogo naquele momento era a disputa de dois grupos ligados a duas centrais sindicais diferentes no interior da Contag: CUT e CTB[120]. Abaixo, destaco algumas passagens da

120 Sobre a relação da Contag com a CUT e CTB, ver Corrêa (2018; 2021).

entrevista com David Wylkerson Rodrigues de Souza que ilustram o clima instalado na Contag durante o processo de desfiliação:

> Nós tivemos um momento muito tenso, que foi no Congresso de 2009, que a Contag era filiada à CUT ainda, e nós, da CTB, defendemos a desfiliação e a não filiação a nenhuma central, por enquanto. E aí, até agora, nós ainda não temos debate para essa questão de filiação. A gente defende que mantenha como está. Porque tem sido saudável para o movimento sindical, como um todo. Então, a gente tem essa avaliação, de que se mantenha ainda nesse formato que está atualmente.
>
> 2007 criou-se a CTB — em dezembro de 2007 — e o Congresso aqui foi de fevereiro para março de 2009. Então, nesse período, nesse intervalo de 2007 para 2009 — 1 ano e 3 meses, mais ou menos — começou o processo de disputa. Para tentar demarcar esse espaço. Quem era quem, e como é que ocupava o quê. Então, eu acho que foi mais tenso, pelo menos nos últimos anos. Acho que nos últimos 20 anos aí, eu posso dizer que foi o ano mais tenso, internamente aqui, para a direção, para a própria assessoria. Porque com aquela coisa: CUT e CTB.
>
> Mas então, nesse período foi muito tenso, foi muito ruim aqui. O clima que a gente ficou aqui, na diretoria. Porque os debates eram, geralmente, muito acalorados, muito tenso. Muita tensão, pressão. Aí, tudo que um fazia já achava que era por conta de que era de uma central diferente. Falar no nome da CTB aqui, misericórdia. Era um terror. Então, foi um período muito tenso e de muito amadurecimento também. Terminou sendo. Da gente depois é que se percebe que se cometeu exagero. Ou às vezes, você foi vítima de exagero. Porque cada passo seu aqui, passava a ser meio que vigiado. Para ver como é que ia atuar, como é que ia fazer. Se você ia para a atividade, tinha um espião para ver o que é que você

> estava falando, ver o que é que você estava fazendo. Enfim, foi muito assim, não vou dizer que foi ruim. Foi um aprendizado muito bom, que terminou trazendo um amadurecimento[121].

Desde então, há presença de dirigentes da Contag tanto na CUT como na CTB, e é no interior de ambos os grupos que se realiza a atual composição que forma a diretoria da Contag, em um esforço de manutenção da unicidade sindical e, por sua vez, da reprodução social da Contag tal qual concebida pelos seus dirigentes. Sobre o equilíbrio de forças no interior da Contag, David destacou:

> Mas sempre respeitou essa questão da diversidade da nossa base. E aí, a gente... tiramos um pouco isso, essa característica, mantendo a diversidade. Mas ficou mais carimbado com grupo da CUT e grupo da CTB. Que são os dois grupos que a gente tem aqui hoje, que disputam, democraticamente, de forma muito madura — inclusive acho que vale ressaltar isso — a questão dos espaços e da representatividade aqui na direção da Contag.
>
> Porque antes tinha... eram onze cargos: tinham sete que eram 'cutistas' e quatro apenas que era 'ctbistas'. E aí, em 2009 veio para treze cargos — que aumentou meio ambiente e 3ª idade — e nós conseguimos compor com seis 'ctbistas' e sete — manteve os sete — 'cutistas'. Então, ficou mais apertado. Ficou apenas um a mais[122].

A hegemonia da agricultura familiar no interior da Contag, consolidada no período anterior, se manteve nos anos seguintes e ganhou

121 Trechos da entrevista com David Wylkerson Rodrigues de Souza concedida ao autor em 23/10/2015.

122 Trechos da entrevista com David Wylkerson Rodrigues de Souza concedida ao autor em 23/10/2015.

ainda mais força nessa nova fase da confederação. Esse processo é também em parte alimentado pelo reconhecimento da importância dessa categoria pelo Estado por meio do crescimento do apoio creditício à produção da agricultura familiar, especialmente pelo governo petista, após 2003. Por exemplo, enquanto no ano agrícola de 1999/2000 foram disponibilizados cerca de R$ 3,3 bilhões para políticas públicas voltadas para os agricultores e agricultoras familiares, em 2013 o número chegou a cerca de 21 bilhões.

Além disso, outras modalidades de crédito foram criadas, como o Pronaf Mulher, Pronaf Jovem, Pronaf Agroecologia, Pronaf Semiárido etc., todas atendendo públicos específicos. Também foi criada a Secretaria de Desenvolvimento Territorial (SDT), no MDA, que desenvolveu um programa de desenvolvimento territorial, e o Programa de Aquisição de Alimentos (PAA), um programa de compra institucional da agricultura familiar[123]. O que está em jogo aqui é um processo de conformação conjunta de um sujeito político que tem origem na ação dos próprios agricultores e agricultoras e que influenciou e foi influenciado pela própria ação do Estado e de agências internacionais, como a Organização das Nações Unidas para Alimentação e Agricultura (FAO), que, por meio de convênios com o Incra, promoveu estudos que mostraram a importância da agricultura de base familiar e que procuraram delimitá-la empiricamente (Medeiros, 2014a; Picolotto, 2014).

É preciso lembrar, no entanto, que a representação da agricultura familiar não era mais monopólio da Contag e das federações e sindicatos a ela filiados. Desde o surgimento da Fetraf, passou a haver uma concorrência sobre quem seria o representante legal dos agricultores e agricultoras familiares, o que se materializou em disputas por base, pelo uso da identidade da agricultura familiar, pela legitimidade de falar em nome da categoria e pelo seu capital simbólico (Medeiros; Picolotto, 2016).

---

123 Para mais detalhes sobre o ciclo de políticas públicas voltados para a agricultura neste período, ver, por exemplo: Grisa; Schneider (2015); Bergamasco; Delgado (2017); Maluf; Flexor (2018).

E não eram só os agricultores e agricultoras familiares que tinham uma organização específica para reclamar a representação da categoria. Os assalariados e assalariadas rurais também tinham entidades específicas, de âmbito estadual, e disputavam a representação da categoria com a Contag.

As disputas pela representação dos agricultores e agricultoras familiares e dos assalariados e assalariadas rurais ganhou o universo jurídico. Fetraf e Feraesp entraram com ações na justiça e saíram vitoriosas, fortalecendo as suas atuações como representantes específicas dos agricultores e agricultoras familiares e dos assalariados e assalariadas rurais, respectivamente. A interpretação do Poder Judiciário brasileiro destaca a compreensão de que "trabalhador e trabalhadora rural" é uma categoria eclética que comporta diversos segmentos, entre eles, principalmente, os agricultores e agricultoras familiares e os assalariados e assalariadas rurais. Por esse motivo, a criação de organizações sindicais específicas não descumpre o princípio constitucional de unicidade sindical. Essa disputa ganhou também o âmbito executivo, quando o Ministério do Trabalho criou, em 2013, um Grupo de Trabalho em conjunto com as entidades sindicais (Contag, Fetraf e Feraesp) para debater o tema. De acordo com Medeiros e Picolotto:

> Nesse grupo, foram apresentados dados do Cadastro Nacional de Entidades Sindicais que são reveladores dos conflitos em curso. Apontam a existência de 117 sindicatos de assalariados rurais e 16 sindicatos regionais de agricultores familiares já com registro sindical, em sua maioria, por força de decisões judiciais, todos sem qualquer relação com a Contag. Além destes, existiam em 2013 mais 324 pedidos de registro sindical de novas entidades específicas, tendo aumentado este número para 600 em 2014 (Contag, 2016). Com base nisso e perante as demandas das organizações específicas, foi consolidado o entendimento em favor de uma nova normativa que redefina a categoria de enquadramento sindical trabalhador

> rural do Decreto-Lei 1.166 de 1971, abrindo "a possibilidade de dissociação da categoria eclética de trabalhador rural nas categorias específicas de assalariados rurais e de agricultores familiares (MTE, 2014) (Medeiros; Picolotto, 2016, p. 25).

Diante desse cenário, esse tema foi assunto de debate no 11º CNTTR da Contag, em 2013, quando os contaguianos deliberaram o estabelecimento de uma regulamentação para os processos de dissociação de sindicatos, motivados pela ameaça de perda da sua base sindical para as organizações concorrentes. Permanecendo como entidade eclética, a Contag corria o risco de perder a representação das categorias de agricultor familiar e assalariado rural para outras organizações que viessem a se constituir. Desde então, a Contag passou a orientar seus sindicatos e federações a escolherem pela representação da categoria com maior capilaridade em cada situação: assalariados e assalariadas rurais ou agricultores e agricultoras familiares (Medeiros; Picolotto, 2016).

Esse processo se desenvolveu ao longo dos anos seguintes ao congresso de 2013, culminando com a dissociação de sindicatos e federações. Em 2015, foi criada uma confederação de assalariados e assalariadas rurais, a Contar. Enquanto isso, a Contag optou pela representação dos agricultores e agricultoras familiares. O processo de criação de uma nova organização de assalariados e assalariadas rurais foi conduzido pela própria Contag e reflete parte da prática da confederação ao longo da sua história, que é conduzir os processos de mudança de forma a evitar conflitos abertos.

A criação das novas confederações é concluída com a efetivação da emissão do registro sindical das confederações pelo Ministério do Trabalho. A Contar obteve o seu registro sindical em 11 de dezembro de 2017. A Contag, por sua vez, alterou o seu estatuto em abril de 2016 e passou a se denominar Confederação Nacional dos Trabalhadores Rurais Agricultores e Agricultoras Familiares (Contag). O registro sindical com o novo nome foi emitido em abril de 2017, mas precisou ser ratificado e com isso foi expedido novamente em outubro de 2017.

Uma outra confederação de agricultores e agriculturas familiares disputa a representação da categoria em plano nacional — a Confederação Nacional dos Trabalhadores e Trabalhadoras na Agricultura Familiar (Contraf-Brasil/CUT). Criada em 2004 com o nome de Federação Nacional dos Trabalhadores e Trabalhadoras na Agricultura Familiar, passou a se chamar Contraf-Brasil/CUT em 2016. Em janeiro de 2023, recebeu o certificado de registro sindical do Ministério do Trabalho e Previdência. Com isso, também passou a representar legalmente a categoria dos trabalhadores e trabalhadoras na agricultura familiar em âmbito nacional[124].

A partir de 2015, a Contag inicia, portanto, uma nova fase, marcada pela exclusividade da representação da agricultura familiar. Nesse momento, a confederação precisa enfrentar diversos desafios. Primeiro, um contexto de intensificação da disputa pela representação da categoria com outra confederação, a Contraf-Brasil/CUT. Segundo, um cenário de múltiplas crises: econômica, a partir sobretudo de 2015; política, marcadas pelo golpe de 2016, ascensão de governos de direita de Michel Temer (2016-2017) e eleição (2018) e governo ultraconservador de Jair Messias Bolsonaro (2019-2022); e sanitária, que com o início da pandemia de Covid-19, impôs medidas de distanciamento social, com efeitos para as ações de reprodução social e ações coletivas da entidade[125]. Terceiro, a luta pela retomada de governos democráticos, que se materializou na campanha que elegeu Luiz Inácio Lula da Silva para a presidência da República pelo terceiro mandato, em 2022.

---

124 Disponível em: https://contrafbrasil.org.br/noticias/contraf-brasil-conquista-registro-sindical-pelo-ministerio-do-trabalho-e-previde-99d0/. Acesso em 23 fev. 2023.

125 A atuação da Contag e outros movimentos sociais rurais durante a pandemia é analisado em Carvalho, Teixeira, Motta e Penna (2022).

Com isso, inicia um novo momento do contexto político de atuação da confederação, com maior liberdade de atuação para movimentos sociais, criminalizados no governo anterior, e pautado pela reconstrução do país.

AÇÕES DE REPRODUÇÃO SOCIAL

"Na verdade, o movimento não para.
Você vê que a gente sai de uma atividade
e vai para outra"[126].

O trecho citado acima é de uma entrevista, realizada em 2015, com a diretora da Secretaria Geral da Contag. Naquele ano, a confederação organizou três ações coletivas que estão entre as principais atividades da entidade: o GTB, o Festival da Juventude Rural e a Marcha das Margaridas, levando milhares de trabalhadores e trabalhadoras rurais, entre homens, mulheres, jovens e terceira idade, para as ruas de Brasília. Também participou de diversos espaços de negociação com o Estado brasileiro, demandando políticas públicas e direitos para os poderes Executivo, Legislativo e Judiciário.

Essas mobilizações são apenas uma dimensão da atuação da Contag. Reuniões de diretoria, do Conselho Fiscal, do Conselho de Representantes, etapas formativas da Enfoc, participação em eventos, articulações com outros movimentos sociais e tantas outras atividades compõem a atuação da confederação. E, mesmo a realização de grandes ações coletivas demandam muito planejamento, articulação e preparação para se tornarem realidade.

As ações de reprodução social de um movimento social, como vimos, são atividades que criam as condições necessárias para o desenvolvimento das ações coletivas e para a própria perenidade do movimento. As formas de ações coletivas são forjadas nas ações de reprodução social, embora nem toda ação de reprodução social é feita diretamente para estruturar uma ação coletiva. Neste capítulo, tratarei de alguns casos que retratam principalmente a dimensão das ações de reprodução social da Contag.

---

126 Entrevista com Dorenice Flor da Cruz concedida ao autor em 20/10/2015.

Com base na análise dos relatórios anuais que deram origem ao banco de dados de atuação da Contag, classifiquei as ações de reprodução social da confederação em dois tipos principais: 1) ações internas; 2) ações de articulação com atores da sociedade civil[127].

As ações internas englobam: a) ações de expansão do Sistema Contag; b) apoio e/ou participação em atividades promovidas por entidades de base da Contag; c) atividades administrativas, financeiras e eleitorais; d) atividades de avaliação, estudo, debate ou planejamento; e) atividades de formação da Contag; f) eventos. Essas ações possibilitam a organização de todas as demais e mantêm a instituição em funcionamento no seu cotidiano.

As ações de articulação com atores da sociedade civil compreendem a articulação da Contag com: a) instituições de classe; b) instituições internacionais; c) instituições religiosas; e d) outros. Essas ações são importantes para a troca de experiência, aprendizagem e ação conjunta. Nesse sentido, são parte importante das ações de reprodução social da Contag porque contribuíram para a criação das condições necessárias para a própria perenidade do movimento, incluindo, por exemplo, trocas de experiências e aprendizagem, e para o desenvolvimento de formas de ações coletivas. Em resumo, a Contag desenvolve uma série de atividades que são pouco ou nada visíveis publicamente, mas que são fundamentais para a manutenção do funcionamento das entidades sindicais.

Neste capítulo, analisarei como caso emblemático de ações internas os congressos da Contag e de ações de articulação com atores da sociedade civil a participação da Contag na Coprofam. Essas ações são emblemáticas de uma parte das atividades desenvolvidas pelo movimento social em seu cotidiano e servem para uma melhor compreensão do trabalho de sustentação do movimento ao longo de décadas e ajuda a criar condições para a realização de formas de ações coletivas, tema dos próximos capítulos.

---

127 Para mais detalhes, ver anexo 1.

OS CONGRESSOS DA CONTAG

O CNTTR acontece a cada quatro anos desde 2001 (8º congresso)[128] e tem caráter temático e eleitoral[129]. É a ocasião em que se debatem os grandes temas do universo sindical dos trabalhadores e trabalhadoras rurais e quando são realizadas as eleições para a direção da confederação. Até 2015, foram realizados onze congressos nacionais[130]. Contudo, sua importância vai para além da discussão sobre temas políticos e eleições, como destacarei nessa seção.

Por ser o principal órgão de definição das linhas mestras da atuação da Contag em cada gestão e o momento de escolha do seu corpo dirigente, o CNTTR é uma das mais importantes ações de reprodução social da Contag. É uma ação fundamental para a organização, o planejamento e a perenidade do movimento, destacando-se como dimensão central para a compreensão da atuação da Contag. Os congressos não são somente os eventos em si no qual dirigentes sindicais de todo o país se reúnem em Brasília, mas envolve diversas etapas anteriores, reuniões, conversas informais. O trecho a seguir, extraído dos anais do 3º congresso, em 1979, ilustra o caráter central do evento para as atividades do MSTTR, uma vez que as definições tomadas em cada evento orientam a prática das entidades sindicais:

---

128 Entre 1973 (2º congresso) e 1991, o intervalo entre os encontros foi de seis anos. Entre 1991 e 1995 o intervalo foi de quatro anos. E entre 1995 (6º congresso) e 2001 a periodicidade foi de três anos.

129 O 5º congresso (1991) foi o primeiro a ter caráter eleitoral, conforme orientação do 4º CNTR e do Estatuto da Contag.

130 Em 2017 foi promovido o 12º congresso da Contag, o primeiro após a dissociação sindical dos assalariados da confederação. Em 2021, foi realizado o 13º congresso da Contag, pela primeira vez de maneira virtual devido à pandemia de Covid-19 e as medidas de distanciamento social. Esses congressos estão fora do escopo de análise deste livro, que tem como marco temporal o ano de 2015.

> [...] o 3º Congresso Nacional dos Trabalhadores Rurais, que não começou no dia de sua abertura solene, não pode terminar na data de sua sessão de Encerramento. Ele só se completará na medida que seus resultados sejam discutidos com cada dirigente, cada delegado sindical, cada camponês. É preciso que nossas propostas não fiquem apenas em nossas conclusões, limitando-se a repousar nos presentes anais. É preciso divulgá-las e discuti-las todo o tempo com os companheiros que estão nas bases. É preciso colocá-las na prática de nossa atuação diária, nos cursos, nas reuniões, nos encontros, nas assembleias sindicais. É preciso que o conjunto de nossas reivindicações e propostas se transforme na ferramenta do trabalho sindical (Contag, 1979b, p. 11).

Antes de discorrer sobre os congressos, é importante pontuar que há outros órgãos deliberativos na Contag: o Conselho Deliberativo, a Diretoria e o Conselho Fiscal. O mais importante espaço de tomada de decisões coletivas depois do congresso é o Conselho Deliberativo[131], formado por diretores da Contag e das federações, cuja finalidade é deliberar sobre pautas apresentadas à diretoria, como a prestação de contas, previsões orçamentárias, planos de ações do MSTTR. As instâncias consultivas do MSTTR são a Plenária Nacional de Trabalhadores e Trabalhadoras Rurais (PNTTR) e os coletivos e comissões nacionais. A Plenária acontece na metade do mandato da diretoria da Contag e busca analisar mudanças na conjuntura e avaliar as atividades da entidade com base nas resoluções do congresso, além de avaliar e deliberar sobre o plano de ação para a Contag até o congresso seguinte. Os coletivos e comissões nacionais se dividem por áreas temáticas de atuação da confederação. São elas: políticas sociais, reforma agrária, política agrícola, assalariados e assalariadas rurais[132], comunicação,

131 Fonte: Estatuto da Contag em validade até 2015.

132 Deixou de existir em 2017, com a extinção da Secretaria de Assalariados.

relações internacionais, gestão e finanças, organização e formação sindical, meio ambiente, além de três Comissões Nacionais — mulheres trabalhadoras rurais, jovens trabalhadores e trabalhadoras rurais e trabalhadores e trabalhadoras rurais da terceira idade. O objetivo desses coletivos é avaliar e propor novas ações e políticas, de acordo com as suas temáticas. Geralmente, essas propostas são levadas para o Conselho Deliberativo. Esse era o arranjo da organização até a conclusão desta pesquisa.

Durante meu trabalho de campo, uma assessora me disse que se eu quisesse conhecer a história do MSTTR bastava ir aos anais dos congressos para ver o desenvolvimento dos debates do movimento sindical e da estrutura sindical ao longo do tempo. Esse episódio, para mim, foi indicativo do reconhecimento dos congressos e dos debates ocorridos ali como elementos centrais para a definição dos rumos do MSTTR. E, por isso, aspecto fundamental para compreender melhor a atuação da Contag.

Cada congresso tem o seu próprio regimento interno, que regula o funcionamento das atividades e votações. Em geral, o regimento apresenta as finalidades do congresso, quem são os e as participantes, quem pode votar, as regras de inscrição, os órgãos de funcionamento e suas finalidades (comissão coordenadora, comissão de estudos, comissão de divulgação, comissão de recepção e hospedagem, comissão de redação, plenário e comissão de administração, essas com variações a cada ano), além das disposições gerais. A seguir, cito as atribuições do 11º congresso da Contag, em 2013, conforme consta no Regimento[133]:

133 Para informações gerais sobre as regras dos congressos, utilizo como referência o último documento consultado no âmbito dessa pesquisa, que foi o Regimento Interno do 11º CNTTR. Todos os exemplos de regras regimentais citados à frente, quando não houver indicação contrária, se referem a esse documento.

I. analisar a situação política, social e econômica do País;
II. analisar a situação política, social e econômica internacional;
III. analisar a situação política, social e econômica da categoria trabalhadora rural;
IV. avaliar o desempenho e a ação política do Movimento Sindical dos Trabalhadores e Trabalhadoras Rurais — MSTTR nos 50 anos de existência da Contag;
V. definir diretrizes de atuação unitária do MSTTR em todas as áreas de interesse da categoria trabalhadora rural;
VI. avaliar e atualizar as diretrizes, o conteúdo e as ações e mecanismos de implementação do Projeto Alternativo de Desenvolvimento Rural Sustentável e Solidário — PADRSS;
VII. eleger a Diretoria e o Conselho Fiscal da Contag, para o quadriênio 2013/2017;
VIII. alterar, por maioria simples, o Estatuto Social da Contag (Contag, 2013b, p. 3).

Entender as finalidades dos congressos é fundamental para compreender as ações desenvolvidas em cada instância do MSTTR, que são traçadas no CNTTR, sobretudo no âmbito da confederação, tendo em vista que não há um controle absoluto sobre como as determinações congressuais são desenvolvidas pelas entidades da base da Contag. Por isso, ter em mente as decisões congressuais, as atividades de formação e as condições estruturais da confederação são algumas das condições necessárias para uma melhor compreensão das formas de ações coletivas levadas adiante pela Contag e de sua manutenção cotidiana.

Além disso, o congresso é um momento importante de balizamento de debates, reflexão sobre a conjuntura, avaliação, troca de experiências, integração e sociabilidade entre lideranças sindicais e entre estas e outros atores, estatais ou não. Em alguma medida, o congresso ajuda a reforçar um sentido de coletividade nacional para o sindicalismo rural, e isso contribui para a perenidade do movimento. Ademais, em diversos congressos ocorre a realização ou participação em algum tipo de ação coletiva, como marchas, mobilizações, passeatas. Ou seja, na dinâmica social, as atividades de ação e reprodução se complementam e se realizam concomitantemente. São parte de um todo, como tenho argumentado nesse livro.

Um trabalho que inspirou a reflexão feita aqui sobre os congressos da Contag foi a análise de Comerford (1999) sobre as reuniões de trabalhadores e trabalhadoras rurais. Comerford analisa as reuniões realizadas no âmbito de organizações de trabalhadores e trabalhadoras rurais e mostra que elas são importantes não só pelas suas dimensões instrumentais, mas também pelo papel que desempenham na construção de universos sociais. De acordo com o autor:

> Para além de sua dimensão instrumental de simples meios de tomar decisões ou discutir assuntos do interesse dos membros das organizações, as *reuniões* podem ser vistas também como um elemento importante na construção desse universo social, na medida em que criam um espaço de sociabilidade que contribui para a consolidação das redes de relações que atravessam a estrutura formal das organizações, estabelecem alguns dos parâmetros e mecanismos para as disputas pelo poder no seio dessas organizações, possuem uma dimensão de construção ritualizada de símbolos coletivos e colocam em ação múltiplas concepções ou representações relativas à natureza das organizações de trabalhadores e ao papel de seus dirigentes e membros, bem como sobre a natureza da própria categoria que essas organizações se propõem a representar (Comerford, 1999, p. 47, grifo do original).

É difícil fazer uma caracterização geral dos onze congressos que aconteceram em um intervalo de várias décadas. Enquanto trabalhadores e trabalhadoras rurais de todos os estados do país discutiam a conjuntura nacional e internacional, suas dificuldades, experiências, desafios e traçavam planos de luta, o país viveu golpe de Estado, teve governos ditatoriais, períodos democráticos com governos de diferentes correntes políticas e mudanças sociais, políticas, econômicas e culturais variadas. Contudo, em linhas gerais, há uma continuidade de características e significados do CNTTR para a Contag, uma tendência mais generalizante dos congressos a despeito das particularidades de cada um em seus diferentes contextos.

O registro de todos os debates e decisões congressuais são feitos e publicados nos anais dos congressos da Contag, que são o principal documento político que orienta cada mandato da diretoria eleita para a confederação. Os anais são também documentos com forte caráter memorialístico, sendo fonte importante para conhecer a história do MSTTR. Para esta seção, além da consulta desses documentos, analisei outros produzidos pela confederação, como relatórios e jornais, além de entrevistas e anotações da observação da vivência do congresso de 2013, que participei como observador.

Os anais, no geral, costumam conter os seguintes pontos: introdução, temário com a conclusão das discussões (por cada tema), regimento, órgãos de funcionamento do congresso, programação, lista de delegados e delegadas e demais participantes, mensagens recebidas, discursos, moções, mensagens e fotos. A partir dos anos 1990, também fazem parte dos anais textos de análise de conjuntura. Em 1998, após a aprovação do PADRS pelo 7º congresso, o texto base do projeto político também compôs o conteúdo dos anais.

Além dos congressos quatrienais, o conselho deliberativo da Contag pode convocar edições extraordinárias. Isso aconteceu duas vezes: em 1990, quando foi realizada a 1ª Plenária Nacional Ampliada do MSTR, e em 1999, quando foi realizado o 2º congresso Nacional Extraordinário de TTR.

QUADRO 4 | **CONGRESSOS DA CONTAG**

1963	Congresso de Fundação	1998	7º CNTTR
1966	1º CNTR	1999	2º Congresso Nacional Extraordinário de TTR
1973	2º CNTR	2001	8º CNTTR
1979	3º CNTR	2005	9º CNTTR
1985	4º CNTR	2009	10º CNTTR
1990	1ª Plenária Nacional Ampliada do MSTR	2013	11º CNTTR
1991	5º CNTR	2017	12º CNTTR
1995	6º CNTR	2021	13º CNTTR

Os congressos da Contag contam com a participação de delegados e delegadas sindicais provenientes dos sindicatos, federações e confederação. Mais especificamente, são delegados e delegadas da diretoria efetiva da Contag, das federações e um delegado ou delegada por Sindicato dos Trabalhadores e Trabalhadoras Rurais (STTR) eleito em Plenária Estadual ou Regional e convocado pela federação à qual é vinculado, de acordo com o Regimento Interno do 11º CNTTR. Os delegados e delegadas são os participantes do congresso com direito a voto.

Além deles, compõem o CNTTR: assessores e assessoras da confederação, federações e sindicatos, equipe de apoio, convidados e observadores, todos sem direito a voto. Como convidados, costumam estar presentes: políticos de todas as esferas de poder, principalmente os que ocupam algum cargo público no momento do congresso ou aqueles que têm proximidade com a agenda política do MSTTR; representantes de diversos movimentos sociais, partidos políticos, centrais sindicais, sindicalistas, religiosos, organizações religiosas, universidades e imprensa.

A presença desses atores mostra o reconhecimento da importância do congresso. Na abertura do 11º congresso, representantes destacaram que estar presente em um congresso da Contag é uma demonstração de que a parceria ou o contato com a confederação importa.

A definição das regras de indicação de delegados e delegadas para os congressos variou ao longo do tempo. O Regimento Interno do congresso de 2013, por exemplo, exigia uma representação dos trabalhadores e trabalhadoras rurais da terceira idade e aposentados e aposentadas rurais, bem como o cumprimento das cotas de participação de 30% de mulheres e 20% de jovens (entre 16 e 32 anos).

Para indicar delegados e delegadas, os sindicatos e as federações são obrigados a estar "em pleno gozo dos seus direitos sindicais", o que significa, basicamente: para o sindicato — estar cumprindo as obrigações sindicais conforme o estatuto da federação ao qual é filiado e estar em dia com a contribuição referente à arrecadação das mensalidades de seus associados; para as federações — estar em dia com o recolhimento à Contag dos valores das contribuições social, confederativa e sindical arrecadadas pela federação em sua base territorial, ter repassado a contribuição referente à arrecadação das mensalidades dos associados recolhida pelos sindicatos, além de apresentar as planilhas financeiras dessa contribuição e a prestação de contas anual aprovada pelo Conselho Deliberativo da federação. Todas essas regras devem ser cumpridas em prazos definidos. Muitas vezes, alguns sindicatos não conseguem cumprir esses prazos e acabam não participando do congresso. O número de participantes dos congressos da Contag variou entre 500 delegados e delegadas, em 1966, e 4.100, em 1985. A média de participantes é de aproximadamente 2.000 delegados e delegadas por congresso, sobretudo a partir dos anos 1990.

Analisar os anais dos congressos é um caminho eficiente para identificar como os trabalhadores e trabalhadoras rurais reagiram ao contexto de cada conjuntura política nacional ao longo de tantas décadas. Para isso, compreender a dinâmica de funcionamento da organização dos eventos é fundamental. O que apresento a seguir é um breve resumo dos congressos da Contag realizados entre 1963 e 2015. Volto a algumas informações tratadas no capítulo anterior, considerando que a análise sequencial dos congressos permite uma visualização específica dessa história que é tão central ao MSTTR.

O congresso de fundação da Contag aconteceu nos dias 19 e 20 de dezembro de 1963 na sede do Sindicato dos Bancários da Guanabara[134] e contou com representações sindicais rurais de 19 estados. Na ocasião, foi formada e eleita a primeira chapa da entidade, que ficaria à frente da instituição por apenas alguns meses, quando o governo militar promoveria uma intervenção na confederação, alijando seus diretores dos cargos.

O 1º congresso da Contag[135] (1966), aconteceu em pleno regime militar, com a confederação sob controle de um interventor, legitimado pelo voto nas eleições internas de 1965. No evento, foi predominante a discussão sobre o Estatuto do Trabalhador Rural, o Estatuto da Terra e uma Política Agrícola, em consonância com a linha de atuação da Contag naquele momento, que girava em torno da busca pela aplicação das leis existentes. Naquela ocasião, a organização do congresso contou com recursos técnicos e financeiros do Inda a pedido do então presidente eleito da Contag, José Rotta, que havia sido interventor e tinha articulação com o governo estabelecido.

---

134 Esse fato é indicativo da possível existência de uma articulação entre rurais e urbanos, ou, mais especificamente, entre a confederação que se formava e o Sindicato de Bancários.

135 De acordo com José Francisco da Silva, ex-presidente da Contag, o congresso de 1966 foi considerado o primeiro da categoria para fins de organização da atividade no âmbito da Contag. José Francisco explicou que, quando essa decisão foi tomada, eles sabiam da existência de congressos anteriores, como o de Belo Horizonte e o de fundação da Contag. Contudo, por falta de registros à época, optaram por essa contabilização (Informações disponíveis na entrevista com Josefa Martins Reis e José Francisco da Silva concedida à Leonilde Medeiros no contexto da pesquisa Movimentos sociais e formação de militantes: uma reflexão sobre as experiências do meio rural brasileiro, disponível no NMSPP/CPDA/UFRRJ).

O 2º congresso (1973), ocorreu no auge da repressão dos governos militares e não escapou da vigilância dos órgãos de repressão do regime. José Francisco da Silva, presidente da Contag entre 1968 e 1989, falou sobre as dificuldades de organização desse congresso seis anos após a sua realização, na abertura do congresso de 1979, quando o contexto político já mostrava sinais da abertura:

> Em 1973, fazer um Congresso de Trabalhadores Rurais parecia a muitos uma temeridade. Qualquer reunião maior era posta sob suspeição pelos que dirigiam o País. O Movimento soube, todavia, interpretar bem a situação e, dentro das limitações do momento, quebrar o silêncio que era imposto às classes trabalhadoras. A imprensa da época, apesar das limitações que também sofria, a começar pela censura prévia, abriu suas páginas às reivindicações dos trabalhadores rurais. Reivindicávamos num momento em que muitos sequer ousavam falar (Contag, 1979a, p. 82).

Os principais temas do 2º congresso foram: legislação trabalhista e rural, educação, previdência social rural, reforma agrária e colonização e desenvolvimento agrícola. A maior dificuldade do congresso foi debater o tema da reforma agrária, associado a um debate de forças progressistas, e por isso censurado pelo Ministério do Trabalho. A saída encontrada pela Contag para trazer o tema à tona e viabilizar a realização do encontro foi reforçar que o assunto estava inscrito nas leis e que o escopo de debate respeitaria esses limites. A defesa da distribuição de terras naquele momento se orientava por um forte discurso de cumprimento do Estatuto da Terra. A orientação da ação a partir da lei foi prática comum da Contag nesse período e, ainda que tenha deixado de ser o principal meio de ação da Contag a partir do final dos anos 1979 e começo dos 1980, permaneceu como característica fundamental da sua atuação.

O 3º congresso (1979) foi marcado pelo contexto da luta pela redemocratização do sistema político do país, sendo essa uma das principais mensagens dos anais desse congresso. No bojo da luta pelo reestabelecimento das liberdades democráticas e pelo Estado de Direito, os participantes também reivindicavam o direito de livre retorno e participação daqueles que haviam sido impedidos ou afastados da luta dos trabalhadores e trabalhadoras, o direito à participação política em todos os níveis, o direito à livre negociação entre empregados e empregadores, a revogação total da legislação antigreve e a criação de uma entidade que reunisse todos os trabalhadores e trabalhadoras brasileiros (CUT). O 3º congresso lançou uma moção pela anistia e pela completa redemocratização do país.

No plano interno do movimento sindical, também foi um importante momento de inflexão e marco na mudança da estratégia de luta da confederação. Se até então a principal tática estava centrada em apresentar demandas ao Estado com justificação orientada pelas leis, a partir de então o foco foi ampliar as lutas coletivas. De acordo com os termos empregados nos anais, já falam menos em "pedir" e mais em "exigir" as reivindicações, apresentando discordâncias diante dos programas governamentais. Entre os temas tratados estavam: questões agrárias, sindicalismo e educação sindical, legislação trabalhista, política agrícola e previdência social rural.

O 4º congresso da Contag (1985) foi o que teve maior número de participantes: 4.100 delegados e delegadas. O número reflete em grande medida o entusiasmo que se vivia naquele momento e o grau de mobilização da sociedade civil em diferentes setores. O ano de 1985 foi central na transição política brasileira, quando o último presidente militar deu lugar a um presidente civil depois de 21 anos. Inclusive, o novo presidente — José Sarney (1985-1990) — foi ao congresso da Contag e participou da sessão solene de abertura. Naquela ocasião, lançou a proposta do I PNRA. Foi também nesse congresso que a Contag defendeu a tese da convocação da Assembleia Nacional Constituinte.

Ou seja, o tema da transição política pautado em 1979 ainda estava presente em 1985.

Um dos assuntos de debate que teve grande destaque naquele congresso foi a discussão sobre violência no campo. A questão apareceu no debate público não só pela escalada da violência, mas também porque naquele momento houve a oportunidade de se falar sobre o tema, antes silenciado pelo contexto do governo militar[136]. A centralidade do tema ganhou forma nos gritos de ordem dos delegados e delegadas do congresso. O encerramento do evento aconteceu sob manifestações que clamavam por justiça.

Também no 4º congresso, foi lançada uma carta de princípios que expunha as principais pautas de luta do movimento sindical no contexto: em prol da consolidação da democracia no país; por uma nova política econômica; pela reforma agrária ampla, massiva, imediata e com a participação e controle dos trabalhadores e trabalhadoras rurais para eliminação do latifúndio; pelo fim da violência no campo; por uma nova política agrícola; por uma solução definitiva para o problema da seca; pela reformulação das políticas e projetos governamentais no campo; por uma política previdenciária; por uma nova política salarial; pelo livre exercício do direito de greve; e pela plena liberdade e autonomia sindical com a preservação do princípio da unicidade. Essa carta ilustra a ampliação dos temas em debate pela Contag em seus congressos, antes mais restrito ao cumprimento das leis (Contag, 1985b).

A euforia e esperança do congresso de 1985 deu lugar a um período de reestruturação do movimento sindical. A derrota de Luiz Inácio Lula da Silva, candidato nas eleições de 1989 à Presidência da República

---

136 Trabalhos recentes mostram como a violência no campo atingiu os trabalhadores rurais na ditadura, aspectos até recentemente pouco conhecidos ou debatidos pela academia. Ver, por exemplo: Carneiro e Cioccari (2011); Sauer *et al* (2015); Medeiros (2018); Sauer (2020).

que representava os anseios dos movimentos populares, teve reflexo na organização e estratégia da Contag, bem como em diversos outros movimentos e organizações sociais. A vitória de Fernando Collor de Mello (1990-1992) e o começo de um governo com políticas neoliberais impuseram uma série de crises ao país — econômica, política e social — com reflexos diretos na vida dos trabalhadores e trabalhadoras rurais. Em 1990, a 1º Plenária Nacional Ampliada do MSTTR debateu fundamentalmente a organização interna da confederação.

A insatisfação com o governo eleito levou os delegados e delegadas do 5º congresso (1991) a realizarem uma grande manifestação de rua em Brasília, a maior já vista desde a Constituinte, segundo a própria Contag. A manifestação cercou os Ministérios da Agricultura e Reforma Agrária e do Trabalho e Previdência Social. Ao primeiro, demandaram o atendimento integral das propostas de reforma agrária discutidas no 5º congresso. Já para o Ministério do Trabalho e Previdência Social, reclamaram sobre a não regulamentação dos direitos previdenciários conquistados pelos trabalhadores e trabalhadoras rurais na Constituição, que garantiria aos rurais os mesmos direitos que os urbanos já tinham por meio de um sistema único de Previdência Social. Também reclamaram da desorganização administrativa do Ministério e do governo ter suspendido mais de 200 mil benefícios rurais em novembro de 1991[137]. A manifestação citada é um caso interessante de análise, porque mostra a face da ação coletiva presente em uma ação classificada aqui como de reprodução social, ressaltando a complementaridade entre ambas.

---

137 A pauta de reivindicações era: que o governo regulamentasse as Leis nº 8.212 e 8.213/91; que o Ministério do Trabalho e Previdência Social tomasse medidas para dotar o INSS e as agências da Empresa Brasileira de Correios e Telégrafos de condições materiais e humanas para garantir o atendimento digno e eficiente da população; e que o governo revogasse o ato que suspendera os benefícios rurais.

Quatro anos depois, no 6º congresso (1995), se a crise econômica já tinha diminuído, a vida dos trabalhadores e trabalhadoras rurais não tinha sofrido grande melhora. Para o movimento sindical, o governo de Fernando Henrique Cardoso (1995-2002) mantinha uma agenda política neoliberal prejudicial aos direitos e demandas dos trabalhadores e trabalhadoras. Diante das dificuldades, a Contag se mobilizava de diferentes formas. A maior novidade do período foi a realização do GTB, mobilização iniciada em 1994 que articulava uma série de movimentos sociais do campo e que, a partir de 1996, passou a ser conduzida somente pela Contag[138]. Ao mesmo tempo, outras mobilizações se desenrolavam, como as Jornadas de Lutas dos Rurais em várias regiões do país, as lutas da região Nordeste contra as secas, as campanhas salariais em diversas partes do país e as mobilizações de pequenos produtores no Sul.

Contudo, as mobilizações já não eram suficientes para a Contag naquele momento. Para a confederação, mais do que protestos por demandas específicas, era necessário apresentar um projeto alternativo de desenvolvimento para o país. Nos termos dos anais: "Hoje não basta apenas protestar. É preciso disputar espaços com os outros projetos, apresentando alternativas para o desenvolvimento para o país" (Contag, 1995, p. 29). Com isso, deu-se início naquele momento aos encaminhamentos para a elaboração do que viria a ser o PADRS da Contag. A semente da elaboração desse documento veio do projeto CUT/Contag de Pesquisa e Formação Sindical, que selava a aproximação da confederação com a Central, tendo o seu momento de coroação na aprovação da filiação da Contag à CUT, em 1995.

O resultado disso foi a implementação do PADRS a partir da sua ratificação no 7º congresso (1998), ainda sob o governo de Fernando Henrique Cardoso (1995-2002). O PADRS foi o elemento central de

138 No próximo capítulo, me dedico especificamente ao caso do GTB.

discussão e deliberação naquela ocasião. O foco do movimento sindical passava a ser uma ampla e massiva reforma agrária e a valorização da agricultura familiar, reunidos de forma integrada em um projeto político pautado por uma concepção de desenvolvimento rural sustentável. Com o PADRS, a categoria de representação central nos documentos da Contag deixa de ser trabalhador e trabalhadora rural e passa a ser a de agricultura familiar e dos agricultores e agricultoras familiares, demonstrando a força que a agricultura familiar conquistou no interior da organização. No trecho abaixo, é possível encontrar um breve resumo do processo de elaboração do PADRS:

> O PADRS começou a ser elaborado no 6ª Congresso, realizado em 1995. Nos últimos três anos, a Contag realizou Seminários Regionais, cursos e oficinas, por intermédio dos quais foram sendo sedimentadas as bases para a construção de um projeto de desenvolvimento que tivesse na inclusão social e na geração e distribuição de renda o seu centro de convergência. O PADRS deve propiciar o desenvolvimento sócio, político e econômico das populações rurais e a dinamização da economia das pequenas e médias cidades do interior do País (Contag, 1998, p. 5).

A Contag desenvolveu e apresentou o PADRS como um projeto alternativo de sociedade para se opor ao projeto político neoliberal que foi hegemônico durante a década de 1990. As mudanças do projeto político da confederação se refletiram em mudanças na estrutura da organização sindical e, por isso, se decidiu pela realização de um congresso extraordinário para deliberar sobre estrutura, organização e gestão sindical, que aconteceu em 1999.

Foi também no congresso de 1998 que se aprovou a cota mínima de 30% de mulheres trabalhadoras rurais em todas as instâncias do movimento. O resultado disso foi a eleição de mulheres para a diretoria executiva e para o conselho fiscal da Contag pela primeira vez na história da entidade.

O 8º congresso (2001) manteve o debate sobre o PADRS, buscando avançar na consolidação e na qualificação do novo plano político do MSTTR. Um marco importante desse congresso para a organização sindical foi a criação da CNJTTR e a incorporação da sua coordenação à diretoria executiva da Contag. Esse passo foi fundamental para a expansão da pauta da juventude nos debates do sindicalismo e para a democracia interna do movimento. Outra importante deliberação desse congresso ressaltada pela própria Contag no texto introdutório dos anais foi a decisão de investir na construção de uma organização de produção e comercialização relacionada com a estrutura sindical.

O 9º congresso (2005) foi o primeiro realizado após a vitória de Luiz Inácio Lula da Silva nas eleições presidenciais de 2002 e contou com a participação do então presidente da República. Foi a segunda vez que um presidente compareceu a um congresso da Contag. Esse congresso ficou marcado para a juventude rural como o marco da aprovação das cotas de participação de, no mínimo, 20% de jovens nos cargos de direção de todas as instâncias do MSTTR. Foi no 9º congresso também que o PADRS passou a se chamar PADRSS, resultado da inclusão do termo "solidário" ao projeto. De acordo com notícia publicada no Jornal da Contag:

> Com a mudança, a intenção da Contag é fomentar o debate em torno da questão econômica do projeto, com o estímulo à formação de cooperativas entre o meio rural e urbano e a implementação de programas sociais desenvolvidos em parceria com a CUT e com a sociedade civil[139].

Foi também no congresso de 2005 que se deliberou pela criação da Coordenação Nacional de Trabalhadores e Trabalhadoras Rurais da Terceira Idade e pela criação de uma coordenação de meio ambiente

---

139 Jornal da Contag, Ano II, Edição Especial, 9º congresso, março 2005.

para desencadear o processo de criação de uma secretaria, fato que se efetivou no congresso seguinte, em 2009. Esses episódios são indicativos dos avanços pela democratização interna da organização e de mudanças de pauta no interior do MSTTR. Foi também nesse evento que se aprovou a criação de uma escola nacional de formação, fato que ocorreu no ano seguinte, em 2006 — a Enfoc.

Em 2005, algumas polêmicas estiveram presentes nos debates, sendo essas: a manutenção ou não da filiação da Contag à CUT e a questão dos transgênicos. Em relação à CUT, a decisão do congresso foi de manutenção de sua filiação. Já no que tange ao debate sobre os transgênicos, o assunto se polarizou principalmente por entre os delegados e delegadas do Sul e os demais participantes. Enquanto os primeiros tenderam a se posicionar favoráveis ao tema, para o restante dos participantes (e a maioria no congresso), o MSTTR deveria ser contrário ao plantio e comercialização de produtos geneticamente modificados. O ponto estava na pauta do dia por conta da aprovação do projeto de biossegurança pelo Congresso Nacional (Projeto de Lei nº 4.809-A, de 2005).

Ao contrário do congresso anterior, uma das principais marcas do 10º congresso (2009) foi a aprovação da desfiliação da Contag à CUT, que havia sido mantida no 9º congresso. Depois de 14 anos filiada à Central, os delegados e delegadas sindicais votaram por manter a Contag independente da CUT por uma diferença de 332 votos. No mesmo congresso, foi aprovada uma resolução indicando a CUT e a CTB como as principais parceiras do MSTTR. Outro destaque do 10º congresso foi a aprovação das bases da Política Nacional de Formação Sindical, documento político que passou a orientar as ações de formação política da Enfoc.

Foi no 10º congresso também que, pela primeira vez, um gaúcho assumiu a presidência da Contag. Alberto Broch era agricultor familiar e sua origem no Sul do país tirava anos de hegemonia de lideranças oriundas do Nordeste na Contag. Ele, que já fazia parte da diretoria da Contag, se tornou presidente da confederação e ocupou o cargo por dois mandatos, vindo a ser um dos principais líderes no processo de dissociação sindical, que culminou com a separação da categoria de assalariados e assalariadas da estrutura sindical do MSTTR, em 2015. A Contag, sob a direção de Alberto Broch, fez da pauta da agricultura familiar uma das principais bandeiras de luta da confederação, e os fortes vínculos dos sindicalistas do Sul com o tema é um fator importante para entender o crescimento dessa pauta na confederação.

O 11º congresso (2013) foi marcado para ocorrer no ano em que a Contag completaria 50 anos. Esse congresso também aconteceu já no período do primeiro mandato da então presidenta Dilma Rousseff (2011-2016), que foi a terceira chefe de Estado a estar presente no evento. Um fato marcante desse congresso foi a aprovação da paridade da participação das mulheres em todas as instâncias do MSTTR, ampliando a democracia interna no MSTTR.

Além da votação pela paridade, estão entre as principais decisões do 11º congresso: a manutenção da Contribuição Social (de balcão) de 1% para financiamento das ações da Contag; a universalização da contribuição do Fundo Solidário, permitindo à Enfoc ampliar as ações de formação; a aprovação do Orçamento Participativo, a ser iniciado pela Contag ainda naquele ano; a reafirmação da cota mínima de 20% de jovens; e a decisão de não filiação da Contag a uma central sindical, ainda que se mantivesse o diálogo privilegiado com duas centrais, a CUT e a CTB, sob a justificativa de ambas serem a base fundamental mantenedora da unidade do movimento[140].

Uma breve análise do temário dos anais dos congressos me permitiu identificar os principais temas debatidos pelo MSTTR ao longo da sua trajetória, percebendo continuidades e descontinuidades. Foi possível concluir que alguns temas foram recorrentes na agenda de debates dos congressos entre 1996 e 2013: o debate sobre organização

---

140 Destaques presentes no Jornal da Contag, Ano IX, Número 98, abril de 2013.

sindical, assalariados e assalariadas rurais e políticas agrária, agrícola e previdenciária. Outros mais foram surgindo com o tempo, como: análise de conjuntura; relações internacionais; gênero; geração; meio ambiente; comunicação.

No congresso de 1985 aparece uma sessão do temário dedicada ao debate sobre democracia, participação política e violência no campo, questões centrais no debate político nacional naquele momento. Depois disso, essas reflexões passaram a vir identificadas como "questões nacionais" ou "análise de conjuntura", tendo variado em diferentes momentos. Na realidade, mesmo antes de 1985, esses debates já eram feitos, mas ainda não recebiam destaque na compilação dos anais.

O tema da organização e formação sindical reunia várias questões ao longo dos anos 1960 a 1980. Mas elas foram se diluindo no período seguinte, tornando-se áreas específicas ou sendo organizadas em outras categorias. É o caso da questão das finanças e gestão, comunicação e papel das mulheres. Esta maior especialização dos temas no congresso e anais da Contag parece, em grande medida, ser um desdobramento do debate e estruturação do projeto político da Contag em torno do PADRS, ratificado em 1998. Foi nesse ano, por exemplo, que foi criada uma área de políticas sociais no temário do congresso. Alguns anos antes, em 1995, tinha sido criada a Secretaria de Políticas Sociais na estrutura da confederação. Dessa forma, diversos temas tratados anteriormente de forma isolada passaram a ser reunidos em torno dessa categoria, tais como previdência, educação, saúde, assistência social, seguridade, infraestrutura, habitação, esporte, cultura, lazer e trabalho infantil. Até os anos 1990, o foco da Contag nos anais em matéria de políticas sociais era principalmente nas questões previdenciárias, embora não exclusivamente.

Outros temas que passaram a ser tratados de forma sistemática a partir do congresso de 1998, e no bojo da aprovação do PADRS, foram gênero, geração, comunicação, formação, gestão e finanças, relações internacionais e meio ambiente. Depois disso, em 2005, o tema da terceira idade se destacou nos anais, revelando a emergência de um grupo social no corpo do sindicalismo que passa a ser objeto de reflexão e tratamento especial nos congressos e, por sua vez, na vida sindical.

Em termos procedimentais, ratifico, o congresso da Contag começa bem antes da mesa de abertura política do encontro e não se encerra no último dia do evento. Retomo essa afirmação para sublinhar que o processo de preparação prévia do CNTTR acontece por mais de um ano antes da data do evento e cumpre uma série de etapas que envolve, entre outros aspectos, reuniões, assembleias, encontros, congressos e/ou plenárias estaduais, regionais, microrregionais e/ou de polos.

A organização do congresso de 2013, por exemplo, foi realizada durante todo o ano de 2012, quando houve a elaboração de um texto base, escrito por uma comissão da Contag e debatido pelas federações e sindicatos nas 96 plenárias estaduais e regionais. Essas plenárias também debateram os planos de luta do MSTTR. Os resultados dos debates foram encaminhados à comissão de organização e as ponderações, ratificações e ementas foram acopladas ao texto inicial, formando o texto base do congresso. De acordo com o Regimento Interno do 11º CNTTR:

> As Federações filiadas convocarão e realizarão uma Plenária Estadual ou Plenárias Regionais, Microrregionais e, ou de Polos para a discussão do documento base do 11º CNTTR e para a retirada de delegados e delegadas, com duração mínima de 2 (dois) dias, com, no mínimo, 4 (quatro) turnos de atividade (Contag, 2013b, p. 7).

Além disso, após o congresso, todas as resoluções tomadas precisam ser aplicadas, os anais preparados e as avaliações feitas. Ou seja, o processo de envolvimento com o congresso da Contag é duradouro, e a importância dessa ação para todas as atividades da confederação é central. Essa ideia é difundida e compartilhada por muitos membros do MSTTR, como pode ser visto nas citações a seguir, do texto do relatório anual de atividades da Contag de 1979 e dos anais do 4º congresso, em 1985, por exemplo:

> O 3º Congresso Nacional não ficou restrito apenas à sua realização. Uma série de necessidades antes, durante e depois, teve que ser resolvida para o seu pleno êxito quanto à sua organização e, sobretudo, quanto às suas conclusões. Reuniões e encontros preparatórios, elaboração de temas e informes, esquemas administrativos e expedientes diversos, participação ativa em suas comissões, desenvolvimento de encontros regionais de estudo e avaliação fizeram parte de sua organização, realização e continuidade (Contag, 1979a, p. 1).
>
> O 4º Congresso não se restringiu aos cinco dias de sua realização, em Brasília. Incluiu as manifestações das delegações nas capitais de seus estados por ocasião de seus deslocamentos para o local do Congresso; incluiu toda a sua preparação e incluiu, sobretudo, a divulgação, o debate e a prática de suas proposições, entre a categoria, de maneira a permitir a concretização das formas de luta aprovadas (Contag, 1985b, p. V).
>
> Este Congresso não está começando hoje. As propostas que aqui analisaremos são o resultado das discussões que começamos há um ano atrás, nas delegacias sindicais, nas assembleias dos sindicatos, tendo continuidade nos encontros microrregionais, nos congressos estaduais, na plenária de dezembro passado e nas reuniões do Conselho de Representantes da Contag" (Contag, 1985b, p. 27).

O processo de preparação do congresso também envolve muitas conversas, articulações e debates formais e informais sobre os rumos das pautas a serem debatidas e sobre a formação das chapas (ou, preferencialmente, como veremos, da chapa) que vão concorrer às eleições para os cargos da direção executiva e do conselho fiscal da confederação, desde 1991, quando as eleições passaram a ser efetivamente feitas no CNTR. Durante o trabalho de campo, ouvi diversas vezes de diretores e assessores e assessoras da Contag que "o congresso da Contag já havia começado", mesmo quando estávamos há um ano da data do encontro. Com isso, eles se referiam principalmente ao processo de articulação política do MSTTR para a conformação da chapa candidata para as eleições sindicais.

A eleição de uma nova diretoria é condição para a manutenção do funcionamento da entidade, de acordo com as regras estabelecidas no estatuto da confederação. Por isso, é tema fundamental para a vida sindical. Essa é uma questão presente no cotidiano da confederação permanentemente, ainda que seja mais forte no contexto de formação da chapa, que ocorre normalmente no ano anterior à realização do congresso. Sobre esse aspecto, Raimunda de Mascena, ex-dirigente da Contag, falou:

> [...] quando começa a conversa aqui, entre os homens... porque na Contag a conversa vai se dando assim, no decorrer dos 4 anos, as articulações, elas vão se dando de uma forma sutil. Mas ela acontece. Engana-se quem acha que o processo de composição, na Contag, se dá só um ano antes do congresso. Ele vai se dando ao decorrer dos quatro anos[141].

O processo de formação de chapa é complexo porque precisa conciliar concomitantemente uma série de fatores. Considerando as eleições realizadas em 2013, última que cobre o período dessa pesquisa, os critérios em pauta foram: a) renovação de 30% dos membros da diretoria; b) representação regional; c) representação das forças políticas

141 Entrevista com Raimunda de Mascena concedida ao autor em 22/10/2015.

divididas em torno de duas centrais sindicais, a CUT e a CTB[142]; d) cota de, no mínimo, 30% (trinta por cento) de mulheres trabalhadoras rurais, e de, no mínimo, 20% (vinte por cento) de jovens. Além disso, o que credenciava alguém para se tornar um dirigente da Contag era ser trabalhador rural, com histórico de militância, tendo passado por outras instâncias sindicais, ter respaldo dos seus pares e ser um dos nomes indicados pela região de origem. Vale destacar que os estados e regiões têm um papel e peso importante na indicação de nomes para a composição das chapas. Por isso, a vinculação entre os diretores e as suas regiões, estados e locais se mantém forte em todo o mandato, pois é isso que, em parte, dá respaldo, credibilidade e sustentação para a sua atuação no plano nacional. O debate formal sobre a composição da chapa acontece no Conselho Deliberativo da Contag, segunda instância de decisão do MSTTR que reúne diretores da Contag e das Federações de Trabalhadores na Agricultura (Fetags).

Além disso tudo, os interesses e projetos políticos individuais de cada dirigente sindical contam na decisão de se tornar uma liderança nacional. Esse aspecto é difícil de incluir nesse tipo de análise, sobretudo porque o foco aqui é explicar principalmente o funcionamento da estrutura sindical. Mas a articulação entre a dimensão estrutural e a trajetória militante no estudo das lideranças de movimentos sociais é uma agenda de pesquisa importante para os estudos de movimentos sociais.

No caso da Contag, vale ainda mencionar que o processo de formação de uma chapa geralmente é desenvolvido com a tentativa de criação de uma chapa única. Esse esforço está presente e perpassa toda a história

---

142 Sobre a conciliação da representação das forças políticas das duas centrais na direção da Contag, Alessandra Lunas, dirigente da Contag no momento da entrevista, disse: "[...] com essa história de duas centrais, a gente costuma até brincar, né, 'dona Flor e seus dois maridos', né, Contag com dois assédios aí, das duas centrais, então concentrar, é..., conciliar por regiões, conciliar quem é quem de ambas as centrais... há uma costura... [...]" (Entrevista com Alessandra da Costa Lunas concedida ao autor em 25/10/2015).

da Contag, tendo em vista que apenas em duas ocasiões houve uma disputa de chapas, em 1967 e 1998. A tentativa em formar uma chapa única tem a ver com uma concepção de "unidade na diversidade", termo citado inúmeras vezes por diretores da Contag para sublinhar o esforço da confederação em contemporizar as forças políticas em disputa no interior da instituição em torno de uma única chapa, evitando assim o confronto eleitoral entre grupos distintos[143].

Se, por um lado, essa tentativa de mostrar unidade está presente na fala de muitos entrevistados, esse aspecto foi relativizado por uma das entrevistadas, que destacou: "As chapas da Contag se constituem, em alguns momentos, de consenso, mas não de unidade"[144]. Com isso, a entrevistada destaca os acordos feitos como uma possibilidade de acordo de distintas forças em uma dada situação, mas que não necessariamente constituem unidade. Ou seja, mesmo em torno do discurso de unidade, há conflitos e disputas internas, mas que, na maioria das vezes, conseguiu ser acomodada em torno do consenso.

Para além dos debates temáticos e questões eleitorais, os congressos são ainda espaços de articulação política entre o MSTTR e atores do Estado e/ou outros movimentos e organizações sociais. Nesses espaços, as alianças entre atores se mostram visíveis por meio da participação de aliados do movimento sindical na mesa de abertura, nos debates ou pela presença desses ao longo do evento. A leitura dos anais dos congressos permite identificar a circulação de diversos

---

143 O slogan "construir a unidade na diversidade" foi adotado pelo Departamento Nacional dos Trabalhadores Rurais (DNTR), criado em 1986 no 2º Congresso Nacional da CUT (Concut). Desde o congresso de fundação da CUT, em 1983, havia sido aprovada a criação de uma secretaria específica para tratar da questão agrária. O slogan buscava retratar o reconhecimento da heterogeneidade de situações de trabalho do setor rural, ponto abordado pela CUT desde o seu surgimento, conforme pode ser visto nas resoluções de seus congressos, plenárias e/ou encontros (Rodrigues; Ladosky, 2015).

144 Entrevista com Raimunda de Mascena concedida ao autor em 22/10/2015.

atores representando instituições estatais, sindicais, de movimentos populares, religiosas e internacionais.

A título de exemplo, só na mesa de abertura do 11º congresso estavam presentes, além do presidente, vice-presidente e secretária de mulheres da Contag, representantes do governo federal (ministros da Secretaria Geral da Presidência da República e do Ministério do Desenvolvimento Agrário, Gilberto Carvalho e Pepe Vargas, respectivamente), estadual, presidentes da CUT e CTB e de organizações internacionais de trabalhadores e trabalhadoras rurais (Via Campesina, Unicafes, Coprofam, Uita). Os demais diretores da Contag também estavam no palco, no segundo plano, junto com os ex-presidentes da Contag, José Francisco da Silva, Francisco Urbano e Manoel dos Santos.

No primeiro dia que antecedeu a abertura oficial do 11º congresso, foi realizado o Seminário Internacional Violência no Campo: Cenários, Vítimas e Agressões, organizado pela Contag, Coprofam e Uita. O Seminário foi dividido em dois painéis: o primeiro tratou da violência contra assalariados e assalariadas rurais e seus direitos e o segundo teve como foco o tema da violência no campo relacionada à luta pela terra e território. Entre os resultados do seminário estavam a aprovação da retomada da Campanha Mundial contra a Violência no Campo e a construção de uma agenda conjunta entre os países de organizações sociais que tratavam do tema. Além disso, foi aprovada a Carta Aberta "Violência no Meio Rural: A Favor da Vida e da Paz", entregue à presidenta Dilma Rousseff e aos ministros Gilberto Carvalho (Secretaria Geral da Presidência da República) e Maria do Rosário (Direitos Humanos). Cito esse seminário para ilustrar como a presença de diversos sujeitos políticos em Brasília por ocasião da realização do CNTTR é utilizado como uma oportunidade para articular e realizar outras agendas e debates afins ao MSTTR.

As articulações entre atores não se dão apenas entre representantes do MSTTR e outros movimentos e instituições, mas entre os próprios sindicalistas também. No decorrer do 11º congresso, aconteceu também uma Plenária de Mulheres, que aproveitaram a oportunidade da reunião para debaterem diversos temas, além de definirem estratégias de ação coordenada no âmbito do próprio congresso. Em 2013, estava na pauta do congresso a aprovação da paridade da participação das mulheres nas instâncias do MSTTR. Além disso, outras ações coordenadas pelas mulheres pautaram o tema da paridade ao longo dos dias do evento. Um dos dias do congresso coincidiu com o Dia Internacional das Mulheres, o oito de março. Houve um ato na plenária do congresso e a distribuição de camisetas que defendiam a votação a favor da paridade, marcando a data no 11º congresso.

Os congressos são ainda espaços de sociabilidade e troca de experiências entre delegados e delegadas sindicais de todo o país. Representantes de todos os estados se juntam por cinco dias para debaterem e definirem os rumos do MSTTR e, enquanto as discussões políticas ocorrem, várias atividades paralelas fazem do congresso um espaço permanente de interações entre os participantes. Provavelmente, um dos espaços que mais propiciam a troca entre os participantes é a exposição de produtos e materiais de cada estado. O 11º congresso, por exemplo, ocorreu no Centro de Convenções Ulisses Guimarães, em Brasília, e em uma parte do *hall* de entrada foram montados estandes de exibição para cada estado. Os estandes foram decorados com fotos, bandeiras de sindicatos e com produtos diversos, trazidos pelos e pelas participantes.

Com isso, ao longo dos dias, cada um pode conhecer e consumir produtos e experiências de outros delegados e delegadas sindicais, aspecto importante para o estreitamento de laços sociais e criação e/ou fortalecimento de vínculos no interior do próprio movimento[145]. Também é um local para expor os símbolos identitários de cada região, estado ou localidade.

---

145 No seu estudo sobre as reuniões de trabalhadores rurais, Comerford destacou o papel das reuniões como forma de sociabilidade. Para mais detalhes, ver Comerford, 1999, capítulo 2.

Quero, com essas observações e breves exemplos, destacar que o encontro de sujeitos políticos diversos no contexto dos congressos cria a possibilidade de articulações e debates que vão além do foco do CNTTR em si. Observar, descrever e analisar essa ação de reprodução social é fundamental para entender melhor a gestação e desenvolvimento de outras ações de reprodução social assim como a criação de formas de ações coletivas.

Após esse breve percurso sobre os principais temas e debates dos congressos da Contag, como imaginar a atuação política dessa entidade sem considerar as discussões e decisões desse espaço? Fazer isso significaria negligenciar todo um processo de maturação e gestação do debate político que orienta a ação do MSTTR. Significaria explicar a massa de gelo que flutua no mar apenas pela descrição da parte visível na superfície da água. Sem dúvida é uma forma de ver o *iceberg*. Mas com limites. Considerar a existência, importância e conteúdo desses debates será fundamental para entender as ações coletivas da Contag, tema do próximo capítulo.

A PARTICIPAÇÃO DA CONTAG NA COPROFAM[146]

A articulação dos movimentos sociais com instituições da sociedade civil é entendida aqui como uma ação de reprodução social dos movimentos sociais na medida em que promove a troca de experiências e a aprendizagem coletiva e possibilita a organização de ações em

146 Pesquisei a atuação da Coprofam junto com as pesquisadoras Priscila Delgado de Carvalho e Juliana Ramos Luiz. O trabalho resultou no artigo "*Cross-Movement in Latin America: Lessons from the Mercosur Confederation of Family Farming Organisations* (Coprofam)" (Teixeira, Luiz e Carvalho, 2020). Nesse sentido, sou grato a elas pelas trocas e reflexões sobre este tema.

conjunto. Muitas vezes, essas articulações são visíveis e públicas; outras vezes, são feitas predominantemente no plano interno, dependendo do contexto, dos objetivos e dos sujeitos políticos em relação. Seja como for, a articulação entre movimentos sociais com atores da sociedade civil é dimensão importante da atuação de movimentos sociais e fenômeno que merece ser estudado em relação com as outras dimensões de atuação.

A atuação da Contag não é exceção entre os demais movimentos sociais. Parte significativa das ações da confederação são desenvolvidas em articulação, parceria, colaboração, aliança, coalizão, solidariedade, diálogo ou alguma outra forma de relação com setores da sociedade civil, seja entidades de classe, grupos religiosos, organizações internacionais ou outros. Muitas vezes, essas articulações são múltiplas e envolvem vários desses sujeitos ao mesmo tempo. Uma rápida análise da história da Contag mostra os diversos vínculos e articulações estabelecidos pela entidade ao longo da sua trajetória. A seguir, cito brevemente alguns exemplos dessas relações para caracterizar os tipos de articulação que descrevo nesta seção.

Nos anos 2000, a Contag participou, em abril de 2008, do Acampamento Nacional pelo Limite da Propriedade da Terra, organizado pelo Fórum Nacional pela Reforma Agrária, junto com a Contag, Comissão Pastoral da Terra (CPT), Fetraf, Movimento de Libertação dos Sem Terra (MLST), Via Campesina. Na ocasião, mais de duas mil pessoas na capital federal relançaram a "Campanha pelo Limite da Propriedade da Terra: em defesa da reforma agrária e da soberania territorial e alimentar", implementada em 2001, e retomando a proposta de estabelecer um limite de 35 módulos fiscais para as propriedades rurais. Ou seja, setores da sociedade civil, entidades de classe e grupos religiosos atuaram juntos pela defesa do limite da prioridade da terra.

Ao analisar a articulação da Contag com atores internacionais, por exemplo, há casos dessa articulação desde os anos 1960 e 1970. O trecho a seguir registra essa participação da Contag em fóruns participativos internacionais, organizados por instituições internacionais:

> A ação de defesa da classe se fez nos vários escalões nacionais e também a nível internacional com a participação em 3 (três) Conferências Internacionais do Trabalho, na VIª Reunião Agrícola da OIT e na IVª Reunião do Comitê Consultivo Interamericano da Organização Internacional do Trabalho, contribuindo para aprimorar a legislação social e trazendo as boas experiências interacionais aplicáveis no Brasil (Contag, 1974, p. 19).

Os encontros anuais da Organização Internacional do Trabalho (OIT), que a Contag participava com aval do Ministério do Trabalho, eram uma oportunidade para os dirigentes da confederação se articularem com outras organizações de outras partes do mundo, assim como reencontrar líderes políticos exilados do país por causa da ditadura. José Francisco da Silva, ex-presidente da Contag, contou que nessas ocasiões chegou a encontrar com Lyndolpho Silva, Paulo Freire e Francisco Julião, todos exilados políticos[147].

Portanto, a atuação da Contag no âmbito internacional é parte da trajetória da entidade sindical. Contudo, de acordo com documento no qual a confederação reflete sobre seus 40 anos de existência, a entidade estabeleceu prioridades estratégicas para as relações internacionais a partir de 1991[148]. Em 1995, cria-se a Secretaria de Relações Internacionais, vinculada à vice-presidência. Nos anos seguintes, essa estrutura vai se desenvolvendo, por exemplo, com a criação de um coletivo de relações internacionais, em 1998 (Carvalho, 2018).

Considerando o crescimento do interesse acadêmico em compreender as articulações inter ou transnacional entre movimentos sociais

---

147 Entrevista com Josefa Martins Reis (Zefinha) e José Francisco da Silva concedida ao autor em 17/03/2017.

148 Disponível em: http://www.contag.org.br/imagens/CONTAG-Revista40anos.pdf. Acesso em: 28 fev. 2023.

e a emergência de movimentos transnacionais a partir da primeira década de 2000; e a pouca atenção dada à participação da Contag nessa esfera, optei por analisar aqui como caso emblemático a participação da Contag na Coprofam. Não se trata de um estudo da trajetória da Coprofam em si, como feito por Teixeira, Luiz e Carvalho (2020), mas de entender a inserção da Contag nessa aliança com outros movimentos sociais e essa participação como uma ação de reprodução social e seus significados para a Contag[149].

A criação da Coprofam remonta ao começo dos anos 1990. Com a aceleração do processo de globalização e movimentos no sentido de uma maior integração regional — como a constituição do Mercosul, em 1991[150] —, a Contag constrói, a partir da década de 1990, uma ação mais planejada e perene de atuação em âmbito internacional. Considerando que as decisões tomadas nesses espaços impactariam a vida do meio rural brasileiro, muitos movimentos sociais também voltaram sua atenção para a esfera internacional.

Desde então, um dos principais meios de atuação da Contag no universo internacional tem sido por meio da Coprofam, uma organização transnacional de movimentos sociais rurais. A Coprofam foi criada em 1994 como um ator que reuniu grupos, organizações e movimentos sociais rurais localizados nos países do bloco que acompanhavam com preocupação o desenrolar das negociações comerciais regionais e internacionais com potencial de incidência (direta ou indireta) no setor rural.

---

149 Para uma análise da ação transnacional da Contag, ver Carvalho (2021).

150 O Mercosul (Mercado Comum do Sul) foi oficialmente instituído em 1991 com o Tratado de Assunção assinado entre Argentina, Brasil, Paraguai e Uruguai. Venezuela e Bolívia, que foram Estados Associados desde 1996, entraram com pedido de adesão completa ao Bloco em 2006 (Venezuela) e 2015 (Bolívia). A Venezuela formalizou sua incorporação ao bloco em 2014. A Bolívia segue, até a presente data, com formalização pendente. Com o passar dos anos, outros Estados aderiram ao Bloco na modalidade Estados Associados: Chile (1996), Peru (2003), Colômbia (2004), Equador (2004), Guiana (2013) e Suriname (2013).

A criação da Coprofam aconteceu na cidade de Porto Alegre por diversas organizações regionais dos países-membros do Mercosul, que tinham entre si afinidades temáticas. Atualmente, a confederação transnacional é formada por nove organizações nacionais afiliadas de sete países[151]. Além disso, há outras 97 federações e confederações filiadas e 4750 organizações de base, entre sindicatos e associações. Com isso a Coprofam representa cerca de quatro milhões de agricultores e agricultoras familiares, camponeses e indígenas, como membros de organizações de primeiro, segundo e terceiro grau[152]. Ao longo da sua trajetória, a Coprofam vem mostrando atuação fundamental em diversas frentes voltadas para agricultura familiar, soberania e segurança alimentar e desenvolvimento rural dentro e fora da América do Sul.

Antes de falar um pouco sobre os significados da atuação da Coprofam para a Contag, vale a pena discutir sobre as motivações para a união de várias organizações em torno da criação de uma nova organização transnacional. Em primeiro lugar, a criação da Coprofam foi em grande parte uma resposta imediata ao processo de integração regional e aos impactos das decisões políticas que poderiam ser tomadas nessa esfera, especialmente no que diz respeito ao setor rural. A estratégia adotada pela confederação transnacional foi demarcar uma diferenciação entre a produção agrícola familiar e o modelo de agricultura empresarial. Seus principais objetivos eram ter voz nos espaços de negociação regional e pressionar o bloco em favor da agenda da agricultura familiar para o meio rural.

---

151 São elas: Argentina: Federação Agrária Argentina (FAA); Bolívia: Coordenador de Integração de Organizações Econômicas Campesinas da Bolívia (CIOEC); Brasil: Confederação Nacional dos Trabalhadores na Agricultura (Contag); Chile: Movimento Unitário de Campesinos e Etnias do Chile (MUCHECH); Paraguai: Organización Nacional Campesina (ONAC) e União Agrícola Nacional (UAN); Peru: Central Campesina do Peru (CCP); e Uruguai: Comissão Nacional de Fomento Rural (CNFR), Associação de Mulheres Rurais do Uruguai (AMRU). Disponível em: https://coprofam.org/quienes-somos/. Acesso em 28 fev. 2023.

152 Disponível em: https://coprofam.org/quienes-somos/. Acesso em 28 fev. 2023.

Um argumento que ajuda a entender a mobilização por parte de movimentos distintos é o da ocorrência de situações antagônicas sistêmicas (Scherer-Warren, 2006, p. 113). As razões para movimentos com orientações distintas optarem por atuar em conjunto provavelmente vão recair na ameaça externa comum como principal justificativa, que estimularia os diferentes movimentos, atores, organizações a se articularem para desenvolver ações coletivas e alcançar seus objetivos.

No processo de constituição, a Coprofam passou por desafios internos. Um deles foi definir uma nomenclatura que conseguisse aglutinar, representar e dar visibilidade às diversas identidades dos sujeitos políticos que constituíam as organizações que a compunham. Mais do que a nomenclatura em si, tratava-se de buscar um consenso em torno de uma identidade política para a organização que fosse capaz de reconhecer a diversidade dos sujeitos políticos que a compunham. Agricultores e agricultoras familiares, camponeses e camponesas, indígenas? Na América Latina, o termo utilizado para se referir a sujeitos sociais no campo tem significados distintos nos diferentes países e contextos. Por exemplo, se no Brasil há uma diferenciação marcada entre camponeses e indígenas, em outras realidades essa fronteira é mais tênue ou mesmo inexistente. Inclusive, um mesmo termo pode ter significados diversos em um mesmo país. Como nomear, então, uma categoria que se mostra tão diversa?

Nesse processo, os atores começaram a debater conjuntamente os aspectos de cada movimento na busca por se reunir em uma outra estrutura. O debate em torno da categoria agricultor e agricultora familiar tinha força devido à ressonância que encontrava em várias entidades. Contudo, movimentos indígenas e camponeses não sentiam suas identidades e modos de vida necessariamente representadas em torno dessa categoria. O contato constante entre os diferentes movimentos e a força das categorias camponês e indígena em alguns contextos impulsionaram o debate político para ampliar o escopo da Coprofam para além da agricultura familiar. Dessa forma, a solução encontrada pela confederação transnacional foi acomodar as diferenças, utilizando conjuntamente os termos "agricultor e agricultora familiar", "camponês e camponesa", "indígena" e "povos originários". Com isso, deu destaque à diversidade de sujeitos políticos no campo nos diferentes países.

Portanto, a opção política da Coprofam para lidar com as diferenças foi buscar construir a unidade em torno de termos e temas que aglutinassem os diferentes sujeitos políticos e suas experiências. Ao invés de negar as diferenças, a confederação transnacional decide dar destaque a elas, construindo a unidade política por meio do reconhecimento dos diferentes sujeitos políticos que a compõem[153]. Esse processo de construção de identidade se dá também na relação de alteridade. No caso da Coprofam, na demarcação da oposição ao agronegócio e grandes corporações, por exemplo. Ou seja, na identificação de um inimigo comum. Alessandra Lunas, dirigente da Coprofam e da Contag no momento da entrevista, reflete sobre os desafios da atuação política em âmbito internacional quando se representa um conjunto de organizações de diferentes países:

> [...] e aí se mistura em muitas organizações, é algo muito interessante, que a maioria das organizações da América Latina se misturam com a pauta dos indígenas, né? Coisa que no Brasil nós não temos mais, se for mexer nos anais da Contag aí, você vai olhar coisa do indígena muito longe, né, faz tempo que esse umbigo desemedou, né? [...] As demandas são muito próximas, mas não se atuam juntas, isso é fato hoje, né? Então... e já na América Latina não, você vai pra outras organizações, os

---

153 Um processo semelhante foi vivido pela Marcha das Margaridas. Inicialmente autodenominadas trabalhadoras rurais, ao longo do tempo a comissão organizadora da ação mudou os termos utilizados para agregar novas categorias. Atualmente, fala-se em povos do campo, da floresta e das águas. Voltarei a falar disso no último capítulo, dedicado à Marcha das Margaridas.

indígenas são a agricultura familiar. A agricultura familiar dos outros países são os indígenas, então algo que aproxima de outras agendas com experiência muito importante nesse sentido e também nos outros continentes, né?"[154].

Processo semelhante aconteceu em relação aos debates sobre gênero. O tema passou a ser incluído nos documentos oficiais da Coprofam depois que movimentos de mulheres trabalhadoras rurais se engajaram na confederação transnacional, em processo similar ao que ocorreu na Contag. Ou seja, a relação e articulação entre os sujeitos políticos fez surgir a necessidade de incluir categorias e temas antes não presentes ou pouco visíveis na organização.

Uma das principais conquistas da Coprofam foi a criação, em 2004, da Rede Especializada sobre Agricultura Familiar (REAF), instância institucional do Mercosul que é reconhecida internacionalmente como modelo inovador na condução da relação Estado-sociedade no que tange a modelos de integração participativa. Com o tempo, a Coprofam passou a atuar em outros espaços, sendo uma das vozes a representar um conjunto de organizações de agricultores e agricultoras familiares, camponeses e camponesas e do Cone Sul. Só para citar alguns exemplos, a Coprofam atuou em espaços como o Foro Mundial Campesino do Fundo Internacional de Desenvolvimento Agrícola (FIDA), o Conselho de Segurança Alimentar da FAO, e o Fórum Rural Mundial (WRF, na sigla em inglês para *World Rural Forum*), responsável pelo Ano Internacional da Agricultura Familiar (AIAF 2014), consagrado pela Organização das Nações Unidas (ONU), e pela campanha em curso AIAF+10. O AIAF consiste na continuidade das ações da campanha AIAF 2014, declarada pela Assembleia Geral da ONU, promovendo e aprimorando iniciativas em favor da

154 Entrevista com Alessandra Lunas concedida ao autor em 26/10/2015.

agricultura familiar. Dessa forma, a ação da Coprofam extrapolou a esfera da ação reativa dos atores frente a uma ameaça externa, uma das razões da sua criação. A organização passou a atuar, portanto, dentro e fora do espaço regional pautando a sua visão política sobre agricultura familiar. Essa ampliação deve ser entendida no contexto de uma maior abertura política para essa prática em várias instituições, como apontou Nierdele (2016).

Um aspecto que ampliou a possibilidade de defesa da pauta da agricultura familiar em espaços internacionais foi o multiengajamento dos dirigentes da Coprofam. Como todos eles são ativistas das entidades que representam em âmbito nacional, algumas vezes puderam ampliar a sua capacidade de participação em espaços internacionais, utilizando seu pertencimento como representante ora da organização de âmbito nacional, ora da regional.

Com isso, a Coprofam buscou propagar em espaços importantes da área, como é o caso da FAO, a sua compreensão sobre agricultura familiar e desenvolvimento rural. A proposta de uma abordagem distinta para uma agricultura de menor escala, como é desenvolvida nos países da região, e que se correlaciona com o debate em torno de soberania e segurança alimentar, tem grande peso na atualidade, e essa agenda tem servido de parâmetro para recomendações de ações para o meio rural em arenas internacionais, além de servir como referência para o desenvolvimento de políticas públicas para a agricultura familiar em outras partes do mundo[155].

O caso destacado mostra que, se a articulação entre movimentos sociais em torno da Coprofam tinha por objetivo inicial incidir no debate sobre agricultura no Mercosul, a atuação da confederação transnacional extrapolou este objetivo e teve diversos efeitos para os atores que a compõem. Portanto, como essa experiência de articulação com

155 Para mais detalhes sobre o processo de internacionalização da agenda da agricultura familiar e o papel dos movimentos sociais, ver Luiz (2018).

atores da sociedade civil contribui para as ações de reprodução social dos movimentos sociais? As relações sociais com atores da sociedade civil (de classe, internacional, religiosas ou outros) são parte importante do processo de troca de experiências, possibilita o aprendizado e a formação de ativistas e contribuiu para perenidade dos movimentos, uma vez que essa articulação ajuda os movimentos a atuarem conjuntamente, terem potencialmente mais impacto, alcançarem espaços e esferas mais difíceis de serem atingidas isoladamente entre outros aspectos.

Para a Contag, participar da Coprofam implicou, por exemplo, dialogar, negociar e fazer acordos políticos com outros movimentos que compõem a confederação transnacional e atuar em espaços internacionais e multilaterais, como mostrado anteriormente. Isso permitiu à confederação nacional e seus ativistas trocarem experiências sobre agendas políticas em diferentes contextos. Willian Clementino da Silva Matias, dirigente da Contag e da Coprofam no momento da entrevista, destacou como a Contag contribuiu com suas experiências em espaços internacionais:

> E nós estamos conseguindo, no ambiente do nosso projeto alternativo, no que reza a solidariedade internacional, estamos conseguindo influenciar no espaço da REAF para que as políticas públicas brasileiras se tornem políticas públicas para os outros países. Para a agricultura familiar. É claro que a gente tem aprendido bastante e muitas coisas nós vamos precisar nos ajustar porque já andaram melhor do que nós. Por exemplo, nós estamos fazendo um processo de convencimento dos governos, do PAA — Programa de Aquisição de Alimentos, do PNAE, compras públicas, que é dado o número de compras públicas. E isso está começando a ter um efeito superinteressante nos países. Os países, conhecendo a experiência, já começando a adotar algumas coisas[156].

---

156 Entrevista com Willian Clementino da Silva Matias concedida ao autor em 23/10/2015.

O movimento de influência entre as experiências dos diferentes movimentos e países em articulação é recíproco. De acordo com o mesmo entrevistado:

> Bom, em que alguns países avançaram mais do que o Brasil? Por exemplo, na certificação dos produtos da agricultura familiar. A lei sanitária da Argentina é a melhor lei, pelo que já ouvi falar, do Mercosul. Então, agora, nós estamos forçando a Anvisa a entrar com debate conosco, para ver se a Anvisa absorve um pouco da lei argentina. A lei de terras, da Bolívia: o reconhecimento dos territórios, das comunidades, é muito interessante. Isso é um espaço de troca e um espaço de construção de coisas em comum[157].

Contudo, os efeitos da articulação com atores da sociedade civil não acontecem apenas no plano coletivo do movimento. Seguindo a pista dada por Melucci (2001) de que as dimensões individuais e a experiência subjetiva dos atores sociais são elementos fundamentais na reflexão e análise sobre a vida social, ressalto aqui também os desafios e aprendizados vivenciados por alguns dirigentes da Contag no contato com atores internacionais. Apresento uma análise dos aspectos individuais e subjetivos da experiência de ativistas que atuam em espaços transnacionais a partir do caso dos dirigentes da Contag que acumulam a função de dirigentes da Coprofam. Essa posição impõe desafios diferentes daqueles vivenciados por ativistas que circunscrevem sua atuação política a espaços nacionais ou que correspondem com os locais onde viveram a maior parte das suas vidas. Vale destacar que a atuação em espaços transnacionais é, ao mesmo tempo, uma experiência subjetiva dos ativistas e uma experiência social para a instituição

157 Entrevista com Willian Clementino da Silva Matias concedida ao autor em 23/10/2015.

que eles representam. Considerar essa dimensão é importante para uma análise do processo político que não valora apenas os aspectos coletivos e objetivos da prática ativista, mas busca analisar a dimensão subjetiva como parte importante da atuação política.

Para tratar desse tema, destaco a seguir a entrevista com Alessandra Lunas. No trecho a seguir, a entrevistada destaca alguns elementos interessantes sobre a sua experiência de atuação em espaços transnacionais.

> Então, a Internacional foi, diríamos, [um] [...] novo aprendizado, né? Acho que se [...] você vem da direção de uma federação... eu tinha uma visão de mundo muito ali em torno [de] Rondônia, o sindicato, depois com a federação, né? E até pela minha idade, né, [...] a gente não aprende na universidade isso, né? Até porque faculdade mesmo eu fui fazer depois de entrar na Contag em Brasília, fazia em Rondônia, vim concluir aqui depois, e [...] ir pra Internacional foi, diria assim, uma das maiores contribuições que o movimento sindical pode dar para minha vida pessoal, inclusive, de militância, que é ter uma ideia disso que nos unifica na luta enquanto agricultura familiar, enquanto trabalhadores rurais, é, no mundo inteiro, né? Onde é que a gente se encontra nisso, como é que as lutas se unificam, né? [...] eu assumi a Internacional e ganhei de presente a presidência da Coprafam, então para mim foi outro desafio, muito grande, porque aí você tem o limite da língua, né, além dos limites de conhecer essa demanda pra além, né? Mas, lógico, aí eu já vinha com uma visão de mundo mais da Contag, mais a nível nacional, então [...] raras vezes tinha saído do país, até porque a gente estando em outras áreas esse negócio era mais difícil de você estar nessa agenda de debate mais ampla. Então, pela Internacional, eu assumi a Coprofam, e aí não era só contribuir numa agenda, ver como é que levava a pauta da Contag, era coordenar, pelo menos pra América Latina, através da Coprofam, a demanda da agricultura familiar nos espaços de

> negociação, nos espaços de construção, então foi um outro olhar e a própria projeção da Coprofam pro mundo, né? Porque é a Contag filiada à Coprofam, e a Coprofam ocupa muitos espaços no âmbito internacional nesse olhar da representação da agricultura familiar e a única organização, a maior organização de agricultura familiar na América Latina, não comparando com a Via Campesina que é uma demanda, uma articulação internacional, ela é a maior representação da América Latina. Então você não falava mais só pelos sete países, você falava como um desafio então, conhecer essa demanda, né, aprofundar[158].

Um primeiro elemento que destaco no depoimento acima é o desafio apontado pela entrevistada para tratar das problemáticas da categoria que ela representa em um nível mais amplo, não mais circunscrito à sua localidade ou ao seu país. Se em muitos casos tratar de determinadas questões é um desafio para um movimento de base nacional — especialmente aqueles de países extensos e com múltiplas e diversificadas características regionais, como o Brasil —, o desafio é muito maior quando se passa a representar um bloco de países, com a necessidade de conformar uma agenda, estabelecer acordos e definir linhas de atuação comuns. Mais especificamente, a entrevistada destacou que, para a sua atuação política em espaços transnacionais, foi necessário desenvolver sua capacidade de compreensão da problemática da agricultura familiar: não mais considerando-a apenas em âmbito doméstico, mas também percebendo como a questão devia ser tratada de modo a beneficiar os agricultores familiares de todo o bloco. Sobre esse desafio, Alessandra Lunas disse ainda:

158 Entrevista com Alessandra Lunas concedida ao autor em 26/10/2015.

> E aí tive também participando até agora do Conselho Mundial de Segurança Alimentar, então foi toda uma experiência no sentido de conhecer a demanda, da gente aí ver, né, como é que a Contag, né, o que a gente faz lá na base, no dia a dia, né, como que as experiências de fortalecimento lá do PAA, do PNAE, tá contribuindo na soberania alimentar, no fortalecimento da agricultura familiar, com uma estratégia maior de defesa do papel da agricultura familiar no papel da soberania alimentar mundial. Então, acho que estar nesse lugar foi o que dá um pouco esse caminho, talvez para encontrar da luta que a gente fazia lá, né, pelo reconhecimento da merenda escolar, não sei o quê, mas era a briga por uma merenda que não chegava de qualidade, mas não com essa visão de que ela era uma estratégia mundial, né? Então acho que cada lugar que você vai estando, vai te dando uma outra dimensão de mundo, e aí, de fato, a internacional, outra dimensão de mundo, literalmente, de conhecer as demandas desses outros agricultores, porque ter que se empoderar pra falar em nome deles se não você também vai falar como, né?[159].

Por outro lado, viver essa experiência traz ganhos pessoais para a ativista e para a entidade representada, abrindo novas possibilidades de articulação, reflexão e difusão de meios de ação e de fazer política.

Um segundo aspecto apontado pela dirigente da Contag/Coprofam na atuação em espaços internacionais trata da necessidade de falar um outro idioma. No Brasil, muitos dirigentes não tiveram a oportunidade de estudar outra língua além do português. Por isso, para atuar no espaço regional, foi necessário aprender a se comunicar minimamente em espanhol. A inserção da Coprofam em espaços internacionais para além da região fez com que os dirigentes vivenciassem situações em que foi necessário buscar meios de se comunicar em inglês, o que gerou

159 Entrevista com Alessandra Lunas concedida ao autor em 26/10/2015.

grande dificuldade para alguns deles. Sobre esse aspecto, Alessandra Lunas relatou: "Então, um senhor desafio de vida aí, ter que aprender outra língua, outra coisa, pelo menos com meu portunhol me viro pelo resto do mundo... não consegui vencer a minha barreira de aprender inglês"[160]. Ainda sobre esse tema, a dirigente narrou:

> [...] e teve minha assessora na área internacional, na época. Margarita até dizia assim 'mas tu tem que aprender, porque eu aprendi a falar inglês porque eu tinha que aprender a falar a língua do povo dos Estados Unidos pra poder enfrentar eles, né?'. 'Não, Margarita, hoje não mais, não preciso disso, espanhol é língua oficial no mundo, qualquer lugar que eu for o povo também vai falar espanhol', aí brincava com ela, né? Mas enfim, também era muito desafio ao mesmo tempo, né, você entrar pra uma agenda que você não dominava, você tem que se mergulhar nela, tem que aprender outra língua, duas línguas aí não dá, né?[161]

Como entender a atuação de um ativista em um espaço internacional sem considerar sua experiência individual e subjetiva permeada por emoções? Suas preocupações, medos e inseguranças não seriam importantes para analisar de uma forma mais ampla as potencialidades e desafios da articulação entre movimentos sociais? Não seriam igualmente relevantes para refletir sobre o desempenho e os resultados das articulações entre movimentos sociais na esfera internacional ou na representação de movimentos sociais em espaços de debate internacionais como os citados ao longo desta seção — REAF, Comissões da ONU etc.? Até que ponto é necessário se articular e participar de coalizões internacionais ou nacionais para movimentos sociais?

---

160 Entrevista com Alessandra Lunas concedida ao autor em 26/10/2015

161 Entrevista com Alessandra Lunas concedida ao autor em 26/10/2015

Considerando que muitas das decisões políticas que afetam a vida dos trabalhadores podem vir de espaços internacionais, não é importante que a Contag se coloque nessas arenas? Considerando que as respostas para essas perguntas são positivas, a participação da Contag na Coprofam e, portanto, sua articulação com outros atores, é aspecto central para sua existência. Ou seja, são questões fundamentais para a perenidade dos movimentos sociais em um contexto fortemente globalizado.

Em resumo, a participação da Contag na Coprofam significou um processo de aprendizagem e troca de experiências profundas com atores diversos, de movimentos sociais, da sociedade civil, estatais e internacionais. Essa experiência ampliou não só o conhecimento acumulado pela instituição em vários temas, como a ajudou a desenvolver habilidades de atuação em espaços diversos, assim como a projetou como um ator relevante no cenário internacional. Com isso, destaco que a experiência de articulação com outras organizações não estatais vivenciada pela Contag no âmbito da Coprofam foi e é central como uma ação de reprodução social da Contag por lhe permitir trocar experiências e planejar ações conjuntas com outros atores, o que dota a Contag de novos saberes e de capacidade de inserção em outros espaços. Nessa articulação, muitas ações coletivas se conformam. Como venho destacando ao longo deste livro, ações de reprodução social e formas de ações coletivas são partes de um todo, se complementam e se constituem. Se neste capítulo foquei a análise de dois casos emblemáticos para exemplificar como as ações de reprodução social se operam, no capítulo seguinte tratarei das formas de ações coletivas, mostrando a partir de casos emblemáticos como elas se operam.

FORMAS DE AÇÕES COLETIVAS

Grito da Terra Brasil, Brasília/DF, 2013.
FOTO: Luiz Fernandes

Acho que nesses anos a Contag construiu alguns mecanismos de mobilização que estão nos deixando consolidados: Festival, Marcha e Grito da Terra são três eventos de mobilização de massa que é uma referência na sociedade, referência nas diversas organizações sociais do campo, nas centrais sindicais, nos próprios partidos políticos. Quer dizer, já entrou no calendário da luta, né, dos movimentos sociais brasileiros[162].

Há uma certa perspectiva difundida em parte do meio acadêmico e social que qualifica a atuação política do MSTTR como "não combativa", "pelega", "domesticada", especialmente quando se fala sobre sua atuação durante a ditadura militar no Brasil (1964-1985). No trecho a seguir, Favareto, por exemplo, expõe parcialmente essa ideia ao qualificar a ação política do MSTTR no período da ditadura como uma ação com "relativa domesticação", uma prática sindical que em muitos casos se resumia ao "assistencialismo" e ao considerar que houve "certa acomodação" de boa parte dos sindicatos que se constituíam:

> A unicidade sindical e a instituição do imposto sindical compulsório permitiram, a um só tempo, um impulso e uma limitação à constituição do sindicalismo rural brasileiro do período. A unicidade sindical instituiu a obrigatoriedade de representação do conjunto de segmentos do campo em um único sindicato, de base municipal. Esse sindicato único é que viria a deter o monopólio de representação dos agricultores e trabalhadores rurais. Além do aspecto institucional, a concorrência com outras forças pela direção da organização e das lutas reforçava um discurso ainda mais corporativista, que servia também de proteção à disputa e

162 Entrevista com Aristides Veras dos Santos concedida ao autor em 27/10/2015.

> à preservação de um sistema de lealdade inerente a regras internas de formação e reprodução de lideranças (Ricci, 1999). Já a cobrança do imposto sindical instituiu um mecanismo permanente de sustentação, cujo caráter compulsório contribuiu decisivamente para uma *certa acomodação de boa parcela dos sindicatos que então se constituíam*. O Funrural completou aquela tríade institucional ao permitir que as entidades de representação celebrassem convênios para a prestação de assistência médica e de saúde, contribuindo fortemente para a ampliação do número de sindicatos e, mais que isso, para moldar uma *prática sindical que, em muitos casos, se resumia ao assistencialismo*. A luta por direitos e o que ela representou para tornar públicos os conflitos agrários e para a continuidade das lutas no pós-golpe, a visibilidade da luta pela reforma agrária e a capilaridade da estrutura sindical de representação dos trabalhadores rurais brasileiros foram ganhos que tiveram como contrapartida uma relativa domesticação da ação sindical e um fechamento de sua organização em relação a outras forças, temas e problemas do país naquele período (Favareto, 2006, p. 31, grifo meu).

Essa visão é baseada na análise da ação política de um movimento social — no caso, a Contag — com base em uma projeção de como ela deveria ser, atribuindo um projeto político ao sujeito político que pressupõe um papel histórico anterior à experiência. Neste livro, procuro entender a ação política da Contag, considerando principalmente a atuação dos sujeitos políticos no tempo em que viveram, considerando suas perspectivas sobre as ações. Adotar essa perspectiva significa entender as ações coletivas da Contag abandonando concepções prévias sobre como ela deveria ser e entendendo a ação vivida a partir da experiência e com base no ponto de vista de quem as viveu. Esse é o fio condutor que vai orientar a análise sobre as formas de ações coletivas da Contag pelas cinco décadas a que se refere esta pesquisa, a partir do estudo de alguns casos que apresento a seguir.

Ao longo deste capítulo, tratarei de três formas de ações coletivas da Contag: 1) ação com base na legislação (anos 1960-1970); 2) campanhas salariais e greves (1979-1980), principalmente a de Pernambuco; 3) GTB (1994-2015). Os critérios que orientaram a seleção dos casos emblemáticos foram: 1) situações que ilustrassem a variedade das tipologias das formas de ações coletivas: ação dirigida à sociedade; ação dirigida ao Estado; ação dirigida à sociedade e ao Estado[163]; 2) situações consideradas pelos entrevistados e entrevistadas e identificadas nos documentos como relevantes para a história da Contag e sobre as quais eu tinha dados de pesquisa; 3) ações que foram desenvolvidas em diferentes períodos da trajetória da Contag, para mostrar como a confederação atuou em cada momento e como se relacionou com o Estado em cada figuração estabelecida ao longo do período pesquisado.

Dessa forma, a ação com base na legislação predominou ao longo das décadas de 1960 e 1970 inteiras como um dos principais meios pelos quais a Contag demandava políticas e direitos ao Estado brasileiro. Era um momento de restrições de liberdades democráticas devido à ditadura imposta e o espaço para negociação e diálogo era restrito. Com a mudança do contexto político e distensão do regime, a Contag passou a se orientar para ações coletivas de massa, conforme resolução do 3º CNTR, em 1979.

Nesse momento, as campanhas salariais tiveram extrema relevância no escopo de atuação da confederação, sendo a mais conhecida delas a de Pernambuco, ocorrida em 1979 e nos anos subsequentes. Nesse caso, a Contag descreveu sua ação não mais como um pedido, mas como uma exigência. O encaminhamento do processo administrativo, comum no período anterior, deu lugar às reuniões, mobilizações e greves de trabalhadores, acompanhadas de negociações sobre os direitos dos assalariados com usineiros e fazendeiros, sob a mediação de agentes

---

163 Ver quadro 3, na introdução.

do Estado, sobretudo representantes do Ministério do Trabalho, em um contexto de abertura política, de transição do regime ditatorial para um sistema democrático.

Finalmente, o terceiro e último caso tratado aqui diz respeito às ações que ficaram conhecidas como GTB. A primeira delas foi realizada em 1994 e sua repetição nos anos seguintes a tornou umas das principais marcas da Contag. Em linhas gerais, o Grito consistia em realizar uma ação coletiva de massas somada a uma ação de negociação com representantes do Estado brasileiro. O objetivo era demandar políticas públicas e direitos para aquele que veio a se tornar o principal sujeito político de representação da Contag ao longo dos anos 1990 e até hoje: o agricultor e a agricultora familiar.

Ao acompanhar um processo de mobilização por 21 anos, pretendo destacar continuidades e rupturas em relação aos modos de atuar e motivações da atuação conforme os sujeitos políticos em cena, da Contag e representantes do Estado, ao longo do tempo. O Grito foi feito sob diferentes governos e conjunturas e por isso é um caso interessante de comparação de como uma ação coletiva se constitui e se desenvolve ao longo do tempo.

Muitas outras formas de ações coletivas poderiam ser escolhidas para compor este capítulo: ações contra a instalação de barragens, luta pelas Diretas Já, participação na Constituinte de 1987, luta pela implementação da previdência social rural reconhecida na Constituição de 1988, ocupações de terra, incidência em espaços participativos, como conselhos e grupos de trabalho, entre tantos outros. Destaco essa possibilidade para que não se crie a impressão de que a atuação da Contag seguiu o padrão dos casos analisados como um modelo de sucessão linear. As maneiras de atuar da confederação não são homogêneas nem seguem padrões fixos, elas mudam e se conformam a partir de vários fatores, como os sujeitos políticos em cena e contexto. Por outro lado, é igualmente verdade que há padrões que são hegemônicos em determinados períodos, e os casos selecionados mostram isso.

Embora o foco central do capítulo seja a análise de casos emblemáticos de formas de ações coletivas da Contag, eventualmente, sempre que possível e houver dados a respeito, mencionarei como se relacionam com as ações de reprodução social, uma vez que são partes indissociáveis.

AÇÃO COM BASE NA LEGISLAÇÃO

Existe uma leitura no senso comum de que a atuação da Contag durante a ditadura (1964-1985) foi "desmobilizada", "pelega", "legalista". Esses adjetivos, em geral, descrevem uma percepção de que a confederação não defendeu os interesses dos trabalhadores e trabalhadoras rurais. Essa visão foi e ainda é, em grande medida, uma marca atribuída à confederação e representa uma visão exterior a essa que desconhece a atuação realizada ou que não consegue enxergá-los por igualar a ação coletiva à ação agnóstica. Com isso, ignora, por exemplo, processos de lutas travadas pela confederação em seu cotidiano. José Gonçalves, ex-assessor da Contag, comenta essa visão: "Com o golpe de 64, chegaram à conclusão, ou tentavam passar essa conclusão, que não tinha mais nada. Mas não! A gente resistiu, cara. Com o golpe, a gente continuou abrindo sindicato..."[164].

Ao analisar a experiência da confederação durante aquele período, é possível entender melhor a lógica de atuação da entidade sindical a partir do ponto de vista dos seus protagonistas, compreendendo os sentidos das suas ações. Ivaneck Perez Alves, assessor da Contag desde o começo dos anos 1990 e ainda em atuação no momento da entrevista, fala do ponto de vista de quem via a ação do movimento como "pelega", mas que mudou de opinião após conhecer melhor o trabalho desenvolvido no período da ditadura.

---

164 Entrevista com José Gonçalves concedida ao autor em 24/10/2014.

Você tinha limitações sérias na atuação da Contag. A Contag era uma entidade reconhecida. Já tinha sofrido intervenção, sofreram para se livrar da intervenção. Então, eles tinham muito cuidado na atuação deles, para não dar margem a nenhum tipo de intervenção. Mas quando você vai ver realmente a história da Contag, você vê que a Contag, do jeito dela, fez todas as lutas. Praticamente, não existe, na década de oitenta, não existia uma liderança — liderança de trabalhador rural, no Brasil — que não tivesse sido formada em algum curso da Contag. Militando em outras organizações e tudo, mas todos com a formação política da Contag. Só que para fora, o que é que a Contag dizia que estava fazendo? Que estava formando as lideranças no Estatuto do Trabalhador Rural. Estava preparando os trabalhadores para reivindicarem os direitos que estavam no Estatuto do Trabalhador Rural e no Estatuto da Terra. Como o pessoal da CPT e de outras organizações mais avançadas politicamente entendiam que o Estatuto da Terra era uma coisa limitadora, era uma legislação da ditadura, contra os trabalhadores, eles entendiam que essa defesa que a Contag fazia do Estatuto da Terra, que os cursos que a Contag fazia, de divulgação do Estatuto da Terra, era algo pelego, de direita etc. Mas, quando você vem para dentro e vê o que é que eram realmente esses cursos, o viés em que eram feitos esses cursos, aí você percebe que não é assim. Era limitado? Era limitado. Porque para vender o peixe, eles tinham que passar a ideia de que era o Estatuto da Terra. Mas não era só o Estatuto da Terra que eles estavam discutindo e fazendo. Então, eles faziam aqui, curso de direitos trabalhistas. Mas foram desses cursos que surgiram as lideranças que comandavam os processos da criação da negociação coletiva no campo, que não existia. Então, a partir desses cursos, eles traziam gente da ONU — de fora. E tudo — e, em tese, o que passava fora, era curso de direito trabalhista, mas estava preparando todo o processo de negociação — entende? —, de mobilização, para greve e tudo, para formar, para você poder forçar a negociação coletiva. [...]

Então, só para ver que a coisa não é assim tão preta e branca, como a gente — e eu mesmo — acreditava na época.

Agora, nós que estávamos de fora e só via o que eles podiam vender também? Para a gente era um bando de pelego irresponsável, que estavam ganhando dinheiro, vivendo às custas do trabalhador e sem dar nenhum tipo de retorno. Eu só vim ter outra ideia, tanto das lideranças, quanto do movimento sindical rural da Contag; das federações? Por dentro".

Então, para mim, a Contag era pelega. Zé Francisco era pelego. Depois, você percebe que Zé Francisco tinha uma cautela que beirava a covardia, entende? Mas os passos que ele podia dar? Ele dava, e sempre deu. Tanto é que a Contag, com toda essa peleguisse dela, participou do processo de anistia, de luta pela anistia, luta em defesa da Amazônia, entende? Comandou... a maior parte das ocupações que ocorreram no Brasil — no campo — foram comandadas por lideranças formadas pela Contag. Comandou os processos de greve, de mobilização, no Nordeste. Então, quando você vê, o que é que aconteceu?[165].

A fala de outra entrevistada, Josefa Reis, ex-assessora da Contag, ajuda a cotejar a concepção de que não houve lutas no campo nos anos 1960 e 1970: "Isso precisa ser resgatado. As lutas que aconteciam na época. Não eram greves, não eram manifestações de rua, porque isso só no período democrático, de luta pela redemocratização, que começaram as lutas massivas mesmo"[166]. Portanto, para entender as formas de ações coletivas da Contag naquele período, é preciso compreendê-la para além dos fenômenos de lutas de massa, como greves e grandes passeatas. Ao ser perguntada sobre quais lutas eram desenvolvidas naquele momento, Josefa responde:

---

165 Trechos da entrevista com Ivaneck Perez Alves concedida ao autor em 28/10/2011.

166 Entrevista com Josefa Martins Reis (Zefinha) e José Francisco da Silva concedida ao autor em 17/03/2017.

> [...] as ações plúrimas[167] na área assalariada. A resistência na posse da terra. O pessoal se agrupava ali. [...] o pessoal se agrupar e se solidarizar lá localmente, e nas vizinhanças, isso havia e houve muito. Por isso que houve muita violência, muito assassinato de dirigente, de advogados, de trabalhadores. [...] Política agrícola o pessoal do Sul tinha mais a vanguarda disso: a luta por preço, a luta por crédito, preço mínimo, crédito, era mais por aí a luta dos pequenos agricultores. E a luta de organização sindical mesmo. Que era a luta para você poder entrar nos engenhos, entrar nas fazendas, então tinha toda uma organização para isso, para trazer o pessoal para o sindicato. [...] A previdência... [...][168].

Uma inspiração para pensar nas formas alternativas de ação política foi encontrada no trabalho de Thompson (1998), já citado, sobre trabalhadores no século XVIII, na Inglaterra. Seus objetos eram a cultura política, as expectativas, as tradições e até as superstições dos trabalhadores que com mais frequência se envolviam em ações no mercado. Além disso, Thompson buscava entender as relações, ou, às vezes, as negociações, entre a multidão e os governantes, denominadas pelo autor, de forma insatisfatória, segundo ele, como "motins". Thompson mostra: "como, em tempos de preços elevados e de penúria, a multidão podia, com uma vigorosa ação direta, impor ao mercado um controle protetor e a regulação dos preços, reivindicando às vezes uma legitimidade derivada do modelo paternalista" (1998, p. 204). Esse autor aponta que há diversas formas de ações coletivas alternativas à rebelião, comumente identificada como a mais óbvia. Entre elas, enumera: "petições em massa junto às autoridades, jejum, sacrifícios e orações, inspeções até as casas dos ricos ou migração de aldeias inteiras" (Thompson, 1998, p. 206).

---

167 "As ações plúrimas envolvem, numa só ação trabalhista, um conjunto de trabalhadores vinculados a um mesmo patrão" (Tavares, 1992, p. 203).

168 Entrevista com Josefa Martins Reis (Zefinha) e José Francisco da Silva concedida ao autor em 17/03/2017.

Foi com o olhar atento para a maneira como as ações coletivas da Contag se desenvolveram no período da ditadura que identifiquei como principal linha de atuação da confederação naquele período, a luta com base na legislação. Essa condução foi predominante a partir de 1968, quando José Francisco da Silva assumiu a presidência da Contag no lugar de José Rotta, que ficou à frente da confederação após o golpe de 1964. Dado o contexto político da época, a nova direção da Contag buscou imprimir uma linha de atuação possível em meio aos constrangimentos do momento. A ideia básica era manter a Contag e as demais instâncias do MSTTR em funcionamento, atuando nas brechas possíveis. Dessa forma, entre 1968 e 1979, a forma de ação hegemônica foi a luta com base na legislação.

De acordo com Francisco Urbano de Araújo Filho, dirigente da Contag na época da ditadura e presidente da confederação por dois mandatos nos anos 1990, essa linha de atuação foi traçada no "Seminário de Integração dos Programas da Contag, Delegacias da Contag, Federações", em 1968, conhecido pelos dirigentes sindicais como Encontro de Petrópolis. De acordo com Francisco, nesse seminário foi elaborado o Programa de Integração Nacional, como vimos no primeiro capítulo. O que a Contag fez foi ler as suas lutas na linguagem dos direitos, passando a pautar suas ações pela demanda do cumprimento da lei. Nas palavras de Medeiros:

> A confederação procurou consolidar a representação política desse amplo conjunto de modos de inserção no mundo do trabalho utilizando a linguagem dos direitos inscritos na lei para demandar ao governo tanto reforma agrária, por meio da aplicação do Estatuto da Terra, como cumprimento da legislação trabalhista, prevista no Estatuto do Trabalhador Rural, num contexto adverso de forte repressão às lutas ainda emergentes e às organizações que procuravam mantê-las vivas (Medeiros, 2014a, p. 252).

A luta com base na legislação e na negociação foi entendida pela Contag como a luta possível para a entidade permanecer em funcionamento e operando na defesa dos trabalhadores e trabalhadoras. Josefa Reis falou sobre isso em sua entrevista:

> Até aí, como a gente não tinha muita perna para greve, para ocupação aqui e ali e tal, ainda se buscou o caminho da justiça, do judiciário, com a legislação que se tinha, porque os fazendeiros e os senhores de engenho, usineiros, parece que foram os que deram o golpe. O processo estava todo a favor deles, polícia controlada por eles, militares controlados ou eles controlados por militares. O fato é que eles foram os donos da bola. Isso durante esse período não era fácil. Então qual era o instrumento que a gente tinha para trabalhar? Pelo menos a legislação que não estava sendo respeitada. Se falou, por exemplo, do assalariado. 13º mês não pagavam. Férias não pagavam. A tabela de tarefas[169] foi para as cucuias. Esses projetos grandes como Sudene era para atender os grandes. Não tinha projeto de sociedade para os pequenos [...]. A gente tinha o cuidado de aproveitar os instrumentos que se tinha[170].

No relatório anual de 1970, há uma lista dos documentos utilizados com mais frequência pela Contag na sua ação jurídica. São eles:

---

169 A tarefa é uma modalidade de pagamento por produção. Foi de "[...] uso mais ou menos generalizado nos anos 40 e 50, [e] consistia numa área de terra de 25 por 25 braças demarcadas no início da semana e entregue ao trabalhador para ser trabalhada, sem maiores considerações de tempo. No fim da semana recebia ele pelo número de tarefas trabalhadas, segundo avaliação do patrão de quanto valia o seu serviço" (Palmeira, 2013, p. 325).

170 Entrevista com Josefa Martins Reis (Zefinha) e José Francisco da Silva concedida ao autor em 17/03/2017.

- Estatutos da própria Contag;
- Estatutos das Federações filiadas à Contag;
- Estatutos dos Sindicatos filiados às federações;
- Estatuto do Trabalhador Rural — Lei nº 4214, de 02/03/1963;
- Estatuto da Terra — Lei nº 4.504, de 30/11/1964;
- CLT;
- Portarias Ministeriais referentes à problemática rural;
- Estudos Técnicos da FAO, OIT e Organização dos Estados Americanos (OEA);
- Estudos, Pesquisas, Levantamentos elaborados pelo Incra;
- Encíclicas Papais, de modo geral.

Além desses documentos, o relatório anual de 1970 menciona que a assessoria jurídica da Contag também se orientava pelas conclusões dos grupos de trabalho e órgãos governamentais sobre a realidade brasileira, seus problemas e possíveis soluções. O que estava em jogo nessa ação era a construção de uma narrativa pautada em documentos jurídicos e técnicos. Esse material era apropriado para elaborar uma argumentação que sustentasse uma demanda por meio do diálogo, de relatórios técnicos, de ofícios e de ações legais e que evitasse o confronto direto naquele contexto. Algumas das formas de ações que seguiam essa lógica estão descritas em um trecho do relatório de 1970:

> Com base, sobretudo, nessa documentação, a Contag tem elaborado seus estudos, buscando adaptá-los à realidade dos trabalhadores rurais ou extraindo-os dessa mesma realidade, não perdendo de vista seus objetivos, enquanto órgão de defesa, coordenação, representação, reivindicação e promoção dos trabalhadores integrantes da Categoria. Os resultados de tais Estudos vêm, então, a se constituir em metas de trabalho que para serem atingidas, a Contag sentiu a necessidade e o dever de conduzi-las em dois níveis: a nível de cúpula e a nível de base. A nível de cúpula, busca chegar

> às autoridades e/ou responsáveis. A nível de base, pretende chegar aos trabalhadores rurais. Tanto num, como noutro setor, essa tarefa é levada a termo formal ou informalmente, mediante contratos espontâneos ou como participante oficial. *Quanto aos meios empregados, são múltiplos: contatos pessoais, audiências, palestras, reuniões, conferências, grupos de trabalho e cursos* (Contag, 1970, p. 5-6, grifo meu).

Outro trecho, citado a seguir, dessa vez do relatório trienal 1972-1974, é ilustrativo da narrativa construída pela Contag naquele momento:

> A Contag em seu trabalho de melhoria da situação socioeconômica e cultural do trabalhador rural tem se orientado pelos princípios doutrinários proclamados pela nossa Constituição Federal, pela Declaração Universal dos Direitos Humanos das Nações Unidas (ONU) e pela Constituição da Organização Internacional do Trabalho (OIT) (Contag, 1974, p. 4).

Já o relatório anual de 1975 faz uma lista de alguns aspectos gerais da estratégia de atuação jurídica da Contag[171]:

> 1.1 Que a ação Jurídica desenvolva-se em 3 níveis de atuação: preventiva, educativa e de defesa; 1.2. Conscientização e orientação dos trabalhadores rurais e dirigentes sindicais no sentido de que sejam esgotadas as vias judiciais e administrativas locais e estaduais, no encaminhamento de problema visando a defesa da classe; 1.3. Ampliação da rede jurídica nos Sindicatos; 1.4. Encaminhamento de relatórios denunciando os conflitos às autoridades competentes e à imprensa; 1.5.

171 Essas linhas gerais de atuação foram definidas em encontros regionais. Além da atuação jurídica, tratou-se da atuação no âmbito: educacional-sindical; previdenciário; de relacionamento com autoridades.

Promover contratos e dissídios coletivos de trabalho; 1.6. Distribuir a legislação de interesse da classe junto aos juízes (Contag, 1975, p. 2).

O documento também detalha aspectos sobre: 1) coordenação jurídica; 2) contratação de advogados; 3) acordo; 4) acompanhamento dos dirigentes ao trabalho jurídico; 5) trabalho sindical-jurídico junto aos posseiros.

Um autor que chamou a atenção para o fato de a legislação ter se tornado uma importante ferramenta de luta para os trabalhadores no pós-golpe foi Palmeira (2009). Com base em um estudo sobre a ocorrência de conflitos na Zona da Mata de Pernambuco em um momento de desmobilização política (1964-1974), ele identificou que o Estatuto do Trabalhador Rural se transformou em uma importante ferramenta de luta para os trabalhadores, que, quase diariamente, mobilizavam-se politicamente para obrigarem os proprietários a atenderem às disposições da lei. Para esse autor, no contexto pós-golpe: "a simples luta pelo cumprimento da legislação assume muitas vezes uma feição radical insuspeitada, podendo pôr em xeque a própria continuidade das relações sociais na agroindústria" (Palmeira, 2009, p. 194).

Palmeira observou as diferentes formas de ações dos trabalhadores do campo e percebeu nelas distintas expressões de luta. Se a concepção do pesquisador limitasse ação coletiva a manifestações de rua e ações armadas, por exemplo, dificilmente identificaria um processo de mobilização social como no caso estudado.

Em trabalho prévio (Teixeira, 2011; 2015), também identifiquei o recurso à legislação como forma de ação coletiva dos trabalhadores rurais. Na ocasião, estudei como um grupo de trabalhadores rurais vinculados ao STTR de Magé atuou para conseguir a desapropriação das terras que ocupava e que haviam sido objeto de litígio ao longo dos anos 1960 e 1970. A pesquisa de campo mostrou que, naquela situação, os recursos à linguagem das leis foram estruturantes do processo de resistência e de reivindicações da permanência na terra por um grupo de trabalhadores rurais que se sindicalizaram. Esse caso revelou ainda a ligação entre as deliberações da confederação e a maneira como as situações foram vividas localmente, mostrando que havia uma maneira de atuar que não se limitou apenas ao âmbito da cúpula sindical, mas que foi vivida na prática em diversas localidades.

Nas ações coletivas de luta pela terra, um dos principais instrumentos legais utilizados pela Contag foi o Estatuto da Terra. Outro instrumento que servia de referência para os assessores jurídicos da confederação era o artigo 502 do Código Civil, sobre o argumento do desforço possessório, que dizia que, se uma posse fosse invadida, era permitido pegar em armas para defendê-la, explicou Josefa Reis. De acordo com o artigo mencionado: "O possuidor turbado, ou esbulhado, poderá manter-se, ou restituir-se por sua própria força, contanto que o faça logo". O parágrafo único do artigo dizia: "Os atos de defesa, ou de desforço, não podem ir além do indispensável à manutenção, ou restituição da posse"[172]. Francisco Urbano, ex-dirigente da confederação, também comentou sobre o uso da legislação na luta pela posse da terra:

> [...] nos enfrentamentos, a gente usava o Estatuto da Terra para mostrar a defesa do posseiro, porque o Estatuto falava muito claro, e fala, né? Sobre qual era o papel da reforma nas terras públicas, se podia fazer colonização, podia arrecadar, e... podia desapropriar por causa de conflito. Então, tudo isso era o nosso trabalho, tinha que usar a lei [...][173].

---

172 Disponível em: http://www.planalto.gov.br/Ccivil_03/leis/L3071.htm. Acesso em: 19 jan. 2023.

173 Entrevista com Francisco Urbano de Araújo Filho concedida ao autor em 22/10/2015.

A ex-assessora da Contag, Josefa Reis, destacou que os empates[174], no Acre, foram processos que seguiram a orientação do Código Civil na luta pela contenção da derrubada dos seringais[175]. Na ocasião, havia uma delegacia sindical da Contag atuando no local, inclusive prestando apoio jurídico aos seringueiros. De acordo com Souza (1998), não dá para apresentar datas precisas dos primeiros empates na região acreana. Contudo, o autor cita uma entrevista de Chico Mendes, sindicalista de Xapuri, Acre, para quem a prática do empate tem início em 1976.

O uso da lei foi feito também de forma conjugada com outras formas de ações coletivas, como foi o caso da interpretação da Lei de Greve para legitimar a ação grevista dos assalariados rurais em Pernambuco, em 1979 e nos anos seguintes. Esse caso já é ilustrativo da transição dos padrões de ação que foram hegemônicos na Contag em cada momento, como vimos no primeiro capítulo: de uma ação institucional pautada no recurso às leis para uma ação de massas, mas que ainda se utilizava do recurso legal em sua legitimação. Falarei mais detalhadamente sobre esse caso na seção seguinte. Por ora, basta mencionar o significado da Lei de Greve para a vida sindical:

> A greve, no período, era reconhecida pelo artigo 158 da Constituição Federal. Contudo, exigia-se um ritual que praticamente inviabilizava esse direito: a assembleia tinha que ser aprovada por dois terços dos presentes; a convocação da assembleia deveria se realizar por editais publicados na imprensa; os votos da assembleia tinham que ser apurados por delegados do Ministério do Trabalho; o patronato deveria ser notificado com um prazo de cinco dias de antecedência

---

174 Os empates eram uma forma de ação coletiva para impedir a derrubada das florestas, ato precedido pela expulsão dos seringueiros e apropriação da terra.

175 Entrevista com Josefa Martins Reis (Zefinha) e José Francisco da Silva concedida ao autor em 17/03/2017.

> para elaboração da contraproposta; a Delegacia Regional do Trabalho deveria iniciar um processo de conciliação entre as partes; a paralisação seria reconhecida somente se sua demanda tivesse caráter econômico (Ricci, 2009, p. 328).

De acordo com Ricci (2009), o cumprimento da Lei de Greve contemplou categorias que tinham direitos formalizados e excluiu aquelas que não eram reconhecidas pela legislação vigente.

Provavelmente a principal referência para o desenvolvimento de uma ação coletiva pautada na luta com base na legislação foi o trabalho semelhante desenvolvido pela Fetape, entidade de origem do então presidente da Contag, José Francisco da Silva. De acordo com Tavares (1992), as ações na justiça foram o mais importante instrumento acionado pelos sindicalistas pernambucanos a partir de 1964. O autor destaca que a Fetape buscou manipular instrumentos jurídicos como o Estatuto do Trabalhador Rural, de 1963, e o Estatuto da Terra, de 1964, na orientação das suas ações políticas:

> O sindicalismo que sobreviveu ao golpe, tendo na Fetape o seu principal instrumento de rearticulação e continuidade, ocupou o único espaço que lhe restava para a ação sindical: a promoção de ações na Justiça para restringir o domínio patronal através da luta pela obediência à lei (Tavares, 1992, p. 105).

Para colocar em prática essa linha de ação um sujeito político foi fundamental: os advogados e as advogadas ou assessores jurídicos e assessoras jurídicas. Eram eles e elas que, junto com os dirigentes sindicais, interpretavam as leis e buscavam brechas jurídicas para operar a defesa dos trabalhadores rurais.

> E fazendo grandes encontros, seminário, não chamava de seminário, né? Chamava mais encontro dos trabalhadores, e aglutinando força, muita figura, pessoas, entidade, nesse

> processo, né? Chegamos a ter na federação de Espírito Santo, que é um estado pequeno, tinha seis, oito assessores só de formação. Só de formação. Sergipe, que era outro estado pequeno, tinha cinco assessores de formação. E aí o estado, que era estado pequeno, nós tínhamos advogados e assessores de formação, que advogado era também, tinha doze, tá certo? Hoje, se tiver, tem um. Lá você tem doze, entre assessores de formação e assessoria mesmo, de fazer capacitação e advogado. Advogado militante. Não é advogado de profissão, era militante, advogado militante, veio fazer encontro, passar o dia todinho no curso, dando aula de legislação, sindicalismo, então... esse foi todo ampliado para o país inteiro, tá certo? Por volta de 74, aí vem, 75, vem crescendo[176].

O relatório anual de 1977 apresenta informações importantes sobre como a Contag via o papel do assessor jurídico e assessora jurídica. Ao relatar o aumento das atividades jurídico-sindicais e justificar a necessidade de contratar mais dois advogados para o seu corpo de funcionários naquele ano, o relatório descreve a função do assessor jurídico e assessora jurídica na instituição, que é fazer:

> O acompanhamento de processos de interesse da Contag, federações e Sindicatos nos Ministérios e outros órgãos governamentais em Brasília; a emissão de pareceres e estudos de conteúdo jurídico e social, aplicáveis aos interesses dos trabalhadores rurais e das entidades de classe; o contencioso judicial perante os Tribunais Superiores em Brasília; o acompanhamento, com informações às bases, de mensagens, projetos de lei e outras matérias de interesse dos trabalhadores rurais, em tramitação no Congresso Nacional;

176 Entrevista com Francisco Urbano de Araújo Filho concedida ao autor em 22/10/2015.

> a assessoria jurídica aos representantes da Contag nos órgãos de controle jurisdicional e contencioso administrativo da Previdência Social; a coleta, interpretação e divulgação de matéria jurídico-sindical, inclusive jurisprudência [...] (Contag, 1977a, p. 8).

De acordo com alguns entrevistados e entrevistadas, o trabalho de atuação dos assessores jurídicos e assessoras jurídicas era forjado no diálogo e interação entre eles mesmos e com dirigentes sindicais e trabalhadores e trabalhadoras rurais. A reflexão coletiva e a troca de experiências foram elementos destacados nas entrevistas como fundamentais na conformação de uma prática política pautada na ação legal. Foi, por exemplo, por meio desse diálogo que se estabeleceu a importância de realizar ações coletivas de trabalhadores na justiça ao invés de ações individuais, segundo relatou Josefa Reis[177]. De acordo com José Gonçalves, também ex-assessor da confederação: "[...] os advogados se juntavam [...] com os trabalhadores. [...] Tinham a humildade de estar ali ouvindo o trabalhador contar a história, na linguagem dele, encompridando. E ele lá, tranquilo e coisa e tal"[178].

A ação com base na legislação se operava não só na prática direta dos assessores jurídicos e assessoras jurídicas e diretores e diretoras, mas permeava diversas dimensões da vida sindical: era tema de encontros e reuniões nacionais ou locais, assunto debatido nos jornais e boletins elaborados pela Contag, parte das discussões nos encontros formativos. Tratava-se de espalhar para o conjunto do MSTTR uma leitura de ação política pautada nos direitos, o que era entendido como ação fundamental dada a conjuntura pouco favorável a mobilizações coletivas. A Contag tentou, com isso, evitar conflitos diretos,

---

177 Entrevista com Josefa Martins Reis (Zefinha) e José Francisco da Silva concedida ao autor em 17/03/2017.

178 Entrevista com José Gonçalves concedida ao autor em 24/10/2014.

sem deixar de buscar conquistas que beneficiassem os trabalhadores e trabalhadoras rurais.

Era comum, por exemplo, a publicação de notícias nos jornais e boletins produzidos pela Contag com decretos, leis, programas de governo, decisões judiciais e elementos desse tipo, com explicações detalhadas para os trabalhadores rurais sobre o que significava para eles cada documento. A ideia era oferecer aos trabalhadores rurais e dirigentes sindicais em suas localidades informações e orientações que pudessem pautar suas práticas em situações semelhantes.

Também chamou a atenção nas entrevistas o destaque ao comprometimento dos assessores jurídicos e assessoras jurídicas com a causa para a qual trabalhavam. Esse aspecto foi mencionado por alguns entrevistados e entrevistadas como fator importante para o sucesso do trabalho jurídico da Contag. Tratava-se de assessores e assessoras comprometidos e comprometidas com as causas populares e com a militância. Com origens diversas, desde estudantes universitários até advogados e advogadas que atuaram nas federações estaduais do Sistema Contag, os assessores jurídicos e as assessoras jurídicas foram atores fundamentais nesse processo de ação. Com as informações disponíveis — e considerando o escopo deste trabalho —, é difícil afirmar as motivações de todos e todas[179]. Mas é possível verificar que há uma lembrança marcante e recorrente, para alguns entrevistados, de que a dimensão do engajamento pessoal dos advogados era central para o trabalho que desenvolviam.

É verdade que outras organizações de esquerda optaram por meios de luta mais radicais naquele momento, mas a Contag priorizou uma ação que não comprometesse o funcionamento e a perenidade da instituição até que fosse possível mudar as estratégias em um contexto

179 Há estudos sobre a atuação advogados em movimentos sociais, inclusive do campo, que já oferecem contribuições importantes para essa agenda de pesquisas, entre os quais cito o de Ribas (2015).

mais favorável para isso. Os limites da ação de um indivíduo ou um grupo têm relação com o debate de Elias sobre o campo de atuação em que um indivíduo poderia se desenvolver em um dado contexto. Para entender essa opção da Contag naquele momento, é importante entender o contexto da época, a "figuração", para utilizar um termo de Elias (2006, 2008), mas só isso não é suficiente, uma vez que outros atores tomaram outros caminhos. São a figuração e as relações sociais e políticas da Contag e sua história que ajudam a entender as opções tomadas. Os constrangimentos do contexto foram analisados pelos dirigentes na eleição das suas formas de atuar naquele período. Refletindo sobre esse aspecto, Francisco Urbano apresenta o diagnóstico:

> Então, em 70, fez um grande movimento, mas, chegando agora para 74, todas essas estratégias da reforma agrária, nós mudamos, organizamos, por exemplo como que você, você não podia fazer grande movimento de rua, mas como é que você ia enfrentar a reforma agrária?[180].

Em seguida, explica como enfrentaram os constrangimentos do momento com o recurso às leis:

> Você aumentar a quantidade de advogados trabalhista para ir para programa de capacitação, de consciência de trabalhadores, para entrar na justiça, pelo direito trabalhista. Desses direitos trabalhistas, chegamos a desapropriar usina no Rio de Janeiro, porque de tanta dívida que ela tinha, trabalhista, ela ia à falência. Aí foi desapropriada as usinas por conta de não cumprimento de direito trabalhista e previdenciário[181].

---

180 Entrevista com Francisco Urbano de Araújo Filho concedida ao autor em 22/10/2015.

181 Entrevista com Francisco Urbano de Araújo Filho concedida ao autor em 22/10/2015.

Como procurei destacar, o processo de construção da forma de ação coletiva com base na legislação envolveu o intercâmbio de experiências e saberes entre assessores jurídicos e assessoras jurídicas, dirigentes e trabalhadores e trabalhadoras rurais. Nesse processo, a preparação da ação se fez concomitantemente às ações de reprodução social em situações como encontros, formais e informais, e no diálogo estabelecido com trabalhadores por meio de cartilhas, boletins e jornais. Embora a ação com base na legislação tenha predominado até o final dos anos 1970, ela não desapareceu do modo de atuar da Contag nos anos subsequentes. Ela fez parte, por exemplo, da estratégia de encaminhamento das greves de canavieiros em Pernambuco, em 1979, conforme demonstrarei na seção seguinte.

A RETOMADA DAS AÇÕES DE MASSA: AS CAMPANHAS SALARIAIS E AS GREVES

> *Que naquele congresso [terceiro] a gente disse: 'já chega, já chega só de atividade para dentro, agora vamos ter que fazer dessas atividades uma grande movimentação de massa, agora temos que fazer coisas mais fortes, de massa efetivamente, que é para fazer o rompimento'*[182].

Com a mudança no contexto político no final dos anos 1970, a Contag reorientou sua maneira de lutar coletivamente. O marco dessa mudança foi uma das resoluções do 3º CNTR, em 1979, que aprovou a orientação

182 Entrevista com Francisco Urbano de Araújo Filho concedida ao autor em 22/10/2015.

para a realização de ações coletivas de massa. Esta orientação foi interpretada e colocada em prática de diferentes maneiras, conforme a leitura situada dos diversos sujeitos políticos do MSTTR.

De acordo com o relatório anual de 1979, para pôr em prática a recomendação do 3º congresso, as federações de Pernambuco, Alagoas e Paraná: "partiram para a luta por convenções coletivas que melhorassem as condições de vida e trabalho dos assalariados permanentes e temporários e aumentassem seu poder de barganha face aos patrões" (Contag, 1979a, p. 14). Essa reorientação política não foi um ato repentino, mas resultado de um processo de discussão e maturação que ocorreu principalmente ao longo de cursos e debates promovidos pela Contag com sindicalistas de todo o país, principalmente ao longo de 1978, como parte dos encontros preparatórios para o 3º congresso da Contag, como vimos no primeiro capítulo.

O início das convenções coletivas, portanto, marcou o fim da hegemonia da ação negociada com base na legislação para dar lugar às lutas de massas. A reorientação na maneira de conduzir as ações coletivas não significou o desaparecimento das formas de ações predominantes nas décadas anteriores, mas uma abertura para o desenvolvimento de outras formas. Como destacou Ricardo Tavares:

> As greves, na verdade, não encerraram um 'período' de luta através de ações na Justiça do Trabalho. Na medida em que foram capazes de forjar alguns novos *direitos*, até mesmo criaram condições para ampliar essas ações. Contudo, elas caracterizaram uma mudança política nas formas de expressão dos conflitos sociais e nas possibilidades de luta dos trabalhadores. Por outro lado, as greves — como nova prática social — também trouxeram consigo outros problemas (Tavares, 1992, p. 363-364, grifo do original).

Um dos casos emblemáticos desse novo momento foi a realização das campanhas salariais e as greves na zona da mata pernambucana de

1979, que posteriormente se espalharam para diferentes partes do país. A campanha salarial compreendia o conjunto de atividades voltadas à aprovação do contrato coletivo de trabalho (Sigaud, 2009). Uma das ações possíveis durante as campanhas eram as greves, organizadas por trabalhadores e trabalhadoras para pressionar pelas suas demandas quando necessário. A Lei de Greve orientava que a greve poderia ser iniciada caso os dirigentes sindicais não tivessem nenhuma resposta patronal às reivindicações apresentadas. De acordo com Sigaud:

> As greves sempre eclodiram após a recusa patronal em aceitar a proposta de contrato coletivo feita pelas entidades sindicais. Todas foram suspensas no momento em que o contrato foi estabelecido, quer por meio de uma convenção assinada pelos representantes dos trabalhadores e pelos dos patrões, quer por meio de um dissídio coletivo votado pelo Tribunal Regional do Trabalho (TRT). Assim, a greve de 1979, eclodiu após a recusa dos patrões à proposta e terminou com a assinatura da convenção, obtida após sucessivas reuniões entre as partes, mediadas pelo delegado regional do Trabalho (Sigaud, 2009, p. 289).

No momento da eclosão da campanha de 1979, o presidente da Contag era José Francisco da Silva, sindicalista de origem pernambucana que havia sido delegado sindical, presidente do sindicato de Vicência, zona canavieira, e diretor da Fetape.

As campanhas salariais acontecem em um contexto marcado por uma expansão da produção do álcool no Brasil e das áreas de cultivo no país, principalmente entre 1976 e 1984. Após esse período, houve uma estagnação que durou dez anos, seguida de uma retração no período entre 1997 e 2000 (Mendonça *et al.*, 2008).

De acordo com Josefa Martins Reis, ex-assessora da Contag, antes das campanhas salariais, a Fetape já desenvolvia as ações plúrimas. Tavares explica a diferença entre as ações plúrimas e a greve de 1979:

> As ações plúrimas foram difundidas através do sistema sindical, dando um primeiro passo para o momento seguinte, das 'lutas coletivas'. A greve de 1979 fez uma nova leitura desta tradição, transformando as ações individuais e plúrimas, na Justiça, em uma perspectiva de luta coletiva, mantendo o viés legalista. Daí a greve legal, numa conjuntura de grandes transformações na vida sindical do País, mas onde ainda pairava riscos (Tavares, 1992, p. 203-204).

Essas ações serviram de experiência importante para a organização das campanhas salariais. José Gonçalves comentou esse processo:

> Pernambuco chegou a colocar 3.000 trabalhadores numa Junta de Conciliação. Ainda na luta pelas indenizações trabalhistas. Como é que fazia? O advogado muito bom — nessa linha que eu te falei: os caras entravam no nosso movimento, comprava a ideia, vendia a ideia, vivia a ideia — o cara consegue convencer o juiz de fazer audiências plúrimas. Às vezes tinha três, quatro audiências. Ele tinha, numa junta de conciliação, 150, 200 trabalhadores. Ali no município, aquela confusão lá, de trabalhador, para as audiências que o juiz estava fazendo. Que pela lei trabalhista é individual. Cada cara é um processo. *Aí, o advogado conseguiu 50 de uma vez só, por exemplo. Então, tinha essa experiência de mobilização.* Quando começamos a organizar as greves, você já percebe que está meio caminho andado[183].

A reorientação da forma de ações coletivas da Contag naquele momento estava conectada com a tendência das ações coletivas de outros movimentos sociais e mobilizações no país. No final dos anos 1970 e começo dos 1980, por exemplo, camponeses ocupavam terras no

---

183 Entrevista com José Gonçalves concedida ao autor em 24/10/2014, grifo meu.

Rio Grande do Sul, Santa Catarina, Paraná, São Paulo e Mato Grosso do Sul, assim como em outras partes. Esse processo fez parte da origem do MST, oficialmente criado no dia 22 de janeiro de 1984, na cidade de Cascavel, Paraná, durante o 1º Encontro Nacional de Sem-Terra. Na área urbana, aconteceu a paralisação dos trabalhadores da fábrica de caminhões Saab-Scania, no "ABCD paulista", em 1978. O movimento grevista começou com cerca de dois mil trabalhadores e se espalhou para outras áreas, tendo importantes desdobramentos políticos na luta contra a ditadura iniciada no Brasil em 1964 (Santana; Braga, 2009). De acordo com Tavares, representantes do MSTTR estiveram presentes acompanhando as greves operárias dos metalúrgicos:

> No início de 1979, a onda de greves que se espalhou pelo país não escapou à atenção da liderança sindical pernambucana. Um advogado da Fetape foi enviado a São Paulo e ao Rio de Janeiro para acompanhar as greves dos metalúrgicos. A principal preocupação era verificar como eram encaminhadas, do ponto de vista legal, as formas de negociação. Tão importante para os sindicalistas pernambucanos quanto a greve, era a preocupação de negociar para sair dela com resultados positivos. Era fundamental fazê-lo legalmente, sem abrir espaços para novas intervenções nos sindicatos (Tavares, 1992, p. 154-155).

Sigaud também comenta a relação entre a conjuntura política nacional e a deflagração da greve de Pernambuco, em 1979. Nas palavras da autora:

> A greve de Pernambuco ocorreu num momento de 'abertura' do regime. Mas, nos parece, que foram sobretudo as greves vitoriosas dos setores da classe operária e de setores da classe média que mais decisivamente influíram na mobilização de Pernambuco. A informação — tornada possível graças a um

> relaxamento da censura aos meios de comunicação — de que os trabalhadores voltavam a se organizar para reivindicar direitos, que voltavam a fazer greve e voltaram a obter vitórias se constituiu em inegável estímulo tanto para as lideranças como para os trabalhadores da Zona da Mata (Sigaud, 1980, p. 13-14).

Tavares (1992) explica que a greve dos canavieiros em Pernambuco deve ser entendida no contexto das greves do ABCD paulista e de outras regiões do país, pois houve influência de uma sobre a outra[184]. Os trabalhadores sabiam o que acontecia pelo país pelos meios de comunicação de massa, principalmente o rádio. Apesar disso, segundo Tavares, a principal referência dos trabalhadores nesse processo grevista foi a greve de 1963, em Pernambuco,[185] pois foi nesse período que experimentaram significativa melhoria de vida. Tavares cita o seguinte depoimento:

> A lembrança que a gente tinha era a de que a gente ia recuperar aquele tempo. Então a turma começou a falar em fazer uma greve e lembrando para o pessoal as greves que existiam antes da Revolução de 64 e que os trabalhadores conseguiam melhorar as condições de vida. Mas a greve antes de

---

184 Estudos recentes fizeram uma análise comparativa dos ciclos de greves iniciados pelos metalúrgicos de São Paulo e do ABC Paulista e pelos canavieiros de Pernambuco no final dos anos 1970. Para maiores detalhes, ver: Leite Lopes e Heredia (2019), Leite Lopes, Menezes e Santos (2020) e Leite Lopes, Pereira, Carriço e Starosky (2020).

185 A greve de 1963 na Zona da Mata foi uma paralisação total dos trabalhadores em toda uma região geoeconômica e social. Com a greve, os trabalhadores conquistaram um aumento salarial de 80% e, pela primeira vez, o 13° salário (Tavares, 1992). "Mobilizando cerca de duzentos mil trabalhadores da cana, em luta por melhorias salariais e pelo estabelecimento de uma tabela de tarefas no campo, ela paralisou toda a região canavieira, unificando a seu redor diferentes forças políticas que disputavam a direção das lutas dos trabalhadores rurais na região: PCB, Ligas e a Igreja" (Medeiros, 1989, p. 71).

> 64 não era igual, não tinha aquela burocracia toda que tinha agora (delegado sindical, Itaquitinga, Zona da Mata Norte de Pernambuco, outubro de 1988) (Tavares, 1992, p. 166-167).

A partir de então, a greve se consolidou como forma de luta dos assalariados rurais da região da Zona da Mata pernambucana e ensaio do que seria uma referência de atuação da Contag nos anos subsequentes, se espalhando para outros estados e regiões do país. A greve dos canavieiros de Pernambuco, em 1979, foi a experiência a partir da qual se procurou generalizar a estratégia das greves para várias zonas de assalariados rurais do país. E esse será o caso analisado nas páginas seguintes para entender a dinâmica das ações coletivas da Contag após 1979. Não se trata aqui de descrever e analisar o passo a passo da organização da greve e seus desdobramentos, trabalho já feito por Sigaud (1980, 1986, 2009) e Tavares (1992), por exemplo. O objetivo é situar esse caso no contexto e abordagem deste livro, interpretando a greve de 1979 como um evento central nos rumos das ações coletivas liderada pela Contag. Trata-se, portanto, de situar principalmente o papel da Contag na greve de 1979 e a perspectiva de dirigentes e assessores e assessoras da Contag entrevistados e entrevistadas sobre esta mobilização.

"OS COMUNISTAS ESTÃO CHEGANDO": A CAMPANHA SALARIAL E A GREVE DE 1979

A greve dos trabalhadores e trabalhadoras rurais das plantações de cana-de-açúcar aconteceu entre 2 e 9 de outubro de 1979 na Zona da Mata de Pernambuco[186]. Foi uma entre as 68 greves que aconteceram no país entre janeiro e outubro de 1979. A greve envolveu diretamente 20 mil trabalhadores e, indiretamente, mais de 100 mil, e resultou na

186 Para uma história social do processo organizacional do movimento sindical rural no Brasil com foco analítico na Zona da Mata de Pernambuco, ver Koury (2010).

vitória dos trabalhadores (Sigaud, 1980). De acordo com Sigaud (1980), as principais conquistas foram: aumento salarial de 52%; cessão de uma área de dois hectares de terra para cultivo de lavouras de subsistência; uma tabela que estabeleceu equivalências entre os serviços de produção da cana e as maneiras de remuneração.

Os assalariados e assalariadas rurais eram homens e mulheres que trabalhavam geralmente desde muito jovens. Em Pernambuco, trabalhavam no corte de cana, principalmente na parte da manhã, quando o sol era menos intenso. Algumas famílias moravam dentro das próprias usinas e engenhos[187], o que tornava mais difícil a realização da greve com esse público. Outras moravam nas periferias das cidades. Muitos assalariados migravam em busca de trabalho. Ou seja, quando acabava o período do corte de cana em um estado, se mudavam para outro[188]. Na Zona da Mata de Pernambuco, havia os trabalhadores "fichados" e os "clandestinos". Os primeiros mantinham contratos formais de trabalho com os engenhos e moravam no engenho. Os segundos, não. Residiam, em sua maioria, nas pontas de ruas — periferias das cidades da região (Sigaud, 1979; 1980; 2009).

Originalmente, a ideia em 1979 era realizar um dissídio coletivo para aprovar uma pauta de reivindicações. Contudo, os sindicalistas avaliaram que o custo organizacional para realizar o dissídio e a greve seria o mesmo, pois ambos precisavam seguir o ritual da lei. Contra o

---

187 "Na zona canavieira de Pernambuco, os trabalhadores dos engenhos recebiam além da casa para morar, um pequeno lote onde podiam plantar alimentos. Em troca, tinham que garantir dois dias de trabalho semanais gratuitos para o proprietário. Só o que ultrapassasse isso era remunerado. Era o chamado morador de condição. Em algumas situações, podiam também receber um sítio, lote onde podia plantar além do roçado, árvores, o que lhes garantia uma ligação mais permanente com a propriedade. Segundo Lygia Sigaud (1979), o foreiro seria uma variante do morador. Neste caso, teria uma maior independência em relação ao proprietário. Não havia a obrigação de trabalhar para ele semanalmente, mas somente de pagar uma quantia anual, o foro, além do cambão, cerca de vinte dias de trabalho gratuito por ano" (Medeiros, 1989, p. 46).

188 Entrevista com Paulo Jarbas concedida ao autor em 25 de novembro de 2015.

dissídio havia o fato de que, uma vez julgado pelo Tribunal, os trabalhadores não teriam mais possibilidades de barganha. Isso colocava em risco a credibilidade do Sindicato perante a base caso suas principais reivindicações não fossem aprovadas no Tribunal. A vantagem da greve era que as possibilidades de barganha dos trabalhadores eram maiores e o estado de mobilização seria permanente (Sigaud, 1980). De acordo com Sigaud (1980), essas decisões foram tomadas no âmbito das assembleias e reuniões nos sindicatos, ressaltando com isso o papel central que os trabalhadores tiveram no rumo das greves.

Uma característica que particularizou a greve dos canavieiros de Pernambuco em 1979 e as greves lideradas por assalariados e assalariadas rurais da base sindical da Contag nos anos seguintes foi o fato de se orientarem pela Lei de Greve (Lei nº 4.330, de 1º de julho de 1964)[189]. Esse é um caso emblemático de como a Contag utilizou a lei vigente no processo de mobilização dos trabalhadores rurais em diferentes partes do país. Sobre a Lei de Greve, Tavares explicou:

> Esta lei [...] fixava um conjunto de exigências a serem cumpridas a fim de legitimar legalmente uma greve. Eram tantas que a lei jamais havia sido utilizada antes por qualquer categoria profissional no país. Era, na verdade, uma maneira que o regime militar encontrara de impedir greves sem ferir acordos internacionais assinados pelo Brasil junto à Organização Internacional do Trabalho (OIT), organismo das Nações Unidas (Tavares, 1992, p. 158).

---

189 Disponível em: http://www.planalto.gov.br/ccivil_03/Leis/1950-1969/L4330.htm. Acesso em 23 jun. 2018. A lei regula o direito de greve. O primeiro artigo da lei define seu escopo: "Considerar-se-á exercício legislativo da greve a suspensão coletiva e temporária da prestação de serviços a empregador, por deliberação da assembléia geral de entidade sindical representativa da categoria profissional interessada na melhoria ou manutenção das condições de trabalho vigentes na emprêsa ou emprêsas correspondentes à categoria, total ou parcialmente, com a indicação prévia e por escrito das reivindicações formuladas pelos empregados, na forma e de acôrdo com as disposições previstas nesta lei".

O relatório anual de 1979 destaca como um dos principais desafios de realização da greve dos assalariados em Pernambuco em 1979 o respeito à essa lei, descrita no documento como um instrumento criado para impedir o exercício desse direito. Sigaud (1980) sugere que a realização da greve conforme a lei deve ser compreendida com base nas condições particulares em que viviam os trabalhadores na Zona da Mata e sua história recente. A autora explica que, em todo o período após 1964, os patrões e as forças repressivas inculcaram nos trabalhadores, por meio de demissões, perseguições e prisões, a ideia de que as greves realizadas no começo dos anos 1960 eram ilegais. Com isso, Sigaud explicou:

> [...] o próprio ato de fazer uma greve passou a significar um desrespeito à 'lei' e a palavra grevista transformou-se em sinônimo de 'agitador', 'comunista' e 'subversivo'. A situação era tal que os trabalhadores, todas as vezes que se opunham de alguma forma às condições de trabalho em que vivia, sentiam-se na obrigação de deixar claro que não eram 'grevistas' e que não estavam defendendo a greve. Portanto, a lei de greve, apesar de todas as suas limitações, se tornava uma arma importante tanto para as lideranças sindicais quanto para os próprios trabalhadores no sentido de que podiam opô-la, enquanto lei impessoal vinda de fora, às 'leis' privadas em que se amparavam os patrões e a repressão (Sigaud, 1980, p. 19-20).

Em outro trabalho, Sigaud apresenta algumas explicações para a greve de 1979 e as que se seguiram até 1985 se realizarem cumprindo a Lei de Greve[190].

---

190 Embora este texto tenha sido publicado em 1986, utilizo aqui como referência nas citações a versão revista e publicada em 2009. Ambas estão citadas na referência bibliográfica desse trabalho.

> Ajustar-se à lei foi o modo que encontraram para evitar retaliações contra as entidades sindicais e seus líderes. Foi também um meio para opor um obstáculo legal à ação da Polícia Militar que, à exceção do curto período, do Primeiro Governo Miguel Arraes (Callado, 1964), tendia a atuar na defesa dos proprietários e contra os trabalhadores rurais (Sigaud, 2009, p. 289).

Tratou-se, portanto, de um uso político da lei para proteger os trabalhadores e não necessariamente apenas um cumprimento dos dispositivos legais. A utilização da Lei de Greve é ainda uma expressão da convivência entre a orientação da ação coletiva do MSTTR após 1979, propondo ações diretas e de massa, e a concepção de luta anterior a 1979, orientada por uma ação com base na legislação. O caso mostra como as formas de ações hegemônicas em determinados períodos não representaram o desaparecimento de outras formas de ações coletivas.

Os sindicalistas consideravam importante respeitar a lei porque tinham a preocupação de que a adoção de novas formas de luta provocasse novas intervenções nos sindicatos ou uma reação violenta da polícia, afinal, ainda se vivia em um contexto de ditadura militar. Francisco Urbano comenta algumas razões que os levaram a adotar esse modelo de greve:

> Então você continuava fazendo a divulgação, mas eu tinha que ter o instrumento legal. Até as últimas greves já não foram legais no começo, mas, ou você fazia, ou o Ministério do Trabalho intervinha na federação, no sindicato e não fazia. Ou a polícia entrava lá e não deixava você fazer o trabalho de mobilização. Você tinha que andar, mesmo pra parar um carro de boia-fria, nós tinha que estar lá com o edital de convocação de assembleia, com a cópia do expediente que tinha notificado as empresa e o cara do Ministério do Trabalho. Se o cara tivesse sem isso lá com ele, cê ia era

preso. Se tá me prendendo, imagina os trabalhadores. Então todo esse processo é diferente do da cidade[191].

Além disso, o fato de muitos assalariados e assalariadas rurais viverem na área de engenho e usina os colocava em uma potencial situação de vulnerabilidade diante dos patrões, que podiam lhes tirar a moradia a qualquer momento. Essa era uma particularidade das greves nas áreas rurais, quando comparadas ao universo urbano. Por isso também foi importante o cumprimento da Lei, de acordo com alguns entrevistados.

> Esse processo todo coincidiu com as greves de São Bernardo, urbana, né? Reforçou a gente do ponto de vista do campo. Porque São Bernardo fez as greves, como chamava, greve sem lei, porque a lei de greve era quase impeditivo. Nós fomos verificar o seguinte: nós não podemos fazer se for sem lei. [...] Naquela época, a maioria dos camponeses morava dentro de fazenda. Então como é que você vai fazer? Tá certo? Bom, então tivemos que cumprir todo o rito da, fomos criticados por isso, mas todo o rito da lei, tal e tal, no tempo tudo certo: não pode ficar em empresa, não pode ficar no Ministério do Trabalho, aquela palhaçada toda. Para você poder fazer as assembleias e decretar greve. A chamada greve legal, né? Aí nós fomos muito criticados, mas como é que eu faço? Camponês mora dentro da fazenda. A maioria dos camponeses ainda morava[192].

A organização da greve respeitando a Lei de Greve implicou no cumprimento de um ritual burocrático, que incluiu ações como: a publicação de editais na imprensa de convocação da assembleia nos

---

191 Entrevista com Francisco Urbano de Araújo Filho concedida ao autor em 22/10/2015.

192 Entrevista com Francisco Urbano de Araújo Filho concedida ao autor em 22/10/2015.

sindicatos uma semana antes das suas realizações; a mobilização dos trabalhadores para as assembleias; a realização das assembleias, que deviam contar com cédulas de votação a favor ou contra a grave, dos quais somente trabalhadores sindicalizados podiam votar[193]; a elaboração da pauta de reivindicações aos patrões; a negociação com os patrões; e a realização da greve, quando necessário para pressionar pelo atendimento das pautas.

Como mencionado, uma das exigências da Lei de Greve era a realização de assembleias gerais para formulação das reivindicações e autorização da greve. Embora só tivessem direito ao voto os trabalhadores sindicalizados, houve um grande comparecimento de trabalhadores clandestinos nas assembleias dos sindicatos da Zona da Mata[194]. Eles não votaram, mas manifestaram apoio à decisão geral da greve, de acordo com dados do relatório anual de 1979. Maria José, funcionária da Contag na época, comentou sobre as assembleias: "mas as assembleias eram assim, coisa mais linda, era muito trabalhador, era muita gente, e todo mundo aplaudia, ia, e era música, era festa, se tornava uma festa"[195].

De acordo com relatório anual de 1979, a greve

> [...] representou uma quebra por dentro da 'lei de greve' do Governo. Os obstáculos antepostos por aquela lei à realidade de qualquer greve foram transformados pela liderança em

193 De acordo com o quinto artigo do primeiro capítulo da Lei de Greve: "O exercício do direito de greve deverá ser autorizado por decisão da assembléia geral da entidade sindical, que representar a categoria profissional dos associados, por 2/3 (dois têrços) em primeira convocação, e, por 1/3 (um têrço), em segunda convocação, em escrutínio secreto e por maioria de votos".

194 Sigaud (1989) explicou que a garantia dos direitos não está ligada, para os trabalhadores, simplesmente a um contrato de trabalho ou a uma carteira profissional assinada. Para os trabalhadores, para ter os direitos garantidos, é necessário que se pague o Sindicato enquanto associados. Não estar em dia com o Sindicato ou estar afastado dele não garante que o trabalhador se sinta legitimado para utilizá-lo na defesa dos seus direitos, ainda que tenham a ficha.

195 Entrevista com Maria José Costa Arruda (Zezé) concedida ao autor em 19/03/2015.

armas do próprio movimento. Os prazos que visam amortecer os impulsos grevistas foram transformados em tempo para mobilização das bases dos Sindicatos mais fracos através da atuação integrada entre sindicatos vizinhos ou da atuação direta da Federação. O complicado processo eleitoral, que visa individualizar a decisão de greve e cansar os trabalhadores, provocando a falta de quórum na votação, recebeu uma interpretação mais liberal do movimento sindical (um precedente importante para futuros movimentos) e sobretudo reforçou aos olhos dos trabalhadores a legitimidade do apelo à greve (Contag, 1979a, p. 16).

No trecho citado, a Contag procurou reforçar a concepção de que a "interpretação liberal" da lei permitiu ao movimento sindical usar as regras para realização da greve como um processo de mobilização dos trabalhadores em Pernambuco. Essa justificativa deve ser entendida em um contexto no qual a Contag era acusada por outros movimentos sociais de ser "legalista", de acordo com alguns entrevistados.

A organização dos sindicatos na Zona da Mata era desigual e por isso a greve não foi desencadeada em todos eles ao mesmo tempo, sinalizou Sigaud (1980). Os primeiros sindicatos a deflagrarem a greve foram os de São Lourenço da Mata e Paudalho. Tavares aponta que o começo da greve aconteceu nesses municípios porque, inicialmente, apenas esses dois sindicatos cumpriram o ritual burocrático necessário. Ambos eram de municípios vizinhos à Zona da Mata Norte pernambucana, mais próximos de Recife, onde atuavam os grupos de sindicalistas mais dinâmicos ligados à Fetape e que tinham contato constante com as lideranças da Contag (Tavares, 1992). A greve teve início depois que os dirigentes sindicais não tiveram nenhuma resposta patronal às reivindicações apresentadas, conforme orientava a Lei de Greve. Os dois sindicatos reuniam cerca de 20 mil trabalhadores, que, durante toda a negociação, permaneceram parados, apesar das pressões patronais e policiais.

Uma semana depois da realização das assembleias em São Lourenço da Mata e Paudalho, outros 22 sindicatos realizaram suas assembleias e aprovaram a adesão à greve. Os 24 sindicatos que consentiram a realização da greve representavam 28 municípios de um total de 39 em toda a Zona da Mata. Sigaud (1980) estimou que cerca de 70 mil trabalhadores participaram da decisão de decretar a greve na região. A antropóloga destaca que:

> Os números se tornam mais expressivos na medida que se sabe que é muito diferente se obter esse tipo de comparecimento onde os trabalhadores moram na mesma cidade onde funciona a sede do Sindicato, e obtê-lo numa situação em que os associados estão espalhados pelo interior das fazendas, com dificuldade de acesso à sede da cidade e sem que o Sindicato tenha quaisquer condições de providenciar transporte (Sigaud, 1980, p. 27-28).

Para cumprir todas as exigências da lei para a realização da greve, foi essencial a formação de uma equipe de organização da greve que contou com o apoio de diversos sujeitos políticos. Um dos sujeitos políticos importantes na mobilização e articulação dos sindicatos foi a Fetape, que participou ativamente na coordenação do movimento (Sigaud, 1980). A Contag se somou ao trabalho da federação e ambas coordenaram as campanhas salariais em Pernambuco. Para Tavares, tratava-se de:

> Um modelo no qual as instâncias inferiores estão subordinadas às instâncias superiores — não exatamente através de um critério de, digamos, 'centralismo democrático', mas sim de adesão espontânea à hierarquia, que, por sua vez, se sustenta em um correspondente grau de acúmulo de capital político, maior nos seus escalões superiores. À coordenação central cabe a direção geral do movimento e a centralização das negociações, nas quais as demais instâncias exercem papéis subordinados (Tavares, 1992, p. 191).

No período da campanha salarial, que acontecia na época da safra, entre setembro e outubro, praticamente todos os diretores e funcionários da Contag se deslocavam para os locais de ação, conforme relataram diversos entrevistados. Foi assim em 1979 e nos anos subsequentes, até meados dos anos 1980, quando os estados começaram a fazer as greves sem o apoio presencial da equipe da Contag. A ideia era dotar a ação de mais pessoas que pudessem apoiar o trabalho nos estados. Essa foi uma experiência que marcou a trajetória dos dirigentes e assessores da Contag e, por isso, um fato destacado nas suas narrativas sobre esse evento. Alguns destacaram que era difícil deixar a família e os amigos, mas que estavam envolvidos com as mobilizações e queriam participar das campanhas.

Cada campanha durava em torno de vinte dias, em média, segundo Paulo Jarbas, funcionário da Contag que atuou em diversas mobilizações de assalariados e assalariadas. Na sua perspectiva, a Contag exercia um papel de coordenadora das campanhas salariais. Antes de começar a campanha nos estados, a confederação reunia as federações e sindicatos envolvidos nas mobilizações e discutia as principais cláusulas, táticas etc. Jarbas comentou que quando eles chegavam nas cidades algumas pessoas comentavam: "os comunistas lá de Brasília estão chegando".

Os funcionários e dirigentes da Contag não eram os únicos a viajarem para atuar nas mobilizações. Tavares destacou que sindicalistas e assessores de diversos estados do país também se deslocaram para Pernambuco para apoiar a greve:

> Na verdade, a Contag concentrou todos os seus esforços no sucesso da greve, lançando mão da sua capacidade de articulação política acumulada dentro do movimento sindical e junto a outros atores políticos da sociedade. Era o começo de uma estratégia relativamente bem-sucedida de greves de assalariados rurais [...]. E, mais importante do que qualquer outro aspecto, foi a construção de um exemplo através do qual tentaria atrair dirigentes sindicais de outras áreas do

> país para a forma de luta sindical que se mostrava a mais adequada aos tempos da 'abertura': a realização de greves (Tavares, 1992, p. 172-173).

O apoio de lideranças de outros estados às campanhas é um indicativo de que as mobilizações de assalariados geraram um processo de troca de experiências e apoio entre sindicalistas de diferentes partes do país, dimensão que pode ter contribuído para a criação de certa identidade do MSTTR e a troca de experiências sobre fazer uma greve.

O apoio às greves não vinha só de outros estados, mas também de outras regiões de Pernambuco. De acordo com o relatório anual de 1979, um elemento relevante na greve foi o apoio dado pelos pequenos produtores do Agreste e sertão de Pernambuco, fornecendo alimentos e dissuadindo outros trabalhadores de aceitarem substituir os grevistas. Como mencionado, o processo de troca de experiências e articulação entre sujeitos políticos, no interior do movimento sindical ou com outros sujeitos do campo popular, contribuiu para a conformação da Contag e demais instâncias do movimento sindical ou, seguindo os termos de Thompson (1987), para o "fazer-se" do movimento na própria experiência. Nesse sentido, o processo de desenvolvimento da ação coletiva contribuía para as ações de reprodução social do movimento.

Paulo Jarbas destacou que o apoio dentro do próprio estado vinha também de outras organizações de classe localizadas em Pernambuco e de comerciantes locais. A ajuda ao movimento grevista era particularmente importante quando a greve se prolongava mais do que o previsto — já que os trabalhadores não estavam exercendo sua profissão, não tinham salários e, com isso, sua sobrevivência estava ameaçada pela falta de recursos. Nesse sentido, a arrecadação de dinheiro e alimentos era necessária para garantir a sobrevivência dos trabalhadores e suas famílias durante o movimento grevista[196]. Conhecendo

---

196 Entrevista com Paulo Jarbas concedida ao autor em 25/11/2015.

essa necessidade, a cada edição das campanhas salariais a Contag criava o fundo de greve, que era uma reserva de recursos para subsidiar as atividades de greve e garantir a sobrevivência dos trabalhadores. As federações faziam parte da criação e composição do fundo. De acordo com Francisco Urbano, a ideia era envolver as federações na organização dessas ações de modo a ganhar seu apoio e ampliar a discussão sobre as campanhas no interior do Sistema Contag. O fundo de greve foi, portanto, peça fundamental para garantir a subsistência dos trabalhadores durante a greve e símbolo da solidariedade aos grevistas. O fundo de greve era formado por várias fontes:

> A Igreja e o comércio local colaboraram com gêneros alimentícios. Camponeses de outras regiões de Pernambuco também enviaram alimentos. Sindicatos de trabalhadores urbanos e rurais de diversas regiões do país contribuíram com dinheiro recolhido entre associados. Coletas foram feitas em Recife e nos principais centros do país (Rio, São Paulo, Brasília) por grupos de pessoas que solidarizavam com o movimento. Os estudantes, que naquele momento elegiam a primeira diretoria da UNE, não podiam evidentemente realizar uma mobilização maior em função da greve, mas mesmo assim alguns dos grupos que disputavam o comando da entidade se dispuseram a colocar ao lado da urna de votação uma urna para coleta do fundo para os trabalhadores. Por fim, ao lado de todas essas manifestações de solidariedade de outros grupos e instituições talvez a maior manifestação de solidariedade tenha partido dos próprios trabalhadores em greve. No dia de distribuição do fundo inúmeros trabalhadores que, em virtude de suas condições pessoais, como por exemplo a possibilidade de se alimentar do roçado ou do sítio que cultivavam, não só abriram mão de qualquer auxílio, como fizeram questão de contribuir com dinheiro ou em produto (macaxeira, farinha) para um fundo comum que viesse atender aos mais necessitados, aos companheiros *fichados* e sobretudo aos *clandestinos* (Sigaud, 1980, p. 33, grifo do original).

O apoio à greve se realizou também com manifestações de solidariedade provenientes de diferentes partes do país por meio de telegramas, notas e declarações públicas, de sindicatos de trabalhadores rurais, sindicatos urbanos e associações da sociedade civil. De acordo com Jarbas, para organizar as campanhas salariais a Contag contou com o apoio do Departamento Intersindical de Estatística e Estudos Socioeconômicos (Dieese)[197], que forneceu assessoria aos dirigentes e assessores da confederação no entendimento da composição salarial, o papel do Estado, do empresário, preço da cana, inflação etc.

Outro grupo lembrado em entrevistas como importante apoiador da greve foi o de estudantes universitários. Nas narrativas dos entrevistados, o grupo mais lembrado foi o de estudantes de pós-graduação do Museu Nacional, na Universidade Federal do Rio de Janeiro (UFRJ). A presença desse grupo de pesquisadores e pesquisadoras se explica pelo fato de Moacir Palmeira e Lygia Sigaud desenvolverem pesquisa na região desde 1969. No decorrer dos anos seguintes, eles se aproximaram da Fetape, sindicatos na região e da própria confederação. Palmeira chegou a ser assessor da Contag por alguns anos, na década de 1980. Junto a eles, outros pesquisadores e pesquisadoras desenvolveram trabalho de campo no local ou em estados próximos no âmbito do projeto "Emprego e mudança socioeconômica no Nordeste (1975-1977)", financiado pela Financiadora de Estudos e Projetos (Finep), IBGE e Instituto de Pesquisa Econômica Aplicada (Ipea), e coordenado

197 De acordo com informações contidas no portal eletrônico do Dieese, "O Departamento Intersindical de Estatística e Estudos Socioeconômicos (DIEESE) é uma entidade criada e mantida pelo movimento sindical brasileiro. Foi fundado em 1955, com o objetivo de desenvolver pesquisas que subsidiassem as demandas dos trabalhadores". Disponível em: https://www.dieese.org.br/materialinstitucional/quemSomos.html. Acesso em 05 mar. 2023.

por Moacir Palmeira, professor do Programa de Pós-graduação em Antropologia Social do Museu Nacional (PPGAS/MN)[198].

As greves contavam com lideranças e apoiadores oriundos de várias partes do estado. O diálogo deles com os STTRs era fundamental para o processo de mobilização dos trabalhadores e trabalhadoras. Uma figura fundamental nesse processo foi o delegado de engenho, versão local do delegado sindical, conforme indicou Sigaud (1980). O delegado de engenho era a pessoa responsável por estabelecer contato entre os sindicatos e o trabalhador rural na sua localidade. Durante as greves, essa pessoa ajudava na mobilização dos trabalhadores para reuniões, assembleias e outras atividades e foi fundamental na comunicação entre os sindicatos e os engenhos. Segundo Tavares:

> Esses delegados eram *moradores* escolhidos por seus pares ou indicados pelo sindicato que, de uma maneira ou de outra, serviam de mediadores entre os problemas vividos pelos trabalhadores e a atuação do sindicato. Eram os representantes de base do sindicalismo (Tavares, 1992, p. 163, grifo do original).

A mobilização dos trabalhadores também se dava nas próprias usinas, quando era possível. Em alguns casos, a ameaça de repressão oriunda das forças repressivas contratadas pelos patrões — conhecidos como "capangas" — colocava em risco a segurança dos organizadores e organizadoras das campanhas e impunha limites para a ação de mobilização dos assalariados para as greves.

---

198 A equipe era formada por professores ou alunos do PPGAS/MN, entre os quais, Otávio Velho, Afrânio Raul Garcia Jr., José Sergio Leite Lopes, Lygia Sigaud, Marie France Garcia, Luiz Antonio Machado, Maria Rosilene Barbosa Alvim, Neide Esterci e Beatriz Heredia. Para mais detalhes sobre o projeto, ver Carvalho (2015, 2016) e Lopes (2013).

Contudo, as mobilizações nos engenhos e usinas não era suficiente para alcançar todos os trabalhadores. Por isso, também foi necessário mobilizar os assalariados por meio de panfletagens, reuniões, programas de rádio etc. As panfletagens aconteciam nos espaços públicos das cidades, como rodoviárias e feiras, para alcançar os trabalhadores no caminho para o trabalho, e serviam também como meio de dialogar com a população dos municípios, esclarecendo sobre o caráter da mobilização em curso e, potencialmente, conquistando solidariedade à mobilização em curso.

Tavares mencionou que dois dos instrumentos utilizados para se comunicar com as bases foram a literatura de cordel e os cânticos, usados como meios de preparar os trabalhadores para o ritual da Lei de Greve, para organizar a greve e propagandear as reivindicações e para divulgar a convenção coletiva após a greve (Tavares, 1992)[199].

A mobilização tinha resistências — tentativas de desmobilização por parte dos patrões. Uma das histórias contadas por Paulo Jarbas destaca essa dimensão. Jarbas comentou que os "gatos", pessoas responsáveis por contratar os trabalhadores no corte da cana, prometiam pagar um salário maior para os trabalhadores durante as campanhas. A ideia era convencer os assalariados a não aderirem à greve. Porém, segundo o entrevistado, não cumpriam o prometido. Ou seja, não pagavam o valor mais alto[200].

Em 1979, uma vez feita a mobilização e a assembleia, com aprovação da pauta de reivindicações e da realização da greve, a pauta foi entregue aos patrões. Eles tinham cinco dias para apresentar respostas à

---

199 Para conhecer alguns dos cânticos comuns no universo sindical dos trabalhadores rurais de Pernambuco, ver o CD "Lutando e Cantando: Música e Política dos Trabalhadores Rurais de Pernambuco", produzido por Menezes e Pereira (2008), e o trabalho escrito por ele, "Lutando e Cantando: música, política e memória social dos trabalhadores rurais de Pernambuco", também em 2008.

200 Entrevista com Paulo Jarbas concedida ao autor em 25/11/2015.

proposta de contrato coletivo feita pelas entidades sindicais, de acordo com a lei[201]. Com o fim do prazo e sem a aceitação dos patrões em negociar, os trabalhadores começaram a greve, que durou uma semana.

Os trabalhadores em greve se organizavam em comandos por engenhos. "Aos comandos cabia formar os piquetes para mobilizar todos para a greve, barrar os fura-greve, impedir que o patrão trouxesse outros trabalhadores para substituí-los, fiscalizar a paralização naquela propriedade e a ação de eventuais provocadores" (Sigaud, 1980, p. 30). Maria José, funcionária da Contag na época da greve, que viajou para Pernambuco para apoiar a mobilização, se lembrou em sua entrevista que todos acordavam cedo para ir conversar com os trabalhadores que iam para o corte de cana logo pela manhã, explicando-os sobre a ação em curso e sua importância. A ideia era evitar que os trabalhadores entrassem no transporte rumo ao corte de cana e enfraquecessem a mobilização[202]. Ainda sobre os piquetes, Tavares destacou que eles eram:

> Destinados como se sabe a persuadir os trabalhadores que não aderem espontaneamente ao movimento. A organização dos piquetes ocupa um lugar central nessa operacionalização da greve — são dezenas de equipes de piqueteiros, que, a cada ano, a partir de 1979, foram desenvolvendo novas táticas para a greve em Pernambuco (Tavares, 1992, p. 192).

---

201 De acordo com o artigo 6 da seção II, do Capítulo II da Lei nº 4.330: "Aprovadas as reivindicações profissionais e autorizada a greve, a Diretoria da entidade sindical notificará o empregador, por escrito, assegurando-lhe o prazo de 5 (cinco) dias para a solução pleiteada pelos dias para a solução preiteada pelos empregados, sob pena de abstenção pacífica e temporária do trabalho, a partir do mês, dia e hora que nela mencionará, com o interregno mínimo de 5 (cinco) dias nas atividades acessórias e de 10 (dez) dias nas atividades fundamentais". Disponível em: http://www.planalto.gov.br/ccivil_03/Leis/1950-1969/L4330.htm. Acesso em 19 jan. 2023.

202 Entrevista com Maria José Costa Arruda (Zezé) concedida ao autor em 19/03/2015.

Durante as campanhas, todos os dias à noite, a equipe que trabalhava na organização se reunia para debater o andamento e traçar novas estratégias.

Apesar do processo de abertura política que o país vivia em 1979, o contexto ainda era de muitas restrições democráticas, e o processo de mobilização envolvia riscos de repressão. As histórias de repressão e violência contra a organização das campanhas salariais são diversas e mencionadas por vários entrevistados e entrevistadas. A repressão acontecia de diferentes maneiras conforme a configuração de poder de cada local. Essas histórias envolvem ameaças e violências físicas contra os assalariados e assalariadas, emboscadas contra os organizadores e organizadoras das campanhas e tentativas de prisões. Os trabalhadores e trabalhadoras usaram a legalidade da greve como arma para se defenderem dos arbítrios dos patrões e de forças policiais. Sobre a mobilização em Pernambuco, Maria José, funcionária da Contag na época, narrou:

> Eu fui chamada várias vezes na delegacia de polícia... lá, em Pernambuco. Quis saber o que que eu tava fazendo [...]. E a gente fazia tudo com base na lei de greve. 'Comandante, é o seguinte, tá aqui a lei de...' — a gente andava com a lei — 'Nós estamos fazendo, ó, o que diz a lei, assembleia, porque quem vai decidir se faz greve não é nós, são os trabalhadores, tá aqui ó, então nós não estamos fazendo nada demais'. 'Tá bom, tá bom' — aí era assim — 'então tá liberado', mas várias vezes[203].

Maria José se lembra que as forças policiais estavam presentes em todas as mobilizações, acompanhando todo o processo. Para não desmobilizar os trabalhadores, ela dizia que a polícia estava lá para dar segurança às pessoas, mas, cientes dos riscos que corriam, procuravam

---

203 Entrevista com Maria José Costa Arruda (Zezé) concedida ao autor em 19/03/2015.

seguir os trâmites legais para evitar o questionamento por parte dos agentes do Estado.

> [...] tinha lugar que a polícia estava presente nos pontos de, chamava, na época, boia fria, depois cortou esse nome, chamava boia fria, né, onde os trabalhadores pegavam os transportes, estava lá cheio de polícia, tudo muito bem armado, entendeu? Mas a gente sabia porque nós estávamos bem orientados, de como proceder naquele momento.
>
> Então assim, muita reação do patronato, muito capanga nas estradas amedrontando — a gente ia dentro dos canaviais, convocar, distribuir panfleto, dentro dos canaviais — cara, era muita loucura. Dentro, a gente discutia com aqueles caras que fazia a... que tem um cara lá que é só para vigiar, eles têm um nome certo lá, que hoje eu não me lembro mais o nome, o nome certo, mas tinha um nome, um nome do cara lá que era tipo o leão de chácara, que ficava olhando se os trabalhadores estavam fazendo tarefa direito. Era muita discussão. Uns você convencia no papo, na conversa: 'olha, você é trabalhador, você também passa necessidade, o que nós estamos fazendo aqui é pra melhorar a vida de vocês, não tô fazendo nada errado, entendeu?". Aí amenizava, a gente entrava, enquanto um estava conversando com um cara, os outros já estava ali dentro[204].

Em 1979, o processo de negociação entre sindicalistas e patrões teve início logo com o começo da greve e durou quatro dias. Quem negociava pelos trabalhadores eram os presidentes dos sindicatos, da Fetape e da Contag. Do lado patronal, havia representantes sindicais dos usineiros e dos fornecedores de cana. Os assessores jurídicos e assessoras jurídicas de ambas as partes acompanhavam as reuniões.

204 Trechos da entrevista com Maria José Costa Arruda (Zezé) concedida ao autor em 19/03/2015.

O Estado mediava a negociação por meio dos representantes da Delegacia Regional do Trabalho. No meio do processo, deu lugar ao delegado Regional do Trabalho o secretário das Relações de Trabalho do Ministério do Trabalho.

Enquanto as negociações se desenrolavam, um dos instrumentos de ação e pressão utilizado pelos trabalhadores e trabalhadoras era queimar os canaviais, passo importante e que antecedia o corte da cana. Uma vez queimado, o canavial precisava ser cortado e, com os trabalhadores e trabalhadoras em greve, isso não era possível. Assim, os patrões ficavam pressionados. Paulo Jarbas contou que uma das táticas utilizadas era colocar fogo por meio de uma vela no canavial. Enquanto a vela queimava e antes de espalhar o fogo, havia tempo suficiente para sair do meio do canavial. O que essa informação mostra é a multiplicidade de ações em torno das campanhas salariais: greves, negociações e ações de resistência localizadas.

A greve de 1979 não se prolongou, e Tavares explica no trecho abaixo os motivos:

> Os usineiros foram surpreendidos pelo movimento e quiseram negociar rapidamente, a fim de evitar uma generalização da greve por toda Zona da Mata. Um certo grau de mobilização foi mantido nos dias subsequentes porque a convenção assinada pelos usineiros com os sindicalistas encontrou resistência da parte dos representantes dos fornecedores de cana (fazendeiros que produzem cana para vender às usinas) (Tavares, 1992, p. 164).

Contudo, os fornecedores de cana acabaram assinando a convenção após o governo conceder um aumento sobre o preço. Apesar de a greve ter terminado, a mobilização precisava permanecer, pressionando para que se realizasse o cumprimento do acordo, no caso da assinatura da convenção coletiva, ou da sentença do Tribunal Regional do Trabalho (TRT), no caso do dissídio coletivo.

Durante as greves, um personagem foi fundamental: o assessor jurídico e a assessora jurídica. Se antes esse sujeito político leu a legislação e buscou encontrar meios de ação a partir do próprio texto da lei, no caso das greves de assalariados e assalariadas, o assessor jurídico e a assessora jurídica não só interpretaram a Lei de Greve em colaboração com trabalhadores, trabalhadoras e sindicalistas como também foram centrais nas negociações com os patrões e o Estado. Tratava-se de uma leitura das leis a partir da troca de experiências com trabalhadores e líderes sindicais. Esses sujeitos políticos dominavam o conteúdo de certas regras e a linguagem do universo jurídico, essencial nesse tipo de negociação. Nesse ponto, há continuidades entre as estratégias de ação de antes e depois de 1979.

A greve da Zona da Mata em 1979 se encerrou quando os trabalhadores de São Lourenço da Mata e Paudalho se reuniram em assembleia e aprovaram o protocolo de acordo firmado entre seus representantes e os líderes patronais (Sigaud, 1980). Sigaud busca entender as razões que levaram os trabalhadores à vitória:

> A vitória dos trabalhadores na mesa de negociações pode ser explicada pelo fato de que havia 20 mil em greve e uma ameaça de que outros 100 mil se unissem ao movimento. Também pesaram a unidade demonstrada durante o 'diálogo' e a legalidade da greve. Havia evidentemente por parte do Governo o interesse de que aquela greve tivesse um desfecho que não lhe trouxesse maiores prejuízos políticos, pois suas atuações recentes em relação a outros movimentos [refere-se à greve dos bancários do Rio e dos metalúrgicos de Minas] haviam produzido um desgaste para o programa de 'abertura'. Por outro lado, a vinculação das reivindicações às leis vigentes tornava difícil ilegitimar a pretensão dos trabalhadores. Tudo indica que esses elementos e o risco calculado de que a Convenção pudesse não ser cumprida levaram o Governo e os patrões a cederem (Sigaud, 1980, p. 46).

Os trabalhadores e trabalhadoras dos demais 22 sindicatos que se encontravam mobilizados para aderir à greve não o fizeram, porque a convenção aprovada se estendia a toda a zona canavieira. O término da greve e a vitória dos trabalhadores não representava a imediata aplicação dos contratos de trabalho. Muitos patrões se recusaram a se ajustar às normas por não concordarem com o que havia sido acordado na mesa de negociação. A luta dos assalariados continuou após o fim da greve em muitas localidades, como destacou Sigaud (2009). Para exigir o cumprimento das normas, os assalariados e assalariadas entraram na Justiça do Trabalho, negociaram com os patrões e até mesmo voltaram a paralisar o trabalho como meio de pressão pelo cumprimento do acordo (Sigaud, 2009).

DESDOBRAMENTO DAS CAMPANHAS SALARIAIS E GREVES

A campanha salarial e greve dos canavieiros da Zona da Mata pernambucana, em 1979, foi a experiência cuja estratégia se procurou generalizar para todas as zonas canavieiras do país (Tavares, 1992). O sucesso levou Tavares (1992) a nomear essa experiência como "modelo Pernambuco", expressão utilizada para definir o modelo de realização da greve com base na lei[205]. Tratou-se do paradigma de ação espalhado pela Contag para o conjunto do movimento sindical, por meio do qual orientava a realização de greves nas zonas canavieiras do país[206]. Em 1980, o

205 De acordo com Medeiros, "um encaminhamento que explora ao limite as virtualidades da legislação existente, procurando buscar nela o espaço para a mobilização e organização dos trabalhadores" (Medeiros, 1989, p. 133).

206 Nas palavras de Tavares, "O sindicalismo rural pernambucano ofereceu a identidade de *camponês* ao movimento sindical de trabalhadores rurais" (1992, p. 181, grifo do original). Se é verdade que o sindicalismo rural de Pernambuco foi central na estruturação da identidade sindical nacional, o peso dado ao modo de agir sindical desse estado por Tavares é muito intenso e desconsidera outras configurações, histórias e forças políticas que se entrecruzam e conformam o que se entende por MSTTR, que não é algo homogêneo e não pode ser entendido apenas por meio de uma das suas partes.

desafio foi deflagrar a greve em todos os municípios da Zona da Mata. Tavares explica o motivo dessa orientação:

> Na zona canavieira, se a greve não é total, os usineiros são capazes de deslocar cana de sub-áreas mais distantes e continuar alimentando as moendas das usinas, principal alvo das greves. Naquele momento, a Fetape avaliou que seria necessário ampliar o apoio externo ao movimento, a fim de fortalecer as fileiras das equipes que sustentavam os piquetes, encarregados principalmente de deter *clandestinos* e *corumbas* a caminho do trabalho nos engenhos: solicitando apoio ao movimento popular em Pernambuco e ao sindicalismo rural de todo o país (Tavares, 1992, p. 218-219, grifo do original).

As duas iniciativas foram tomadas, mas o apoio do movimento popular pernambucano foi restrito. O apoio da Contag e de outras federações foi mais intenso. As federações que se destacavam por ter concentração de assalariados e assalariadas e que participaram de um encontro em Carpina, município de Pernambuco, em agosto de 1980, foram convidadas a participar da greve — e foi assim até 1985.

> Era ao mesmo tempo um processo de produção, reprodução e difusão do 'modelo pernambucano' — uma estratégia de treinamento de sindicalistas de todo o país através da experimentação das lutas travadas na Zona da Mata, concomitantemente buscando o fortalecimento dessa mesma experiência (Tavares, 1992, p. 221).

Em 1980, a greve teve grande mobilização e reuniu cerca de duzentos e quarenta mil trabalhadores, tendo sido fundamental para a consolidação do modelo de ação em desenvolvimento. Em 1981, a greve não aconteceu, pois o TRT julgou o dissídio antes de terminar o prazo fixado por lei para as negociações, inviabilizando legalmente o movimento.

Porém, a preparação e a mobilização aconteceram. Nos anos seguintes, novas greves aconteceram em Pernambuco, com exceção das situações em que se chegou a uma solução durante as negociações que antecederam a mobilização (Sigaud, 2009; Medeiros, 1989).

Se a primeira greve da Zona da Mata de Pernambuco coincidiu com a eclosão das greves operárias no Sudeste, em fins dos anos 1970, as greves seguintes aconteceram sem que no universo urbano se mantivesse a alta intensidade de paralisações operárias, o que é indicativo da relativa autonomia das greves no campo (Sigaud, 2009).

As campanhas salariais, que tiveram início em Pernambuco, depois se disseminaram para outros estados. Um passo importante para a difusão das greves foi a realização dos Encontros Nacionais de Assalariados Rurais, que aconteceram entre 1980 e 1983. Nesses seminários, que reuniam sindicalistas e assalariados de várias partes do país, a experiência de Pernambuco foi apresentada como um modelo a ser seguido, um exemplo de que a realização de greves era possível (Sigaud, 2009). Tavares falou sobre o Encontro de 1981:

> Neste encontro, 'além da troca de experiência sobre contratação coletiva e outras formas de ação coletiva, foi analisada a Política Salarial e a Legislação em vigor, referente a Contrato Coletivo de Trabalho e Lei de Greve, levando em consideração a atual conjuntura política do País' (Contag 1980: 1). Participaram sindicalistas de sete estados brasileiros: Alagoas, Bahia, Minas Gerais, Paraíba, Paraná, Pernambuco, Rio Grande do Norte, Rio de Janeiro, São Paulo. Era o passo decisivo na estratégia de difusão da experiência pernambucana. Pouco depois, na campanha salarial de 1980, na Zona da Mata Pernambucana (setembro/outubro), sindicalistas daqueles estados incrementaram viagens a Pernambuco para acompanhar as campanhas salariais, como faziam alguns deles desde 1978 (Tavares, 1992, p. 217-218).

Em 1980 aconteceram greves na Bahia, no setor de café, e em Minas, na zona açucareira. Em 1982, foi a vez do Rio Grande do Norte, que repetiu a mobilização no ano seguinte. Em 1984, a greve aconteceu em diversos locais, entre os quais São Paulo, Goiás, Minas, Rio de Janeiro, Rio Grande do Norte e Paraíba.

As greves iniciadas em Pernambuco se espalharam para outros estados e, seguindo o padrão desenvolvido, a equipe da Contag se deslocava para as cidades em que as ações iriam ocorrer. Paulo Jarbas mencionou que bastavam alguns dias nas cidades para eles serem identificados pela população local como o "pessoal da greve". Se inicialmente havia um estranhamento com a chegada de pessoas de fora das comunidades, com o tempo foram construindo relações com os habitantes locais e conquistando a simpatia dos moradores das cidades, aspecto importante para ganhar solidariedade à mobilização em desenvolvimento[207].

Se por um lado é inegável a influência do histórico de mobilização em Pernambuco sobre o rumo das mobilizações de assalariados em outros estados (Sigaud, 2009), por outro lado as greves em cada estado tinham sua dinâmica própria conforme a organização sindical de cada local. O depoimento de Maria José é ilustrativo disso:

> [...] nós fizemos isso também no sul de Minas, né, na região canavieira do sul de Minas, mas o contexto e a situação lá eram bem diferentes do Nordeste. Muito diferente. Você já vê que a situação de vida do pessoal — a maioria mora na cidade, né, mora na periferia e trabalha nos canaviais, enquanto que lá, em Pernambuco, a maioria mora dentro dos canaviais, né, sem direito de plantar um pé de tomate no fundo do quintal, né? Já em Minas, o pessoal mora na cidade, na periferia, mas a maioria tinha sua casa, sua geladeira, seu fogão, já tinha um transporte mais decente para ir

207 Entrevista com Paulo Jarbas concedida ao autor em 25/11/2015.

> pro trabalho. Não tinha comida, mas eles levavam a comida. Eu costumava dizer assim: 'e aí, vai almoçar o que hoje?'. 'Ah, olhe, eu tenho frango, tenho feijão, tenho...'. Quer dizer, muito diferente da rapadura com farinha. Muito diferente. E, vamos dizer assim, que estava uma situação bacana no sul de Minas, mas a gente estava lá exatamente pra melhorar a situação, né? Que teve também excelente resultado. Grandes assembleias, grande momento, planejada da mesma forma que foi planejada para o Nordeste, sabendo que lá em Minas a realidade era outra, né? [...] Então assim, chamou muita atenção o movimento, né, que foi, a greve durou uma semana, parece, uma semana de greve[208].

Outros entrevistados também mencionaram como as dificuldades vivenciadas na realização das greves mudavam de acordo com os diferentes contextos. Por exemplo, de acordo com Paulo Jarbas, a violência era um dos maiores dificultadores das ações na Paraíba. Já no Rio Grande do Norte, uma usina dominava praticamente todo o estado e tinha um bom sistema de comunicação que lhes facilitava exercer o controle sobre a equipe de organização da greve[209].

Os organizadores e organizadoras das greves também aprenderam a usar o contexto a seu favor. Paulo Jarbas explicou que um dos períodos em que mais se obtinha conquistas era durante as eleições, pois os patrões eram políticos ou apoiadores de candidatos e, naquela situação, estavam interessados nos votos dos assalariados e assalariadas[210]. A fala de Jarbas lança uma hipótese a ser investigada, da relação entre eleições e resultados das mobilizações, trabalho que foge ao escopo deste estudo. De toda forma, a sugestão do entrevistado aponta para

208 Entrevista com Maria José Costa Arruda (Zezé) concedida ao autor em 19/03/2015.

209 Entrevista com Paulo Jarbas concedida ao autor em 25/11/2015.

210 Entrevista com Paulo Jarbas concedida ao autor em 25/11/2015.

a importância em se considerar o contexto de cada momento da greve como categoria relevante para se entender as ações.

Para citar mais um exemplo, os sindicalistas do Rio de Janeiro realizaram a primeira greve geral de cortadores de cana em 1984, no município de Campos. A greve ocorreu após um longo processo de socialização vivido por esses sindicalistas, por meio de viagens ao longo de sete anos à Zona da Mata pernambucana por ocasião das campanhas salariais, seminários, cursos e treinamentos. As conexões entre as greves em Pernambuco e no Rio de Janeiro foram analisadas por Tavares (1992).

Os ganhos materiais obtidos com as greves foram imensos e significativos para os trabalhadores e trabalhadoras. Ao mesmo tempo, durante o processo de greve, um conjunto de ações de reprodução social também foram realizadas e contribuíram para o processo de fortalecimento do MSTTR, ao estimular a filiação de mais trabalhadores aos sindicatos, por exemplo. O trecho a seguir mostra a avaliação da Contag sobre esse processo, mostrando como a confederação percebia a contribuição da organização das greves para a perenidade do movimento:

> O saldo da greve dos trabalhadores de Pernambuco foi extremamente positivo para os trabalhadores e para o Movimento Sindical de Trabalhadores Rurais. Para os trabalhadores trouxe ganhos materiais importantes e ajudou-os a readquirir confiança em sua própria força. Para os sindicatos, foi um fator de fortalecimento e renovação. Nunca, nos últimos quinze anos, viram-se assembleias com tanta gente. Os trabalhadores clandestinos reaproximaram-se dos Sindicatos, desmentindo a tese de que é impossível trabalho sindical com 'bóias-frias'. Alguns Sindicatos que não aderiram ao movimento grevista, pressionados pelos trabalhadores, foram obrigados a fazê-lo a maio caminho. Outros, sentindo-se constrangidos, para não perderem totalmente o

respeito de suas bases, uma vez aprovada a convenção, solicitaram sua extensão aos demais municípios da zona da mata (Contag, 1979a, p. 15-16).

O processo de organização das greves fez muitos assalariados e assalariadas verem os limites da atuação da diretoria do seu próprio sindicato e passarem a atuar mais ativamente junto a eles. Nesse processo, novas diretorias foram eleitas, e assalariados que viveram a experiência da greve se tornaram dirigentes. Sigaud (2009) resume alguns dos ganhos das greves na Zona da Mata de Pernambuco entre 1979 e 1985 em relação ao processo de organização sindical:

> [...] houve o aumento da participação dos associados na vida sindical, a ampliação do quadro de associados e a consolidação da estrutura intermediária de delegados sindicais. Entre 1979 e 1985, nove diretorias sindicais que não haviam se envolvido nas greves foram substituídas (Sigaud, 2009, p. 302).

As campanhas também foram importantes como processo formativo para as lideranças locais. Paulo Jarbas, funcionário da Contag que atuou em diversas greves, explicou que depois de alguns anos os funcionários e funcionárias da Contag não precisavam mais viajar para apoiar a organização das campanhas, pois os próprios dirigentes estaduais já tinham experiência para fazerem por si só as mobilizações. Esse fato ressalta o aspecto formativo das campanhas e, por sua vez, mais uma dimensão das ações de reprodução social da Contag[211]. No trecho a seguir, Maria José, funcionária da Contag que atuou nas greves, também ressaltou a capacidade formativa do processo de organização da campanha salarial. Nas palavras de Maria José:

---

211 Entrevista com Paulo Jarbas concedida ao autor em 25/11/2015.

> A gente não mobilizava só pra greve, era um momento de conscientização política também. Nas assembleias, todo dia à tarde tinha uma reunião do sindicato. As principais lideranças do sindicato, os delegados de base, era o momento de capacitar, de informar, de orientar, dele se informar daquele momento que a gente tava vivendo. Então a gente tinha todo um esquema, todo um planejamento dos temas que a gente ia discutir — 'por que fazer a greve?' — aí depois que contava toda a situação, que eles nos contava da vida deles, aí a gente entrava: 'os patrões não querem ceder, os patrões não querem pagar melhor, o que que nós vamos fazer?, o que que precisa ser feito?'. [...] 'Olha, uma cana...' — nunca esqueço desse exemplo — 'olha, uma cana, uma cana você corta rápido, duas já é mais difícil, três já é mais, agora pega um feixo, é isso que nós somos, um só não tem força, mas se juntar todo mundo aqui, nós temos força'. Era assim, com exemplo bem prático... [...] e, dessa mobilização, dessa conversa, surgiram muitas lideranças boa, muito jovem bom, muita gente afinada, muita gente com vontade, entendeu? Muita. Houve muita renovação de liderança nos sindicatos nesse período em função desse trabalho que a gente ficava só um mês, entendeu? Muita[212].

A Lei de Greve foi utilizada como base legal para a realização de diversas campanhas salariais a partir de 1980, depois da experiência exitosa de 1979, e até 1985. De acordo com Tavares, em 1985 "o governo federal fez caducar a antiga 'Lei de Greve' do regime militar" (1992, p. 199) e, a partir de então, os sindicalistas atualizaram sua prática sindical diante da nova mudança conjuntural[213]. Data desse momento também

---

212 Entrevista com Maria José Costa Arruda (Zezé) concedida ao autor em 19/03/2015.

213 Contudo, a informação que consta no portal eletrônico da legislação é que ela foi revogada pela Medida Provisória nº 59, de 1989, que por sua vez foi substituída pela Lei nº 7.783, de 28.6.1989, em vigor até hoje e que "dispõe sobre o exercício do direito de greve, define as atividades essenciais, regula o atendimento das necessidades inadiáveis da comunidade, e dá outras providências".

o fim das viagens sistemáticas dos funcionários e dirigentes da Contag para organizarem e apoiarem as greves nos estados. De acordo com Tavares (1992), a partir de 1984 as viagens, como experiências sistemáticas, foram encerradas.

> A Fetape e a Contag deixaram de 'convidar' sindicalistas de outros estados para viajar a Pernambuco no período das campanhas salariais dos canavieiros por dois principais motivos detectados nos relatos dos dirigentes sindicais: os custos de alimentação dos visitantes (as passagens eram pagas pelas federações de origem) se tornaram muito altos; os próprios sindicalistas visitantes foram ano após ano, eles mesmos, se engajando em greves nos seus estados e comprometendo-se em muitos casos com suas bases, secundarizando assim a participação na campanha salarial de Pernambuco (no caso do Nordeste, os períodos de campanha salarial são, inclusive, semelhantes) (Tavares, 1992, p. 254).

Ivaneck Perez Alves, assessor jurídico da Contag no momento da entrevista, esclarece que o fim das viagens do corpo de funcionários, funcionárias, assessores e assessoras da Contag tinha também a ver com a crise financeira pela qual a entidade passava no período:

> Então, nesse período de crise, a Contag deixa de poder fazer o que ela fazia antes: mandar os funcionários para o Nordeste etc. Então, você começa a reorganizar. E entra nessa fase de você fazer uma reunião antes, com as federações, com as lideranças, para poder discutir pauta etc. Mas quem passa a encaminhar mesmo as negociações e tudo são as federações, sozinhas. Com apoio da Contag, mas um apoio era mandar um advogado, ou um diretor, para ajudar. [...] [Antes,] os funcionários da Contag iam nas fazendas, mobilizar os trabalhadores, fazer as greves e tudo o mais. Durante muitos anos foi assim. Aí, com essa crise financeira, esse trabalho tem que

> ser redimensionado. Aí, foi redimensionado dessa forma. A Contag não manda mais os funcionários: vai um diretor; um assessor, para ajudar no processo[214].

Ainda, na avaliação de Francisco Urbano Araújo Filho, as campanhas salariais perderam força vis-à-vis o processo de modernização do setor agrícola. De acordo com o ex-dirigente sindical, a MSTTR não soube adaptar suas ações às mudanças no setor:

> Mais recente, teve uma diminuição dessas campanhas mais massivas, né? Porque nós, isso é minha opinião, nós não conseguimos acompanhar a chamada modernização do setor, que era para tirar, afastar gente. Então começaram a botar o tratorista, o caminhoneiro, é... exigiu um cara com mais letra, mudar estratégia de corte, né, de produtivo, uma série de metodologia deles, que diminuiu mão de obra, tá certo? Mas manteve a exploração daqueles poucos que ficaram. Nós não conseguimos acompanhar isso, que precisaria de cada federação ou sindicato ter recurso para ter gente pra, muito próximo, ir acompanhando o processo de modernização para intervir logo ali, né? Depois que tá consolidado se perde isso, né?[215].

Dessa forma, a mudança da Contag na maneira de conduzir as campanhas salariais tinha a ver com uma variedade de motivos, que incluía a experiência acumulada sobre como organizar e conduzir a greve em cada localidade; a crise financeira da Contag em meados dos anos 1980; e a modernização do setor agrícola e as implicações disso nas relações de trabalho assalariado no campo.

---

214 Entrevista com Ivaneck Perez Alves concedida ao autor em 28/10/2011.

215 Entrevista com Francisco Urbano de Araújo Filho concedida ao autor em 22/10/2015.

Contudo, as campanhas salariais e as negociações entre os representantes dos trabalhadores e trabalhadoras e dos patrões não se encerraram e passaram a fazer parte do cotidiano da Contag nos anos subsequentes, mudando de forma e importância. Considerando a experiência pernambucana, Sigaud destaca que, após 1985, os contratos coletivos de trabalho foram renovados anualmente por meio de um dissídio votado pelo TRT ou por meio de convenções entre as partes. Algumas greves chegaram a acontecer, como em 2005, com duração de dez dias (Sigaud, 2009).

A apresentação do caso das greves de canavieiros, principalmente a de 1979, teve o objetivo de ressaltar um caso emblemático que mostrasse a orientação da Contag em privilegiar ações de massa, a partir do 3º CNTR. A mobilização dos assalariados foi apenas uma das pautas de atuação da confederação na década de 1980. A Contag atuou ainda em grandes mobilizações nacionais, como a campanha por Diretas Já, a Constituinte de 1987 e a elaboração do I Plano Nacional de Reforma Agrária. E em ações mais localizadas, como no apoio dos atingidos e atingidas por barragens, nas mobilizações dos pequenos produtores, principalmente na região sul do país, e em diversas ocupações de terras e lutas para resistirem contra despejos, em várias partes do país. Embora várias dessas ações já tenham, em alguma medida, sido estudadas, ainda há poucos trabalhos que se dediquem a entender a atuação da Contag nesses processos.

O começo dos anos 1990 foi marcado por um processo de reestruturação interna do movimento sindical. Neste processo, uma categoria começou a se destacar e ganhar força no MSTTR, a de pequenos produtores e produtoras, que vieram a ser denominados, posteriormente, agricultores e agricultoras familiares. Suas principais pautas de reivindicação tinham a ver com políticas públicas e, por isso, seu principal foco de ação foi o Estado. Na seção seguinte, descreverei e analisarei aquela que se tornou a principal forma de ação coletiva da Contag nos anos 1990, marca do sindicalismo dos trabalhadores e trabalhadoras rurais e expressão da ação pautada na negociação com o Estado: os GTB.

GRITOS DA TERRA BRASIL: A "DATA-BASE" DO MSTTR

> *[...] O Grito da Terra também representa isso: a data base, a renovação das pautas, de articular, de pressionar, de cobrar, de dialogar sobre as questões do campo como um todo, né? Em todas as bandeiras de luta que o movimento sindical atua, né? Que é reforma agrária, previdência, educação do campo, né? Assalariados*[216].

O GTB é uma mobilização desenvolvida pela Contag que teve início em 1994. Neste capítulo, analiso os GTBs realizados até 2015. A característica central do Grito é apresentar para negociação uma pauta de reivindicações da categoria de trabalhadores e trabalhadoras rurais para o Estado. Apesar de o foco central ser o poder executivo federal, instância para a qual se destinou grande parte das pautas, também houve demandas para o poder legislativo federal, como pedidos de projetos de lei, e, em menor escala, para o poder judiciário. Além disso, essa mobilização também se caracterizou por promover ações de massa na rua, ocupações de prédios públicos e outras formas de ações coletivas complementares, que variaram ao longo do tempo. Essas ações dão força para as negociações e, portanto, são diretamente associadas a ela. Ou seja, são partes constitutivas do GTB.

Dirigentes, assessores e assessoras da Contag caracterizaram o GTB como a data-base do MSTTR em diversas entrevistas concedidas no âmbito da pesquisa. Nas palavras de Juraci Moreira Souto, dirigente da Contag: "[o GTB] é uma espécie de data-base da organização sindical rural brasileira perante o governo federal, perante o poder judiciário, perante o poder legislativo"[217].

---

216 Entrevista com Maria José Costa Arruda (Zezé) concedida ao autor em 19/03/2015.

217 Entrevista com Juraci Moreira Souto concedida ao autor em 21/10/2015.

O estudo do GTB é interessante porque permite analisar o desenvolvimento de uma ação ao longo do tempo, observando o seu processo de gestação, transformação e características em cada conjuntura. Também é interessante pelas múltiplas formas de ações coletivas, que conjugam, por exemplo, ações institucionais diversas (participação em mesa de negociação, por exemplo) com manifestações coletivas (como passeatas, ocupações de prédios públicos e publicação de notas públicas).

CARACTERIZAÇÃO DO GRITO DA TERRA BRASIL

A inspiração para organizar o GTB tem origem no Norte do país. No início dos anos 1990, a Federação dos Trabalhadores na Agricultura do Pará (Fetagri-PA), vinculada à CUT, realizou uma série de mobilizações que ficaram conhecidas como "Gritos do Campo". A primeira delas aconteceu em 1991. Essas ações inicialmente denunciavam o aumento da violência no campo e, depois, reivindicaram a aplicação do Fundo Constitucional de Financiamentos do Norte (FNO)[218], criado pela Constituição de 1988, em benefício dos agricultores (Tura, 1996). Na avaliação de Alessandra Lunas, essas ações foram importantes para pensar a identidade dos trabalhadores rurais na Amazônia e serviram como catalisador para a criação de sindicatos e de federações na região[219]. O processo de organização dos Gritos do Campo foi estudado por Tura:

> Os *Gritos* são mobilizações de trabalhadores rurais que ocorreram nas grandes cidades (na capital e cidades-pólos do Estado), num determinado período de tempo preestabelecido

---

218 De acordo com Tura, "os Fundos Constitucionais do Centro-Oeste, Nordeste e Norte são linhas de crédito instituídas pela Constituição de 1998, que visam o desenvolvimento destas regiões" (1996, p. 3).

219 Entrevista com Alessandra da Costa Lunas concedida ao autor em 25/10/2015.

> (em torno de três a cinco dias), articuladas pelo movimento sindical, que reúnem diversos setores e organizações da categoria (Central Única dos Trabalhadores, Federação dos Trabalhadores na Agricultura e Movimentos de Pescadores, Seringueiros, Sem-Terra etc.) na formulação de uma pauta comum de reivindicações e na negociação com o Estado e o patronato, tomando como base uma concepção de desenvolvimento para o campo que procura se contrapor ao modelo vigente. Para a conquista de suas reivindicações são elaboradas propostas de mesas de negociação constituídas, como também são organizadas diferentes formas de pressão durante os dias do evento, como, por exemplo, a ocupação de bancos, de avenidas, passeatas, debates, manifestações em frente a órgãos públicos etc. Assim, nestes dias de manifestações, há negociações com o patronato e representantes dos governos municipais, estaduais ou federal (Tura, 1996, p. 1-2).

Em 1993, essa mobilização se expandiu por toda a Amazônia, ganhando dimensão regional e conformando o primeiro Grito dos Povos da Amazônia por Cidadania e Desenvolvimento. A mobilização ocorrida no Norte do país inspirou diversos movimentos sociais a realizarem ações parecidas no plano nacional. Foi assim que começou a se gestar o GTB, cuja primeira edição aconteceu em 1994, último ano do governo Itamar Franco (1992-1995).

O GTB de 1994 foi organizado por diversas entidades: DNTR/CUT, Contag, MST, Movimento Nacional dos Pescadores (Monape), Conselho Nacional dos Seringueiros (CNS), Conselho da Articulação dos Povos Indígenas no Brasil (Capoib) e Movimento dos Atingidos por Barragens (MAB). A origem do GTB, portanto, é marcada pela articulação de diversos movimentos em torno de uma pauta de reivindicação comum apresentada aos representantes do Estado. Desse ponto de vista, o GTB poderia ser analisado como uma ação de articulação da Contag com atores da sociedade civil e, assim, como parte das ações de reprodução social do movimento. Tura (1996) reflete sobre os significados das articulações e alianças entre os movimentos sociais e reforça a dimensão reprodutiva do Grito ao destacar que: "a força e a eficácia dos Gritos não são produzidas apenas 'na rua', mas também no próprio processo de confecção das pautas, configurando-se como um importante momento de unificação e articulação do movimento e de capacitação" (1996, p. 108). O trecho a seguir mostra a visão da Contag sobre política de alianças do GTB. Trata-se dos anais do 7º CNTTR, de 1998:

> O Grito da Terra Brasil tem cumprido o papel de ampliar o leque de alianças do MSTR com as demais entidades que atuam na área rural. Conseguiu evitar o aguçamento de um clima de competição respeitando os diferentes atores sociais e suas diversas linhas de organização e atuação (Contag, 1998, p. 50).

Apesar dessa avaliação, é interessante observar que apenas os dois primeiros Gritos, de 1994 e de 1995, foram organizados por uma articulação ampla de atores. A partir da terceira edição, o GTB passou a ser uma ação apenas da Contag. De acordo com Ivaneck Perez Alves, assessor jurídico da Contag no momento da entrevista, um dos motivos que levou à desarticulação entre o MSTTR e os outros movimentos foi o fato de alguns movimentos fazerem pautas e negociações em separado da pauta e negociação geral. Isso desagradou algumas federações estaduais, que pressionaram a Contag a deixar o Grito ou a encaminhar a mobilização sozinha, ganhando a segunda opção[220]. Observei, durante o trabalho de campo, que a manutenção de alianças com outros movimentos sociais é tema sensível na Contag em diversas situações. Isso acontece não só por causa de possíveis convergências

220 Entrevista com Ivaneck Perez Alves concedida ao autor em 28/10/2011.

ou discrepâncias entre posições políticas nas entidades em âmbito nacional, o que pode ser relevante em algumas situações. Por ser uma estrutura confederativa, as decisões políticas da Contag nem sempre podem deixar de considerar as posições políticas nos estados, sobretudo das federações. E as relações entre o movimento sindical e outros movimentos, como o MST, por exemplo, mas também outros, têm variados níveis de aproximação e distanciamento de acordo com cada localidade e conjunturas específicas.

O tema da articulação entre movimentos sociais é importante para compreender o fenômeno do GTB de forma mais complexa, mas o foco aqui é outro: entender o Grito como ação coletiva, sobretudo focada na negociação de políticas públicas e direitos com o Estado.

O GTB seguiu um padrão de atuação de 1994 a 2015. Primeiro, elaborava-se uma pauta de reivindicações dos trabalhadores rurais. Depois, a pauta era entregue aos representantes do Estado. O terceiro passo é marcado por um processo de negociação, no qual representantes da Contag e de federações e agentes estatais se reuniam para negociar setorialmente cada reivindicação. Por fim, era feita uma ação de massa em um "Dia D", quando geralmente o governo anunciava os resultados da negociação. A cada ano, esse processo teve características distintas, mas em geral seguiu esse padrão. O GTB era realizado entre os meses de abril e/ou maio, antes do anúncio do Plano Safra anual[221]. As principais definições estratégicas sobre o Grito eram feitas na reunião do Conselho de Representantes da Contag, composta por todas as federações vinculadas ao Sistema Contag, geralmente em novembro do ano antecedente à realização da mobilização.

221 O Plano Safra é um conjunto de ações do governo federal para o financiamento de atividades agropecuárias, priorizando os pequenos e médios produtores. Disponível em: https://www.gov.br/agricultura/pt-br/assuntos/politica-agricola/plano-safra/2022-2023. Acesso em 7 mar. 2023. É lançado anualmente e cobre o período de um ano, tendo início em 1° de julho, acompanhando o calendário de safras no Brasil.

A maneira de organizar a pauta para o GTB variou ao longo do tempo. No momento de conclusão desta pesquisa, esse processo seguia as seguintes etapas: as equipes da Contag construíam as diretrizes por áreas temáticas. Em seguida, enviavam-nas para os estados, que discutiam o documento em reuniões estaduais, regionais e locais. Na sequência, as contribuições de cada estado eram sistematizadas, e o coletivo de cada área[222] estruturava e finalizava a elaboração da pauta. Antes de enviar a pauta ao governo, o Conselho da Contag discutia as prioridades, destacadas como os principais pontos a serem negociados com os representantes do Estado em cada edição da mobilização. De acordo com alguns entrevistados e entrevistadas, antes a pauta era feita principalmente no âmbito da Contag, entre diretoria e assessoria. Com o tempo, esse processo buscou envolver uma maior participação das entidades de base da Contag, um sinal de ampliação da democracia interna do movimento.

Contudo, a busca por envolver a base da Contag na construção da pauta trouxe desafios para o movimento sindical, dentre os quais o principal foi atender a especificidade de cada situação, região ou grupo específico em uma pauta nacional. Para Willian Clementino da Silva Matias, diretor da Contag na ocasião da entrevista: "apesar de ser uma pauta extensa, ele ainda não dá conta dos sujeitos se verem nele"[223]. Sobre esse aspecto, Luiz Vicente Facco, assessor da confederação, comentou:

---

222 Atualmente, cada secretaria da Contag se organiza em coletivos por área, que reúne o diretor ou diretora da Contag responsável pela pasta e os diretores ou diretoras das federações dessa pasta. Por exemplo, o Coletivo Nacional de Política Agrária é formado pelo diretor ou diretora de política agrária da Contag e diretores ou diretoras de política agrária das federações. Além disso, há também o Coletivo Nacional de Comunicação, composto pelo/a dirigente responsável pela comunicação da Contag e das federações e pelos assessores e assessoras da área e o Fórum dos Presidentes, que reúne a presidência da Contag e das federações.

223 Entrevista com Willian Clementino da Silva Matias concedida ao autor em 23/10/2015.

> É um desafio construir uma pauta nacional com a dimensão do Brasil, com características distintas, com 26 estados e mais o distrito federal, mais de 4 mil sindicatos, mais de 6 mil municípios, com características muito distintas (semiárido, pantanal, floresta amazônica), características, culturas, traços, o desenvolvimento da agricultura familiar se dá de maneira distinta. Como conciliar isso tudo e construir uma pauta nacional? Esse é um exercício que não é fácil e no começo a Contag sofreu muito. Até hoje tem dificuldades em contemplar tudo[224].

A extensão da pauta costumava ser um ponto polêmico para os organizadores e organizadoras do GTB. Muitos dirigentes compartilhavam a avaliação de que a pauta era muito extensa e que, com isso, o Estado acabava atendendo as reivindicações consideradas periféricas, enquanto os pontos centrais nem sempre eram atendidos. Sobre esse aspecto, segundo Luiz Vicente Facco: "há um indicativo do Conselho em reavaliar esse procedimento considerando que o resultado tem sido periférico — os pontos centrais da pauta não têm sido respondidos"[225]. Essa preocupação também foi mencionada por Aristides Veras, diretor da Contag no momento da entrevista: "acho que ele [GTB] precisa ser repensado pra ele dar conta dessas grandes questões, então a gente bota uma pauta com 200 itens e as grandes questões às vezes não aparecem. Se estão dentro, estão muito fragmentadas"[226]. O próprio Aristides comentou em outro trecho sobre a extensão da pauta: "tem várias ideias que precisa reduzir essa pauta, ela é muito grande. Eu, particularmente, acho que a gente espalha muito reivindicações, não foca, se a gente focasse, a gente teria mais resultados"[227].

---

224 Entrevista com Luiz Vicente Facco concedida ao autor em 24/11/2015.

225 Entrevista com Luiz Vicente Facco concedida ao autor em 24/11/2015.

226 Entrevista com Aristides Veras dos Santos concedida ao autor em 27/10/2015.

227 Entrevista com Aristides Veras dos Santos concedida ao autor em 27/10/2015.

Uma vez pronta, a pauta era entregue a diferentes setores do Estado e, com isso, tinha início um processo de negociação entre as partes. Uma série de reuniões eram agendadas entre representantes da Contag e do Estado. Por um período que se estendia aproximadamente entre duas e quatro semanas, representantes da Contag e do Estado se reuniam para dialogar e negociar acerca das pautas elaboradas pelo MSTTR. À diretoria e assessoria da Contag, se juntavam principalmente diretorias e assessorias das federações estaduais. Além de contribuir para o processo como um todo, a participação dos dirigentes estaduais ajudava a trazer a pauta regional e estadual para as mesas de negociação. David Wylkerson Rodrigues de Souza, dirigente da Contag no momento da entrevista, destacou esse aspecto:

> Geralmente, vem cinco ou seis diretores das federações, e ficam aqui 10, 15 dias, antes do Grito. Quando o Grito chega, já tem todo esse processo de negociação com os estados, cada estado traz... É bom ter um representante em todas as comissões, porque eles vão discutindo de acordo com as demandas do seu estado. Então, nenhum estado fica de fora. Todos os estados, geralmente, vêm com os seus representantes e negociam[228].

David também comentou sobre o processo de negociação:

> [...] geralmente, nós somos recebidos entre 15 a 18 Ministérios, anualmente. Na grande maioria, negociamos diretamente com o ministro. Os Ministérios que têm uma demanda maior? Geralmente o ministro participa do começo e bate o martelo no final da discussão. Bate o martelo, vírgula. Quem bate o martelo mesmo é a presidente da República, mas o

---

228 Entrevista com David Wylkerson Rodrigues de Souza concedida ao autor em 23/10/2015.

> ministro, ele faz o encaminhamento, para a presidência, daquilo que ele acha como deve ser. Enfim, como negociou com a gente. Todo o processo de negociação é passado para a Presidência, mas quem dá a resposta final de toda a pauta, aí é a Presidência que, geralmente, no Grito da Terra, ela recebe a comissão da Contag, que vai a diretoria e os representantes das federações. E ela recebe a gente[229].

Nos últimos anos do escopo da pesquisa, todo o processo de negociação contava com o apoio das centrais sindicais próximas à Contag e às quais as federações eram filiadas: CTB e CUT. Na avaliação de David Wylkerson Rodrigues de Souza, a presença das centrais sindicais no processo de negociação dava força política para a Contag na relação com os representantes do Estado. Ao mesmo tempo, as centrais sindicais ganhavam mais visibilidade e repercussão política, aproveitando a mobilização organizada pela Contag.

Embora a marca central do GTB fosse o processo de negociação com o Estado, a ação do Grito não se restringiu a isso. Outra dimensão do GTB é a função que essa ação teve em dialogar com a sociedade, como foi destacado nos Anais do 7º congresso: "o Grito da Terra também é um instrumento para o diálogo do MSTR com a sociedade, quando temos a oportunidade privilegiada de conquistar o apoio de outros setores a nossa proposta de desenvolvimento (Contag, 1998, p. 45).

No trecho a seguir, Medeiros (2014) fala sobre os significados do GTB ao trazer à cena pública pautas relacionadas ao universo do campo, que vão além do mais conhecido, como questão fundiária e de salário. A partir desse destaque, é possível inferir a importância do GTB como mobilização que destaca o papel social dos agricultores e agricultoras familiares e, com isso, coloca em visibilidade social a pauta da agricultura familiar.

---

229 Entrevista com David Wylkerson Rodrigues de Souza concedida ao autor em 23/10/2015.

> A dimensão expressiva assumida pelo Grito da Terra [...] deram visibilidade nacional a novos temas. Se até então a questão do campo era lida como questão fundiária e de salário, naquele momento emergia com força a pauta dos agricultores de base familiar, que se colocavam na cena pública como aqueles que alimentavam a nação, colocando-se explicitamente em contraposição aos grandes produtores rurais que produziam somente para o mercado externo e ao latifúndio, que pouco ou nada produzia (Medeiros, 2014a, p. 263-264).

Por reunir milhares de pessoas nas ruas de Brasília todo ano e gerar um processo de negociação com diferentes instâncias do Estado, o MSTTR tornou a agenda do universo rural pública e mais visível.

Outra dimensão que compõe o GTB é o seu caráter de ação de reprodução social. O trecho citado abaixo destaca esse aspecto ao tratar do caráter educativo da ação:

> O GTB vem amadurecendo uma proposta de mobilização descentralizada que permita ações municipais, microrregionais e regionais, estaduais e nacionais. E um espaço educativo ao propiciar que as entidades, nos mais diferentes níveis, sensibilizem e mobilizem os agricultores; construam pautas de reivindicações; façam as ações de massas; pressionem os governos e negociem avanços em outro patamar. São nestes momentos de construção coletiva que o PADRS ganha corpo e concretude (Contag, 1998, p. 45).

Em geral, a negociação foi acompanhada por um processo de mobilização de massas, que costumava se concentrar em poucos dias, o chamado "Dia D". Nesse momento, o presidente da República ou o seu representante, como uma equipe de ministros que acompanhara todo o processo de negociações, recebia uma comissão da Contag e federações para apresentar as respostas e comentários à pauta do MSTTR.

Entre 1994 e 2015, essas mobilizações foram feitas de diferentes formas: protesto nacional concentrado nas ruas de Brasília; protesto nacional descentralizado nos estados da federação; misto entre mobilização concentrada e desconcentrada. As ações de rua incluíram passeatas, ocupação de prédios públicos, bloqueio de estradas etc. A forma da manifestação coletiva variou a cada ano, a depender do objetivo de cada Grito, dos sujeitos políticos em cena e da conjuntura. Nos trechos a seguir, David Wylkerson Rodrigues de Souza destaca essa dimensão contextual:

> E aí, a gente vai, a medida em que as negociações vão andando, é que vai se definindo como é que vai ser o formato do Grito: se vai ter maior pressão, se vai precisar de mais gente, se está tranquilo, se está tendo um número razoável, para não precisar vir todo mundo. E aí, as coisas vão andando.
>
> Todo dia, a gente chega das negociações, senta aqui com as federações, com a direção e a comissão coordenadora, senta e avalia. Todo o dia. Como é que foi, o que andou, o que é que não andou, o que é que já foi definido, o que é que está pendente, por que está pendente? É porque só depende da definição do governo? [...] Então, tem esse funcionamento, essa formatação. O funcionamento é de acordo com a demanda, com a necessidade, que a gente vai adequando a realização do Grito. O comportamento nosso, na verdade[230].

Uma das principais polêmicas debatidas na coordenação do Grito era se a mobilização devia ser feita de maneira centralizada ou descentralizada. Os dirigentes da Contag destacaram que o protesto nacional concentrado nas ruas de Brasília tinha como vantagem atingir o foco

230 Trechos da entrevista com David Wylkerson Rodrigues de Souza concedida ao autor em 23/10/2015.

central das principais reivindicações dos trabalhadores, o poder executivo do governo federal. Com isso, as mobilizações em Brasília cumpriam o papel de pressionar pelo estabelecimento de políticas públicas. Uma das desvantagens era a dificuldade de mobilizar pessoas de todo o país para as ruas de Brasília e os custos envolvidos para isso.

Já o protesto nacional descentralizado nos estados da federação tinha a vantagem de ampliar a participação de sindicatos em ação conjunta por todo o país, aumentando o número de pessoas envolvidas no protesto. Outra vantagem dessa abordagem era conseguir dialogar com os governos estaduais e municipais, muitos deles foco de demandas das pautas ou atores centrais na articulação de políticas reivindicadas ao governo federal que dependiam dos entes estaduais e municipais para sua efetivação. Nessa abordagem de mobilização, muitas vezes, o foco deixava de ser o estabelecimento de políticas públicas e passava a ser a execução de políticas já criadas. Uma desvantagem era dispersar a ação pelo país, sob o risco de conseguir pouca visibilidade e efetividade na pressão ao Estado. Em algumas situações, a Contag buscou conjugar os dois métodos: mobilização centralizada acompanhada de mobilização descentralizada.

A decisão sobre a melhor estratégia a ser tomada em cada GTB tinha a ver com alguns elementos, dentre os quais destaco principalmente a conjuntura e os sujeitos políticos em cena. O trecho abaixo é ilustrativo de como esse critério influenciava a reflexão da Contag sobre a orientação do GTB. A conjuntura era de um momento predominantemente neoliberal, cujo interlocutor era o governo FHC.

> A percepção da atual conjuntura e dos efeitos do governo neoliberal de FHC fez com que o MSTR fortalecesse e radicalizasse o Grito da Terra Brasil — GTB, tendo claro que a derrota do neoliberalismo é fundamental para os trabalhadores e trabalhadoras rurais. [...] O MSTR tem forte presença em espaços institucionais combinada a ações de massa nos mais diferentes níveis (Contag, 1998, p. 45).

A reflexão sobre a mobilização do GTB passou também por pensar o Grito para além dos dias de ação em Brasília, mas como uma ação realizada em uma série de mobilizações locais a partir do processo irradiado pela mobilização nacional. Os trechos abaixo destacam essa dimensão:

> O Grito da Terra Brasil não se esgota na mobilização nacional, muito pelo contrário, ele deve prosseguir nas mobilizações estaduais e municipais fazendo acontecer as conquistas alcançadas, o MSTR deve privilegiar as ações de massa nos estados, em especial ocupações de terras e de prédios públicos (bancos, EMATERs, INCRAs, praças públicas etc.). Portanto, o 8º CNTTR deve aprovar que todos os Gritos da Terra Brasil sejam realizados a nível nacional, regional, estadual e municipal.
>
> O MSTR deve capitalizar os resultados das conquistas alcançadas no GTB no sentido do fortalecimento de suas entidades, vinculando-as à ação sindical (Contag, 2001, p. 44).
>
> O problema é que o enfrentamento e as negociações com o governo não têm data marcada. A mobilização alcançada tem grande dificuldade de permanecer enquanto forma de pressão no pós grito. As negociações continuam, mas perdem qualidade e poder com a desmobilização, causando inclusive frustrações aos trabalhadores e trabalhadoras. Isto ocorre em nível municipal, estadual e nacional. O MSTR vive o desafio de, a partir do acúmulo dos Gritos, formular uma estratégia de ação de massas que rompa com a limitação no tempo e que dê sustentação à atuação institucional das entidades. É evidente que neste período de enfrentamento ao projeto neoliberal, as grandes mobilizações são fundamentais para enfraquecê-lo e conquistar legitimidade social, atendimento às reivindicações concretas e apoio as nossas propostas. No próximo período, viveremos o desafio de encontrar um método que permita às entidades animar as mobilizações e canalizá-las nos diferentes setores (Contag, 1998, p. 46).

É possível considerar que a descentralização do GTB envolveu mais sujeitos políticos em sua concepção e execução, formando, no processo da própria mobilização, mais trabalhadores e trabalhadoras na dinâmica política da ação sindical. No trecho a seguir, William Clementino, dirigente da Contag no momento da entrevista, oferece elementos para essa reflexão:

> [...] onde foi feito o Grito descentralizado, os resultados, inclusive por parte do governo federal, foram bons. Não posso — não consigo enumerar agora — mas na avaliação do Grito, no Conselho, apontam o quanto foi forte estar acontecendo a nível nacional e desencadear num processo de negociação que vai o governo federal, aos estados, negociar com as federações. Que antes, passavam o ano inteiro pedindo audiência, mas por conta de uma ocupação lá no Incra, uma ocupação na Previdência, no Ministério do Trabalho, Superintendência de Agricultura, enfim, fez com que estabelecessem vários compromissos, vários diálogos. E coisas que o governo não dava conta de fazer por aqui, quando foi lá, começa a devolver. Além da articulação entre a pressão federal com a pressão estadual. Então, isso teve um resultado[231].

Ainda sobre o caráter pedagógico do GTB, William Clementino destacou:

> E a outra coisa é que nós precisamos construir esse processo de Grito descentralizado — eu continuo defendendo e sei que vou ser voto vencido agora — porque nós precisamos estimular os municípios também a fazer Grito da Terra local. Porque a responsabilidade da agricultura familiar é, sim, federal; é, sim, estadual; e é, sim, municipal. Às vezes até tem

231 Entrevista com Willian Clementino da Silva Matias concedida ao autor em 23/10/2015.

> recurso estadual ou federal, mas se a prefeitura não faz, ainda a culpa fica na esfera nacional ou estadual. E os prefeitos, às vezes, está com dinheiro lá, desvia o dinheiro, desvia a função, desvia tudo. E isso deveria ser um processo, efetivamente, que estimulasse com que os municípios também fizessem a sua parte lá, de mobilização e de pressão[232].

As reflexões feitas por Willian Clementino chamam a atenção para a dimensão multiescalar que envolve uma gama de atores de uma mobilização como o GTB, cujo sucesso ou fracasso da resposta à pauta de reivindicações têm efeito na vida de muitos trabalhadores e trabalhadoras rurais. No âmbito deste trabalho, não é possível abordar todos os detalhes e sutilezas em jogo nessa relação, especialmente porque o foco aqui é a dimensão nacional da mobilização. Mas registro a importância desse tipo de abordagem para a compreensão da mobilização em sua complexidade.

GRITO DA TERRA BRASIL E RELAÇÃO COM O ESTADO

> *Eu avalio que o Grito da Terra tem sido o principal instrumento de proposta qualificada, instrumento de negociação e de conquista desses avanços para o campo*[233].

232 Entrevista com Willian Clementino da Silva Matias concedida ao autor em 23/10/2015.

233 Entrevista com José Wilson de Souza Gonçalves concedida ao autor em 29/10/2015.

Medeiros (2014) avalia que o reconhecimento de uma série de demandas dos agricultores de base familiar pelo Estado (atribuídas no âmbito do sindicalismo rural à capacidade de mobilização e à força dos Gritos da Terra) marca uma sensível mudança na relação da Contag com o Estado. Para Tura:

> O movimento sindical passa a identificar, então, que não apenas a transformação na estrutura fundiária do país altera as relações de poder dominantes na sociedade e sua democratização, mas também a quebra da centralização e a participação das decisões sobre as prioridades e destinos dos financiamentos governamentais, que permanecem intocados. Ou seja, dirige-se à revisão do 'modelo de desenvolvimento (Tura, 1996, P. 111).

Considerando a dimensão central do GTB, de estabelecer um processo de negociação de uma pauta de demandas com o Estado, nesta subseção apresento uma análise da relação da Contag com o poder executivo para entender melhor as dinâmicas de relação entre ambas as partes ao longo do período entre 1994 e 2015, buscando identificar, sobretudo, os significados da negociação da Contag com governos de diferentes forças políticas. Considero, principalmente, as implicações das diferenças da conjuntura e dos sujeitos políticos em cena.

As experiências dos entrevistados e entrevistadas mostraram que o tratamento dado pelos representantes de Estado que ocupavam os cargos do executivo varia conforme as forças políticas no poder. Ao tratar desse ponto, estavam geralmente comparando os governos do Partido da Social Democracia Brasileira (PSDB) e do PT, pois o Grito da Terra acompanhou todo o tempo de gestão de ambos os governos. Apesar de ter começado durante o último ano de gestão Itamar Franco (1992-1994), poucos entrevistados e entrevistadas falaram da negociação estabelecida naquele momento, embora haja algumas menções a respeito. Na memória dos entrevistados e entrevistadas, o que mais se cristalizou foi a experiência de negociação com os governos FHC (1995-2002), Lula (2003-2010) e Dilma (2011-2016).

Em linhas gerais, há uma concepção compartilhada de que no governo FHC as negociações com movimentos sociais eram mais difíceis, enquanto as negociações nos governos Lula, principalmente, e Dilma eram mais fáceis. Via de regra, há uma percepção geral dos entrevistados e entrevistadas de que várias conquistas foram obtidas tanto nos governos do PSDB como nas gestões petistas. O Provap, que posteriormente se tornou o Pronaf, e a criação do MDA foram consideradas conquistas do MSTTR ainda no período FHC. Contudo, há um reconhecimento geral de que essas conquistas foram ampliadas no período do governo Lula.

No trecho a seguir, Francisco Urbano de Araújo, que foi presidente da Contag entre 1992 e 1998, destacou suas impressões sobre como os gestores do Estado sob diferentes mandatos receberam os representantes da Contag no contexto das negociações do GTB:

> No governo Itamar, nós não conseguimos que ele desse orientação pro pessoal receber, certo? Nós conseguimos algumas reuniões pela própria pressão que foi aquele momento, pela própria fragilidade, como ele não botava polícia para cima da gente, tanque, nesse ponto, ele era muito democrata, então facilitou algum ministro receber. Mas não foi, foi muito difícil. No governo Fernando Cardoso, apesar de ele ter feito, nós pedimos na época — claro, não há, era uma foto desse tamanho, você tá vendo, era uma semana, nós recebemos 15 dias, não é nada, duas semanas, pra negociar isso, os ministros têm as suas agendas deles, mas nós temos a nossa também. Aí nós pedíamos que: "o senhor punha alguém da Casa Civil para articular com esses ministros pra garantir que eles nos recebam". Eles fizeram. No primeiro ano foi muito difícil, 95, foi muito difícil. Foi enrolado, o tal do secretário geral recebia com pressa, porque não tinha vontade, né? E eles também não jogou muito peso. Já em 96, aí já mudou bastante.

> Ele não só indicou a pessoa, mas dentro do Ministério da Agricultura já tinha um outro menino que era o Souza, que tinha mais compromisso e ajudava nesse processo. E, na Casa Civil, mudou também o cara da Casa Civil, que ajudou mais nesse tipo de negociação. No governo do Presidente Lula, ele mudou de forma muito radical, pra melhor, né? Mas, é, receber, negociar. Negociar não quer dizer que é tanta facilidade não, porque tem que ser recebido, tá certo?[234].

A fala de Urbano mostra também como a relação com o Estado sob gestão de um mesmo governo foi mudando com o tempo, mencionando a maior abertura da gestão FHC para o diálogo em 1996 quando comparada ao ano anterior. Ainda que uma explicação mais densa sobre essa diferença careça de mais investigação, é possível lançar como hipótese que, ao longo de uma mesma gestão, considerando que muitos atores permanecem nos seus cargos, pode ocorrer um processo de aprendizagem dos agentes do Estado para ouvir representantes de movimentos sociais e negociar políticas com eles. Afinal, em 1996 o GTB já não era mais uma ação sem precedentes para o Estado.

O ponto de maior destaque entre os entrevistados e entrevistadas, quando comparam o governo FHC aos governos Lula e Dilma, é a facilidade de negociação que se abriu após o início da gestão petista. Antes, era preciso fazer pressão social para ser recebido e ter mais espaço de negociação. Sobre esse aspecto, Aristides comentou:

> [...] o governo de Fernando Henrique, às vezes a gente vinha aqui, é, fazer um ato, fazer uma pressão para ser recebido, a gente pressionava para ser recebido, não era nem pra conquistar nada, era pra receber. Mas foi no governo

234 Entrevista com Francisco Urbano de Araújo Filho concedida ao autor em 24/10/2015.

Fernando Henrique que a gente conseguiu convencer o governo de criar o MDA, de criar o Pronaf, então isso como política, como a base da, da... da estrutura MDA, mas foi no governo Fernando Henrique ainda... agora, como o MDA rodava e como rodava o Pronaf, aí, aí é aquela história, existiam, mas não de fato na vida das pessoas, porque o Pronaf não chegava lá. [...] Então, com o Lula, o acesso abriu [no governo FHC o acesso dos agricultores aos benefícios do Pronaf era mais limitado do que a partir do governo Lula]; [...] então, repetindo, é isso, a gente vinha aqui pressionar o governo pra ele montar estrutura, pra poder negociar com ministro tinha que fazer uma pressão pra ele nos receber, era recebido pelo secretário do secretário, o resultado da pauta era muito pouco.

> **MARCO ANTONIO TEIXEIRA:** Vocês não eram recebidos por essa quantidade de ministros que é hoje não?

> **ARISTIDES VERAS DOS SANTOS:** Não, nem perto, que isso, não, nem próximo, talvez os diretores que estão há mais tempo podem até dizer, eu não tenho ideia, mas eram poucos. A pressão era essa, a gente vinha aqui pressionar pra ser recebido, acampava na frente do ministério...[235].

No trecho citado acima aparece também a menção a outro elemento forte de comparação entre as gestões do PSDB e do PT: apesar do reconhecimento de que, em ambos os governos, houve conquistas importantes, foi apenas após a chegada de Lula que as políticas públicas para os agricultores se ampliaram e atingiram mais pessoas. Nas palavras de José Wilson, diretor da Contag quando foi entrevistado:

---

235 Entrevista com Aristides Veras dos Santos concedida ao autor em 27/10/2015.

> O governo do presidente Lula ele recebe a Contag, ele conhece o campo, ele negocia, ele teve uma abertura extraordinária e os maiores avanços de conquistas de políticas públicas pro campo, tanto do ponto de vista de conquistar como do ponto de vista da efetivação foi do governo Lula[236].

David Wylkerson Rodrigues de Souza, também diretor da Contag na ocasião da entrevista, destacou que a ampliação das políticas públicas se deu em três níveis: criação de novas políticas, aumento dos recursos destinados à agricultura familiar e desburocratização do acesso.

> Eu lembro que na época de 2002, que foi o último ano do Governo FHC, o negociado para o Pronaf foi de dois bilhões e oitocentos milhões. Em 2003 — que foi o 1º ano de Lula — ele já dobrou: isso já veio para cinco bilhões e seiscentos milhões. Eu sei que dobrou, praticamente. Isso sem falar na burocracia. Porque o Pronaf era o seguinte: tinha o crédito, mesmo para o pequeno — que era o Pronaf B ou Pronafinho — que era para o pequeno agricultor que não tinha muito que comprovar, mas mesmo assim o processo para a elaboração do projeto era umas sete laudas. E isso foi reduzido para uma lauda. Então, era uma coisa objetiva. Era uma coisa simples, comum. Já que era para ser de fácil acesso — se tornou de fácil acesso — e aí, nós tivemos políticas públicas mais ampliadas, como a questão das cisternas, que isso fez um diferencial enorme para o Nordeste. Para o Norte e para o Nordeste, principalmente. Nós tivemos o Luz para Todos, que foi um avanço assim, significativo. Porque aí, tem a implantação das políticas e suas consequências[237].

---

236 Entrevista com José Wilson de Souza Gonçalves concedida ao autor em 29/10/2015.

237 Entrevista com David Wylkerson Rodrigues de Souza concedida ao autor em 23/10/2015.

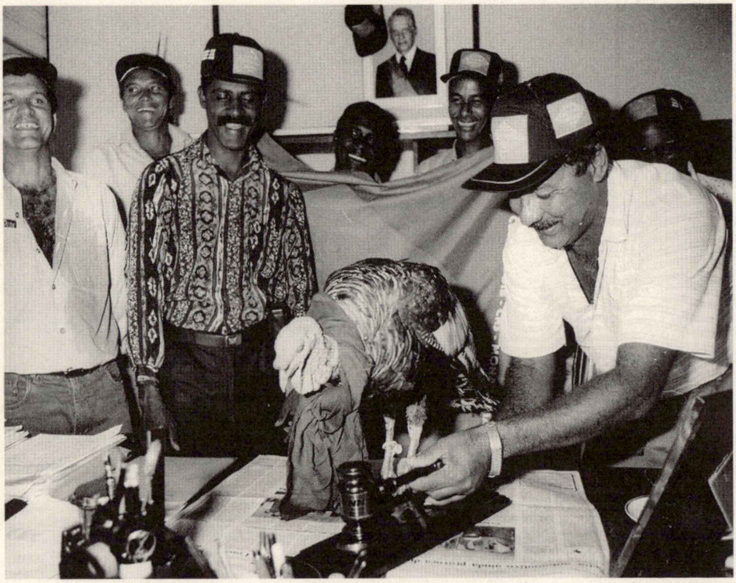

Agricultores colocam peru na mesa do ministro Antônio Kandir em Grito da Terra, Brasília/DF, 1997. FOTO: Acervo Contag.

Provavelmente, uma das histórias mais lembradas em torno da mobilização do GTB aconteceu em 1997. Foi uma história emblemática da dificuldade em se estabelecer um processo de negociação no governo FHC, sobretudo quando comparada à facilidade de diálogo que se abriu com a chegada do PT ao poder. Naquele ano, um grupo de militantes do MSTTR organizou uma ocupação do Ministério do Planejamento e colocou um peru na mesa do ministro. Maria José, ex-assessora da Contag, explica os motivos para a escolha da ave: "[...] era um símbolo que eles queriam usar com o peru. "*Botar o peru na mesa*", não tem esse negócio? Entendeu? Então botaram um peru mesmo"[238].

238 Entrevista com Maria José Costa Arruda (Zezé) concedida ao autor em 19/03/2015, grifo meu.

A foto da ave saiu na capa do Jornal Folha de São Paulo no dia seguinte e foi amplamente divulgada, deixando o governo insatisfeito com a ação. A ocupação do MSTTR buscava pressionar o governo a abrir um espaço de negociação com a Contag, mas a repercussão da ação fez o episódio tomar grandes proporções.

A história dessa ocupação está na memória de muitos entrevistados e entrevistadas e foi contada por vários deles, com mais ou menos detalhes, tenham eles participado ou não da ação, o que mostra haver um processo de memória compartilhada sobre essa história. Foi comum nas narrativas a premissa de que essa ação não foi planejada por toda a organização do GTB daquele ano, mas realizada sob a liderança de um grupo de dirigentes que acreditavam na importância de uma ação mais contenciosa para forçar o processo de negociação e atendimento das pautas pelo Estado. Inclusive, a decisão sobre o ato não foi compartilhada ou aceita pelo então presidente da Contag.

Na época, a direção da confederação era formada por um grupo de dirigentes históricos ligados ao MSTTR, entre eles Francisco Urbano, então presidente da Contag, e dirigentes vinculados à CUT, que em geral defendiam uma ação coletiva mais direta e desafiadora. A ocupação do Ministério foi liderada pelo grupo ligado à CUT. Inclusive, Francisco Urbano contou que soube dos detalhes da ocupação e da repercussão pelo telefone, quando representantes do governo e da imprensa começaram a lhe telefonar pedindo o seu posicionamento no caso. Particularmente, Urbano, como é conhecido no movimento sindical, defendia a ideia de conter a ocupação por mais um dia, pois havia uma promessa do governo de se reunir com os representantes do GTB. Contudo, para o grupo que fez a ocupação, esta era necessária, e foi essa concepção que prevaleceu na ocasião. Na época, Francisco Urbano era filiado ao PSDB, mas, para o dirigente sindical, sua filiação política não interferia no trabalho que desenvolvia na Contag, uma vez que seu principal interesse era a defesa dos trabalhadores rurais. Urbano fazia parte de um grupo histórico de militantes da confederação cuja formação política ocorreu no interior do espaço sindical. O outro grupo, cutista, era mais próximo ao PT.

A ideia compartilhada por todos era promover um ato público e expor animais e produtos produzidos pelos agricultores na mobilização, ressaltando a importância dos trabalhadores rurais na produção de alimentos. Esse tipo de prática é comum entre movimentos sociais do campo, pela simbologia de materializar para o seu interlocutor o resultado do trabalho no campo. Contudo, durante o ato público, um grupo de dirigentes decidiu acampar na frente do Ministério. O posicionamento ao redor do prédio facilitaria a eventual ocupação do Ministério, ainda ponto de polêmica entre organizadores do Grito naquela ocasião.

A ocupação foi feita de manhã bem cedo, e o governo reagiu exigindo a desocupação e negando a abertura de negociação com a Contag. A partir disso, instalou-se um processo de acordo para a desocupação do prédio que envolveu o Ministério da Justiça e juízes federais. Da parte do MSTTR, a desocupação só aconteceria caso os representantes do Estado aceitassem negociar a pauta do GTB com os dirigentes sindicais. A queda de braço entre os agentes do Estado e da Contag durou o dia todo, sendo finalizada às 18h, quando a Contag aceitou desocupar o prédio em troca de uma reunião com o ministro do Planejamento e outros agentes do Estado. Um aspecto que pesou a favor da desocupação, de acordo com Francisco Urbano, foi a ameaça de pagar multas diárias de cem mil reais caso o prédio não fosse desocupado.

Na mesma noite, a reunião aconteceu. Francisco Urbano mencionou que, logo no início da reunião, o ministro do Planejamento anunciou que não haveria negociação com a Contag. A imprensa acompanhava a reunião e, na avaliação do ex-presidente da Contag, a ação do ministro buscava desmoralizar os representantes dos trabalhadores e trabalhadoras rurais. Diante disso, a opção dos dirigentes sindicais foi de se levantar e não participar mais da reunião, uma vez que ministro já tinha declarado a impossibilidade de negociação. O episódio, na avaliação de Urbano, evitou a exposição e enfraquecimento das lideranças de trabalhadores rurais na ocasião.

Francisco Urbano foi processado pelo Ministério do Planejamento. A ação se encerrou apenas em 2013, levando a confederação a pagar uma multa de aproximadamente 300 mil reais, de acordo com Aristides Veras, então diretor da Contag[239]. A possibilidade de ser processada é o que faz a Contag avaliar com cautela o custo de algumas ações mais conflitivas, como a ocupação de prédios públicos. Por ser uma instituição registrada oficialmente com Cadastro Nacional da Pessoa Jurídica (CNPJ), pode ser facilmente localizada e processada por seus atos. Esse é o principal argumento dos entrevistados quando falam sobre os limites de ações coletivas como ocupações de prédios públicos e de terras. É por não ter um CNPJ que o MST, por exemplo, se permite ser mais audacioso em algumas ações, na avaliação de alguns dirigentes e assessores sindicais. Sobre este debate, Francisca Rocicleide Pereira da Silva (Roci), ex-assessora da Contag, declarou:

> Como a Contag não é igual ao MST, a Contag tem CNPJ, a Contag é formalizada, a Contag, a estrutura dela de funcionamento ela é toda institucionalizada. Então se ela fizer uma ação de destruir o patrimônio público ela é responsabilizada, ela é encontrada, um juiz acha a Contag. Mas o juiz não acha o CNPJ do MST. Então isso sempre foi diferente também. Isso a sociedade não entende essa diferença, que são estratégias distintas, muito distintas. E são estratégias conscientes daquela organização. Se é por medo ou se é por oportunidade ou se é por convencimento, aí cada tempo histórico vai colocando as suas questões. Mas isso é uma estratégia consciente ao modelo organizativo que a Contag sempre escolheu para ela e ainda hoje ela ainda é muito firme nesse propósito[240].

---

239 Entrevista com Aristides Veras dos Santos concedida ao autor em 27/10/2015.

240 Entrevista com Francisca Rocicleide Pereira da Silva (Roci) concedida ao autor em 29/11/2015.

Nos anos subsequentes, as negociações entre a Contag e o Estado por ocasião do GTB permaneceram trazendo a cada edição algum resultado positivo para os trabalhadores e trabalhadoras. No entanto, alguns entrevistados e entrevistadas consideram que houve uma inflexão nos resultados do GTB a partir de 2003. Se por um lado há um reconhecimento entre os entrevistados da maior abertura do Estado para receber os movimentos sociais a partir de 2003, por outro lado eles entendem que houveram limites desse diálogo em relação às conquistas esperadas. O trecho da fala de Aristides Veras dos Santos, dirigente da Contag, é ilustrativo desse processo:

> É isso, então, no período Lula, aí o diálogo, ainda hoje com a Dilma, conversar, não tem dificuldade, a gente não pode dizer que tem dificuldade de diálogo com o governo, os ministros nos recebem, não é 16 ministérios que nos recebem, é 16 ministros que nos recebem, uma hora, duas horas, meia hora, às vezes mais de uma vez durante o período. Dois ministros coordenam o Grito como um todo, que é o do MDA e o da... Secretaria Geral da Presidência, a Presidenta recebe a pauta — o Lula fazia isso lá também, foi raro o momento que Lula não recebeu —, recebe a pauta um mês antes e um mês depois dá resposta, isso não, a gente não tem exemplo de uma organização social que reúne 16, conversa com 16 ministros, 16 ministérios e o presidente da República recebe em um espaço de 30 dias, 40 dias, duas vezes a... pra receber e depois pra dar resultado. Em termos de diálogo, é fantástico. Os resultados têm uma deficiência, claro, do próprio Estado brasileiro, essa história aí do pacto federativo, né, e tem as limitações no governo muito forte, porque o que era mais importante pra gente, a pauta da terra, ela parou [...]... no segundo mandato de Lula pra frente, ela começou num processo de [...] decadência, foi assim caindo, não foi crescendo, foi um processo de retração mesmo da [...] luta pela terra, que você negociava e o governo não cumpria; e a reação do latifúndio foi ficando

> cada vez mais organizada, cada vez mais eles foram crescendo no Congresso Nacional, entendeu?[241].

Francisco Urbano destaca alguns dos desafios em negociar com um governo progressista, considerado próximo aos movimentos sociais. Para o ex-presidente da Contag, o grande desafio da negociação da Contag com o Estado sob gestão dos governos do PT foi saber a medida certa da pressão ao governo. Essa pressão se orientou no sentido de mostrar o peso da organização e a capacidade de mobilização para conseguir as demandas sem criar argumentos que autorizassem a oposição a questionar a legitimidade ou colocar em risco um governo que reconhecem como melhor do que os anteriores e mais comprometido com as pautas populares.

> É, então você tem um outro problema sério, que não é fácil de administrar e você tem que ter todo um cuidado de não ser, de não virar, vamos dizer assim, um estilingue para a direita, né, querendo derrubar. Mas você não pode ficar sem incomodar, eu não posso tomar pedrada na testa como se marca bode, porco, antigamente, mas eu tenho joelho para sair mancando, mas não mata, sai mancando e ele saber porque levou a porrada. Então eu acho que tá faltando um pouco isso, não tem que bater na cara, não tem que bater na testa, mas eu tenho que fazer ele sentir o peso da organização e o compromisso dele[242].

Já Willian Clementino da Silva Matias, diretor da Contag quando entrevistado, destacou a dificuldade em negociar com um governo popular, do qual vários representantes são conhecidos de militância,

241 Entrevista com Aristides Veras dos Santos concedida ao autor em 27/10/2015.

242 Entrevista com Francisco Urbano de Araújo Filho concedida ao autor em 24/10/2015.

mas que ali ocupam um cargo público e, por isso, estão submetidos a constrangimentos institucionais que limitam suas capacidades de ação. Com isso, cabe aos movimentos sociais exercerem seu papel de pressão, que nem sempre é o mais simples, considerando a familiaridade que possuem com o interlocutor.

> Mas uma coisa que eu acho que a Contag precisa mudar é a sua forma de negociar. Que se não mudar a sua forma de negociar, as reuniões de negociação do Grito da Terra vão passar a ser meramente uma reunião de amigos ou de prestação de contas do governo, do que fez e do que não dá conta de fazer. Acho que as negociações têm que ser um pouquinho mais duras e mais enérgicas. [...] Uma coisa é relação institucional, uma relação, às vezes, até pessoal, que a gente tem muitos amigos também. Outra coisa é a relação de representação de um povo[243].

O recurso às formas de ações coletivas mais conflitivas, como manifestações coletivas por meio do acampamento na Esplanada dos Ministérios e a ocupação de prédios públicos, também foi acionado nos anos de governo do PT. Maria Elenice Anastácio, ex-dirigente da Contag, contou que, em 2006, um grupo de aproximadamente cem jovens trabalhadores e trabalhadoras rurais acampou na Esplanada e ameaçou ocupar o MDA caso a Secretaria de Agricultura Familiar (SAF), órgão vinculado ao Ministério, não aceitasse negociar a criação de uma política de crédito fundiário específica para os jovens[244].

A expectativa de algumas lideranças de movimentos sociais populares era de que a chegada de Luiz Inácio Lula da Silva ao poder em

243 Entrevista com Willian Clementino da Silva Matias concedida ao autor em 23/10/2015.

244 Entrevista com Maria Elenice Anastácio concedida ao autor em 16/03/ 2017.

2003 significaria a resolução de muitos problemas históricos que eram pauta do PT, como a reforma agrária. Com isso, muitos movimentos sociais mudaram a forma de atuar. Parte dessa mudança está relacionada à alteração da maneira como os representantes do Estado passaram a lidar com os movimentos sociais, abrindo-se mais ao diálogo. Nas palavras de Juraci Moreira Souto, diretor da Contag: "[...] eu acho que o poder de pressão, de fogo, ele deu uma certa abrandada com essa ilusão de que o poder público faz por si só. Ele não faz por si só. Ele faz sob pressão seja ele que governo que for"[245].

A avaliação, então, sobre os limites da possibilidade de ação dos agentes de Estado, mesmo sendo esses agentes historicamente simpatizantes ou próximos das causas dos movimentos sociais, era de limitação. Ainda de acordo com Juraci: "A estrutura de governo não muda porque o governante mudou"[246]. O que está em jogo nessa frase é uma perspectiva que consegue avaliar e compreender o caráter estrutural do Estado e os constrangimentos que essa estrutura impõe para as forças políticas que ocupam esse espaço de poder. A capacidade de o Estado atuar muda conforme a força política que ocupa seus cargos, mas dentro de certos limites.

Com as entrevistas realizadas é possível dizer que, mesmo no interior de um mesmo governo, a relação com os representantes do Estado não é homogênea. Ainda que cada governo tenha uma linha de atuação para o diálogo e a negociação com movimentos sociais, a forma como cada relação se estabelece muda conforme as correlações de força política e de poder em cada caso e aos sujeitos políticos em relação.

Assim, geralmente a Contag e as federações conseguiram estabelecer diálogos e negociações com diversos setores do poder executivo federal durante os governos petistas, com exceção dos Ministérios da

---

245 Entrevista com Juraci Moreira Souto concedida ao autor em 21/10/2015.

246 Entrevista com Juraci Moreira Souto concedida ao autor em 21/10/2015.

Fazenda e Planejamento, apontados pelos entrevistados e entrevistadas como os setores mais fechados para negociação. David Wylkerson Rodrigues de Souza comentou esses casos com base em uma situação que ocorreu no governo Dilma, quando o ministro da Fazenda era o Guido Mantega:

> Para você ter ideia, teve um ano — não faz muito tempo — deve ter sido 2011, ou foi 2012, que o foco era Fazenda. A falta de liberação de recursos. Para tudo. Para reforma agrária, para habitação, para assistência técnica, para crédito, para renegociação de dívida. Para poder renegociar. Porque o Ministério da Fazenda não aceitava. [...] Renegociação de dívida, a gente renegocia tudo, com a SAF, essa renegociação de dívida, que envolve crédito, mas quem dá o parecer final da negociação é o Ministério da Fazenda. Então, nesse ano aí, teve um ano recente, que o foco era o Ministério da Fazenda, ocupar. E nós decidimos, no conselho, que a gente iria fazer o quê? A gente iria acampar lá na frente do Ministério. Chegamos lá, madrugada, instalamos as barracas, as carreiras — que aí a polícia chegou para desmanchar — e nem assim... E ficamos acampados 12 dias, lá. Dormimos lá e nem assim nós conseguimos falar com o Ministro da Fazenda. No máximo, conseguimos falar com o secretário. Não lembro de quando fomos recebidos pelo próprio ministro[247].

Em seguida, David complementa:

> E pelo Planejamento, ano passado, por exemplo, a gente conseguiu ser recebido pela Miriam [Belchior]. Que era a Ministra. E era uma pessoa muito mais acessível. Mas antes da Miriam, eu não lembro agora quem era, mas não era tão

247 Entrevista com David Wylkerson Rodrigues de Souza concedida ao autor em 23/10/2015.

> acessível. Então, esses dois Ministérios, que são centrais, que é quem decide nessa questão econômica... lógico que se a presidenta estabelecer a política, eles vão ter que executar. Mas é onde sempre tem os entraves. É Planejamento e Fazenda. Principalmente Fazenda. Para a gente, a Fazenda tem sido assim, uma pedra no nosso sapato, a Fazenda. Por conta dessa falta de acessibilidade. E também pelo desenho da política, o rumo da política que o Ministério defende[248].

David Wylkerson também mencionou casos de negociação com os Ministérios da Agricultura, Pecuária e Abastecimento (Mapa) e do MDA na mesma gestão, do governo Dilma, evidenciando as diferenças entre os dois:

> É o exemplo mais concreto assim, mais próximo da gente fazer a análise se tem divergência ou não, é a partir desses dois. Não deixa de ter. Porque, por exemplo, o Mapa... fala no Mapa, você já lembra o agronegócio, a grande agricultura, a agricultura empresarial. Principalmente a partir da nomeação da Katia Abreu, que é uma figura que tem dado muito destaque para essa coisa da... Tem tentado carimbar a agricultura como única. Ela tem essa concepção. De certa forma, isso facilita a receptividade dela para com a gente. Mas não deixa de ter diferença. Porque são públicos predominantemente bem diferentes. No MDA, você tem muito mais acesso. Tanto ao próprio MDA quanto as secretarias, os órgãos que são vinculados ao MDA. O Incra, a SAF, a SRA. Enfim, mas tem a... Por exemplo, vinculado ao Mapa está a Conab e a Embrapa, que são os dois órgãos mais... Que a gente tem negociação mais direta, vamos dizer assim. Principalmente Conab, que tem um papel, na garantia da soberania alimentar, fundamental para o país. Então, com a

248 Entrevista com David Wylkerson Rodrigues de Souza concedida ao autor em 23/10/2015.

Conab, a gente tem facilidade de negociar. A Embrapa, até pouco tempo atrás, acho que ela representava mais o agronegócio que o próprio Mapa. A Embrapa. Então, agora que ela está abrindo para agricultura familiar. Renovamos um termo de cooperação técnica, da Contag com a Embrapa, no final do ano passado, onde estabelece atividades conjuntas, em parceria, estudo, a questão da pesquisa, com foco na agricultura familiar. Isso já tem... Vem sendo crescente, na Embrapa. E o próprio Mapa. Porque tem muitas resoluções; portarias, que são editadas pelo Ministério. Então, isso requer negociação, também. Não tem como a gente não negociar com o Ministério. Então, tem sido assim, receptivos. Lógico que não na mesma proporção do MDA[249].

Medeiros (2014a) também comentou as diferenças de tratamento da relação com a Contag dentro de um mesmo governo. A autora refletiu sobre a experiência da gestão do governo Lula:

> Dessa forma, como visto, criaram-se duas frentes distintas da relação sindicalismo (e movimento) com o governo: uma fortemente marcada por uma perspectiva negocial, que é o campo da agricultura familiar, outra marcada pela tensão e dificuldade de estabelecer negociação que é a frente do acesso à terra, seja por meio de desapropriação e compra, seja por meio de demarcação de terras para populações tradicionais. Visivelmente, a agenda relacionada aos temas fundiários encontra sérias barreiras nas organizações empresariais rurais e tem dificuldades para promover negociações com o Estado. Se não são feitos novos assentamentos, a dificuldade de mobilizar para acampamentos e ocupações também cresce, gerando um círculo vicioso, que dificulta as disputas nesse terreno (Medeiros, 2014a, p. 277).

249 Entrevista com David Wylkerson Rodrigues de Souza concedida ao autor em 23/10/2015.

Para Medeiros (2014a), essa diferença na relação com as pautas para o campo tinha a ver com as contradições do governo Lula, que procurou dar apoio tanto ao setor empresarial rural (como os grandes produtores de cana, soja, algodão etc.) como aos agricultores de base familiar.

Entre os Ministérios mais abertos ao diálogo com os movimentos sociais estava o MDA, durante o seu tempo de existência, por se tratar de um Ministério que englobava as principais pautas de reivindicação do MSTTR e com o qual a Contag já tinha um histórico de negociação. Contudo, nem sempre as negociações com o MDA foram fáceis ou os resultados satisfatórios, do ponto de vista de alguns entrevistados e entrevistadas. O fato de dialogar com pessoas próximas à Contag fez com que a negociação às vezes se tornasse mais difícil.

Há um discurso no meio social, que pode ser apreendido em matérias na imprensa, por exemplo, que desqualifica e julga de forma negativa a aproximação entre movimentos sociais e Estado, sobretudo durante as gestões do governo do PT[250]. O que essas análises não consideram é a aproximação entre representantes do Estado e setores patronais, como os setores do agronegócio, para mencionar exemplos do universo rural. A análise da relação entre Contag e Estado em diferentes conjunturas deve levar em conta que o setor patronal também se relaciona com o Estado e que as conquistas por eles obtidas por meio de políticas públicas são muito maiores em termos de volume de recursos do que as obtidas pelos agricultores e agricultoras familiares, por exemplo.

Considerar esse elemento ajuda a perceber que, independentemente da maior ou menor abertura do Estado para dialogar com movimentos sociais sob diferentes gestões, há uma tendência que se mantém

250 A título de exemplo, cito aqui o editorial do Jornal O Globo, de 19 de maio de 2015, cujo título é: "Aparelhamento e desvios no poder público". O editorial acusa os governos do PT de aparelharem o Estado com seus militantes partidários e acusa "representantes de organizações sem terra [de terem] passe livre" no Ministério do Desenvolvimento Agrário e no Incra.

constante e que não é tão questionada socialmente: a relação com setores patronais. A própria força política do setor patronal, inclusive em cargos eletivos, e a sua contribuição para o Produto Interno Bruto (PIB) nacional acabam garantindo reconhecimento da sua importância para a sociedade e, por isso, a subvenção que esse setor recebe do Estado é pouco questionada quando comparada à dos movimentos sociais.

Em resumo, o que procurei destacar nessa seção foi principalmente a importância de se considerar a conjuntura e os sujeitos políticos em cena na análise da ação dos movimentos sociais voltada para o Estado. Ao mesmo tempo, entender o Estado como uma relação social ajuda a compreender as diferentes figurações sociais em cada momento, aspecto fundamental para uma interpretação capaz de reconhecer a diversidade de relações entre movimentos sociais e Estado — que não se baseiam apenas no confronto político direto em ações de massa na rua, mas também em negociações dialógicas, entremeadas por relações de poder. Reconhecer a diversidade de formas que as ações coletivas podem assumir na prática social pode evitar interpretações que tendem a sugerir a primazia de um modo de atuar — geralmente as ações orientadas pelo confronto — em detrimento de outras formas de ações.

Finalmente, ainda que a análise longitudinal de cerca de vinte anos da relação entre a Contag e o Estado por meio do estudo do GTB perca sutilezas significativas de cada ano da mobilização, há ganhos importantes em termos analíticos ao evitar entender as relações entre movimentos sociais e Estado, a partir da comparação entre um tipo de governo ou força política presente no poder (apenas os governos do PT ou PSDB, por exemplo), assim como de um grupo de lideranças políticas na liderança de movimentos sociais (apenas lideranças históricas contaguianas ou somente cutistas).

REFLEXÕES SOBRE O GRITO DA TERRA BRASIL DEPOIS DE MAIS DE 20 ANOS DE MOBILIZAÇÃO

No momento de conclusão desta pesquisa, a repetição da forma de ação do GTB por mais de vinte edições fazia diretores, diretoras, assessores e assessoras da Contag refletirem sobre a própria repetição da ação, sua eficácia, sucesso e impactos. "O governo já sabe que em maio vai ter que ouvir a Contag"[251]. As palavras de José Wilson, diretor da Contag no momento da entrevista, ressaltam o caráter de repetição da ação do GTB até 2015. Outro entrevistado que destacou a previsibilidade do Grito e mencionou os limites que a ação encontrava para avançar nos seus objetivos foi Elias D'Ângelo Borges, dirigente da Contag quando entrevistado: "[...] a gente, inclusive, discute uma nova forma de realizar o Grito da Terra Brasil. O Grito da Terra Brasil não é mais só uma mobilização. É uma marca. Todo mundo sabe quando terá e quem fará e essa coisa toda. Agora, os resultados é que nem sempre a gente tem"[252].

Uma outra passagem, dessa vez uma fala do assessor da Contag, Luiz Vicente Facco, destaca a importância do GTB e de sua repetição ao longo do tempo, frisando a importância do movimento sindical como mediador dos interesses da classe trabalhadora para o Estado.

> O GTB é uma espécie de data base do campo. Todo ano chega com uma pauta, ela é posta para o governo, estabelece um processo de negociação e vem a mobilização cobrando resultados. Mas também o governo já está ficando curtido, acostumado com a pauta. E cheio de manha, já leva na conversa o movimento, o dirigente, os trabalhadores. Por isso é preciso mudar o GTB, mudar a estratégia. Nenhum

251 Entrevista com José Wilson de Souza Gonçalves concedida ao autor em 29/10/2015.

252 Entrevista com Elias D'Ângelo Borges concedida ao autor em 20/10/2015.

dirigente é contra fazer todos os anos o GTB. Ela é uma negociação permanente e não algo que tem começo e fim. É um processo de negociação permanente. [...] A luta é uma luta permanente. A política pública não é perfeita e acabada. Ela sempre está em mudança. Tem que ir adequando e essa adequação tem que ser feita ouvindo e sentindo o beneficiário na ponta. E aí vai construindo a pauta de reivindicações. O GTB traz para o governo os defeitos das políticas públicas, os ajustes que precisam ser tomados para corrigir e apontamos políticas que precisam ser construídas. Então o GTB para o governo é extremamente importante. Para o governo que toma isso como importante. Talvez o Lula e a sua equipe tenham sacado isso bem. Em oito, dez anos o Brasil se tornou uma referência no mundo em políticas de combate à fome, agricultura familiar, desenvolvimento rural. E o governo não fez isso sozinho. Tem outros atores. As políticas não são perfeitas. O movimento sindical tem papel fundamental nesse processo por estar junto ao trabalhador na base para ver o que está acontecendo, para ter a capacidade de diagnosticar, sistematizar e trazer isso para negociar. Temos que construir as pautas estaduais, fazer o embate com os municípios. O papel do movimento sindical é extremamente importante. Precisamos de dirigente que tenha visão e saiba dialogar com os agricultores e que consiga traduzir isso. É um papel importante que o movimento sindical presta à sociedade e ao governo. O governo teve esses avanços porque tem uma organização do porte da Contag que vem fazendo isso há mais de vinte anos. Se o governo toma isso para isso e tem a determinação de fazer isso, de atender a demanda, o governo só ganha, a sociedade só ganha[253].

---

253 Entrevista com Luiz Vicente Facco concedida ao autor em 24/11/2015.

O GTB é, provavelmente, a ação coletiva da Contag que mais se aproxima da ideia de repertórios de confronto (Tilly, 1978) no que se refere à dimensão de repetição e aprendizado histórico que o conceito carrega em si. A reflexão sobre as implicações dessa repetição também esteve presente nos debates da Contag:

> Entretanto, após quatro GTBs, é possível observar que já não tem sido suficiente para avançar na construção do PADRS. A consolidação do GTB como "data base dos rurais" é uma faca de dois gumes. Se por um lado nos afirmou para a sociedade enquanto atores sociais, por outro concentrou toda nossa capacidade de ação em um limitado período de tempo (Contag, 1998, p. 45).

Ainda sobre a previsibilidade das ações do Grito, Antoninho Rovaris, diretor da Contag, comentou:

> Pra mim, o Grito se transformou numa grande festa. Pra nós e pro governo. Essa é uma opinião muito pessoal. Por que? Porque nós temos dia para chegar; nós temos data para voltar. E nós sabemos exatamente a pauta que nós entregamos e a resposta que o governo vai dar. Ou seja, vamos jogar muito aberto. Se nós tivermos que trancar o pé aqui [...], nós não estamos preparados aqui para ficar oito dias e brigar com o governo. O povo vem pra cá com a roupinha do corpo, dorme nos alojamentos e no hotel e de noite tá pegando a malinha e tá indo embora [...]. Mas virou uma festa[254].

Embora a preocupação com a previsibilidade da ação preocupe vários dos entrevistados, há percepções que apontam para a importância da repetição, como a de a Francisco Urbano:

---

254 Entrevista com Antoninho Rovaris concedida ao autor em 27/10/2015.

> O Grito da Terra continuou todo ano. Porque, se você não fizer, o governo não mantém. [...] O governo é como galinha velha, só cozinha na panela de pressão, cara. Não adianta, ou pressiona o governo ou ele não lança, tá certo? [...] Porque acomoda, o governo se acomoda com a cadeira[255].

Ao chamarem a atenção para o caráter previsível da ação, alguns entrevistados e entrevistadas chamaram a atenção para a importância em inovar na maneira de realizar o GTB. Aristides Veras dos Santos refletiu sobre esse aspecto:

> E precisa mudar também um pouco a própria dinâmica da mobilização, tem um desgaste do mesmo modelo: as pessoas vêm, acampam, é... negocia, volta, tem um dia certo pra chegar, tem um dia certo pra voltar, aí é como se ficasse muito previsível as coisas, virou uma rotina muito... entendeu? Que tá precisando mexer um pouco com as pessoas, porque eles vêm, aí ficam se queixando que vieram passear, né? Apesar de que nos estados as federações não fazem muito diferente não, mas já tá precisando renovar isso. E já a tentativa de descentralizar foi inovação, veio trazer o povo pra cá, pressiona lá na base, e traz uma comissão maior pra cá, mas em termos de comissão, entendeu? [256].

As reflexões sobre os limites da ação do GTB foram feitas em edições anteriores da mobilização. Em 1998, por exemplo, alguns pontos que foram levantados pelos entrevistados e entrevistadas, como questões críticas do Grito, já estavam sendo tratadas pela Contag, como pode ser visto no trecho dos anais do 7º CNTTR:

---

255 Entrevista com Francisco Urbano de Araújo Filho concedida ao autor em 24/10/2015.

256 Entrevista com Aristides Veras dos Santos concedida ao autor em 27/10/2015.

> O Grito da Terra Brasil, apesar da sua importância, não conseguiu provocar mudanças significativas na lógica das ações governamentais no campo. Essas tendem a tratar as políticas destinadas aos trabalhadores e trabalhadoras rurais como de natureza assistencial, periféricas às questões econômicas e sociais do País. Além disso, existem outros problemas a serem superados nas mobilizações do GTB. É preciso ampliar a participação dos demais setores sociais que atuam no campo e conquistar um maior apoio por parte dos setores urbanos. É preciso também ter uma coordenação mais efetiva entre as ações locais e a nacional e ampliar as mobilizações para um maior número de estados. Ter mais cuidado na elaboração da pauta de reivindicações, com a efetiva inclusão das demandas dos assalariados (Contag, 1998, p. 50).

O mesmo documento reconhece também pontos positivos da mobilização:

> O MSTR realizou, ao longo do período, diversas manifestações nacionais, regionais, estaduais e locais. O Grito da Terra Brasil, realizado anualmente, se mostrou a mobilização mais eficiente na conquista das principais reivindicações dos trabalhadores e trabalhadoras rurais. Esta mobilização tem garantido conquistas como: a criação e viabilização do Pronaf, desapropriação de diversas áreas para fins de reforma agrária, melhorias nas condições de acesso aos benefícios da Previdência Social e melhoria nas relações de trabalho. O sucesso alcançado na realização do Grito da Terra Brasil deve-se a diversos fatores:
>
> **1.** seu caráter massivo.
> **2.** equilíbrio alcançado nos seus objetivos básicos:
> **2.1.** abrir negociações com o governo;
> **2.2.** divulgar os problemas enfrentados pelos trabalhadores e trabalhadoras rurais;
> **2.3.** protestar e denunciar as políticas neoliberais do governo FHC.

3. conjugação das ações nacionais com ações locais, contemplando as reivindicações em diferentes níveis (Contag, 1998, p. 50).

A ação repetida também traz vantagens para o grupo que a organiza. Uma delas tem a ver com o aprendizado acumulado a cada ano, que ajuda, em tese, a diminuir o esforço de organização de uma nova mobilização. O saber fazer a mobilização, o passo a passo, se por um lado não inova, por outro permite a concentração em outras atividades. Ao mesmo tempo, possibilita que acertos sejam refeitos à luz da experiência anterior. Afinal, por mais que a forma tenha características parecidas, há algo de novo a cada mobilização, que varia conforme a pauta principal e estratégias de negociação e pressão, por exemplo, conforme a conjuntura de cada ano. Sobre esse aspecto, Maria José Costa Arruda, ex-assessora da Contag, destacou:

> Acho que esse ano [2015] vai ser mais forte em função da conjuntura também que existe, que seja mais forte, tô torcendo pra que seja uma coisa bem representativa. Acho que não só fazendo, focando a nossa pauta, mas também o momento político, né? Chamando atenção para reforma política, chamando atenção pra questão da Petrobrás, né, reafirmar que é nossa, sobre a corrupção, tem mesmo que dar cadeia. Mas isso assim, o nosso projeto, nós reafirmar o nosso projeto, projeto político, projeto pra nação, né? Que nós ajudamos a eleger, que nós ajudamos... então assim, eu acho que isso vai tá focado no Grito da Terra desse ano, além da nossa pauta, porque o momento exige que façamos isso.
>
> MARCO ANTONIO TEIXEIRA — Claro, por mais que exista algumas pautas que continuem, tem... responde ao momento, né?
>
> MARIA JOSÉ COSTA ARRUDA — Responde ao momento, que tem que dialogar com o momento político, não tem como

> você fazer desfocado do momento, ignorar que tá existindo tudo isso assim, né? Aí não faz sentido, né? Então vai dialogar com a pauta, nossas reivindicações, mas também com o momento político. Foi assim que o conselho de representante da Contag definiu, né? Mas é isso, assim, é uma longa história até chegar aqui, cara, tu não imagina[257].

A influência da conjuntura em que ocorre o GTB foi tratada também na entrevista com Elias D'Ângelo Borges, diretor da Contag quando entrevistado. Ele ressaltou a dificuldade vivida em 2015 na negociação da pauta do Grito com os agentes do Estado, considerando a crise política e econômica vivida no momento. Para o dirigente sindical, foi difícil obter conquistas porque o governo não atendia as demandas do MSTTR. Nas palavras do entrevistado: "Eu acho que nós estamos vivendo um momento muito difícil do Grito da Terra Brasil. Muito difícil. Por algumas questões. Uma delas é que você negociar num momento de crise, num ambiente de crise econômica?"[258].

Willian Clementino da Silva Matias, dirigente da Contag no momento da entrevista, também comentou sobre o tema:

> Muitas das vezes o caráter do Grito era um caráter propositivo. Várias vezes foi negociador, só de negociação. Por conta de períodos aí, da história, conjunturas, que precisava ser um outro caráter. Teve Grito que o caráter do Grito, mesmo com suas pautas, mas o principal caráter era denunciar questões do momento: ou chacina; ou desastres ambientais; ou seca; ou cheia. O Grito sempre se portou diante da conjuntura[259].

---

257 Entrevista com Maria José Costa Arruda (Zezé) concedida ao autor em 19/03/2015.

258 Entrevista com Elias D'Ângelo Borges concedida ao autor em 20/10/2015.

259 Entrevista com Willian Clementino da Silva Matias concedida ao autor em 23/10/2015.

A fala de William Clementino me ajudou a pensar na importância de historicizar as ações coletivas, sobretudo aquelas que se repetem a cada ano. Caracterizar o GTB de forma genérica pode dizer muito pouco se não considerarmos elementos como a conjuntura de cada ano e os sujeitos políticos em cena, que acabam tornando a ação, considerada repetida, com contornos únicos em cada momento. Há ainda muitos estudos que podem ser feitos sobre o Grito, destacando aspectos ainda não tratados aqui, como a investigação detalhada sobre o desenvolvimento das pautas de reivindicação e a relação delas com as políticas públicas para a agricultura familiar nas últimas décadas.

ENTRE AÇÕES COLETIVAS E AÇÕES DE REPRODUÇÃO SOCIAL

Em 1978, a Contag realizou cursos preparatórios para o 3º CNTR. Foram 18 edições, com a presença de 25 dirigentes em cada um dos cursos. Ao todo, foram 450 participantes, dos quais apenas três eram mulheres. Uma delas foi Margarida Maria Alves, líder sindical paraibana e presidenta do sindicato de Alagoa Grande-PB.

Nessa época, não existia um debate sistemático e consolidado sobre a participação política da mulher no meio sindical rural. Porém, a percepção da baixíssima presença das mulheres naqueles cursos levou a então assessora de formação da confederação, Josefa Martins Pereira, a propor o tratamento dessa questão como uma pauta no interior do movimento sindical.

No dia 1º de maio de 1983, Margarida Maria Alves disse em um discurso de comemoração pelo Dia do Trabalhador: "é melhor morrer na luta do que morrer de fome". Pouco mais de três meses depois, em 12 de agosto, Margarida foi assassinada na porta da sua casa por um matador de aluguel, na frente de seu marido e de seu filho pequeno.

Em agosto de 2000, 22 anos depois, foi às ruas pela primeira vez a Marcha das Margaridas, como parte da luta por igualdade na sociedade e no movimento sindical e por políticas públicas e direitos específicos para as trabalhadoras rurais. "O latifúndio matou Margarida. Mas eles não sabiam que ela era semente. E Margarida se espalhou por todos os recantos desse país", como foi lembrado no cerimonial de abertura da quinta Marcha, realizada em 2015. Hoje, o nome de Margarida Maria Alves é lembrado pelas dirigentes sindicais como um símbolo de força, resistência e da luta das mulheres e, por isso, ela é a grande homenageada na maior ação de "mulheres do campo, das águas e da floresta" da América Latina.

Entre 2000 e 2015, foram realizadas cinco mobilizações nacionais, que são as consideradas no âmbito desta pesquisa. Nesse período, a mobilização levou mulheres de todas as partes do país à Brasília para lutarem por demandas como reconhecimento, direitos e políticas públicas específicas para as mulheres rurais — ou, como autointituladas desde 2015, "mulheres do campo, das águas e da floresta".

Margarida Maria Alves discursando em Alagoa Grande, Paraíba, em maio de 1980.
FOTO: Acervo Contag.

A Marcha das Margaridas é atualmente a maior manifestação coletiva liderada pelo MSTTR. Ela é coordenada pela Comissão Nacional de Mulheres Trabalhadoras Rurais, formada pela Secretaria de Mulheres da Contag e as secretarias de mulheres das federações estaduais, em conjunto com diversas organizações parceiras. É, portanto, um caso emblemático de uma ação coletiva protagonizada pela Contag cujo foco é atingir tanto o tecido social, com a intenção de promover transformações societárias, inclusive no próprio interior do movimento sindical, quanto o Estado, na busca por direitos e políticas públicas.

Ao mesmo tempo, pode ser considerada uma ação de reprodução social da Contag (e demais instâncias organizadoras) na medida em que realizou muitas atividades que criaram condições necessárias para o desenvolvimento das ações coletivas das mulheres e para a própria existência e perenidade da Contag, principalmente da organização das mulheres no interior do sindicalismo. Se a Marcha dura um ou dois dias, conforme cada ano, o processo de organização da ação coletiva é constante e particularmente intenso no ano que antecede a sua realização, com reuniões de organização, formação política, mobilização e negociações com setores do Estado, por exemplo.

Nesse capítulo, narrarei e analisarei a luta das mulheres trabalhadoras rurais em diferentes contextos, buscando entendê-la tanto como uma forma de ação coletiva focada em promover demandas ao Estado e dirigidas à promoção de mudanças societárias quanto como uma ação de reprodução social. Como já destaquei, na prática é difícil avaliar uma ação como exclusivamente de ação coletiva ou de ação de reprodução social. Procuro aqui mostrar essa dupla dimensão de maneira articulada.

TRAJETÓRIAS DE ORGANIZAÇÃO E MOBILIZAÇÃO DAS MULHERES TRABALHADORAS RURAIS NO MSTTR

A origem da Marcha das Margaridas remonta à história de lutas das mulheres do MSTTR, cuja genealogia provém dos processos organizativos que tiveram início pelo menos nos anos 1970 e ganharam força na década seguinte. A seguir, narro de forma breve os principais passos dados por essas mulheres em sua organização política no âmbito do sindicalismo rural que criaram condições para a construção da Marcha das Margaridas. Não é o objetivo aqui recompor a trajetória de organização das mulheres ligadas ao MSTTR[260], mas mencionar alguns

260 Sobre a trajetória de organização política das mulheres trabalhadoras rurais, ver, entre outros: Aguiar, (2015; 2016); Carneiro, (1994); Almeida (1995); Giuliani (1989); Schaaf (2001); Deere (2004), Heredia e Cintrão (2006); Medeiros (2016); Bordalo (2011); Medeiros e Neves (2013); Pimenta (2013a; 2013b; 2014; 2019); Siliprandi e Cintrão (2015); Zarzar (2017).

dos principais acontecimentos dessa história que ajudarão a compreender o processo de organização política das mulheres.

Durante muito tempo as mulheres foram personagens com pouca visibilidade na história do MSTTR no Brasil, tendência observada em vários outros movimentos sociais e espaços de participação política. Pouco se falava sobre o papel das mulheres nas lutas pela constituição da organização sindical de trabalhadores e trabalhadoras rurais no país. Inclusive, sequer se falava em "trabalhadores e trabalhadoras rurais", como é prática hoje. Isso se explica em parte porque os espaços de atuação política nos anos 1950 e 1960 foram dominados majoritariamente por homens.

É igualmente verdade que, junto a esses homens, existiam mulheres desempenhando múltiplas tarefas fundamentais para a luta política, o trabalho agrícola, a manutenção do lar e a criação dos filhos. Alguns dos exemplos mais conhecidos de trabalhadoras rurais que, mesmo antes do processo formal de organização política das mulheres no movimento sindical, foram importantes lideranças são os de Elizabeth Teixeira e Josefa Pureza[261]. A pesquisa sobre o papel desempenhado pelas mulheres em um contexto no qual o sindicalismo rural era dominado por homens, sobretudo nos anos 1960 e 1970, ainda precisa ser mais aprofundada.

Josefa Reis atribui a origem do trabalho de organização política das mulheres na Contag à sua ação como assessora educacional. Ela era uma das educadoras responsáveis pelos cursos preparatórios para o 3º CNTR, ocorridos em 1978, e comentou sobre essa experiência em uma entrevista:

---

261 Sobre a trajetória de Elizabeth Teixeira, ver: Bandeira e Herrera, 1997; e o documentário "Cabra Marcado para Morrer", feito por Eduardo Coutinho, em 1984. Sobre a trajetória de Josefa Pureza, ver o documentário "Josefa — Uma Mulher na Luta Camponesa", dirigido por Roberto Maxwell e Luiz Claudio Lima, em 2002.

> Nesses cursos de 1978 que antecederam o 3º congresso que começou a nascer na gente um sentimento mais forte sobre a exclusão da mulher. Desse curso participou Margarida Maria Alves, assassinada em 1983. Gedalva, que foi a primeira que participou da suplência da Contag, de Sergipe. E Maria, de Arapiraca, em Alagoas. Que eu me lembre, dos 18 cursos, tivemos só essas 3 mulheres. E aí eu olhava e só via esse monte de homens. A gente sabe que para a mulher ficar 20 dias era difícil, mas liderança é liderança e tinha que ter a mulher. Naquela época eu não tinha feito nenhuma leitura feminista não[262].

A baixa presença de mulheres no curso de formação política despertou a atenção de Josefa para provocar a discussão sobre sindicalização das mulheres. O tema foi debatido e dividiu opiniões, de acordo com Josefa. A partir desse momento, o debate sobre questões das mulheres começou a ser feito no interior da Contag de maneira mais sistemática. Nos estados, as experiências do Rio Grande do Sul e de Pernambuco são consideradas como precursoras do trabalho de organização das trabalhadoras rurais. O estopim para o trabalho nesses estados foi a discriminação que as mulheres desses locais sofriam para obter benefícios da previdência social, no caso do Rio Grande do Sul, e para serem incluídas nas frentes de serviço nas áreas de seca, em Pernambuco (Contag, 2002).

Contudo, esse não é o único fator que explica a emergência de um trabalho de organização política das mulheres, uma vez que a discriminação não era particularidade desses estados. Provavelmente, um dos principais motivos para o surgimento de um processo de mobilização das trabalhadoras rurais nesses locais foi a forte organização

---

262 Entrevista com Josefa Martins Reis (Zefinha) e José Francisco da Silva concedida ao autor em 17/03/2017.

sindical que vinha se consolidando no Brasil. Sarti destaca a força desse movimento na década de 1980.

> Nos anos 80 o movimento de mulheres no Brasil era uma força política e social consolidada. Explicitou-se um discurso feminista em que estavam em jogo as relações de gênero. As ideias feministas difundiram-se no cenário social do país, produto não só da atuação de suas porta-vozes diretas, mas do clima receptivo das demandas de uma sociedade que se modernizava como a brasileira. Os grupos feministas alastraram-se pelo país. Houve significativa penetração do movimento feminista em associações profissionais, partidos, sindicatos, legitimando a mulher como sujeito social particular (Sarti, 2001, p. 41)[263].

No contexto de ampliação dos movimentos de mulheres pelo país, as trabalhadoras rurais também lutaram pelo direito de participar politicamente da vida sindical. Isso porque durante muitos anos elas foram excluídas da possibilidade de participar formalmente do espaço sindical porque sequer tinham o direito a se sindicalizar. Elas eram identificadas como "dependente do sócio", geralmente seus maridos ou pais. Com isso, uma das principais lutas das mulheres trabalhadoras rurais no começo dos anos 1980 foi pelo direito de se associar ao sindicato. Uma vez conquistado esse direito, as mulheres começaram a lutar pelo direito de se tornarem dirigentes sindicais. Inicialmente nos sindicatos; depois, nas federações; e, com o tempo, na confederação. Tornar-se dirigente sindical era um passo importante para as mulheres

---

263 Apesar de se consolidarem nos anos 1980, foi nos anos 1970 que o movimento feminista emergiu no país com força. Um marco importante para isso foi o Ano Internacional da Mulher, declarado pela ONU em 1975. Esse fato propiciou o cenário para início do movimento feminista no Brasil, ainda fortemente marcado pela luta política contra o regime militar (Sarti, 2001).

conquistarem o direito de participar dos congressos da Contag como delegadas e, assim, terem condições de influenciar diretamente nas decisões da política sindical, já que esse é o principal espaço de deliberação do MSTTR.

Um marco do avanço da participação política das mulheres foi a moção das trabalhadoras rurais apresentada no 4º congresso da Contag, em 1985. Essa moção destacou os principais fatores que dificultavam e excluíam a participação da mulher na vida sindical e política: a discriminação da legislação em relação à mulher rural, agricultora e assalariada; o fato de a esposa de mini e pequeno produtor rural não receber benefícios previdenciários, porque a legislação previdenciária a considerava dependente do marido; a exclusão da trabalhadora rural da legislação pertinente ao meio rural, a despeito de integração na economia familiar; e a identificação da trabalhadora rural como doméstica e do lar, categorias profissionais já reconhecidas e características do meio urbano. Diante desse diagnóstico, as mulheres reivindicaram: "que a mulher trabalhadora rural em regime de economia familiar seja reconhecida como trabalhadora rural agricultora" (Contag, 1985b, p. 240-241).

O 4º congresso foi o primeiro a ter no temário a questão específica da mulher. Também pela primeira vez um cartaz do congresso da Contag evidenciava as figuras de um homem e de uma mulher, mostrando o reconhecimento político e produtivo das mulheres.

O crescimento do debate sobre a atuação das mulheres na Contag passou a ser tratado também nos relatórios anuais da confederação, como mostra o relatório de 1986, no qual a questão ocupou uma lauda do documento:

> Na realidade as trabalhadoras rurais, sejam as que trabalham em regime assalariado ou em regime de economia familiar, são parte ativa dos movimentos coletivos do conjunto da classe trabalhadora rural: campanhas salariais, greves, resistência nas áreas de conflitos de terra, movimentos de

> pequenos agricultores, lutas por mudança na previdência, na área de saúde e na Constituinte. Contudo, as mulheres não têm, na mesma medida em que enfrentam as lutas, participado das discussões e decisões sobre essas lutas. Enfim, ainda é muito pequena a participação da mulher na organização sindical dos trabalhadores rurais.
>
> O 4º Congresso Nacional dos Trabalhadores Rurais traz definições claras sobre o papel do Sindicato na ampliação da participação sindical das mulheres, sendo recomendado o encaminhamento e coordenação de programas específicos dirigidos às mulheres trabalhadoras rurais e estimulada a sua sindicalização.
>
> Nesse sentido a Contag teve a oportunidade de participar em 1986 de alguns debates desenvolvidos nos Estados, inclusive de um Congresso Estadual promovido pela Fetaeg e STRs daquele Estado.
>
> Se por um lado vêm crescendo iniciativas de organização das trabalhadoras rurais, ora promovidas por Federações e STRs, ora promovidas por outras instituições, o MSTR ainda não desenvolve esse trabalho na maioria dos Estados.
>
> Contudo, alguns avanços vão sendo conquistados. Novas cláusulas específicas de proteção à mulher passaram a constar dos contratos coletivos de trabalho, embora os patrões tenham nessas áreas assalariadas usado de vários mecanismos para anular essas conquistas, inclusive através do aumento das demissões. Mas, tanto no campo trabalhista como nas questões agrária, agrícola, previdenciária a organização das mulheres se faz cada vez mais presente (Contag, 1986, p. 42).

A chegada das mulheres à direção dos sindicatos e, por consequência, aos congressos da confederação, lhes permitiu pautar a necessidade de ter espaços para debater suas questões específicas e a necessidade de ações direcionadas. Em 1987, em pelo menos três estados, foram realizados encontros de mulheres: Rio Grande do Sul, Santa Catarina e Pernambuco. Ainda, em nível regional, aconteceu o 1º Encontro Regional de Trabalhadoras Rurais, em Florianópolis, organizado pela Contag e pelas federações do Rio Grande do Sul, Santa Catarina, São Paulo, Mato Grosso do Sul e Goiás. O contexto para esse debate era propício já que, naquele momento, a Constituinte em curso estimulava diversos debates na sociedade. Inclusive, em 1989, ocorreu o 1º Seminário Nacional de Trabalhadoras Rurais do MSTR: participação na Constituinte de 1988. As mulheres participantes do seminário produziram um documento de reivindicações específicas das mulheres trabalhadoras rurais e o enviaram aos constituintes[264].

Josefa Reis contou que, como decorrência do processo de organização das mulheres nos estados, por meio da criação de comissões, também se constituiu uma articulação nacional que culminou na formação de uma Comissão Provisória de Mulheres Trabalhadoras Rurais, em 1987, criada no contexto do 1º Encontro Regional de Trabalhadoras Rurais, em Florianópolis[265]. Josefa explicou como era a estratégia de ação das mulheres a nível nacional naquele momento:

> E adotamos a seguinte estratégia: pessoal, não tem nenhuma representante de mulheres no conselho da Contag, que é quem decide as programações. Vamos fazer o seguinte: vamos nos reunir na véspera, a gente se articula, faz a troca de experiência, vê nossas propostas de organização e reivindicação e vamos colocar nos conselhos. E vai conversar com os dirigentes e conselheiros e vamos pedir espaço para falar nas reuniões do conselho. E assim foi feito e conseguimos

---

264 O 2º e o 3º Seminários Nacionais de Mulheres Trabalhadoras Rurais aconteceram em 1989 e 1992, respectivamente. Fonte: Contag (2002).

265 A fonte que informa o ano de 1987 como data de criação da Comissão é o relatório anual da Contag de 1987 e a Revista de Mulheres. Pimenta (2013a) e Aguiar (2016) apontam como data de criação da Comissão o ano de 1989.

> passar tudo. Então elas não eram dirigentes, mas tinham voz e conseguiam passar a proposta delas. Claro que ainda não abraçaram o mundo[266].

A partir desse momento, as mulheres tiveram uma história ascendente de participação no sindicalismo rural. Para Raimunda de Mascena, dirigente da Contag entre 1998 e 2009 e, antes disso, dirigente sindical no Ceará, foi no congresso da Contag de 1991 que a força da organização das mulheres foi percebida. Naquela ocasião, as mulheres questionaram a baixa presença feminina nos congressos e pleitearam que na edição seguinte fosse obrigatória a participação de mulheres. A partir de então essa questão começou a ganhar fôlego, contando inclusive com o apoio de homens sensíveis à causa. Esses homens eram sobretudo lideranças da CUT que começavam a ocupar cargos na direção da Contag[267].

Como narrei anteriormente, a mudança no movimento sindical no começo dos anos 1990 não acontecia somente na esfera da organização das mulheres. Foi nesse contexto que a Contag estava se aproximando da CUT, que já vinha desenvolvendo um trabalho específico voltado para a questão das mulheres, e essas ideias circulavam entre os dirigentes e militantes cutistas e contaguianos.

Em 1986, havia sido criada a Comissão Nacional Sobre a Questão da Mulher Trabalhadora no 2º congresso nacional da CUT, formalizando a organização das mulheres na central sindical. Depois disso, em 1991, no 4º congresso nacional da CUT, foi aprovada a proposta de discutir ações afirmativas como meio de corrigir desigualdades entre a participação de homens e mulheres nos movimentos sindicais cutistas e cotas para as mulheres participarem dos cargos de direção. A aprovação da proposta de cota mínima de 30% e máxima

---

266 Entrevista com Josefa Martins Reis (Zefinha) e José Francisco da Silva concedida ao autor em 17/03/2017.

267 Raimunda de Mascena é do campo cutista.

de 70% de cada sexo ocorreu na 6ª plenária, em 1993, como recomendação, e não resolução[268].

A eleição das primeiras mulheres para cargos da diretoria da Contag foi em 1991, nas vagas de suplência. Foram elas: Tereza dos Santos da Silva, conhecida como Tereza de Araxá, de Minas Gerais (1ª secretária); Josefa Rita da Silva, conhecida como Zefinha, da Bahia (suplente do tesoureiro-geral); Maira Bottega, do Rio Grande do Sul (suplente do secretário de Política Agrícola); e Margarida Pereira da Silva, conhecida como Ilda, de Pernambuco (suplente do secretário de Política Agrária). A participação das mulheres nos congressos provocou o surgimento do debate de novos temas no âmbito do MSTTR, como fica claro no trecho a seguir, que faz referência à participação das mulheres no 5º CNTR:

> As mulheres rompem as fronteiras machistas do mundo sindical e fazem o debate político de questões antes reservadas ao mundo privado. Temas como trabalho doméstico, autonomia sobre o corpo, direito ao planejamento familiar, prevenção de doenças sexualmente transmissíveis e o aborto são debatidos nas Comissões Temáticas do Congresso. Na Comissão de Assalariados, o debate sobre gênero e reprodução vem fortemente articulado com as mais diversas formas de exploração da força de trabalho feminina. As mulheres propõem que o MSTR denuncie as diversas práticas de discriminação e violência nas relações de trabalho e novas propostas passam a ser incorporadas na pauta de reivindicações: — contra a exigência de atestado de laqueaduras de trompas no ato da contratação de mulheres assalariadas, — ameaças de demissão de gestantes, — violência nos locais de trabalho, praticadas por chefes e encarregados, — redução da jornada de trabalho durante o ciclo menstrual, — cota de 30% de mulheres na contratação por empresas, — creches nos locais de trabalho (Contag, 2002, p. 19-20).

268 A política de cotas passou a ser uma resolução e integrar o estatuto da CUT somente em 2008, na 12ª plenária. Para mais detalhes, ver Batista (2016).

No 6º CNTR, em 1995, as mulheres já eram 10% das participantes e, com isso, ganharam força para demandar um cargo da direção executiva da confederação. O nome indicado foi o de Maria Santiago de Lima, de Rondônia. Contudo, durante as negociações, o pleito não foi aceito pelos homens, desencadeando uma forte reação feminina. Raimunda de Mascena conta que naquele congresso as mulheres organizaram um ato questionando a falta de mulheres na direção executiva da Contag. Raimunda se lembra que, no ato, as mulheres subiram nas cadeiras, fizeram discursos, gritaram palavras de ordem em repúdio à exclusão das mulheres da direção executiva da chapa.

Diante da derrota sofrida, as mulheres se organizaram e decidiram coletivamente votar em branco ou anular o voto para as eleições da chapa da Contag, mostrando sua rejeição ao processo eleitoral em curso. Nas palavras de Raimunda: "[...] eu lembro que foi o congresso que teve quase 500 votos nulos e brancos, e eram votos das mulheres. Porque nós não ficamos na chapa"[269]. Nos anais do 6º CNTR, consta o número total da votação que corrobora a fala da entrevistada. A chapa vencedora obteve 1.110 votos, contra 103 votos em branco e 346 nulos[270].

Na plenária, diante da não inclusão de uma mulher em cargo diretivo da chapa, as mulheres decidiram apresentar uma contraproposta ao CNTR: que pudessem escolher uma dirigente sindical que fosse coordenadora da comissão provisória de mulheres trabalhadoras rurais da Contag. Também reivindicaram para essa coordenadora o *status* de diretora da Contag, com todas as condições de trabalho que um diretor tinha, incluindo salário, assessoria e residência em Brasília. A proposta foi aprovada e, para isso, também foi importante a construção de alianças com os homens que entendiam e apoiavam a luta das mulheres. Raimunda conta que elas buscavam se aproximar desses homens, dialogando e mostrando a importância da questão. A

269 Entrevista com Raimunda de Mascena concedida ao autor em 25/10/2015.

270 Anais do 6º CNTR, p. 111.

estratégia era cada mulher procurar os dirigentes do próprio estado com os quais era possível estabelecer essa conversa.

Com isso, após o congresso, a Comissão Provisória de Mulheres Trabalhadoras Rurais se reuniu, em novembro do mesmo ano, e elegeu Margarida Pereira da Silva, a Ilda, de Pernambuco, como a primeira mulher coordenadora da Comissão Nacional das Mulheres Trabalhadoras Rurais (CNMTR)[271]. A Comissão, então, deixou de ser provisória e passou a ser prevista no estatuto a partir de junho de 1995. A escolha de Ilda pelas próprias mulheres para coordenar a CNMTR foi um marco na história da organização das trabalhadoras rurais. Ainda que a Comissão estivesse vinculada à Secretaria de Organização e Formação Sindical, pela primeira vez uma mulher teria direito a voz e voto na direção executiva da Contag.

Esse foi só o começo de outras disputas e desafios. Ilda relatou diversas dificuldades no trabalho na Contag, entre as quais: exclusão das discussões políticas de tomadas de decisão nas reuniões de diretoria; falta de condições de trabalho; necessidade de se reportar ao dirigente de organização e formação sindical, uma vez que a Comissão era ligada a essa secretaria. Ilda relatou que as dificuldades do trabalho nos três primeiros meses da sua atuação na Contag lhe causaram o bloqueio físico de sua fala, o que a levou a buscar tratamento psicológico para lidar com aquela situação. Ilda também fez um curso de oratória para aprender a se expressar e comunicar melhor[272]. Esse é só um exemplo dos desafios vividos por uma militante política ao conquistar espaço em um movimento dominado por homens.

Rocicleide Silva, assessora de formação e organização sindical responsável também pela pauta de mulheres na época em que Ilda assumiu a

271 A CNMTR é formada por representantes e suplentes de cada federação estadual filiada à Contag.

272 Entrevista com Margarida Pereira da Silva (Ilda) concedida ao autor em 28/11/2015.

coordenação da CNMTR, relatou que o principal foco do seu trabalho com as mulheres durante a gestão de Ilda (1995-1998) foi promover um debate com conteúdo político em cada comissão estadual, apresentando novos conceitos e metodologias que permitissem às mulheres refletir sobre suas questões. Ao mesmo tempo, criou comissões estaduais onde não havia, fato mais comum principalmente nos estados das regiões Norte e Centro-Oeste naquele momento. Conforme as comissões estaduais se fortaleceram, o passo seguinte foi estimular a criação de comissões nos sindicatos. Essa ação se proliferou e apresentou resultados positivos, na avaliação de Rocicleide. A ideia da CNMTR era que esse processo criasse condições para que ao menos uma mulher de cada sindicato participasse do congresso seguinte da Contag. Para isso, a proposta precisava ser aprovada no conselho da confederação, o que não aconteceu[273].

Rocicleide destacou ainda que, durante a gestão de Ilda, a maioria do corpo de funcionários da Contag, homens e mulheres, fez cursos sobre gênero, ofertados pela SOS Corpo[274]. A ideia da ação era sensibilizar pessoas dentro da própria Contag para a luta das mulheres, uma vez que a confederação é mista e o processo de opressão das mulheres tem relação e incide também sobre os homens. Os cursos foram feitos por um período de dois anos. Alguns dirigentes das federações foram convidados a participar dessa atividade.

Foi ainda na gestão de Ilda que se deu a luta pela inclusão do termo "trabalhadoras" no vocabulário e nos documentos da Contag, conquista que passou a vigorar a partir do 7º CNTTR, em 1998.

Outra ação relevante desse período foi a realização da 1ª Plenária Nacional de Mulheres Trabalhadoras Rurais, em 1997. Esse encontro foi

---

273 Entrevista com Francisca Rocicleide Pereira da Silva (Roci) concedida ao autor em 29/11/2015.

274 O SOS Corpo — Instituto Feminista para a Democracia é uma organização não governamental fundada em 1981, com sede na cidade do Recife, Pernambuco.

importante para o debate e a reflexão sobre as demandas das mulheres e serviu como importante gesto político da força das trabalhadoras para dentro do movimento sindical. Nessa ocasião, foi feito o debate sobre as cotas de participação das mulheres nos cargos de direção do movimento sindical.

Para Raimunda de Mascena, a derrota sofrida no congresso (a demanda por um cargo da direção executiva da confederação) fez as mulheres avaliarem a necessidade de realizar uma grande campanha política de cotas de participação na diretoria e no congresso da Contag. Entre as ações realizadas estavam seminários temáticos em todo o país para discutir o tema, um dos trabalhos feitos pela nova comissão liderada por Ilda, com a assessoria de Rocicleide Silva. A inspiração da política de cotas veio do trabalho semelhante que vinha sendo realizado na CUT, que garantiu o mínimo de 30% de mulheres em cargos de direção em 1993. Essa medida já tinha sido adotada pelo PT, em 1991. Raimunda de Mascena relata que a conquista das cotas de participação das mulheres na diretoria e no congresso da Contag ocorreu com muita disputa. Ilda também comentou sobre esse processo:

> Essa discussão acontecia nas reuniões dos conselhos e as mulheres chegavam antes para ficar falando com os diretores para conseguir apoio. Os homens falavam: as mulheres têm condições de estar no espaço de poder? E ela rebatia: como é que mede as condições dos homens? Como as mulheres podem mostrar que podem se não há espaço? Depois de muita luta conseguiram a aprovação da cota[275].

O resultado dessa luta interna foi a eleição de três mulheres para a direção executiva da Contag no congresso seguinte, em 1998. Foram elas: Maria da Graça Amorim, do Maranhão (Secretaria de Política Social);

---

275 Entrevista com Margarida Pereira da Silva (Ilda) concedida ao autor em 28/11/2015.

Maria de Fátima Rodrigues da Silva, do Piauí (Secretaria de Formação e Organização Sindical); Raimunda de Mascena, do Ceará (CNMTR)[276]. Raimunda foi a primeira coordenadora da CNMTR eleita em congresso e a sua gestão foi a primeira na Contag a exercer o mandato tendo uma Comissão Nacional constituída por representantes de todos os estados para se reportar. Um dos papéis dessa Comissão era se reunir antes do Conselho da Contag para definir como as mulheres interviriam naquele espaço de decisão política dos rumos do sindicalismo de trabalhadores rurais. De acordo com Raimunda, esse modelo de gestão acabou servindo de inspiração para outras secretarias que, com o tempo, começaram a criar coletivos nacionais formados por representantes estaduais com os quais as secretarias da Contag dialogavam nas suas gestões[277].

A CNMTR acabava sendo não só o espaço de organização e planejamento da ação das dirigentes sindicais, mas também um: "[...] espaço privilegiado de fortalecimento identitário e de construção de estratégias coletivas para a sustentação das mulheres frente às práticas de hostilidade, desqualificação e reprodução das desigualdades" (Pimenta, 2013a, p. 12). Ilda se lembra que a discussão na Comissão Nacional servia como espaço de diálogo entre as mulheres sobre suas experiências nos estados e, com isso, reforçava o vínculo entre elas. Ela conta que os debates passavam por temas como violência, discriminação, assédio, patriarcado, as experiências vividas em casa e na comunidade, entre outros assuntos[278].

Em 1999, por ocasião do 2º congresso extraordinário dos trabalhadores e trabalhadoras rurais, promovido pela Contag, a política de cotas foi ampliada, passando a valer também para as federações, sindicatos e instâncias de deliberação. Também foi definida a obrigatoriedade da participação de 50% de mulheres em todos os espaços de formação (Pimenta, 2013a).

---

276 Foi ainda eleita para o Conselho Fiscal Maira Bottega, do Rio Grande do Sul.

277 Entrevista com Raimunda de Mascena concedida ao autor em 25/10/2015.

278 Entrevista com Margarida Pereira da Silva (Ilda) concedida ao autor em 28/11/2015.

Nas eleições seguintes, em 2001, as três diretoras eleitas anteriormente permaneceram na chapa, e a elas se somou mais uma mulher que chegou à Contag para assumir a recém-criada Comissão Nacional da Juventude de Trabalhadores e Trabalhadoras Rurais, Simone Battestin, do Espírito Santo. Na nova diretoria, Raimunda de Mascena manteve o cargo que ocupava de Coordenadora da CNMTR; Maria de Fátima Rodrigues da Silva assumiu a Secretaria de Políticas Sociais; Maria da Graça Amorim, a Secretaria de Meio Ambiente. No congresso de 2001, foi deliberado sobre a aplicação correta da cota de no mínimo 30% de mulheres em todas as instâncias e eventos do MSTTR, tais como congresso, conselhos deliberativos, diretorias e conselhos fiscais, efetivas e suplentes etc.

Nas eleições de 2005, as dificuldades e disputas de conformação da chapa atingiram as mulheres. O conflito aconteceu em torno da permanência ou não de Maria de Fátima Rodrigues da Silva na nova direção da Contag. Para um grupo de mulheres que estava na direção, era desejável a permanência de Maria de Fátima, evitando a rotatividade de mulheres na direção, uma vez que Maria da Graça Amorim estava deixando a militância na Contag para se dedicar à militância na nova organização sindical que se constituía naquele momento, a Fetraf.

Contudo, não havia consenso sobre a permanência de Maria de Fátima entre outros diretores e o próprio estado que ela representava, o Piauí. Na época, havia pressão para que seu cargo fosse utilizado para cumprir a cota de renovação de 30%, exigência estatutária, mas que geralmente atingia as mulheres[279]. Com isso, ganhava força a indi-

279 Sobre esse aspecto, Pimenta destacou: "uma questão reveladora das estratégias do poder masculino refere-se à medida estatutária, em vigor na Contag, mas ainda não adotada pelo conjunto das federações e sindicatos, que diz respeito à renovação em 30% dos cargos da diretoria a cada mandato. Os cargos cujas direções são renovadas em geral são aqueles dirigidos pelas mulheres, o que comumente se dá em clima de forte pressão. Essa prática revela uma forte contradição como medida de democratização do movimento sindical, ao atingir as mulheres, e se transformar numa forma de enfraquecê-las politicamente e reproduzir o poder masculino" (Pimenta, 2013a, p. 19).

cação do nome de uma nova mulher para a diretoria em formação, o de Alessandra Lunas, de Rondônia, que veio a ocupar o cargo de diretora da Secretaria de Políticas Sociais. Alessandra Lunas conta que nos seus primeiros momentos na Contag encontrou resistência de outras mulheres por não ter uma trajetória de militância na questão da mulher e na pauta feminista[280].

A história de organização política das mulheres no interior do MSTTR não aconteceu sem conflitos e disputas. Também havia e há divergências políticas entre as mulheres, que não são um grupo homogêneo. Raimunda narra, por exemplo, que havia discordâncias e disputas entre as primeiras três diretoras executivas eleitas para a direção executiva da Contag — ela, Maria de Fátima e Maria da Graça. Contudo, havia um acordo entre as três para evitar disputas abertas na frente dos outros diretores que pudessem enfraquecer ou colocar à prova o lugar conquistado pelas mulheres.

Outro debate que mostra a existência de disputas no âmbito da organização política das mulheres é sobre a forma de organização: se deveriam ser movimento autônomo ou misto. Esse debate não é particularidade da organização das trabalhadoras rurais. Assim como a disputa por concepção de organização e de luta não é exclusiva das mulheres, mas parte do processo político. Nas palavras de Raimunda:

> Eu vou lhe dizer, Marco, que as mulheres, nós sempre tivemos divergência. O movimento autônomo de mulheres, como se chama, que é o movimento só de mulheres, e o movimento misto, que é o movimento onde as mulheres militam dentro de organizações que têm homens também. Nós sempre tivemos divergência com isso. O que é que era mais importante? Se é o movimento misto ou se é o movimento autônomo? E nós chegamos num ponto que consideramos, já naquela época, a

280 Entrevista com Alessandra da Costa Lunas concedida ao autor em 25/10/2015.

> gente considerava os dois movimentos, as duas movimentações, movimentos importantes. Porque uma não disputaria lugar da outra. Um movimento ajudaria e fortaleceria o outro. O movimento autônomo funcionaria como o lugar de incubadora, o lugar de preparação das mulheres, para que essas mulheres também chegassem nesses espaços, que são os espaços, querendo ou não, os espaços de poder. Que eram os sindicatos, as associações, as cooperativas, as federações, a Contag, as centrais sindicais, enfim. Nós nunca íamos ter forças suficientes para articular uma grande organização só nossa, de mulheres, tipo uma Confederação Nacional das Mulheres Trabalhadoras Rurais do Brasil[281].

O resultado desse debate foi que um grupo de mulheres do MSTTR optou por se organizar por dentro do movimento, mas sem deixar de lutar pelos próprios espaços e autonomia política no interior das entidades sindicais. Essa forma de organização ficou conhecida como movimento de mulheres misto[282].

Segundo Aguiar, muitas conquistas foram realizadas pela organização política das mulheres trabalhadoras rurais no âmbito do sindicalismo nos anos 1990.

> A década de 1990 marcou, assim, a constituição de formas organizativas próprias das mulheres, que passaram a reivindicar participação nos cargos de direção, pressionando o

---

281 Entrevista com Raimunda de Mascena concedida ao autor em 22/10/2015.

282 Outros grupos, entretanto, criaram suas estruturas de organização próprias, como é o caso do Movimento de Mulheres Trabalhadoras do Rio Grande do Sul (MMTR-RS) ou do Movimento de Mulheres Agricultoras de Santa Catarina (MMA), que, posteriormente, se juntaram na sigla do Movimento de Mulheres Camponesas (MMC); do Movimento da Mulher Trabalhadora Rural do Nordeste (MMTR-NE); do Movimento de Mulheres do Sertão Central em Pernambuco; e do Movimento Interestadual de Quebradeiras de Coco Babaçu, inicialmente chamado Articulação das Quebradeiras de Coco Babaçu Norte-Nordeste (Aguiar, 2016).

> surgimento, dentro das estruturas sindicais e de outros movimentos mistos, de coletivos, comissões e coordenações direcionadas especialmente às mulheres, nos âmbitos nacional, estaduais e municipais. Ou seja, foi uma década que se caracterizou pela luta das mulheres para ocupar os espaços de participação, enfrentando uma disputa constante para a conquista desses espaços e para a inserção e reconhecimento efetivo da questão de gênero no interior das organizações de trabalhadores rurais (Aguiar, 2016, p. 273).

Se alcançar as direções dos sindicatos, federações e confederação foi um passo importante para as mulheres trabalhadoras rurais, logo elas perceberam os limites dessa conquista. Os desafios vividos pelas primeiras mulheres nos cargos de direção mostraram que a desigualdade de gênero era uma questão arraigada na estrutura interna do movimento sindical, e a luta por espaços de decisão era apenas um passo. A etapa seguinte era lutar pela inclusão de pautas que interessavam às mulheres e por igualdade nas condições de trabalho e de fala, entre outros aspectos. O trecho da entrevista com Raimunda de Mascena destacada abaixo é elucidativa sobre essa mudança no foco da luta das mulheres:

> Em 90, nos deu chão para perceber que estar nas direções não era o suficiente. Pensa, Marco: a gente chega, fez a luta. Ela é da classe trabalhadora? É. Mas as mulheres, dentro dessa classe trabalhadora, são pessoas tratadas diferente. E diferente assim, desvalorizada. [...] Sindicato que nós tanto brigamos, entrou o homem, mas as mulheres, não. E as mulheres que entraram, elas não têm poder de fala. Como que a gente fala nesse lugar? Como é que os assuntos da mulher, tipo saúde? Não era interessante para os homens. Educação? Não era um assunto interessante para os homens. O que mais? Doença? Não era uma coisa que os homens queriam discutir. Os homens queriam discutir, literalmente, agricultura. Mas nós não somos só agricultura. Nós temos outras coisas. É aqui onde eu não tenho escola para o

menino; é aqui onde falta assistência; atendimento médico; é aqui que falta muita coisa. Então, as mulheres vão pensando para além, sabe? E com esses pensamentos para além é que a gente vai se dando conta de que tem a luta de classe e tem a luta de gênero, que as mulheres precisavam fazer, dentro desses espaços. E aí, quando a gente entra nos espaços, a gente percebe: "Opa! Nós estamos nesse espaço, mas a minha fala não tem o mesmo valor que a fala de José, de Antônio, de Manoel. A fala de Manoel é escutada. O que eu falo é menosprezado". Então, assim, como é que as mulheres vão ter força aqui dentro desse lugar? Como é que a gente tem força dentro dessas federações? Como é que a gente tem força? E aí, a gente descobre juntas: "Não. Para a gente ter força, a gente precisa fazer uma ação de força, que mostre que nós mulheres também sabemos conversar política" — que também tinha essa história de que mulher não sabe fazer política, que política não é coisa de mulher. [...] Está discutindo política, essa mulher deve estar com... ou ela está numa tensão; ou ela está descompensada; ou ela está não sei o quê, sabe? E aí, as mulheres... e creche, que é uma luta antiga das mulheres. E por que é que nas reuniões nós não podemos ir? É que a reunião é à noite e à noite eu tenho filho pequeno. Filho pequeno eu não posso deixar sozinho, e o menino eu não posso levar. Porque ou vou levar esse menino para dormir no braço, e esse menino começa a chorar e vai incomodar João, José e Pedro nessa reunião. Por que é que eu não posso participar dessa reunião? É porque a reunião é aos domingos às 9 horas da manhã. 9 horas da manhã eu tenho que fazer comida em casa, tenho que varrer o terreiro, eu tenho que varrer casa, eu tenho que fazer comida, para quando o danado daquele marido chegar da reunião, a comida estar pronta. Então assim, essas coisas, elas foram sendo... assim, foram as caixas que a gente foi abrindo, sabe?[283].

283 Entrevista com Raimunda de Mascena concedida ao autor em 25/10/2015.

Para pautar suas demandas, as mulheres perceberam a necessidade de realizar uma grande ação que mostrasse a força que tinham. É nesse contexto que foi criada o que viria a ser a Marcha das Margaridas.

"2000 RAZÕES PARA MARCHAR": CRIAÇÃO E REALIZAÇÃO DA MARCHA DAS MARGARIDAS

Com o diagnóstico da necessidade de avanço das conquistas, seguiu-se uma reflexão sobre os caminhos a serem percorridos. A avaliação da direção e assessoria de mulheres na época era de que a principal mobilização do MSTTR naquele momento, o GTB, não dava conta de apresentar suas reivindicações específicas. Além disso, as dirigentes tinham pouco ou nenhum espaço nas mesas de diálogos e negociações, lugares dominados predominantemente por homens naquele momento. Nas palavras de Raimunda de Mascena:

> Mas logo após o 7º congresso [1998] nós começamos a ver que tipo de atividade nós podemos fazer, para garantir para esses homens, mostrar a esses homens, a força que nós temos. Porque só estar aqui, nós 3, não é suficiente. Porque a voz é menor. Os temas são tratados menor, sabe? É tudo menor. Como que a gente vai botar na ordem de grandeza a força dessas mulheres camponesas? Sejam elas associadas ou não. Foi aí que a gente começou a achar... que brecha a gente acha? E aí, nós pegamos o mote, que era os 18 anos do assassinato de Margarida Alves e a impunidade. Que a gente dialogava para dentro da Contag [...]. Se a gente dissesse que a gente só queria fazer uma marcha? Uma atividade de mulheres, e não tivesse um atrativo? A briga ia ser maior. Porque já tinha o Grito da Terra etc. Então, já tem uma ação que vem a Brasília. Para que uma ação de mulheres? [...] A gente pode, na inteligência,

> pegar um negócio de marchar contra a violência, e a gente traz a impunidade do crime de Margarida Alves, que vai fazer 18 anos. Já já ele prescreve. E a gente faz uma movimentação[284].

A fala acima indica a principal motivação da Marcha em sua origem: a demonstração da força das mulheres trabalhadoras rurais para o conjunto do MSTTR. Naquele momento, tratou-se de uma ação voltada principalmente para efetuar mudanças, sobretudo no interior do próprio movimento sindical, em um claro processo de busca por uma maior democracia interna.

Em outro trecho, de Mascena destacou: "a grande ação que a gente queria fazer era exatamente uma atividade que tornasse mais visível a força das mulheres dentro desse espaço sindical. [...] A gente precisava [...] mostrar que tinha uma capacidade de força. Principalmente organizativa"[285]. Ao demonstrar a força da organização das mulheres internamente, esperava-se ampliar também o empenho da Contag na negociação da pauta das mulheres com o Estado.

A Marcha das Margaridas em 2000 foi também uma ação de adesão à Marcha Mundial de Mulheres (MMM), que aconteceu de 8 de março a 17 de outubro daquele ano e mobilizou mulheres no mundo inteiro

284 Entrevista com Raimunda de Mascena concedida ao autor em 25/10/2015.

285 Entrevista com Raimunda de Mascena concedida ao autor em 22/10/2015.

contra a fome e a violência sexista[286]. A mobilização brasileira da MMM de 2000 foi organizada por diversas instituições — entre elas, a Contag. O tema da Marcha das Margaridas em 2000 reproduziu o da Marcha Mundial: "2000 razões para marchar: contra a fome, a pobreza e a violência sexista". De acordo com Aguiar (2016), a Marcha das Margaridas aderiu à Marcha Mundial por meio da articulação construída por intermédio da Comissão Nacional Sobre a Questão da Mulher Trabalhadora da CUT (hoje, Secretaria Nacional sobre a Mulher Trabalhadora) e da Sempre Viva Organização Feminista (SOF).

Para ser realizada pelo MSTTR, a Marcha precisava ser aprovada na reunião do conselho da Contag, segunda instância deliberativa do

---

286 A Marcha Mundial de Mulheres foi criada no ano de 2000 como uma grande mobilização contra a pobreza e a violência em várias partes do mundo. A origem da Marcha está na Marcha Pão e Rosas, uma ação de mulheres do Quebec, Canadá, quando, em 1995, cerca de 850 mulheres marcharam 200 quilômetros contra a pobreza. Elas foram recebidas por cerca de 15 mil pessoas em frente à Assembleia Legislativa, no Quebec. Fonte: Contag, 2002. Segundo Aguiar: "essa experiência, compartilhada com mulheres representantes de movimentos de diversos países, serviu de inspiração para que, durante o fórum paralelo à conferência de Beijing, fosse lançada a ideia de uma iniciativa mundial contra a pobreza, dando origem, assim, à Marcha Mundial das Mulheres" (Aguiar, 2016, p. 271). De acordo com Conway e Paulos: "A Marcha Mundial das Mulheres é uma rede feminista transnacional (TFN) fundada no final dos anos 90 para protestar contra a crescente pobreza e violência contra as mulheres no contexto do aprofundamento da neoliberalização. É uma rede grande e complexa, ativa em todos os continentes e atuando em múltiplas escalas. É uma rede constituída por grupos locais de mulheres e organizados em aglomerações nacionais autônomas. A marcha tem sido particularmente forte na América Latina, onde existem 15 órgãos nacionais de coordenação. A América Latina também tem sido o epicentro de políticas para a soberania alimentar" (Conway; Paulos, 2017, p. 3). No original: "The World March of Women is a transnational feminist network (TFN) founded in the late 1990s to protest increasing poverty and violence against women in the context of deepening neoliberalization. It is a large and complex network, active on every continent and operating at multiple scales. It is constituted by localized women's groups organized in autonomous national agglomerations. The March has had particularly strong take-up in Latin America, where there are 15 National Co-ordinating Bodies (NCBs). Latin America has also been the epicenter of its food sovereignty politics".

movimento, que reúne os diretores da confederação e presidentes das federações estaduais. Para obterem o apoio dos homens, as mulheres alegaram que a Marcha seria uma ação contra a impunidade da morte de Margarida Maria Alves. O crime estava em julgamento e prestes a prescrever. A ação das mulheres cumpriria o objetivo de pressionar pelo julgamento do assassinato de Margarida. Esse foi, portanto, o argumento das mulheres para convencer o conselho a realizar a primeira Marcha. E foi por esse motivo que a mobilização recebeu o nome da líder sindical Margarida Maria Alves.

Ainda com esses argumentos, o convencimento do conselho deliberativo da Contag foi lento e difícil. Foi preciso sensibilizar muitos homens da importância da ação, o que as levou a estabelecer primeiro alianças com dirigentes que inicialmente eram mais abertos à causa. Por fim, a aprovação foi conquistada.

A Marcha foi importante não só para convencer os homens do poder de ação política das mulheres, mas também para a própria organização interna das trabalhadoras rurais, divididas entre se manter como uma organização dentro do MSTTR, se constituindo como organização mista, e optar pela organização autônoma. Esse conflito, como vimos, era anterior e fazia parte dos debates das mulheres há alguns anos. Para Raimunda de Mascena, a realização da Marcha mostrou que o caminho de organização mista era o mais acertado para aquele grupo. "Eu acho que a Marcha do ano de 2000, ela deu fôlego para a organização das mulheres trabalhadoras rurais, dentro da organização. Porque parte das mulheres não compreende a organização das mulheres trabalhadoras rurais mista contaguiana"[287].

De Mascena avalia que a primeira Marcha das Margaridas foi um marco na luta das mulheres trabalhadoras rurais, porque o sucesso de mobilização e repercussão mostrou para o movimento sindical a

287 Entrevista com Raimunda de Mascena concedida ao autor em 25/10/2015.

força de organização das mulheres. Nas suas palavras: "Uma coisa foi a história nossa, de mulheres rurais, esse caminho todo, até dia 10 de agosto [dia em que ocorreu a Marcha]. A outra coisa foi o marco do dia 11 de agosto até hoje. Que aí, os homens perceberam que eles precisavam respeitar as mulheres"[288].

Além de tudo isso, a Marcha apresentou uma pauta de reivindicações de direitos e políticas públicas ao Estado, organizada nos seguintes eixos: 1) acesso das trabalhadoras rurais à documentação; 2) participação efetiva da mulher na reforma agrária; 3) participação efetiva da mulher nas políticas agrícolas; 4) valorização da participação da mulher na preservação do meio ambiente; 5) maior acesso da mulher aos programas de geração de emprego e renda, à formação profissional e extensão rural; 6) garantia e ampliação dos direitos trabalhistas e previdenciários; 7) garantia e ampliação dos direitos sociais, com propostas para habitação, saúde, educação e terceira idade; 8) combate a todas as formas de discriminação e violência sexista; 9) garantir o acesso das trabalhadoras rurais aos meios de comunicação (Contag, 2000).

Para a coordenadora da Marcha, o processo de negociação com o Estado não teve sucesso naquele momento porque o governo em exercício, do então presidente Fernando Henrique Cardoso, não deu muita abertura para o diálogo. Entretanto, as mulheres protocolaram a entrega da pauta ao governo e a entregaram ao presidente da Câmara, o então deputado federal Michel Temer. Cumpriram, assim, o objetivo da mobilização.

> Mas no nosso objetivo, no ano de 2000, Marco, não era tanto abrir um processo de negociação com o governo brasileiro. O nosso objetivo, naquela época, era exatamente tornar público, denunciar, a situação de pobreza, de vulnerabilidade, que as mulheres trabalhadoras rurais do Brasil se encontravam,

288 Entrevista com Raimunda de Mascena concedida ao autor em 25/10/2015.

> ao longo dos anos. Nós tínhamos certeza que a gente não ia abrir processo de diálogo, com o governo, na época — o Governo FHC — mas a gente queria vir aqui para Brasília, para demarcar a nossa posição política, frente a conjuntura do país, e demarcar a nossa força, para o conjunto das organizações da sociedade civil, para o conjunto da sociedade. Que nós vivíamos na invisibilidade. Então, nós queríamos nos tornar visíveis. Inclusive a nossa luta por direito, por cidadania, por uma vida livre de muitas coisas[289].

Apesar de a obtenção de conquistas junto ao Estado não ser o foco principal da primeira Marcha, ainda assim, elas tiveram também conquistas nesse sentido. Segundo o Transformatório das Margaridas[290], plataforma *on-line* que reúne dados sobre as mobilizações da Marcha, o governo deu uma resposta satisfatória para as seguintes demandas: 1) reduziu a taxa de juros para o custeio agrícola de 5,6% para 4% ao ano; 2) garantiu o acesso das mulheres à linha de crédito do Pronaf, Grupo B, no valor de R$ 500,00, prevista, inicialmente, para ser desenvolvida nas regiões Norte e Nordeste; 3) garantiu a manutenção da aposentadoria diferenciada para as mulheres trabalhadoras rurais aos 55 anos de idade. E as respostas foram parcialmente satisfatórias para: 4) participação das mulheres na revisão das normas que regulamentam a Segurança nos Locais de Trabalho nas Áreas Rurais (sendo essa última um *status* de implementação regular, conforme definido na plataforma)[291].

O processo de organização da primeira Marcha durou cerca de um ano e meio, o que, na avaliação da coordenadora, foi importante para demostrar a capacidade organizativa das mulheres. Essa dimensão

---

289 Entrevista com Raimunda de Mascena concedida ao autor em 22/10/2015.

290 Disponível em: http://transformatoriomargaridas.org.br/. Acesso em: 23 fev. 2023.

291 Disponível em: http://transformatoriomargaridas.org.br/?page_id=243>. Acesso em: 23 fev. 2023.

preparatória da Marcha e os seus significados são centrais para sua compreensão também como uma ação de reprodução social e não só uma ação coletiva. Como destacou de Mascena, foi o processo organizativo que ajudou na constituição política e coletiva das próprias mulheres e na sua aceitação como sujeitos políticos importantes perante os homens.

Em resumo, a organização da Marcha teve alguns passos principais, que foram sendo seguidos concomitantemente. Primeiro, o desenvolvimento da concepção da Marcha pela CNMTR. Segundo, a aprovação da ideia nas instâncias de deliberação da Contag, o conselho deliberativo. Terceiro, o processo de diálogo e construção da ideia da Marcha nas federações estaduais e nos sindicatos municipais. O diálogo com os sindicatos era feito para convencê-los a permitir e dar condições para a viagem das mulheres até Brasília, financiando parte dos custos delas. Quarto, a articulação do MSTTR com outros movimentos e organizações.

Já na primeira Marcha, a CNMTR buscou o apoio de outras organizações de mulheres para fortalecer a ação em desenvolvimento. Além da Contag, das Fetags e dos STTRs, a Marcha, já em seu primeiro ano, foi promovida com a parceria da CUT, MMTR-NE, CNS, União Brasileira de Mulheres (UBM), MLST e Movimento das Quebradeiras de Coco (MQCB). Além disso, contou com o apoio da SOF, Associação Agroecológica Tijupá, Esplar, Federação de Órgãos para Assistência Social e Educacional (Fase), Grupo de Trabalho Amazônico (GTA), Cáritas Brasileiras, Coordenadoria Ecumênica de Serviço (Cese), Fundo Serviço de Análise e Assessoria a Projetos (Fundo Saap), Instituto Nacional de Colonização e Reforma Agrária (Incra), Fundo de População das Nações Unidas (FNUAP) e Oxfam. Ainda, várias organizações locais do Distrito Federal se articularam e apoiaram a ação no dia da Marcha, como sindicatos baseados em Brasília e Goiânia, principalmente, e a própria CUT do Distrito Federal. A articulação de movimentos e organizações de mulheres veio a se tornar uma marca da Marcha das Margaridas nos anos seguintes.

A meta da primeira Marcha era levar 20 mil mulheres para Brasília. Até então, a Contag só costumava realizar ações de massa com o conjunto do MSTTR que reunia cerca de quatro mil pessoas, nos Gritos da Terra, segundo de Mascena. Com isso, a ambição da magnitude do evento foi motivo de questionamento por parte dos demais diretores da Contag, que perguntavam como seria possível levar um número tão alto de mulheres para Brasília, considerando não só os custos, mas também as ameaças de repressão e violência que as manifestantes poderiam sofrer e em relação às quais, acreditavam, não saberiam reagir. Essas ameaças existiam, na visão da coordenadora, por causa do contexto do governo Fernando Henrique Cardoso, que impunha dificuldades para os movimentos atuarem em Brasília. Um desses empecilhos era a ameaça de repressão das ações de massa nos espaços públicos. A preocupação com a segurança das mulheres foi uma pauta constante entre as organizadoras da ação.

> Quase não veio homem para a Marcha das Margaridas. Eram mulheres mesmo. Foram as mulheres que vieram. Até porque os homens diziam: "Se esta coisa não der certo, não vou ficar com isso na minha responsabilidade". Por isso que nos deu muita preocupação. Porque assim, a gente tinha muito medo de dar problema em algum carro, algum carro desse tombar na estrada. Foi um momento muito tenso, sabe? Porque era a 1ª vez que a gente deslocava mulheres do Brasil inteiro para cá. E as mulheres tinham medo mesmo. Elas chegavam aqui e diziam: "Vai ter cachorro? Que vai rasgar a roupa da gente?". E a gente dizia: "Olha, tem muita polícia, mas nós não vamos quebrar nada. Nós vamos marchar; nós vamos andar. Nós vamos fazer o nosso ato". E fizemos um ato espetacular aqui na Esplanada[292].

292 Entrevista com Raimunda de Mascena concedida ao autor em 22/10/2015.

A organização da Marcha desenvolveu uma cartilha explicativa sobre o que consistia a ação, os motivos para marchar e como as mulheres poderiam se organizar nos seus locais de moradia e trabalho. Isso era feito para ajudar a cumprir um outro objetivo da Marcha, que era contribuir com a mobilização, organização e formação de movimentos de mulheres no país. Um dos principais temas tratados nesse material era a questão da violência contra a mulher, aproveitando o grande motivo que unificou a pauta da primeira Marcha. Mais uma vez, destaco com isso o caráter de ação de reprodução social da Marcha para o MSTTR, sobretudo ao pensar no caráter formativo da ação e na constituição das mulheres como um grupo político organizado no interior do sindicalismo.

O financiamento da Marcha em 2000 contou com os próprios recursos da Contag, mas também com apoio de projetos elaborados para esse fim e destinados a instituições como a Cáritas Brasileira e a ONG Fase. As mulheres também dialogaram com outras organizações sindicais, das quais receberam apoio, como o Sindicato dos Metalúrgicos de São Bernardo, que ajudou a Contag na compra de um carro, rifado para arrecadação de recursos para a Marcha. A rifa se tornou, nas mobilizações seguintes, uma marca da maneira como as mulheres se envolvem e colaboram em seus locais para a organização e mobilização. Mais do que uma atividade apenas de arrecadação de recursos, a rifa se tornou um meio para dialogar, explicar e mobilizar mulheres. O apoio de outras organizações, da sociedade civil e de trabalhadores urbanos, mostra a articulação das mulheres com outras entidades de diferentes setores.

No dia da Marcha, a estimativa de 20 mil mulheres em Brasília foi ultrapassada, segundo a sua coordenadora. As mulheres se concentraram no Cesir/Contag e, no dia 10 de agosto, almoçaram às dez horas da manhã e deixaram a sede da confederação em seguida, rumo ao prédio do Banco Central, em Brasília, lugar marcado para a concentração da ação de rua. Lá, se dividiram em três alas, cada uma delas representando um eixo central da marcha.

Em seguida, as mulheres marcharam até a rodoviária de Brasília, de onde caminharam pelo Eixão[293] rumo ao Congresso Nacional, destino final da Marcha e palco do grande ato final. O ato, um dos principais momentos da ação, buscava denunciar principalmente o modelo de desenvolvimento rural do país e como a política de Estado neoliberal impactava a vida das trabalhadoras e dos trabalhadores rurais. No ato, as mulheres expressaram suas reivindicações por meio de diferentes linguagens.

> Porque as denúncias, elas vêm de... vêm nas falas, vêm nos cartazes, vêm nas faixas, vêm nas bandeiras, vêm nos símbolos que as mulheres trazem. Eu lembro que na 1ª Marcha tinha muita panela. As mulheres trouxeram muita panela vazia. Porque assim, era muita fome. [...] Os símbolos mais fortes foram panelas e muitas cruzes. E parece-me que tinha um caixão, que marchava também junto. Que era exatamente a história da denúncia do crime de Margarida Maria Alves[294].

O término do ato marca o fim da mobilização das Margaridas em Brasília. As ativistas retornam para seus respectivos estados, em viagens de volta que podem durar horas ou dias, a depender da origem de cada uma. As longas viagens são momentos de trocas, interações, novos contatos e amizades, reforço de laços. É também, para muitas mulheres, a primeira vez que vão a Brasília, sede da Contag e centro do poder político do país.

Porém, o fim da Marcha na tarde do dia 10 de agosto de 2000 não encerrou o processo de mobilização das mulheres. Logo depois do término da ação coletiva em Brasília, a coordenação da Marcha passou

---

293 "Eixão" é como é conhecido o Eixo Rodoviário de Brasília (DF-002), um trecho de 13,5km de extensão.

294 Entrevista com Raimunda de Mascena concedida ao autor em 22/10/2015.

a integrar a equipe de articulação da Marcha Mundial, que promoveu uma grande ação no dia 17 de outubro de 2000, em Nova Iorque. Nessa ação, integrantes da Marcha Mundial entregaram à ONU assinaturas colhidas em todo o mundo denunciando a violência contra as mulheres. Esse fato mostra a capacidade de articulação das mulheres trabalhadoras rurais já na origem da Marcha, com uma ação nacional, em Brasília, e outra internacional, em Nova Iorque.

Depois disso, ainda no contexto da 1ª Marcha, houve uma ação local emblemática. O julgamento do mandante do assassinato de Margarida Maria Alves, o médico Zito Buarque, aconteceria no dia 17 de junho de 2001 em João Pessoa, na Paraíba, depois de ter sido adiado duas vezes. As mulheres decidiram, então, organizar uma ação no local com o objetivo de garantir o julgamento de um dos poucos envolvidos no crime que ainda estava vivo na ocasião. Naquela data, mulheres de todo o país fizeram um grande ato pedindo a condenação de Zito. A avaliação do resultado do julgamento foi feita por de Mascena:

> [a avaliação da Marcha de 2000 é] que nós tínhamos botado o Zito Buarque no banco dos réus. Ele não foi condenado, mas nós queríamos condenar ele por pelo menos 14 horas de julgamento, [tempo] que durou o julgamento dele. Para nós, já era um... e reabrir aquele processo. Não deixar passar em branco a morte e a humilhação que foi, para a companheira Margarida. Porque eu acho que se tem morte duas vezes, ela morreu duas vezes. Porque uma foi matada e a outra forma como ela foi morta foi muito humilhante para qualquer ser humano, que lutava como ela[295].

Para ela, o fim do julgamento de Zito Buarque representou o final do ciclo da 1ª Marcha das Margaridas e o começo da preparação da

---

295 Entrevista com Raimunda de Mascena concedida ao autor em 22/10/2015.

próxima, que viria a acontecer em 2003. Nos anais do 8º CNTTR, em 2001, há um trecho que mostra a visão da Contag sobre essa experiência logo após a realização da 1ª Marcha.

> 146. A MARCHA DAS MARGARIDAS favoreceu a construção de uma pauta de reivindicação que contempla as necessidades específicas e explicita como a perspectiva da equidade de gênero pode ser incorporada às políticas globais do nosso projeto, dando continuidade às negociações do GTB/2000, incorporando as questões específicas das trabalhadoras rurais.
>
> 147. Para que o potencial desta ação se transforme em resultados concretos para a melhoria da qualidade de vida das trabalhadoras rurais, é imprescindível assegurar a sua participação, através das comissões de mulheres, em todo processo de construção e implementação do PADRS. Desta maneira, o MSTR estará se legitimando ainda mais perante a sociedade para propor políticas voltadas para o desenvolvimento rural sustentável, sobretudo políticas de inclusão social para os setores mais discriminados e excluídos de nossa sociedade, a exemplo das mulheres trabalhadoras rurais (Contag, 2001, p. 45).

A Marcha nasce, portanto, como uma ação com várias dimensões: a luta contra a impunidade do assassinato de Margarida Alves; a mobilização, organização, formação política e afirmação da força política das mulheres trabalhadoras rurais perante o conjunto do MSTTR, sociedade e Estado, em diferentes escalas; uma ação de fortalecimento das próprias mulheres como organização mista no interior do MSTTR; a articulação entre diversos movimentos sociais e organizações, exclusivamente de mulheres e mistas; e a demanda de direitos e de políticas públicas para o Estado. Ação coletiva e ação de reprodução social são duas dimensões que conformam a Marcha e são conformadas por ela — e, por sua vez, também formam e são formadas na e pela Contag.

"TODA A MARCHA TEM O SEU JEITO MARCHA DE SER E DE MARCHAR": 15 ANOS DE MARCHA DAS MARGARIDAS

[...] toda a Marcha tem um contexto.
E toda a Marcha tem o seu jeito Marcha
de ser e de marchar[296].

Vimos até aqui como ocorreu o processo de gestação e realização da primeira mobilização da Marcha das Margaridas. Nas próximas páginas, tratarei de uma maneira mais geral das quatro mobilizações nacionais da Marcha que se seguiram à do ano 2000, destacando particularidades e principais questões — as de 2003, 2007, 2011 e 2015.

A Marcha de 2003 trouxe como lema "2003 Razões para Marchar contra a fome, a pobreza e a violência sexista". Nessa vez, a organização da Marcha ampliou a meta de público para 50 mil mulheres e conseguiu atingir o número de 40 mil nas ruas de Brasília, segundo a própria organização. As entidades envolvidas na organização também se ampliaram em 2003. Além da Contag, das Fetags, dos STTRs, da CUT, do MMTR-NE, da Secretaria de Mulheres do CNS, do Movimento de Luta pela Terra (MLT) e do Movimento Interestadual das Quebradeiras de Coco (MIQCB), que promoveram a ação, a Marcha teve como entidades apoiadoras: Casa Lilás, CPT, Esplar, Fase, Fórum Carajás, Loucas De Pedra Lilás, MMM no Brasil, Rede LAC e SOF e CPT. Além disso, contou com o apoio de: Oxfam, Cáritas, Cese, Fundo SAAP, Fundação Heinrich Böll, Cristhian Aid, Instituto Interamericano de Cooperação para a Agricultura (IICA), Núcleo de Estudos Agrários e Desenvolvimento Rural (Nead), Fundo de Desenvolvimento das Nações

296 Entrevista com Raimunda de Mascena concedida ao autor em 25/10/2015.

Unidas para a mulher (Unifem), Secretaria Especial de Políticas Para as Mulheres e MDA (Contag, 2003).

Os temas prioritários da Marcha em 2003 foram: 1) Acesso das mulheres à terra; 2) Meio ambiente; 3) Por uma política nacional de valorização do salário mínimo; 4) Saúde pública com assistência integral à mulher; 5) Combate à violência sexista e outras formas de discriminação (Contag, 2003).

Se o contexto é um fator relevante para entender cada mobilização nacional da Marcha, o ato de 2003 é uma excelente situação de análise, sobretudo quando a comparamos com a primeira, de 2000. Em 2003, Luiz Inácio Lula da Silva, do PT, tinha assumido a Presidência da República. Era a primeira vez que um governo progressista apoiado por muitos movimentos sociais populares chegava ao poder.

A mudança de governo significou uma modificação na relação da Marcha com o Estado. Se em 2000 a entrega da pauta de reivindicações, de acordo com a sua coordenadora, representou uma ação sobretudo simbólica, no sentido de que não havia muitas expectativas de resultados, considerando o contexto estabelecido de um Estado sob a gestão de um governo considerado fechado para diálogo e negociação, na segunda Marcha essa situação mudou. O foco, antes delimitado principalmente em conquistar espaços internos no MSTTR, passou também a mirar a negociação da pauta com os agentes estatais no poder. Nas palavras de Raimunda de Mascena:

> Mas a de 2003, aí sim, essa de 2003, como recentemente tinha se saído de uma eleição que tinha elegido pela 1ª vez na história do país etc. e tal o presidente Lula, aí já tinha uma expectativa de que a gente queria ser recebida pelo presidente. Nós não tínhamos aquela coisa: "A gente quer o presidente Lula na Marcha das Margaridas". Não. Mas a gente sempre disse: "A gente quer que o presidente, o operário, o companheiro presidente, presidente companheiro..." — eu lembro muito

> dessa frase. Essa frase ganhou o mundo, mas eu lembro de quem a gente escutava muito. Era de Manoel — "Do companheiro presidente, presidente companheiro, receba a nossa pauta" — e nós entregamos a pauta, do ano de 2003, ao presidente Lula e recebemos as respostas da pauta, do caderno de pautas, entregues também pelo presidente Lula[297].

Essa abertura maior do Estado para o diálogo e negociação representou ganhos para as mulheres. De Mascena lembra que um dos resultados da Marcha, no que se refere à demanda por crédito para as mulheres, foi a criação de um Grupo de Trabalho de crédito no âmbito do Estado para dialogar sobre possibilidades, condições e desenho dessa política específica para as mulheres. Foi também nesse espaço que surgiu o diálogo sobre a possibilidade de criação de uma legislação sobre titulação conjunta de terras entre homens e mulheres. Essas eram, segundo de Mascena, algumas das principais bandeiras de luta das mulheres naquele momento — titulação conjunta e crédito para as mulheres, além de assistência técnica —, às quais se seguiam: creche, enfrentamento da violência, entre outras demandas[298].

A terceira mobilização nacional da Marcha aconteceu em 2007, dessa vez sob coordenação da então secretária de Mulheres da Contag, Carmen Foro, do Pará. A Marcha manteve o lema usado até então, atualizando o ano — "2007 razões para marchar contra a Fome, a Pobreza e a Violência Sexista" — e levou 70 mil mulheres para as ruas de Brasília, de acordo com as organizadoras. Dessa vez, os questionamentos internos no MSTTR também mudaram, de acordo com Raimunda de Mascena. Entre os principais, e nisso residia uma das

297 Entrevista com Raimunda de Mascena concedida ao autor em 22/10/2015.

298 Entrevista com Raimunda de Mascena concedida ao autor em 22/10/2015. Para uma análise das conquistas da Marcha em relação às questões agroalimentares, ver Borghoff Maia e Teixeira (2021).

particularidades da Marcha em 2007, estava o fato de ela ter sido realizada em dois dias. O processo de diálogo e convencimento interno para isso foi árduo e custoso para as organizadoras, segundo de Mascena.

> Já é uma Marcha que já acontece de uma forma mais organizada. A Marcha já tem raiz própria, dentro da Contag. Os questionamentos já não são mais: "Para que marchar?", mas o questionamento que vem é: "por que 2 dias?", e não mais "por que marchar? Precisa mesmo marchar?" [...]. Eles já não questionavam mais por que marchar. Questionavam por que dois dias[299].

De Mascena também destacou que, pela primeira vez, houve uma participação mais ampla de homens na Marcha. Pela sua lembrança, eles representavam um percentual de 30% de toda a Marcha. Outra transformação da Marcha de 2007 foi a criação de uma plataforma política das mulheres, algo mais amplo do que a elaboração de uma pauta de reivindicações, como era feito antes. Esse fato é indicativo de um processo de desenvolvimento do saber fazer Marcha. A experiência de cada mobilização nacional foi aperfeiçoando a preparação e execução da mobilização posterior, ao mesmo tempo em que alguns elementos da ação se rotinizaram. Pelo menos os elementos da forma, já que as dirigentes que realizam a marcha mudaram de cargos, novos sujeitos políticos se somaram ao processo organizativo e o contexto se transformou e influenciou a Marcha. Ou seja, a experiência se fez na prática, para lembrar uma das formulações de Thompson (1988), referência central nesse livro. É a própria Raimunda de Mascena que destaca as particularidades da Marcha em 2007:

---

299 Entrevista com Raimunda de Mascena concedida ao autor em 22/10/2015.

> Os desafios da 3ª Marcha já foram outros desafios. Que já era: "como é que a gente também já monitora a pauta, para que não seja uma pauta mais repetitiva?". Porque de 2003 a 2007, já tinha coisas que já tinham sido atendidas, que já estavam sendo fomentadas, que já são reivindicações que já estavam sendo ampliadas. Então aí já se ampliava bem mais a pauta, e aí já foi o desafio que a Carmen coordenou isso com muita maestria, a construção de uma plataforma política. Um caderno de debates para além da pauta, já veio nascendo outras coisas mais elaboradas. Porque eu diria para você que as duas primeiras, elas não foram, não tiveram grandes elaborações[300].

A plataforma política da Marcha em 2007 foi dividida nos seguintes temas-mobilizadores: 1) Terra, água e agroecologia; 2) Segurança alimentar e nutricional e construção da soberania alimentar[301]; 3) Trabalho, renda e economia solidária; 4) Garantia de emprego e de melhores condições de vida e trabalho para as assalariadas rurais; 5) Política de valorização do salário mínimo; 6) Em defesa de uma previdência social, pública, universal e solidária; 7) Em defesa da saúde pública e do Sistema Único de Saúde (SUS); 8) Por uma educação do campo não sexista; 9) Combate à violência contra as mulheres (Contag, 2007).

A participação de entidades parceiras da Marcha se manteve em 2007. No cartaz, a promoção da Marcha ficou caracterizada como uma ação da Contag, das Fetags, dos STTRs e da CUT com o apoio das seguintes parceiras: MMTR-NE, MIQCB, CNS, MMM, Rede LAC, Coprofam e Movimento Articulado de Mulheres da Amazônia (Mama).

Em 2007 também houve uma melhora da infraestrutura da organização da Marcha, especialmente na organização física de acolhimento

---

300 Entrevista com Raimunda de Mascena concedida ao autor em 22/10/2015.

301 Para um debate sobre como a Marcha das Margaridas tratou a agenda de soberania alimentar em seus documentos políticos, ver Motta e Teixeira (2022).

das mulheres. Enquanto na primeira mobilização o local de recepção e estadia das mulheres foi a própria sede do Cesir, na Contag, nas duas mobilizações seguintes o ponto de acolhimento foi o pavilhão do Parque da Cidade, em Brasília. E, a partir de 2007, houve a contratação de uma empresa para preparar o espaço de recepção e acolhimento das participantes[302].

A Marcha de 2011 também foi coordenada por Carmen Foro, que se manteve diretora de Mulheres da Contag na gestão seguinte. O lema foi: "2011 Razões para Marchar por: desenvolvimento sustentável com justiça, autonomia, igualdade e liberdade". Pela primeira vez, os temas "fome, pobreza e violência sexista" deixaram de estar presentes no lema da Marcha, fato que indica um deslocamento da preocupação central das mulheres e também mudanças no contexto do país, que já havia passado por anos de investimento em políticas de segurança alimentar e nutricional, prioridade do governo Lula. A organização da Marcha por eixos temáticos se manteve, sendo eles: 1) Biodiversidade e democratização dos recursos naturais; 2) Terra, água e agroecologia; 3) Soberania e segurança alimentar e nutricional; 4) Autonomia econômica, trabalho e renda; 5) Educação não sexista, sexualidade e violência; 6) Saúde e direitos reprodutivos; 7) Democracia, poder e participação política (Contag, 2011).

Além da Contag, das Fetag e dos STTR, fizeram parte da comissão organizadora da Marcha das Margaridas em 2011: CTB, CUT, MMTR-NE, Mama, MIQCB, CNS, MMM, AMB, UBM, Rede LAC e Coprofam.

A cada mobilização nacional, a Marcha foi ganhando novas características. Em 2011, além das ações públicas, que incluem atos solenes no Congresso Nacional e marcha nas ruas de Brasília, a Marcha contou com um conjunto de atividades, como uma mostra da produção das Margaridas, conferências, painéis, oficinas, debates e apresentações

302 Entrevista com Raimunda de Mascena concedida ao autor em 22/10/2015.

culturais. A Marcha de 2011 foi a primeira realizada no governo da presidenta Dilma Rousseff, que assumiu o cargo naquele ano e foi a primeira mulher a presidir o país, fato simbólico para a mobilização.

A Marcha de 2015 também foi feita no contexto do governo Dilma, dessa vez de seu segundo mandato. Foi promovida pela Contag, pelas Fetags e pelos STTRs e contou com a parceria das seguintes organizações na sua comissão organizadora: CUT, CTB, Articulação das Mulheres Brasileiras (AMB), CNS, MMM, Mama, MIQCB, MMTR-NE, UBM, Grupo de Trabalho Mulheres da Articulação Nacional de Agroecologia (ANA) e União Nacional das Cooperativas de Agricultura Familiar e Economia Solidária (Unicafes). O acolhimento, acampamento e solenidade da Marcha aconteceram no estádio Mané Garrincha, construído para a Copa do Mundo de 2014, realizada no Brasil. Foi a primeira vez que o estádio foi utilizado para uma atividade com movimentos sociais populares, e esse fato repercutiu bastante na mídia. A liberação do uso do estádio veio por meio de uma parceria com o governo do Distrito Federal, que cedeu o espaço em troca do MSTTR bancar os custos de manutenção nos dias do evento.

A Marcha 2015 se organizou em torno de oito eixos: 1) Soberania alimentar; 2) Terra, água e agroecologia; 3) Sociobiodiversidade e acesso aos bens comuns; 4) Autonomia econômica: trabalho e renda; 5) Educação não-sexista, educação sexual e sexualidade; 6) Violência sexista; 7) Direito à saúde e direitos reprodutivos; 8) Democracia, poder e participação (Contag, 2015a).

A conjuntura nesse momento havia mudado significativamente, e a crise econômica e política já era sua principal marca. Alessandra Luna, dirigente da Contag desde 2005, diretora da Secretaria de Mulheres entre 2013 e 2017 e coordenadora da Marcha de 2015, comentou:

> [...] Ela [a Marcha] tem um pouco essa, esse misto aí, né, como a gente tá dizendo, a Marcha, nesse momento na conjuntura política do país, ela unificou inclusive mais do que as

> mulheres. Muita gente da militância de esquerda veio pra rua porque era a maior mobilização num momento extremamente crítico da política brasileira. Então, né, defesa da democracia, defesa das coisas, ela foi para além da agenda das mulheres especificamente, ela pautou a agenda política nacional. Então ela ganha outras conotações que precisam ser mantidas, né, e tem uma força, mas que não é nem hoje encerrada em cima da Contag[303].

A Marcha em 2015 aconteceu dias antes de uma mobilização que pediria o *impeachment* de Dilma Rousseff. Ganhava força naquele momento, portanto, a demanda por *impeachment* ao mesmo tempo em que várias votações no Congresso Nacional impunham uma agenda de retrocessos políticos e sociais. Esse contexto marcou profundamente a Marcha, que acabou sendo identificada naquele momento pela mídia como uma Marcha de defesa do governo[304]. De acordo com a coordenadora da Marcha 2015:

> Tem crítica até hoje que foi governista demais, que a gente foi pra defesa, mas isso foi uma construção que a gente fez internamente que a gente tinha clareza de que não tinha como ser diferente, porque até a imprensa bateu muito em relação a isso: "a Marcha é chapa branca, também defendeu o governo". "Errado", eu disse pra vários jornalistas, "errado estaria se vocês estivessem vendo a Marcha nesse momento batendo ou fazendo outra defesa, porque nós sempre tivemos clareza, a Marcha sempre foi uma mobilização de esquerda, desde a primeira Marcha no governo do FHC ainda", quando a primeira Marcha das Margaridas veio pra rua, e nós

303 Entrevista com Alessandra da Costa Lunas concedida ao autor em 25/10/2015.

304 Para uma análise da relação da Marcha das Margaridas com o contexto de 2015 e 2019, ver Texeira (2021).

> tínhamos clareza de qual era o projeto de sociedade que a gente defendia desde lá; e continuar não mudando de lado nesse projeto de sociedade e, nesse momento, com todos os problemas que nós temos, temos clareza de qual o projeto de sociedade que nós defendemos. Errado estaria se a Marcha estivesse na rua nesse momento, você já imaginou o que a gente estaria sofrendo depois da Marcha: "ah, uma mobilização desse tamanho das mulheres que não têm posição política"? Politicamente, seria uma conotação muito, infinitamente desastrosa da luta das mulheres. Então eu acho que mais do que nunca a certeza da condução desse momento de qual era o nosso papel, quem foi que marcou 16 de agosto, que estava todo mundo desesperado, né, como o que seria a mobilização da direita no domingo logo depois da Marcha. Marcha tinha data um ano e meio atrás[305].

Em outro trecho, Lunas continuou comentando os desafios e questionamentos tidos no contexto da Marcha:

> A 16 de agosto, a gente sabia há poucos dias, aí: "ah, mas é o momento que vocês se mobilizaram pra contrapor o domingo?". "Como é que é? Não é o contrário não?", porque a Marcha tá com data há um ano e meio, será que não foram eles que marcaram 16 exatamente pra querer desconstruir o que a Marcha estava fazendo? Então, quando você começa a devolver, o pessoal: "opa, não tinha me dado conta disso", né? Então acho, assim, que foi um momento difícil, chegar na construção, dizer como é que a gente se posicionava e quais os elementos estariam em jogo, não só pra vida das mulheres, mas pra militância de esquerda, pra luta de esquerda como um todo. Acho que a Marcha, a nossa avaliação é que ela cumpriu com uma tarefa árdua, né, nesse momento, continua

305 Entrevista com Alessandra da Costa Lunas concedida ao autor em 25/10/2015.

> aí com muita tarefa pela frente, mas acho que a gente conseguiu responder as expectativas como um todo, que fortalece a luta das mulheres, porque trouxe pra dentro desse momento, muitos companheiros disse: "a gente pode ir, não é só as mulheres?" Eu disse: "olha, são muito bem-vindos, até sempre disse isso", eu disse isso pra todos os companheiros que honram o sangue de luta de Margarida Alves[306].

O secretário de Finanças e Administração no momento da entrevista e presidente da Contag nas gestões 2017-2021 e 2021-2025, o pernambucano Aristides Veras dos Santos, também comentou sobre a crítica feita pela mídia de que a Marcha 2015 havia sido uma ação de defesa do então governo Dilma. O trecho citado a seguir mostra o ponto de vista de mais um dirigente sindical sobre o caráter da Marcha em relação ao governo Dilma na conjuntura de 2015 e faz comparações sobre a relação da Marcha, e por sua vez da Contag, com outros governos:

> Esse é um outro problema, nem o Grito, nem o Festival, nem a Marcha tem caráter de apoio ao governo, são movimentos plurais, então, as mulheres que vêm, vem mulher a favor do governo, contra o governo, do PT, do PFL,[307] de qualquer coisa. Então não pode misturar as coisas, agora, é, como a conjuntura exigia, assim, fomos obrigados a dar também um norte e colaborar com a sociedade nesse debate, a dizer que somos contra o golpe, a favor da democracia e tal, né? É, enfim, agora, ao mesmo tempo, cobrando do governo que nós não queremos que mexa com os direitos dos homens e das mulheres, né, fazendo a crítica também. Isso é uma coisa que a gente tem procurado conciliar bem, é natural que você

---

306 Entrevista com Alessandra da Costa Lunas concedida ao autor em 25/10/2015.

307 O Partido da Frente Liberal (PFL) foi extinto em 2007 e teve como sucessor o Partido Democratas.

> vá escutar pessoas que só traduziram o lado do apoio ao governo, mas pode ter outro que pode ter traduzido a crítica ao governo e, no fundo, são as duas coisas. Uma vez que eu defendo, que eu me coloco contra o golpe, eu tô ajudando a Dilma — querem derrubá-la, né? Eu defendo a democracia, o respeito à regra, a democracia, vamos disputar eleição daqui a três anos, a dois anos e tal, então, tô defendendo também a continuidade do governo, né? Quando eu faço uma pauta e cobro resultado, faço a crítica que tá querendo mexer com os direitos, como aconteceu com aquelas duas medidas provisórias, eu tô fazendo a crítica ao governo, entendeu? Pra mim, esse é o sentido de um movimento, de uma Contag independente, ela apoia o que ela concorda e ela discorda do que ela não concorda, né? Porque, às vezes, a sociedade faz uma leitura assim de oito ou oitenta, ou você me apoia ou você tá a favor ou tá contra, porque o ser humano ele é meio dúbio, né? Sim ou não, sim ou não, é sim pra umas coisas e é não pra outras, né? Não pode ser não total, nem sim total, até com Fernando Henrique Cardoso a Contag não tinha "não" 100%, porque tinha coisa que apresentava, negociava e cedia. Então tinha que ser simples aquilo ali, agora, a maioria das coisas era "não", entendeu? Com o Lula, com a Dilma, já foi mais "não" do que "sim", aliás, já foi mais "sim" do que "não", hoje eu acho que tem mais "não" do que "sim", então tem, é um processo que estamos vivendo[308].

Com a análise dos aspectos das cinco mobilizações da Marcha que vimos até aqui, é possível dizer que, se por um lado há certo padrão na forma de realizar a mobilização, esse padrão parece se tornar mais difuso quando analisamos com mais detalhes o conteúdo de cada ano. A análise dos sujeitos políticos envolvidos na Marcha e do contexto mostra os diferentes significados que a mobilização teve em cada ano.

---

308 Entrevista com Aristides Veras dos Santos concedida ao autor em 27/10/2015.

Em 2000, por exemplo, as Margaridas[309] tinham como principal foco de atuação o próprio movimento sindical, em uma tentativa de conquistar espaços de participação e poder político no interior do sindicalismo, e pouco dialogaram com os agentes do Estado em exercício no poder, no caso, o governo FHC. Em 2015, o contexto influenciou em grande medida o rumo da mobilização das mulheres, que saiu às ruas de Brasília para defender a manutenção da democracia, porque entendiam que o processo de *impeachment* que naquele momento estava sendo orquestrado não era legítimo. Com isso, reforço o argumento de que o estudo das ações de reprodução social e das formas de ações coletivas não pode ser descolado da análise dos sujeitos políticos e do contexto.

É preciso ainda considerar outros aspectos levantados nas entrevistas, como os longos processos de organização das Marchas. Viabilizar uma Marcha com dimensão nacional e com a expectativa de levar 100 mil mulheres para Brasília, no caso de 2015, demandou muito esforço de planejamento. Os esforços de realização de uma atividade como essa também passam por desafios pessoais para suas organizadoras. Um deles é a necessidade de imersão total na organização da Marcha enquanto outras atividades acontecem e demandam disponibilidade, seja do próprio MSTTR ou de outras vinculações políticas, já que muitos dirigentes da Contag têm um multiengajamento político[310].

Para citar um exemplo, o ano anterior à realização da Marcha coincide com o calendário eleitoral, quando várias lideranças sindicais estão empenhadas na campanha política para tentar eleger os candidatos da sua preferência. Essa atividade se torna o foco de atenção de

---

309 Para um debate sobre a dimensão de coalizão da identidade "Margaridas", ver Motta (2021).

310 A dimensão pessoal da vida de cada um também afeta o ativismo de diferentes maneiras, podendo criar condições mais favoráveis para o trabalho ou impor limites para a atuação política. Esse aspecto, porém, acaba sendo menos abordado nos estudos sobre movimentos sociais, que tendem a ver as lideranças políticas principalmente ou exclusivamente a partir dos seus papeis como lideranças.

muitas lideranças, não sendo diferente com as ativistas da Marcha. Mais uma vez a fala de Alessandra Lunas denota os aspectos mencionados acima e mostra as estratégias criadas para lidar com esse desafio, como conjugar a ação de disputa eleitoral e mobilização e articulação da Marcha de forma conjugadas.

> [...] e aí a gente também é militante não só do movimento sindical, também é militante do partido, essas coisas, por exemplo, o último semestre de 2014, todos nós fomos para campanha, né? Nós começamos a construir a Marcha das Margaridas e tivemos que... "ah, parou pra ir em campanha?", não, não paramos pra ir pra campanha, as ações que a gente fez na campanha de debate político do papel das mulheres na participação, né, na eleição das nossas candidatas, a gente já estava construindo a Marcha, porque é uma incidência também, que a Marcha também incide nesse sentido na base, né?[311].

Um dos aspectos que tem demandado grande esforço da organização da Marcha é a construção da pauta política. Como mostrei anteriormente de forma breve, houve uma mudança nos temas e na forma de organizar os documentos políticos da Marcha ao longo do tempo. A pauta de reivindicações, por exemplo, foi sendo ampliada e ganhando novos temas e formatos, crescendo em complexidade. Em 2015, mais do que uma pauta, as mulheres tinham uma plataforma política, modelo que já vinha sendo elaborado desde 2007.

A novidade trazida em 2015 foi separar a pauta em segmentos sociais, diferenciando as pautas por categorias de mulheres e buscando, com isso, dar mais visibilidade aos diferentes sujeitos sociais que vivem no meio rural. Dessa forma, a pauta de reivindicações foi organizada

---

311 Entrevista com Alessandra da Costa Lunas concedida ao autor em 25/10/2015.

não apenas por eixos, mas também por regiões (Margaridas do Norte, Centro-Oeste, Nordeste, Sudeste, Sul) e sujeitos políticos (Margaridas jovens, terceira idade, assalariadas, da floresta, quebradeiras de coco, das águas, quilombolas, indígenas) (Contag, 2015b).

O formato que a pauta da Marcha adquiriu é tema de crítica no interior da Contag. Aristides Veras dos Santos, por exemplo, hoje presidente da Contag, mas secretário de Finanças e Administração no momento da entrevista, considera a pauta ampla e com pouco foco, assim como a do GTB. Com isso, na sua perspectiva, os resultados políticos em termos de conquistas resultantes da negociação com o Estado não têm sido suficientes[312]. Apesar de ter uma pauta grande como a do GTB, o processo de construção da plataforma política da Marcha tem caminho distinto, conforme destacado por Alessandra Lunas:

> (...) não é uma pauta como é feita a do Grito da Terra, onde a federação manda o que é a pauta. Isso é uma pauta construída da base, é uma escuta das mulheres lá nas comunidades. Então saiu aquele texto de debate em março que foi para todas as atividades durante março, que escutou as mulheres, que elas conversaram, continuaram o restante do semestre ouvindo as mulheres de base, fazer as atividades, as jornadas regionais pra receber o que cada estado tinha conseguido fazer de escuta pra construir uma pauta nacional pra sair no começo de julho foi um... desafio muito grande, né?[313].

Lunas sugere que o envolvimento das mulheres na construção da pauta a partir da base pode ser um dos fatores que contribui para a mobilização de uma grande quantidade de pessoas em Brasília no dia da ação de massas:

---

312 Entrevista com Aristides Veras dos Santos concedida ao autor em 27/10/2015.

313 Entrevista com Alessandra da Costa Lunas concedida ao autor em 25/10/2015.

> Então, é um desafio imenso e aí quando a gente fala assim: "ah, o quê que faz o Grito da Terra, não consegue, o Grito que já mais pôs gente aqui foi sete mil pessoas? Não consegue fazer maior do que isso?". Talvez o diferencial esteja nesse envolvimento da construção desde lá do pé no chão da base, que a Marcha consegue fazer e que a mulher sai de lá vendendo galinha, vendendo rifa, vendendo bolo no final de semana na igreja, rifinha de um real lá de um bolo que ela fez em casa para arrecadar para ela vir pra cá, né? É diferente isso[314].

Maria Lúcia Santos de Moura, dirigente da Contag no momento da entrevista e uma das diretoras que compuseram a comissão de organização da Marcha 2015, também considera o processo de organização da Marcha como aspecto central para a mobilização das mulheres para a ação de rua no Distrito Federal. De acordo com Lúcia, "a gente só mobiliza se reunir"[315]. E é por isso que o processo que antecede a Marcha é repleto de reuniões locais, estaduais, regionais e nacionais. É nesse processo de se reunir que muitos debates políticos são feitos, e as mulheres se formam politicamente. Um dos desafios da organização é engajar mulheres que entendam, conheçam e compartilhem dos princípios políticos da mobilização.

Para contornar a dificuldade de negociação de uma pauta extensa com agentes do Estado, a coordenação da Marcha definiu, pelo menos desde 2007, uma pauta mínima prioritária entre o amplo conjunto de reivindicações apresentados para o Estado, com a intenção de que pelo menos para os pontos destacados haja respostas. Essa prática também tem sido adotada nas negociações do GTB. Para Raimunda de Mascena, a pauta central em 2015, por exemplo, era a demanda do crédito fundiário.

---

314 Entrevista com Alessandra da Costa Lunas concedida ao autor em 25/10/2015.

315 Entrevista com Maria Lúcia Santos de Moura concedida ao autor em 24/11/2011.

Outro aspecto que precisa ser considerado no estudo sobre a ação da Marcha é o fato de essa mobilização ter várias dimensões em cada local e ultrapassar a ação política exclusiva em Brasília. A Marcha é uma mobilização que acontece a cada quatro anos no Distrito Federal, desde 2003, mas é muito mais do que isso: é o processo de construção política iniciado muito antes da realização da Marcha em si; é a promoção de Marchas nos estados e municípios, promovendo o fortalecimento do poder das mulheres na sociedade, no movimento sindical e na ação política dirigida às diferentes instâncias do Estado; é o desdobramento no diálogo com o Estado, com instâncias internacionais, com outros movimentos e organizações. Sobre a dimensão local da Marcha e os seus desdobramentos, Lunas destacou:

> Porque a Marcha não é só Brasília, nós tivemos muitas marchas municipais, outras que não conseguiram fazer marchas, mas quando ela sentou, levantou a pauta dela, identificou o que era para botar na mão do prefeito e elas sentaram e negociaram com o prefeito, né? Marchas estaduais, negociações, entregas das pautas dos governos dos estados. Porque são três instâncias e a Marcha faz essa incidência em todas as instâncias, é o que desafia agora, inclusive, da pauta que a gente construiu também ela retornar e continuar monitorando as três instâncias para depois somar o todo que tem andado da política paras mulheres, né?[316].

Além disso, em alguns anos, entre as mobilizações nacionais da Marcha, foi feita uma ação chamada de Jornada das Margaridas, cujo objetivo principal é revisitar a pauta de reivindicações das mulheres trabalhadoras rurais e promover um balanço dos avanços e do que ainda não foi implementado pelo governo. A primeira Jornada aconteceu em

316 Entrevista com Alessandra da Costa Lunas concedida ao autor em 25/10/2015.

2008 e, até 2015, ela se repetiu em 2009, 2012 e 2013, de acordo com informações disponíveis no portal Transformatório das Margaridas.

A Marcha tem ainda efeitos na vida de muitas mulheres que nela se envolvem, e esse é outro aspecto que merece ser destacado, embora não tenha sido o foco deste livro. Uma história contada por Alessandra Lunas chama a atenção para a dimensão do engajamento político nas trajetórias militantes, e a cito a seguir como forma de mostrar um dos significados e efeitos da Marcha para a vida das mulheres e para a importância de se efetuar estudos sobre essa dimensão[317].

> (...) a Iara tava até dizendo, porque teve uma equipe da Enfoc que fez, né, as entrevistas, aí ela tava dizendo assim: "teve uma que eu fiz", foram muitas entrevistas fantásticas, ela: "a última vez que eu fiz, eu chorei com ela". Quando eu perguntei se ela topava conversar porque que estava ali, como é que foi construir pra vir e ela contou a história dela de dizer que ao voltar da Marcha, ela não sabia se ia ter mais casa pra voltar, porque o marido tinha dito: "se você for, aqui em casa você não entra mais", e ela disse: "eu me desafiei", uma senhora de idade, "eu me desafiei a definir a essa altura da minha vida que eu não aceitaria mais essa vida de submissão que eu vivo e que é na força da Marcha das Margaridas que eu tô encontrando força pra levantar a cabeça, e com as minhas amigas eu vim aqui". Ela mostrou a bolsa. "Eu não tenho nem um real na minha bolsa, eu vim comendo do que as outras, né, juntei da minha produção o que eu pude trazer de fruta, de coisa para eu vir comendo na estrada e do que as outras me ajudaram bancar alguma coisa no caminho. E as minhas amigas têm dito que se eu chegar e não me deixar mais em casa, eu vou para casa das mulheres, mas eu não aceito". Então assim, você está mexendo num paradigma de

317 Sobre o tema engajamento militante, ver Sawicki e Siméant (2011).

> sociedade muito grande, você não tem ideia o que é essa vida das mulheres interna, na família, então esse levantar a cabeça e dizer: "opa, eu sou gente, eu tenho direitos", né, diz: "ah, se tu for, tu não volta mais em casa", que isso cara? Tá fazendo o que de errado, né, que? Então você tem, é um levantar cabeça lá onde o machismo impera que, né, muito forte, né?[318].

Em síntese, quero destacar, a partir do estudo da Marcha das Margaridas, que a pesquisa das formas de ações coletivas que se limita ao entendimento da mobilização de rua nos dias-chave da mobilização serão limitados e não compreenderão muitas dinâmicas e características da mobilização. O estudo das ações coletivas, portanto, requer também a análise das ações de reprodução social, considerando, entre vários aspectos, os sujeitos políticos e contexto de cada situação.

"SOZINHA A GENTE NÃO FAZ": AS ALIANÇAS QUE CONSTROEM A MARCHA

A Marcha das Margaridas é organizada em aliança com movimentos e organizações de mulheres desde a primeira mobilização, em 2000. Elas são denominadas e se autodenominam "entidades parceiras" em relação à CNMTR da Contag, como indicou Aguiar (2016). As entidades parceiras: "são grupos que estão diretamente envolvidos na Marcha, mas que não fazem parte do universo sindical, independente da sua estrutura ou formato institucional" (Aguiar, 2016, p. 283). Com isso:

318 Entrevista com Alessandra da Costa Lunas concedida ao autor em 25/10/2015.

> A CNMTR e as entidades parceiras compõem a Coordenação Ampliada da Marcha das Margaridas. Assim, embora surgida no interior do movimento sindical, a Marcha, como movimento específico, constitui-se num campo misto, formado por atores com formatos e identidades institucionais variadas, que se encontram articulados numa rede de relações, mesmo apresentando uma forma organizacional, objetivando reunir e orientar a atuação de todos os grupos que dela fazem parte (Aguiar, 2016, p. 284).

Considerando esse aspecto, a Marcha pode ser entendida também como um caso que exemplifica o caráter de articulação com atores da sociedade civil, termo utilizado neste livro para se referir às diferentes formas de atuação da Contag com instituições de classe, internacionais, religiosas e outras entidades da sociedade civil. Esse aspecto foi tratado anteriormente no capítulo dois por meio do estudo da participação da Contag na Coprofam. As articulações com atores da sociedade civil, ou alianças entre movimentos e organizações, são importantes para a troca de experiência, aprendizagem e ação conjunta. Nesse sentido, contribuem em grande medida para a perenidade do movimento e para o desenvolvimento das ações coletivas.

Com isso, destaco não só um aspecto importante da Marcha, que se tornou uma característica fundamental da mobilização — as alianças —, mas também um elemento central para se buscar uma interpretação mais holística desse fenômeno social a partir da abordagem sugerida neste livro: analisar de forma relacionada as ações de reprodução social e as formas de ações coletivas. Se, para fins analíticos, analiso a atuação dos movimentos sociais por meio das ações de reprodução social e formas de ações coletivas, na prática, esses tipos se sobrepõem e são dinâmicos. São parte de uma totalidade. E uma visão mais complexa da atuação dos movimentos sociais não pode deixar de considerar essas diferentes dimensões de forma conjugada, como venho argumentando neste livro.

A importância das parcerias na organização da Marcha é destacada na fala de Alessandra Lunas:

> [...] a Marcha hoje, ela não é só da Contag, a Contag é a protagonista da Marcha, é quem, né, idealizadora, é quem coordena, todo mundo reconhece muito isso, mas ela só é a Marcha porque ela tem onze organizações de mulheres que também protagonizam uma unidade de luta das mulheres. Então ela extrapola só um momento de negociação só da Contag, diríamos assim, né? [...] A Contag é protagonista, mas ela ganha essa força que como eu tenho dito, o grande diferencial é a função com essas parcerias, né[319]?.

Raimunda de Mascena se lembra que uma das mulheres que ajudou de maneira significativa na organização da primeira Marcha e que ressaltava já naquela época a importância da aliança entre as mulheres de diferentes movimentos foi a então assessora do MMTR_NE, Vanete Almeida, já falecida. De Mascena se lembra que Vanete dizia:

> "A gente só vai conseguir caminhar, dar passos, se nós, organizações de mulheres e movimento de mulheres, nos juntar. Se a gente tiver cada um fazendo para um lado, a gente não consegue ter uma força maior, para enfrentar o machismo, para enfrentar todas essas ordens masculinas que estão na sociedade, de uma forma em geral". Eu lembro que Vanete, nessa época, representava também a Rede Latino-Americana de Mulheres Rurais, na América Latina e Caribe. Então, na Marcha de 2000 a gente já teve, não uma quantidade grande, mas nós já tivemos uma quantidade de parceiras que vieram, que se somaram junto com a Marcha[320].

---

319 Entrevista com Alessandra da Costa Lunas concedida ao autor em 25/10/2015.

320 Entrevista com Raimunda de Mascena concedida ao autor em 22/10/2015.

Em outro trecho da entrevista, de Mascena também comenta a importância das parceiras para as primeiras Marchas:

> Então assim, nessa época da Marcha das Margaridas já nos ajudava a dizer: "Sozinha a gente não faz. Agora, com a ajuda de outras é possível a gente fazer". E nós só fizemos a Marcha, naquela época, no ano de 2000, porque nós tivemos um processo de articulação grande, para dentro da Contag, para dentro do conjunto das instâncias do movimento sindical, mas que nós também... assim, ultrapassamos essa fronteira. Porque senão a gente não ia conseguir[321].

A Marcha foi ressaltada na fala de uma das entrevistadas como uma mobilização capaz de unir diferentes correntes, grupos, movimentos, organizações de mulheres em torno da agenda não só do campo, mas também urbana. O trecho da entrevista a seguir destaca esse aspecto e mostra a relevância em se pensar sociologicamente os termos utilizados para delimitar fronteiras entre movimentos e universos socioespaciais. Muitas vezes, as categorias utilizadas nos estudos sociológicos são rígidas e limitadoras para compreender os fenômenos sociais: como pode ser o caso das categorias "rural" e "urbano". A experiência social da organização e mobilização da Marcha das Margaridas mostra os limites da separação desses universos empíricos e a importância de se pensar em relações sociais.

> [...] porque tem gente que diz: "ah, mas a negociação da Contag...". A Contag é a que protagoniza, tá na linha de frente, a maior organização, mas hoje ela deixa de ser só da Contag, ela é algo que unifica a luta das mulheres do campo e da cidade. Que eu acho que essa foi uma das grandes diferenças nessa última Marcha também, as outras já estiveram

321 Entrevista com Raimunda de Mascena concedida ao autor em 22/10/2015.

aí, mas, dada a própria conjuntura [2015], vieram com um protagonismo maior ainda as mulheres urbanas seguindo a Marcha. E outra coisa, inclusive, a gente tem ouvido isso de várias organizações, só a Marcha consegue chamar todas as organizações. Porque entre as próprias organizações de mulheres também têm disputa, têm um monte de coisas, né? E a Marcha consegue botar os diferentes todos na mesa, pega a Marcha Mundial das Mulheres, a UBM, AMB, que são dois antagônicas na luta, não se juntam. Só a Marcha consegue botar todo mundo na sala e discutir: "aonde é que tá a estratégia central que nós vamos junto com as mulheres independente das diferenças que a gente tenha como organização". Então acho que isso é algo que precisa ser protagonizado, reconhecido até porque... e que bom que é uma experiência que nasce da luta das mulheres rurais e hoje tem essa responsabilidade muito além. E não tem nenhuma outra mobilização de mulheres que ponha a voz das mulheres na rua com esse tamanho. A Marcha Mundial das Mulheres faz alguns momentos pontuais lincados com o mundo e tal, mas, nosso, a nível nacional, a grande identidade de luta das mulheres é a Marcha que tá fazendo, né, que tem unificado a luta das mulheres como um todo. Então acho que a gente na hora de ir sistematizando essas coisas, a gente com certeza vai conseguir ver que extrapola hoje só a agenda rural, né? Até agora as urbanas têm respeitado muito isso, se veem na Marcha, vêm ajudar a construir, mas tem respeitado o protagonismo rural, que também é muito importante, né? Acho que ter as mulheres rurais na linha de frente na luta das mulheres como um todo... acho que é isso, vamos aí desafiando o que vem pela frente que tem hora que a gente também não sabe muito por onde vai não, vai junto construindo, levanta aqui, caia ali, faz parte do processo, né?[322]

322 Entrevista com Alessandra da Costa Lunas concedida ao autor em 25/10/2015.

Na avaliação de Alessandra Lunas, a reestruturação da pauta de reivindicações da Marcha em 2015, separando as reivindicações das mulheres por segmentos, propiciou a maior inclusão das diferentes mulheres na pauta, e isso provocou a maior adesão de diferentes segmentos sociais à mobilização, alguns deles antes pouco representados, como as mulheres das águas e as indígenas. É característica da Marcha em 2015 a inclusão da categoria "das águas" para descrever um grupo de mulheres que vivem nas margens dos rios, em regiões litorâneas e próximas a manguezais. Antes, falava-se apenas em mulheres do campo e da floresta. Ou seja, o modo de montar e descrever a pauta serviu como um fator aglutinador e articulador das mulheres, denotando um processo de construção contínua de representatividade que agrega as diferenças[323]. Nas palavras de Alessandra:

> [...] a gente guinou a estrutura da pauta em trazer por segmentos, né, mostrar que as mulheres rurais são vários olhares e que não basta, "ah, mulher rural, a política é a mesma para todo mundo", não, a demanda da floresta é uma, a demanda das mulheres do Nordeste é outra, a demanda das assalariadas é outra, a demanda das quilombolas é outra. Então fazer essa classificação por seguimento também, é tudo mulher, mas tem demandas diferenciadas, então dar essa voz, inclusive, por parte das organizações, foi muito bem recebido, esse... tem sido muito bem recebido essa nova estruturação, porque aí as mulheres pegam, a das águas

323 Em outro trabalho, analisei junto com Renata Motta, o processo de construção de solidariedade na Marcha das Margaridas. Identificamos e analisamos que o reconhecimento das diferenças dos sujeitos políticos e das práticas de solidariedade foi fundamental para criar vínculos entre diferentes contextos de luta e, dessa forma, a construção de solidariedade na Marcha das Margaridas. Para maiores detalhes, ver Motta e Teixeira (2020). Ainda, em Teixeira e Motta (2020), também analisamos o tema da construção de alianças na Marcha das Margaridas a partir da ótima dos estudos sobre movimentos sociais.

vieram, nunca vieram com tanta força como veio dessa vez e o que a gente fez? Fomos construir, as mulheres das águas e das marés através da Confrem[324] — "essa aqui é nossa pauta", ela tá na íntegra, né, na pauta da Marcha. A das indígenas a gente nunca tinha conseguido somar e trouxemos elas tão quanto elas apresentaram, então eu acho que isso aí... o próprio governo, deu trabalho porque dependendo da política, eu olho pra vários seguimentos e ele pode servir pra todo mundo, mas tá os específicos lá, então: "ah, tô pensando política pra quilombola", eu vou lá na pauta da Marcha das Margaridas, porque elas têm demanda[325].

Aguiar resume bem o processo de transformação das categorias de autorreconhecimento das mulheres reunidas em torno da Marcha das Margaridas. A mudança dos termos utilizados correspondeu a um esforço por propiciar uma maior representatividade para a diversidade de sujeitos sociais presentes no campo no Brasil.

> Inicialmente, "as margaridas" surgiram no espaço público como trabalhadoras rurais, sendo identificadas como tal, mas a partir da Marcha de 2007, atendendo a uma reivindicação das mulheres extrativistas, elas passaram a se nomear "mulheres do campo e da floresta" e, na Marcha de 2015, a denominação "mulheres das águas" foi incluída, procurando, assim, abarcar o conjunto formado por mulheres rurais agricultoras familiares, camponesas, sem-terra, acampadas, assentadas, assalariadas, trabalhadoras rurais, artesãs, extrativistas, quebradeiras de coco, seringueiras, pescadoras, ribeirinhas, quilombolas, indígenas e tantas outras identidades construídas nos diversos territórios do País. Trata-se, portanto, de uma categoria identitária negociada (Aguiar, 2016, p. 280).

---

324 Comissão Nacional de Fortalecimento das Reservas Extrativistas e Povos Tradicionais Extrativistas Costeiros e Marinhos.

325 Entrevista com Alessandra da Costa Lunas concedida ao autor em 25/10/2015.

A parceria da Marcha com outros movimentos e organizações também ultrapassa as fronteiras nacionais. A Marcha sempre recebeu apoio e delegações internacionais em sua ação nas ruas de Brasília. O diferencial da Marcha de 2015 foi tentar qualificar mais o engajamento das participantes internacionais, que foram cerca de 50 mulheres, sobretudo de organizações e movimentos dos países latino-americanos e africanos, principalmente os de língua portuguesa. Sobre esse aspecto, Lunas explicou:

> (...) a Marcha passada tinha um grupo grande de delegação internacional também, pelo menos 50 pessoas como tinha dessa vez, só que elas vieram como um intercâmbio de experiência, participaram, foram embora sem conversar e é isso que a gente tentou agora, disse: "pô, mas não dá pra ser assim, as mulheres estão vindo beber na fonte de uma experiência, mas o quê que acharam, como é que foi?", articular melhor isso e construindo um processo, né? Então por isso que elas chegaram, a gente fez aquela conversa que iniciou com elas, para dizer como seria, já dizia: "para vocês verem a experiência e depois a gente conversa". Então você viu que a avaliação no dia seguinte tinha uma euforia desse momento e que ela continua repercutindo num sentido dela voltar pro seu país e... não quer dizer que quer fazer igual, mas que à luz dessa experiência também, voltar fortalecida pra incidir... seja no espaço que tenha necessidade pra ela ser[326].

O processo de articulação entre movimentos e organizações não se faz sem conflitos, disputas e debates. A discussão sobre a importância do MSTTR na organização da Marcha é ponto de debate internamente na Contag e está longe de ser consenso. Para David Wylkerson Rodrigues de Souza, diretor da Contag no momento da entrevista, a Marcha deveria destacar mais a visibilidade da Contag nesse processo:

---

326 Entrevista com Alessandra da Costa Lunas concedida ao autor em 25/10/2015.

> Há uma certa preocupação... porque a Marcha é organizada pela Contag, mas tem uma dezena de apoiadores. Está a CUT; está a CTB; [...] está MMM; [...] É tanto M; um monte de... As Quebradeiras de Coco... [...] A Marcha Mundial. Então, como tem várias entidades, eu acho que termina zelando demais para não contrariar uma ou outra [...]. Que você sabe que esses eventos, sempre termina sendo um momento de *marketing* para as entidades. [...] Então, eu acho que terminam... Ao fazer isso, termina pecando no excesso do zelo, para não criar um problema ou um ruído político interno. Termina zelando demais as outras, e que termina que com esse zelo, atinge o nome da Contag, e dá uma visibilidade apenas à Marcha das Margaridas. Então, acho que é um pouco mais... um problema... não diria um problema, mas seria um pouco de uma falta de... não sei se visibilidade, eu diria. Mas isso é um problema mais interno, que termina tendo esse reflexo no externo. Termina refletindo desse jeito. Mas isso é o de menos, eu acho[327].

Um dos motivos de tensão para alguns representantes do MSTTR e algumas vezes destacado como fator justificador para uma eventual maior visibilidade das instâncias do MSTTR na organização da Marcha é o fato de Contag, Fetags e STTRs estarem à frente do processo liderando, entre outros aspectos, a mobilização e os custos da Marcha. O foco do argumento de quem questiona o protagonismo das entidades parceiras está no fato de: como o custo de mobilização é grande e é responsabilidade principalmente do MSTTR, acredita-se que a maior visibilidade deveria ser do movimento sindical.

As Margaridas, como se identificam as mulheres que participam da Marcha, demonstram com sua prática política uma grande capacidade

327 Entrevista com David Wylkerson Rodrigues de Souza concedida ao autor em 23/10/2015.

de formação de alianças políticas entre movimentos sociais e organizações, tornando as diferenças entre os sujeitos políticos que a compõe um ativo para suas ações políticas emancipatórias.

EFEITOS DA MARCHA DAS MARGARIDAS

> [...] é preciso que a gente, ao tratar da Marcha das Margaridas, compreenda uma coisa: de que as mulheres não estão aqui tratando de questões pontuais, a gente tá tratando de um projeto de sociedade, a pauta é ousada mesmo, ela traz uma mudança muito mais ampla[328].

Na análise da Marcha 2015, identifiquei que a ação coletiva das mulheres trabalhadoras rurais em parceria com outras mulheres organizadas em diversos formatos de movimentos sociais, centrais sindicais e outras organizações tem três objetivos centrais: 1) mudanças societais que estabeleçam relações igualitárias entre homens e mulheres; 2) democracia interna no MSTTR por meio da igualdade de condições entre homens e mulheres nos espaços políticos sindicais; 3) políticas públicas e direitos que beneficiem as mulheres, principalmente as mulheres do campo, das águas e da floresta. O trecho da entrevista com Alessandra Lunas que reproduzo a seguir é elucidativo sobre as diversas dimensões da Marcha em suas ações visíveis e públicas e menos visíveis e voltadas para a incidência no interior do próprio MSTTR:

> [...] do mesmo jeito que a Marcha tem a condição, né, de pautar para sociedade, de ser reconhecida desse fortalecimento, ela precisa ter essa força canalizada para dentro, pra

---

328 Entrevista com Alessandra da Costa Lunas concedida ao autor em 25/10/2015.

ocupar o espaço também no movimento sindical. Porque, nos sindicatos, a maioria reclama, né? As mulheres não são liberadas, as mulheres não conseguem fazer o trabalho, tem... As mulheres na base isso é um grito muito forte ainda nesse sentido, então é uma meta de longo prazo aí, eu digo assim: "a Marcha das Margaridas tem duas pautas, a pauta externa que é essa de negociação com o governo, de diálogo com a sociedade e a pauta interna"[329].

Ao avaliar os resultados da Marcha, Lunas destaca sua importância como uma ação que busca promover mudanças societais, aspecto que provavelmente é desconsiderado por aqueles que avaliam o resultado da Marcha em termos de conquistas de políticas públicas.

> Não é algo para dizer: "ah, o que era pauta o governo respondeu". Não, você está pautando a sociedade, está pautando em casa, na família, mudanças de postura, mudanças de... entende? Você tá mexendo em estruturas de sociedade em vários níveis, né? Tanto do governo como começando em casa. A Marcha dando essa força para uma outra reação, para construção de uma outra relação mais igualitária entre homens e mulheres, começando de casa. Então, mensurar isso é uma tarefa árdua para nós, conseguir fazer todos os olhares, o que significou, porque é muita coisa[330].

A importância do foco da Marcha na promoção de mudanças no interior do próprio MSTTR se deve aos limites da democracia interna no âmbito movimento, que se caracteriza, por exemplo, pela baixa inclusão de mulheres nos espaços de participação política sindical com

329 Entrevista com Alessandra da Costa Lunas concedida ao autor em 25/10/2015.

330 Entrevista com Alessandra da Costa Lunas concedida ao autor em 25/10/2015.

condições de trabalho iguais à dos homens. No contexto de realização da primeira Marcha, como vimos, essa necessidade era mais evidente, porque a capacidade de trabalho político das mulheres era constantemente questionada em um espaço marcado pela dominação dos lugares de poder por homens.

A história narrada por Raimunda de Mascena, destacada a seguir, sobre as dificuldades cotidianas para a organização das mulheres no âmbito do movimento sindical e sobre os questionamentos que vivenciou por ser uma mulher em um espaço de poder predominantemente masculino é ilustrativa das dificuldades e desafios vividos pelas mulheres no MSTTR e ajuda a explicar os motivos para as suas mobilizações e para a luta interna no âmbito do movimento sindical:

> Porque a gente tinha que dizer coisas que a gente... eram coisas que desagradavam a ordem masculina. E, assim, você falar, contrariando a visão masculina? Até as tuas qualidades se transformam em defeitos. [...] As pessoas dizem: "Mas ela é muito chata, ela é muito impliquenta. Mas ela é muito nojenta", mas ele não consegue perceber que o tema que eu trazia para a mesa era o tema que mexia com a ordem do patriarcado. Que mexia com o machismo que mora dentro de cada um. Então, assim, eu estou te dizendo isso. [...] Porque grande parte dos homens diziam: "Não sou machista, mas quem vai sou eu e quem fica é você." Quantas vezes eu vim do Ceará para cá? Eu era coordenadora do coletivo de mulheres do Ceará. Quantas vezes eu vim a Brasília para o mesmo conselho da Contag? Que eu vinha para dois dias antes da comissão. [...] Francisquinho, que era presidente da federação do Ceará, vinha de avião, e eu passava três dias na estrada. Tinha uma passagem... a federação ou a Contag pagavam a passagem de avião para o presidente. Agora, eu, para participar, dois dias antes da reunião da Comissão Nacional, não tinha dinheiro para as mulheres. Então, todas nós viemos de ônibus. Quantas 36, 38, 40 horas de viagem, eu fiz, do Ceará

> para cá? Eu me lembro que eu fui três vezes, em São Paulo, de ônibus. Saindo de Independência. Quase cinco dias de viagem, sabe? Eu vim para Goiânia. Então, essas coisas, você precisa ter a lupa. E aí, quando você vem, viaja três dias de ônibus, chega e você passa dois dias na reunião da Comissão Nacional, articulando... Como é que no congresso extraordinário, como é que no não sei o quê, a gente consegue pontuar o tema das mulheres, para participação? Isso, você se torna uma pessoa muito antipática. Por mais simpática que você seja. Porque ou você negocia com... assim, o maquiavelismo da política, vai negociando, negociando, negociando, ou um momento você vai ter que botar na mesa coisas que incomodam[331].

Esse trecho apresenta alguns dos problemas cotidianos que foram (e, em algumas situações, ainda são) vividos pelas mulheres dirigentes sindicais e que são amostras da situação de desigualdade vivenciada pelas mulheres na sociedade. Os quinze anos da Marcha das Margaridas analisados nesse trabalho contribuíram para a mudança no tratamento da mulher na sociedade, mais especificamente das mulheres do campo, da floresta e das águas, por meio de ações de valorização das mulheres, de atividades formativas e do destaque das mulheres como protagonistas políticas.

Para a coordenadora da Marcha de 2015 e dirigente da Contag no momento da entrevista, um dos significados importantes da Marcha foi colocar as mulheres diretamente em diálogo por seus direitos, sem intermediários falando por elas. Sobre esse aspecto, foi simbólico o encontro entre Alessandra Lunas e a ex-presidenta Dilma Rousseff na Marcha das Margaridas 2015. No trecho a seguir, Lunas aborda esse aspecto e destaca o papel da Marcha como ação que ajuda na promoção de mudanças societais na direção da igualdade de relações entre homens e mulheres.

---

331 Entrevista com Raimunda de Mascena concedida ao autor em 25/10/2015.

> Não, e isso é uma preocupação que você vê de quem tá na frente dos movimentos, [...] eu vejo algumas falas, "só o fato de estar aqui, nós empunhando a nossa pauta, sem ser por meio de mais ninguém, é eu botando na mão da Presidenta da República o que eu quero", não é independente de que resultado que foi anunciado, é um processo em si que ele é, pelas mulheres, extremamente valorizado, né? Independente do que eu estou chegando, não tem ninguém falando por mim, né? Isso não é uma falinha de um cara[332].

O diálogo de representantes da Marcha com agentes do Estado indica outra das dimensões da Marcha, que é a demanda por políticas públicas e direitos para o Estado brasileiro. A ação dirigida ao Estado brasileiro é uma característica importante e talvez a mais visível para a sociedade. Seguindo um modelo já consagrado no MSTTR, a Marcha cria uma pauta de reivindicações e a entrega aos representantes do Estado semanas antes do dia da ação, a fim de iniciar um processo de negociação que culmina com a resposta do Estado no fim da Marcha. A cada mobilização nacional, uma pauta diferente foi construída, ainda que guardem semelhanças em alguns pontos. A análise dessas pautas é uma fonte importante para entender o processo de desenvolvimento dos termos de debate e as demandas das mulheres envolvidas na Marcha.

Um olhar retroativo para as cinco mobilizações nacionais da Marcha permite identificar diferenças na relação entre o Estado, gerido por diferentes governos, e a Marcha. No trecho a seguir, de Mascena compara as mobilizações de 2000 e 2003, ambas coordenadas por ela, que dialogaram com dois governos distintos em exercício: FHC, em 2000, e Lula, em 2003:

---

332 Entrevista com Alessandra da Costa Lunas concedida ao autor em 25/10/2015.

> Mas foi assim, eu considero uma diferença enorme, de 2000 para 2003. E o processo que se estabeleceu. 2003, 2004, de diálogo, que aí vai dialogando. Pensa-se um grupo; faz-se o GT de crédito; esse GT discute; nasce um GT para pensar um pouco mais... Esse grupo tinha responsabilidade de pensar, também, a titulação conjunta. Essa própria Marcha... por exemplo, os espaços que têm hoje, dentro do governo, para as mulheres rurais... por exemplo, a Diretoria de Mulheres Rurais é fruto de uma reivindicação das mulheres trabalhadoras rurais, da Marcha, para que na Esplanada, dentro do Ministério do Desenvolvimento Agrário, tivesse um espaço de mulheres, para ajudar a fazer o diálogo com as mulheres. [...] Antes era uma assessoria; depois um programa; agora uma diretoria. É aí que nasce o processo de diálogo da documentação "Nenhuma Trabalhadora Rural sem Documento". Todas essas coisas, elas nascem desse diálogo pautado em 2003, na pauta da Marcha[333].

Em 2003, a Marcha obtém apoio financeiro do Ministério do Desenvolvimento Agrário. Embora pequeno, o suporte já é indicativo da aproximação entre Estado e movimentos sociais que teve como marco o início da gestão Lula, em 2003. Naquele momento, o governo ainda estava se instalando. Contudo, a diferença da relação com Estado, quando comparada com a receptividade da Marcha de 2000, é imensa na percepção de Raimunda de Mascena:

> Assim, o Presidente Lula conseguiu estabelecer que, a partir do MDA, e da SPM — que estava nascendo... a SPM nasce também em 2003 — que o MDA coordenasse, para dentro do conjunto da Esplanada, a chegada da pauta das mulheres na Esplanada, e distribuísse e monitorasse as agendas para

333 Entrevista com Raimunda de Mascena concedida ao autor em 22/10/2015.

> que os ministros, para que suas equipes, recebessem a coordenação da Marcha, para conversar. E aí, eu lembro, esse ministro Miguel Rossetto, que era o ministro, na época, do MDA, eu lembro que as equipes dele, principalmente que tratavam mais temas de terra, de crédito, falavam: "Mas não tem como". E ele dizia: "Construam um caminho e recebam as gurias e dialoguem com elas. Porque na pauta dessas mulheres tem militância, gente". Escutei isso, dele dizendo, uma vez, na mesa, quando um dos técnicos deles — o bambambam dos técnicos dele — discutindo crédito e dizia: "Não tem condição de ter crédito para as mulheres. Não há possibilidade". E ele dizia: "Não há possibilidade? Construa as possibilidades para que, a partir de agora, a gente possa ter. Nem que tenhamos que ter um grupo de trabalho, aonde sente e pense em crédito específico para as mulheres. E como é que esse crédito acontece". Então, assim, a receptividade da pauta, na Esplanada, em 2003, foi muito importante para nós. Dar a Cesar o que é de Cesar; dar a Maria o que é de Maria. Na Esplanada, em 2003, o respeito pela pauta da Marcha das Margaridas foi outro. Bem diferente [de como foi em 2000][334].

Houve, portanto, avanços em termos de diálogo com o Estado gerido por um governo considerado próximo aos movimentos sociais e aberto ao diálogo com esses sujeitos políticos. Isso não excluiu, no entanto, todas as dificuldades das negociações entre movimentos sociais e Estado, embora essas tivessem características distintas quando comparadas ao momento anterior. De Mascena fala sobre esse processo baseada na experiência do MSTTR:

334 Entrevista com Raimunda de Mascena concedida ao autor em 22/10/2015.

> Andamos pouco. Por quê? O Estado não estava — e não está, até hoje — preparado para as respostas que são dadas, das pautas dos movimentos sociais. Ao mesmo tempo que é anunciado, leva um tempo enorme para vencer a burocracia, dentro do Estado — os aparelhos que existem, burocráticos, dentro do Estado — para poder viabilizar[335].

O diálogo com o Estado tem como pauta central os pontos principais de reivindicações das mulheres. A cada mobilização, cada governo elege o seu principal interlocutor interno com a Marcha, que é quem coordenava os diálogos entre as mulheres e os Ministérios. Em 2015, esse processo foi coordenado pela Secretaria Geral da Presidência da República, do então ministro Rossetto. Também tinham grande importância para o diálogo a própria Presidência da República, o MDA e a Secretaria Especial de Políticas (SPM).

Em 2015, foram escolhidos cinco pontos centrais da Marcha para dialogar com o Estado. Isso foi feito por meio de reuniões com os Ministérios — representado por seus gestores e, algumas vezes, inclusive com os ministros — para construírem o que poderiam ser os anúncios da Presidenta no dia da ação de massas. Uma semana antes da Marcha, a coordenação se reuniu com a própria presidenta. Essa conversa não tratou dos detalhes da pauta, mas abordou questões centrais referentes a ela.

O momento de negociação da pauta da Marcha coincide com o momento de definição do Plano Plurianual (PPA) do governo, e, por isso, o debate também tinha o objetivo de influenciar na elaboração do plano. A discussão sobre o período de realização da Marcha e os possíveis reflexos dessa escolha na possibilidade de influenciar o governo é tema de reflexão na Contag e assunto abordado por Alessandra Lunas:

---

335 Entrevista com Raimunda de Mascena concedida ao autor em 22/10/2015.

Pautamos pra dentro do PPA, porque no momento que a gente fechou a nossa construção de pauta, foi exatamente quando o governo estava fechando o PPA, então, inclusive, muitas áreas do governo colocaram pra gente, "poxa, foi muito legal receber aquele calhamaço de coisas de vocês que deu um trabalhão, porque pela estrutura que vocês fizeram nesse ano também nos desafiou", porque eles estavam acostumados a receber no formato anterior e a gente guinou a estrutura da pauta em trazer por segmentos, né [...]. Então o pessoal do governo disse assim, "ah, ajudou muito, porque era a área que a gente estava construindo as ações mais específicas, tinha hora que a gente "mas o que que a gente faz?", "não, pera, é que as mulheres têm proposta", né? Então, a gente ainda não conseguiu mensurar que lugares isso conseguiu incidir efetivamente, mas a gente tem ouvido o pessoal do governo, "pô, chegou na hora que a gente estava...". Então, acho que faz parte, né? Se tá incidindo no PPA e é isso tudo que a gente tem dito assim no momento, é estratégia fazer a Marcha já nesse momento com transição no governo, né? O governo elege, assume transição do primeiro semestre [...]. Mas, assim, é estratégia fazer nesse momento? Dá trabalho por causa da transição na Contag. Só que até agora a gente não conseguiu sair muito disso, porque, por outro lado, você conseguir estar na rua no momento que as mulheres pautam, pelo menos para o próximo período, porque eu não tô pautando o Grito da Terra um ano, eu tô pautando um período, então incidir no PPA, incidir nas ações que o governo está exatamente elaborando no processo, ele é muito mais estratégico do que se eu chegasse com isso ano que vem. Se eu chegar com isso ano que vem, aí sim eu não largo, não tem orçamento mais, PPA já rolou e o PPA planeja quatro anos, então por mais trabalhoso que seja, até agora a gente não conseguiu sair desse momento exatamente por quanto estratégico se imagina fazer um balanço do período anterior e apresentar para o próximo governo como é que a gente tá pensando, é estratégico estar nesse primeiro semestre, né?[336].

336 Entrevista com Alessandra da Costa Lunas concedida ao autor em 25/10/2015.

Se o processo de negociação com o Estado tem início antes da Marcha, ele não se encerra com o fim da ação de massa nas ruas, até porque a Marcha segue atuando por outros meios. Um deles é via incidência da pauta da Marcha em outras ações coletivas da Contag, como no GTB. Outra maneira é por meio do monitoramento da execução da pauta de reivindicações da Marcha pelo Estado. Geralmente, essa ação de monitoramento é feita de forma emblemática na Jornada das Margaridas, que aconteceu em alguns anos nos meses de agosto, com o objetivo de dialogar com os representantes do Estado sobre os avanços em termos de construção de políticas baseadas nas pautas de reivindicações da Marcha.

> [...] geralmente, em agosto a gente faz essa agenda aí, que a gente chama Jornada das Margaridas, que é essa agenda de monitoramento, de negociação, de botar o governo na mesa de novo, de monitorar o que conversou, de ajustar, vários grupos de trabalho sendo construídos a partir de algumas pautas que foram colocadas, que agora precisa cuidar e estruturar, né? [...] Esse pós agora é bem trabalhoso, além de continuar incidindo na questão da agenda política que continua desafiadora dentro do Congresso Nacional, de outros espaços pra própria força que a Marcha tem[337].

Após a Marcha, uma das atividades é seguir o processo de negociação, pautando e pressionando o governo. Além disso, há uma série de iniciativas que são voltadas para dentro da própria organização da Marcha.

> [...] o maior desafio pra gente é conseguir fazer chegar lá na mão daquela mulher, lá na base, o que que andou. E isso pra gente é muito desafiador entre sindicatos e federações, né? Tem que manter um grupo muito afinado aí pra chegar lá, né?

---

337 Entrevista com Alessandra da Costa Lunas concedida ao autor em 25/10/2015.

> Não só das que vieram aqui, mas muitas que participaram do processo de base, que não puderam estar em Brasília, mas que são da Marcha, né, tão aí então[338].

Em resumo, procurei com este capítulo demonstrar como é limitado pensar a Marcha apenas em termos da própria ação de rua. A ação da Marcha das Margaridas começa antes e continua depois da ocupação do espaço público por um ou dois dias, como venho demonstrando. Para que a compreensão desse fenômeno seja feita de maneira holística, não basta considerar a dimensão da ação coletiva da Marcha, mas também a sua contribuição como ação de reprodução social da Contag e demais instâncias do MSTTR — para mencionar apenas as entidades que coordenam essa ação, já que não está no escopo deste livro avaliar esse impacto nas organizações parceiras, embora também contribua para a incidência interna da Marcha também nesses movimentos.

Em outras palavras, se escolhi falar aqui do ponto de vista da Marcha como ação coletiva que busca promover mudanças societais e conquistar direitos e políticas, não posso deixar de falar da outra dimensão, que é a parte submersa do *iceberg*: a Marcha como ação de reprodução social das mulheres organizadas, da Contag e demais instâncias do MSTTR.

Para destacar a dimensão de ação de reprodução social da Marcha, destaco a importância da organização da mobilização como uma ação que contribui para o desenvolvimento de um processo formativo para as suas organizadoras e participantes. Sobre esse aspecto, Raimunda de Mascena mencionou: "A gente não sabe muito valorizar o que é essa atividade da Marcha, o que significa essa atividade de massa, que, ao mesmo tempo que é uma atividade de massa, ela tem um processo de formação muito grande no seu processo"[339]. A formação acontece em vários espaços:

---

338 Entrevista com Alessandra da Costa Lunas concedida ao autor em 25/10/2015.

339 Entrevista com Raimunda de Mascena concedida ao autor em 22/10/2015.

> [...] o Grito da Terra só tem palavras de ordem, mas na Marcha, as mulheres saem cantando, de lá até aqui. Elas saem cantando. Quando elas não cantam, elas fazem seminários lá dentro, daqueles ônibus, elas fazem oficinas. A Marcha de 2003, elas fizeram seminários de autoformação para não ser só aquele lugar de jogar cartas, de tocar não sei o quê. "Não. Vamos conversar sobre essa nossa proposta política. O que é o feminismo; o que é o machismo; por que é que nós estamos aqui, companheiras? Por que nós estamos juntas? O que isso nos traz? Que força é essa, que nos convoca a todas nós, para construir um mundo possível, para nós e para o mundo?"[340].

A Marcha é também um espaço de sociabilidade, de interação, de trocas de experiências e saberes, de criação de laços, de articulação política. Em 2015, por exemplo, qualquer observador atento que circulasse pelos corredores do estádio Mané Garrincha poderia ver as feiras improvisadas criadas pelas mulheres para expor, trocar e vender seus produtos e, com isso, trocar conhecimentos e experiências.

Em resumo, o que procurei fazer nesse capítulo foi apresentar uma análise da Marcha das Margaridas como uma atividade coordenada pela Contag em que as dimensões das ações coletivas e de ações de reprodução social se complementam e ajudam a explicar o fenômeno estudado de forma mais completa. Ao dar exemplos que materializam a complexidade da Marcha em todas essas esferas, procuro mostrar a operacionalização da abordagem de estudo de movimentos sociais que proponho neste livro. Essa abordagem foi desenvolvida em diálogo com o trabalho de campo e é em grande parte devedora da experiência de pesquisa desenvolvida durante a Marcha das Margaridas de 2015 e com as Margaridas.

---

340 Entrevista com Raimunda de Mascena concedida ao autor em 22/10/2015.

POSFÁCIO

Contag, 2015-2023

Em 2015, enquanto desenvolvia grande parte da pesquisa para a tese, o cenário político, econômico e social no Brasil vinha apresentando sinais de mudança e crise. O principal elemento da crise política daquele ano foi a abertura pela Câmara Federal do processo de *impeachment* contra a presidenta Dilma Rousseff. No plano econômico, a crise, que já havia se iniciado no ano anterior, mostrava de forma mais clara seus efeitos, entre eles o aumento da taxa de desemprego. Na esfera social e política, um conjunto de manifestações em diversos pontos do país, que pediam a deposição da presidenta Dilma Rousseff, agravaram o cenário.

A situação se agravou em 2016 com o golpe parlamentar (Santos, 2017) que destituiu a presidenta Dilma Rousseff. A isso se seguiu o governo de Michel Temer (2016-2018), que ficou marcado por ações como a Emenda Constitucional 95, conhecida como "emenda do teto de gastos", e a reforma trabalhista. A Emenda Constitucional 95 instituiu um novo regime fiscal para os 20 anos seguintes, ou seja, até 2036, que limitava os gastos e investimentos públicos, especialmente aqueles de natureza social.

Logo no início de seu governo, Temer extinguiu o Ministério do Desenvolvimento Agrário, que era o principal responsável por políticas públicas para a agricultura familiar e de reforma agrária. Alberto Broch, então presidente da Contag, classificou essa ação como um golpe para a categoria: "Nós somos extremamente contra a medida de extinção do Ministério do Desenvolvimento Agrário. Para nós é golpe, para a agricultura familiar e para o desenvolvimento sustentável"[341]. Com isso, agravava-se um processo de desmantelamento de políticas públicas para a agricultura familiar, agroecologia e alimentação saudável, como tem sido descrito por estudiosos (Lourenço *et al.*, 2022). Os espaços de participação social sofreram cortes, foram extintos ou representantes de movimentos sociais populares deixaram de estar neles, sendo substituídos por outros sujeitos políticos, como foram os casos do Fórum Nacional de Educação (FNE) e da Conferência Nacional de Educação (Conae)[342].

As eleições de 2018 deram a vitória ao candidato ultraconservador Jair Bolsonaro, que governou o país entre 2019 e 2022, deteriorando ainda mais o cenário descrito anteriormente. Em relação ao universo rural brasileiro, ações como a intensificação do desmonte das políticas públicas de promoção da agricultura familiar, o discurso de criminalização dos movimentos sociais populares e o fechamento de canais de diálogo, por exemplo, por meio da extinção de conselhos como o Conselho Nacional de Segurança Alimentar e Nutricional (Consea), pioraram a situação política, econômica e social no campo brasileiro e aumentaram os desafios para a atuação de movimentos sociais, como o MSTTR e sua expressão nacional, a Contag.

De acordo com Lourenço *et al.*:

> O desmonte de políticas públicas é muito mais profundo do que a desconstrução de políticas ou instrumentos específicos. Envolve também uma série de mudanças nas formas

341 Disponível em: https://globorural.globo.com/Noticias/Politica/noticia/2016/05/fim-do-mda-e-golpe-para-agricultura-familiar-diz-presidente-da-contag.html. Acesso em: 18 mar. 2023.

342 Disponível em: https://www.brasildefato.com.br/2017/05/17/sociedade-civil-perde-espaco-no-governo-temer-apontam-pesquisadores. Acesso em: 24 mar. 2023.

> de funcionamento do Estado, afetando sua capacidade de regulação, a conformação do orçamento público, seus dispositivos de participação social e controle social, entre outros aspectos (Lourenço *et al.*, 2022, p. 11).

À crise econômica, política e social se somou a crise sanitária provocada pela pandemia de Covid-19 iniciada em março de 2020. Entre 2015 e hoje, 2023, o mundo mudou; o país mudou; a Contag mudou. Descrevo de forma breve aqui a transformação do contexto político, econômico e social brasileiro para vis-à-vis, refletir sobre os rumos da Contag. Nas páginas seguintes, procurarei descrever e analisar de forma suscinta a atuação da Contag entre 2015 e 2023, por meio das suas ações de reprodução social e formas de ações coletivas. Destacarei alguns temas, portanto, não tratarei de toda a atuação da Contag no período. Trata-se de um texto com forte caráter de análise conjuntural, feito sobretudo a partir de consultas a documentos da Contag, mídia, observação de eventos da confederação nos últimos anos e conversas informais e consultas à diretoria e assessoria da confederação.

Em relação às ações de reprodução social, um grande volume de ações desenvolvidas pela Contag tinha a ver com o trabalho em torno do processo que levou à dissociação sindical. Se é verdade que essas atividades não começaram em 2015, elas tampouco se encerraram com a dissociação. Antes e depois de 2015, foram realizadas ações internas de pesquisa, diálogos, negociações, reuniões, debates, nas diferentes escalas de atuação — nacional, regional, estadual e local — e com diferentes sujeitos políticos, como agentes do Estado e outros movimentos sociais.

A opção pela dissociação sindical foi construída em um processo que durou alguns anos e que teve sua origem na disputa entre diferentes organizações pela representação de um público e no embate entre duas concepções distintas de organização. De um lado, a de representação específica de agricultores e agricultoras familiares e assalariados e assalariadas rurais. Do outro lado, a de representação eclética de trabalhadores e trabalhadoras rurais, no seu conjunto e em sua diversidade, como era característica da Contag, Fetags e STTRs. Essa disputa foi antagonizada pelas organizações específicas, como a Feraesp e a Fetraf-Brasil (Contraf-Brasil/CUT desde 2016) e organizações do Sistema Contag.

Picolotto (2018) analisou esse processo e descreveu as diferentes etapas que levaram à construção do entendimento no interior da Contag da necessidade de dissociar as categorias agricultura familiar e assalariados e assalariadas rurais. Essa decisão foi tomada em virtude de fatores como o aumento da concorrência entre os sujeitos políticos pela representação das categorias, em um processo que teve como desdobramentos conflitos judiciais e novas normativas do Ministério do Trabalho e Emprego (MTE), que consolidou a concepção "favorável à existência e reconhecimento das organizações sindicais específicas dentro da categoria eclética de trabalhador rural" (Picolotto, 2018, p. 232).

> Nesse cenário, a situação da Contag — que sempre teve o monopólio formal da representação da categoria — tornou-se insegura. Continuar sendo uma organização de representação eclética, uma espécie de central sindical camponesa, não parece ser mais a melhor opção, tendo em vista que a Fetraf e a Feraesp podem estar recebendo o reconhecimento do MTE para representar as categorias específicas dos agricultores familiares e dos assalariados rurais, respectivamente. Desde 2014, o sistema sindical da Contag vem realizando mudanças com vistas a se recolocar no campo, dissociando a categoria dos assalariados rurais, criando o sistema sindical da Contar e optando pela representação dos agricultores familiares. Nessa nova condição, Contag e Contar estão batendo de frente com as organizações sindicais que já representavam especificamente essas categorias, como a Fetraf e a Feraesp (Picolotto, 2018, p. 232).

A Confederação Nacional dos Trabalhadores Assalariados e Assalariadas Rurais (Contar) foi criada em outubro de 2015[343] e obteve o registro sindical em dezembro de 2017[344], em um processo conduzido no âmbito do Sistema Contag. Com isso, a Contag rompia com a tradição que atravessou sua história de ser uma entidade eclética e passou a ser uma entidade de representação do que denomina agora trabalhadores rurais agricultores e agricultoras familiares.

Nesse processo, se por um lado a categoria agricultores e agricultoras familiares, antes hegemônica, se tornou exclusiva, essa mudança ocorreu com continuidades: a reafirmação da dimensão de classe do sujeito político do MSTTR: trabalhadores rurais. A relação entre os termos "trabalhadores rurais" e "agricultores e agricultoras familiares" conforma mais do que uma categoria. Trata-se da identidade de um sujeito político que se constitui na intersecção entre as dimensões de classe e da sua atividade profissional e política. Os termos se associam e formam essa identidade que é única e não necessita do conector de adição — e —, conforme explicou Aristides Veras, presidente da confederação, em uma consulta que fiz a ele sobre o tema. Ao mesmo tempo, é uma maneira de não deixar de fora da sua esfera de representação entidades da sua base (federações e sindicatos) que ainda são ecléticas e, conforme explicou Givanilson Porfirio da Silva, assessor da presidência da Contag.

Em janeiro de 2023, no ano em que a Contag completa 60 anos, a Contraf-Brasil recebeu o certificado de registro sindical do MTE[345].

---

343 Disponível em: https://contar.org.br/quem-somos/#:~:text=A%20Confedera%C3%A7%C3%A3o%20Nacional%20dos%20Trabalhadores,assalariadas%20rurais%20que%2C%20por%20sua. Acesso em: 28 mar. 2023.

344 Diário Oficial da União — Seção 1. nº 236, 11 de dezembro de 2017.

345 Disponível em: https://contrafbrasil.org.br/noticias/contraf-brasil-conquista-registro-sindical-pelo-ministerio-do-trabalho-e-previde-99d0/#:~:text=Ap%C3%B3s%20anos%20de%20luta%20a,Agricultura%20Familiar%20em%20%C3%A2mbito%20Nacional. Acesso em: 19 mar. 2023.

Dessa maneira, se formaliza uma situação que já vinha sendo vivida há quase 20 anos: a coexistência de mais de uma entidade de representação da categoria de agricultores e agricultoras familiares no país. Um dos efeitos disso, como é óbvio, é a disputa pelos associados. Em dezembro de 2020, a Contag lançou a Campanha Nacional de Sindicalização "Sindicato de Portas Abertas". De acordo com notícia publicada no portal da Contag na internet:

> A campanha tem como objetivos fortalecer a representação e representatividade junto aos agricultores e agricultoras familiares, melhorando a relação político-sindical com a categoria a partir da escuta das necessidades dos(as) associados(as) e não associados(as) e de adoção de novas estratégias de ação sindical[346].

Ainda no âmbito das ações internas, a confederação manteve a realização dos seus encontros nacionais. Foram duas plenárias: a 4ª Plenária Nacional de Trabalhadores e Trabalhadoras Rurais (PNTTR), em 2015, e a 5ª Plenária, em 2019. Desde então, dois congressos da Contag foram realizados: o 12º Congresso Nacional de Trabalhadores Rurais Agricultores e Agricultoras Familiares (CNTTR)[347], em 2017; e o 13º CNTTR, em 2021.

O 12º congresso foi o primeiro após a dissociação sindical. Isso significou a necessidade de a confederação atualizar seu projeto político

---

346 Disponível em: https://ww2.contag.org.br/campanha-nacional-de-sindicalizacao---sindicato-de-portas-abertas. Acesso em: 28 mar. 2023.

347 A partir do Congresso de 2017, o CNTTR passou a se chamar Congresso Nacional dos Trabalhadores e Trabalhadoras Rurais Agricultores e Agricultoras Familiares, adequando-se às mudanças pelas quais a confederação passou com o processo de dissociação sindical da categoria de assalariados e assalariadas rurais, em 2015. A sigla permanece a mesma utilizada anteriormente, mas o significado se adequa às mudanças feitas a partir de 2015, seguindo o novo nome da Contag.

— o Projeto Alternativo de Desenvolvimento Rural Sustentável e Solidário (PADRSS) — à luz da nova configuração da representação.

Outro fato inédito foi a eleição da primeira direção da Contag com paridade de gênero. A partir dessa conquista, a luta passa a ser pela paridade com alternância de cargos, garantindo que as mulheres também ocupem cargos de mais poder, como a presidência e a secretaria de administração e finanças da entidade, fato que não aconteceu até hoje. E também para que a renovação dos cargos respeite a paridade de gênero e a cota de jovens, ou seja, que a renovação não recaia apenas nos cargos ocupados por mulheres e jovens. A importância de mudanças como essas é que as ações implementadas na confederação, muitas vezes, têm reflexo no sistema Contag como um todo, ainda que de forma heterogênea.

A plenária final do Congresso deliberou que, a partir do 13º congresso, todas as federações deverão assegurar a paridade em suas diretorias e os delegados e delegadas definiram que cada sindicato participará com duas pessoas, para garantir a participação paritária desde a base. O debate de cotas também teve avanços na pauta da juventude, que conquistou a vitória de que as federações e sindicatos que não tenham no mínimo 20% de jovens em suas diretorias não inscreverão delegados e delegadas para participação nos congressos seguintes[348].

De acordo com o presidente então eleito da Contag, o pernambucano Aristides Santos, os desafios a serem enfrentados em relação à atuação externa da entidade passava pela luta para evitar a perda de direitos, destacadamente o enfrentamento das então tentativas de realização das reformas trabalhista e previdenciária, enfrentamentos para conter possíveis retrocessos democráticos e luta pela defesa e atualização do PADRSS[349]. O tema da ameaça de perdas de direitos

348 Disponível em: http://www.contag.org.br/index2.php?modulo=portal&acao=interna&codpag=101&id=12108&mt=1&nw=1. Acesso em: 26 mar. 2023.

349 Disponível em: https://www.youtube.com/watch?v=mBMFDYNCogM. Acesso em: 26 mar. 2023.

foi objeto de um manifesto lançado pelos delegados e delegadas do congresso[350]. Essa orientação política terá reflexo direto nas ações coletivas da Contag, como se verá adiante.

Ao mencionar a necessidade de conter perdas democráticas, Aristides chama a atenção para a importância de união com outras forças progressistas, como centrais sindicais: "Também vamos trabalhar fortemente a unidade do nosso movimento e incentivar que as nossas Federações e Sindicatos mantenham relação com alguma central sindical, de preferência progressista, para unificar a luta" [351].

No 13º congresso, realizado de forma virtual, uma nova chapa foi eleita e, pela primeira vez, uma mulher ocupou a Secretaria de Política Agrícola da Contag, o que foi um avanço no que se refere ao debate sobre a busca das mulheres por ocuparem cargos que até então lhes foram bloqueados.

Alguns destaques da agenda política foi a aprovação da atualização das linhas de formação da Política Nacional de Formação e uma resolução que inseriu a pauta de criança e adolescente como sujeitos de direitos. Ainda, a confederação e a Fundação Oswaldo Cruz (Fiocruz) assinaram um termo de cooperação com o objetivo de implementar territórios saudáveis, sustentáveis e solidários.

Em posicionamento em relação ao contexto, os delegados e delegadas do 13º CNTTR aprovaram uma nota que repudiou e denunciou o que consideravam um cenário político de morte, fome, pobreza, ódio, violência, preconceito, discriminação e perseguição que assolava o Brasil; cobraram vacina gratuita para todos os brasileiros e brasileiras; exigiram auxílio emergencial de 600 reais enquanto durasse a pandemia; demandaram a recomposição do orçamento para a agricultura familiar,

---

350 Disponível em: http://www.contag.org.br/index2.php?modulo=portal&acao=interna&codpag=101&id=12112&mt=1&nw=1. Acesso em: 26 mar. 2023.

351 Disponível em: http://www.contag.org.br/index2.php?modulo=portal&acao=interna&codpag=101&id=12111&mt=1&nw=1. Acesso em: 26 mar. 2023.

Instituto Nacional do Seguro Social (INSS) e Instituto Brasileiro de Geografia e Estatística (IBGE); apontaram a necessidade do Plano Safra específico para a agricultura familiar[352].

Além das plenárias e congressos da Contag, foram realizadas ainda plenárias específicas de trabalhadores rurais agricultores e agricultoras familiares de diferentes segmentos, como juventude, mulheres e terceira idade e pessoas idosas, e outros encontros nacionais na área de políticas sociais.

Embora a formação política tenha sido uma ação de reprodução social que acompanhou a trajetória da Contag, a criação de uma escola de formação política aconteceu somente em 2006. Dessa forma, a escola completou dez anos em 2016, efeméride comemorada no âmbito sindical. A Escola Nacional de Formação da Contag (Enfoc) foi responsável pela realização dos Encontros Nacionais de Formação (Enafor). O 5º Enafor foi realizado em 2018, no Centro Comunitário da Universidade de Brasília (UnB) e tinha por lema "Educação Popular é resistir e transformar". Recebeu os participantes do denominado "Acampamento 5º Enafor — Lula Livre", em um claro apoio à campanha pela liberdade do então ex-presidente preso naquele momento. Quatro anos depois, em 2022, um novo encontro foi realizado, o 6º Enafor, cujo tema foi "Liberdade para lutar. EducAção para TransFormar". Esse encontro é precedido e seguido por outros, de mobilização, preparação e sistematização.

Várias outras atividades de formação aconteceram nesse período, com diversos focos: de articulação com outras entidades nacionais, como a CUT, ou latino-americanas, como o Conselho de Educação Popular da América Latina e Caribe (CEAAL); voltadas para mulheres; com foco nas eleições; na área de saúde; localizadas nas bases, nas federações e nos sindicatos; dedicadas ao aprendizado de tecnologias

352 Disponível em: https://www.youtube.com/watch?v=rrZlOEfu-m8. Acesso em: 28 mar. 2023.

virtuais, sobretudo no contexto de distanciamento social que impôs a necessidade de realizar várias atividades de forma virtual.

Uma breve análise de documentos recentes da Contag, como seus relatórios anuais, mostra que a entidade centrou esforços em atividades voltadas para refletir, debater e planejar as áreas de organização sindical e a sustentabilidade político-financeira do MSTTR, com a realização, por exemplo, de oficinas estaduais sobre sustentabilidade política e financeira em 2018 e 2019, e o Seminário Nacional sobre Organização Sindical, em 2018.

A questão agrária também teve destaque, com encontros regionais de reforma agrária, aprovação da resolução da Contag sobre titulação em projetos de assentamento (2017), oficinas estaduais de reforma agrária e criação do sistema de reforma agrária (2018). Além disso, o conselho deliberativo da Contag aprovou uma resolução que trata das políticas referentes à reforma agrária no Brasil e ação sindical do MSTTR na luta pela reforma agrária, acesso à terra e regularização fundiária.

Em trabalho que desenvolvi com Priscila Delgado de Carvalho, Renata Motta e Camila Penna para analisar as respostas de movimentos sociais rurais à pandemia, identificamos como uma importante forma de atuação de movimentos sociais durante os sete primeiros meses da pandemia, de março a setembro, a ação informacional. Essa ação foi particularmente forte na atuação da Contag. Ela buscava:

> Nutrir o público sindical nos estados e municípios com dados referentes a mudanças nas políticas de produção e distribuição, informações referentes ao acesso do auxílio emergencial por agricultores(as) familiares e um resumo semanal com os principais debates ocorridos no Congresso Nacional, fato indicativo da maior importância que a entidade tem dado à interpelação dessa esfera de poder (Carvalho; Teixeira; Motta; Penna, 2022, p. 8).

Se muitas dessas ações não foram exatamente novidades, elas passaram a ter significados importantes no contexto do período analisado. As atividades de formação política e informacionais, por exemplo, foram fundamentais para formar e esclarecer o público diante de novos desafios, impostos pelo cenário de um governo ultraconservador e de uma pandemia. Era grande o desconhecimento sobre como agir para a própria segurança e sobre como acessar políticas públicas que atendessem a um público com necessidade de garantia de uma renda básica, seja por meio de programas de transferência de renda ou de apoio para distribuir suas produções agrícolas, por exemplo.

Ainda, chama a atenção o fato de o debate sobre democracia interna no interior do MSTTR continuar particularmente forte nesse período, buscando a ampliação da participação de segmentos sociais que foram praticamente excluídos das posições de liderança sindical até os anos 1990, como as mulheres e jovens.

Em termos de formas de ações coletivas, houve uma inflexão na maneira de atuar da Contag após 2015. O Grito da Terra Brasil (GTB) é um caso emblemático para compreender essas mudanças. Ao analisar os relatórios anuais da Contag a partir de 2015, é possível identificar uma menor quantidade de referências e descrição de atividades do Grito nos documentos. Se há menções ao GTB nos relatórios de 2015, 2016 e 2017, o termo desaparece do documento de 2018. Em 2019, o Grito é referido como uma atividade que precisa ser retomada, tendo essa sido uma demanda identificada nas oficinas de base realizadas pela Contag. Em 2020, há uma menção à pauta do Grito e, em 2021, o termo volta a desaparecer (Contag, 2015; 2016; 2017; 2018; 2019; 2020; 2021).

Ao consultar pessoas na atual diretoria e assessoria da Contag sobre o tema, elas ressaltaram que o GTB pode ter um caráter múltiplo, que envolve articulação, formulação, proposição, negociação, mobilização, pressão e resultados. Dessa forma, para algumas lideranças da Contag, ocorreu uma mudança na forma de fazer o Grito que foi bastante influenciada pelas mudanças no contexto. Com a extinção do Ministério do Desenvolvimento Agrário (MDA) e a perda de força de suas estruturas que foram incorporadas a outra institucionalidade, houve a perda de um interlocutor central do Grito. Ao mesmo tempo, havia uma preocupação interna no interior do movimento sobre a relação com o novo governo, que muitos não consideravam legítimo. E isso impunha reflexões sobre a pertinência e possibilidades de negociação com um governo com esse perfil.

Já no governo Bolsonaro, não havia praticamente espaço de diálogo. De acordo com a assessoria da presidência da Contag, o diálogo que existia se dava em torno da apresentação de pauta para o Plano Safra, que era feito diretamente com o Ministério da Agricultura e Pecuária (Mapa), e não mais com um Plano Safra exclusivo para a agricultura familiar, como era antes.

Também se estabeleceram diálogos com o Congresso Nacional na busca por recursos para atender as políticas necessárias, por meio das emendas de relator, que ficaram conhecidas como "orçamento secreto". A Contag também atuou para barrar medidas que impunham perdas aos agricultores e agricultoras familiares, em temas diversos, como terra, Programa de Aquisição de Alimentos (PAA), Auxílio Brasil, inclusão produtiva rural etc., e para demandar e negociar políticas que atenuassem os efeitos da pandemia na vida dos agricultores e das agricultoras familiares (Carvalho; Teixeira; Motta; Penna, 2022).

Nesse período, a Contag também dirigiu sua ação ao Poder Judiciário, dando início a uma Ação Direta de Inconstitucionalidade (ADI), em 2017, contra a Lei nº 13.178/2015, que flexibilizou os critérios para a regularização das terras em áreas de fronteira, e a outra ADI em 2021 (Contag, 2017), junto com a Comissão Pastoral da Terra (CPT), que trata das transferências de terras da União aos estados do Amapá, de Rondônia e de Roraima[353].

353 Disponível em: https://ww2.contag.org.br/artigo--para-que-serve-a-adi-7052-que-a-contag-entrou-no-stf-20220222. Acesso em: 28 mar. 2023.

Se, por um lado, o grande esforço de mobilização em torno do GTB perdeu espaço, por outro lado, outras manifestações aconteceram, tais como a participação da Contag e federações nas mobilizações contra o golpe à presidenta Dilma Rousseff (2016); organização do Acampamento Nacional pela Reforma Agrária e Agricultura Familiar (2018); mobilização para impedir uma reforma constitucional da previdência social rural, a despeito da aprovação da reforma da previdência (2019); envolvimento na campanha #LulaLivre, que se desenrolou desde a prisão do então ex-presidente, em 2018; realização do 1º Festival Juventude Rural Conectada (2019); mobilizações com foco em promover incidências eleitorais; realização de atos políticos em defesa da educação pública e do campo (2021).

Uma mobilização de destaque na agenda do Movimento Sindical dos Trabalhadores e Trabalhadoras Rurais (MSTTR) é a Marcha das Margaridas, tratada no quarto capítulo deste livro, e que completou 20 anos de existência em 2020. Protagonizada pela Contag, em parceria com outros movimentos e organizações, a mobilização da Marcha tem um forte caráter conjuntural, pois dialoga, responde e propõe agendas relacionadas a cada conjuntura, embora mantenham uma ampla pauta política com foco nos direitos das mulheres do campo, da floresta e das águas. Como mencionei, a Marcha de 2015 ficou conhecida por ter sido uma mobilização de resistência ao processo de *impeachment*, que ameaçava ser iniciado naquele momento.

Na Marcha de 2019, realizada já no governo de Jair Bolsonaro, a coordenação decidiu não entregar uma pauta de negociação ao Estado pela primeira vez. Ao invés disso, preparou uma plataforma política que reunia o projeto de sociedade defendido pelas mulheres do campo, da floresta e das águas. A plataforma foi dirigida à sociedade, aos agentes do Estado e aos organismos internacionais. A decisão por não entregar e negociar uma pauta com o poder executivo se deu por um entendimento de que "a negociação naquele momento significaria dar legitimidade ao governo e atestar uma normalidade democrática em um contexto de fragilização dos princípios e instituições democráticas" (Teixeira, 2021, p. 13). Além disso, a comissão organizadora também avaliou que não deviam negociar com um governo cujo discurso se caracterizava pela subjugação das mulheres (Teixeira, 2021)[354].

Em 2022, a luta pela retomada de governos democráticos, que se materializou na campanha que elegeu Luiz Inácio Lula da Silva para a presidência da República para um terceiro mandato, ganhou centralidade na atuação da Contag. Como consequência, ganhou força no interior do movimento a pauta da reconstrução do país, agenda do novo governo Lula. Inclusive, esse vocabulário está presente no lema da Marcha das Margaridas 2023 — "Margaridas em marcha pela reconstrução do Brasil e pelo Bem-Viver". Com isso, mobilizações como o GTB, que perderam visibilidade pública nos anos anteriores, voltaram com mais força ao vocabulário e à prática sindical em 2023. Assim como voltou a maior interlocução com o Estado, como com o MDA, recriado na nova gestão petista, incluindo a sugestão de nomes para compor o governo.

Se menciono brevemente a atuação da Contag nos anos recentes não é com a intenção de escrever uma história sobre esse período. Faço isso para estimular novos estudos sobre a Contag pós-2015 e apontar alguns elementos da conjuntura recente que me parecem relevantes para dar continuidade a essa tarefa.

Em sequência à periodização em fases da história da Contag feita no capítulo um, o momento entre 2015, a partir da dissociação sindical, e o começo de 2023, com a eleição de Lula, se caracterizou como o período da efetivação Contag como uma confederação de trabalhadores rurais agricultores e agricultoras familiares, em um contexto

---

354 Para uma análise das Marchas das Margaridas 2015 e 2019 e suas relações com o contexto de cada ano, ver Teixeira (2021). Para uma descrição do perfil socioeconômico da Marcha 2019 e da opinião das participantes da Marcha nos temas alimentação, feminismos e mobilização política, ver Teixeira *et al.* (2021).

marcado por configurações de forças mais conservadoras e autoritárias, na sociedade e em cargos centrais do Estado, como a presidência da república. Se é verdade que há muito tempo a agricultura familiar era hegemônica na atuação da Contag, a dissociação significou o rompimento definitivo com a representação da classe assalariada rural.

Os rumos da confederação a partir de 2023 estão em aberto, mas uma nova fase se inicia diante da mudança conjuntural. Desafios globais como a crise climática, a crise da fome em várias partes do mundo, inclusive no Brasil, a disputa com o agronegócio e grandes corporações extrativistas, o aumento do conservadorismo nas sociedades, a disputa pela representação da categoria de agricultores e agricultoras familiares e a digitalização parecem ser pontos importantes que o MSTTR vai enfrentar nos próximos anos.

Com isso, abrem-se novas possibilidades de atuação para Contag e para o estudo sobre a confederação. Espero que este livro desperte o interesse e estimule novas pesquisas sobre a Contag, ampliando o conhecimento sobre a confederação, o MSTTR, o meio rural brasileiro, e, nessa medida, sobre a formação do Brasil contemporâneo.

REFERÊNCIAS

ABERS, Rebecca; SERAFIM, Lizandra; TATAGIBA, Luciana. *Repertórios de interação estado-sociedade em um estado heterogêneo:* a experiência na Era Lula. Dados, v. 57, n.2, p. 325-357, 2014.

ABERS, Rebecca; VON BÜLOW, Marisa. *Movimentos Sociais na Teoria e na Prática:* como estudar o ativismo através da fronteira entre estado e sociedade? Sociologias, v. 3, n. 28, p. 52-84, 2011.

AGUIAR, V. V. P. *Mulheres rurais, movimento social e participação: reflexões a partir da Marcha das Margaridas.* Política & Sociedade, Florianópolis, v. 15, edição spe, 2016.

AGUIAR, V. V. P. *Somos todas margaridas:* um estudo sobre o processo de constituição das mulheres do campo e da floresta como sujeito político. Tese (Doutorado em Ciências Sociais) — Programa de Pós-Graduação em Ciências Sociais, Universidade Estadual de Campinas, Campinas, 2015.

ALEXANDER, Jeffrey. *Ação coletiva, cultura e sociedade civil:* secularização, atualização, inversão, revisão e deslocamento do modelo clássico dos movimentos sociais. Revista Brasileira de Ciências Sociais, v. 13, p. 5, jun./1998.

ALMEIDA, A. W. B. de. *Quebradeiras de coco babaçu:* identidade e mobilização. São Luís: MIQCB, 1995.

ALMEIDA, Mauro William Barbosa de. *Direitos à Floresta e Ambientalismo:* os seringueiros e suas lutas. Revista Brasileira de Ciências Sociais, v. 19, n.55, p. 35-52, 2004.

ALONSO, Angela. *A política das ruas.* Novos Estudos. CEBRAP, v. spe, p. 49-58, 2017.

ALONSO, Angela. *As teorias dos movimentos sociais* — um balanço do debate. Lua Nova (Impresso), v. 76, p. 49-86, 2009.

ALONSO, Angela. *Flores, votos e balas:* o movimento abolicionista brasileiro (1868-1888). 1a ed., São Paulo: Companhia das Letras, 2015.

ALONSO, Angela. *Repertório, segundo Charles Tilly:* história de um conceito. Sociol. Antropol., v.2, n.3, p.21-41, jun./2012.

BACHELARD, Gaston. *A formação do espírito científico:* contribuição para uma psicanálise do conhecimento. Rio de Janeiro: Contraponto, 1997.

BANDEIRA, Lourdes; HERRERA, Danilo. *Eu marcharei na tua luta:* a vida de Elizabeth Teixeira. João Pessoa-PB: Ed. Universitária/ Manufactura, 1997.

BARCELLOS, F. H. *Ação sindical e luta por terra no Rio de Janeiro.* Mestrado. Programa de Pós-graduação de Ciências Sociais em Desenvolvimento, Agricultura e Sociedade, CPDA/UFRRJ, Rio de Janeiro, 2008.

BARREIRA, Irlys. A. F. *Social Movements, Culture and Politcs in the Work of Brazilian Sociologists.* Latin American Perspectives, v. 20, p. 23-42, 2011.

BATISTA, Juneia. *30 anos de Política de Gênero:* a história de luta das mulheres no movimento sindical. 2016. Disponível em: https://www.cut.org.br/artigos/30-anos-de-politica-de-genero-a-historia-de-luta-das-mulheres-no-movimento-sindi-c55e. Acesso em: 16 jul. 2018.

BERGER, Stefan. Social Movement in Europe since the End of the Second World War. In: HESSE, Jan-Otmar; KLEINSCHMIDT, Christian; RECKENDREES, Alfred; STOKES, Ray [eds.]. *Perspectives on European Economic and Social History* — Perspektiven der Europäischen Wirtschafts — und Sozialgeschichte. Baden-Baden: Nomos Verlagsgesellschaft, 1st ed., 2014.

BLOCH, March. *Apologia da História ou O Ofício de Historiador*. Rio de Janeiro: Jorge Zahar Ed., 2001.

BOITO JÚNIOR, A. *O sindicalismo de Estado no Brasil:* uma análise crítica da estrutura sindical. Campinas/São Paulo: Editora da Unicamp/ Hucitec, 1990.

BORDALO, C. *Os caminhos da política:* o sindicalismo rural e os movimentos de mulheres trabalhadoras rurais em Pernambuco. Dissertação (Mestrado em Ciências Sociais) — Programa de Pós-Graduação em Ciências Sociais em Desenvolvimento, Agricultura e Sociedade, Universidade Federal Rural do Rio de Janeiro, Rio de Janeiro, 2011. 158 f.

BORGHOFF, M. A.; TEIXEIRA, M. A. *Food movements, agrifood systems, and social change at the level of the national state:* The Brazilian Marcha das Margaridas. The Sociological Review, 69(3), 626-646, 2021. DOI: https://doi.org/10.1177/00380261211009792

BOSCHI, Renato Raul; VALLADARES, Lícia do Prado. *Problemas teóricos na análise de movimentos sociais:* comunidade, ação coletiva e o papel do Estado. Espaço & Debates. São Paulo: Cortei, n. 8, p. 64-77, 1983.

BOURDIEU, Pierre. *Célibat et condition paysanne*. Révue d'Etudes Rurales, 1962.

BOURDIEU, Pierre. *O Poder Simbólico*. Rio de Janeiro: Bertrand Brasil, 2001.

BOURDIEU, Pierre; PASSERON, Jean-Claude. *A reprodução*. 1ª ed. Rio de Janeiro: Francisco Alves, 1970.

BRINGEL, Breno. *Com, contra e para além de Charles Tilly*: mudanças teóricas nos estudos das ações coletivas e dos movimentos sociais. Sociologia & Antropologia, v. 2, n. 3, p. 43-67, 2012.

BRINGEL, Breno; DOMINGUES, José Maurício. Teoria crítica e movimentos sociais: interseções, impasses e alternativas. In: BRINGEL, Breno; GOHN, Maria da Glória. (orgs.). *Movimentos sociais na era global*. Petrópolis, RJ: Vozes, p. 57-75, 2012.

BRINGEL, Breno; ECHART, Enara. *Dez anos de Seattle, o movimento antiglobalização e a ação coletiva transnacional*. Ciências Sociais Unisinos, v. 46, p. 28-36, 2010.

BRINGEL, Breno; FALERO, Alfredo. *Movimientos Sociales, Gobiernos Progresistas y Estado en América Latina:* transiciones, conflictos y mediaciones. Salvador: *Cad. CRH*, v. 29, n. spe 3, p. 27-45, 2016.

BRINGEL, Breno; TEIXEIRA, M. A. Repertórios de ação e repertórios de interpretação: trinta anos de estudos sobre movimentos sociais no Brasil. In: SCHERER-WARREN, Ilse; HAHN LÜCHMANN, Lígia Helena. (org.). *Movimentos sociais e engajamento político*: trajetórias e tendências analíticas. 1 ed. Florianópolis: Ed. da UFSC, p. 43-76. 2015.

CABRA MARCADO PARA MORRER. Direção: Eduardo Coutinho. Elenco: Eduardo Coutinho, Ferreira Gullar e Tite de Lemos. CPC — Centro Popular de Cultura da UNE — União Nacional dos Estudantes; MPC — Movimento de Cultura Popular de Pernambuco; Mapa, 1984 (119min).

CADERNO CRH, 2008. v. 21, n. 54. Disponível em: http://www.cadernocrh.ufba.br/viewissue.php?id=83. Acesso em: 23 abr. 2010.

CALHOUN, Craig. New social movements of the early nineteenth century. In: TRAUGOTT, Mark (ed.). *Repertories & cycles of collective action.* Durham e London: Duke University Press, p. 180, 1995.

CALLADO, A. *Tempo de Arraes*. Rio de Janeiro: José Álvaro, 1964.

CAMARGO, Aspásia A. *Brésil, Nordest:* mouvements paysans et crise politique. Thèse de 3ème cycle, Paris: École Pratique des Hautes Études, 1973.

CARDOSO, Adalberto. *A década neoliberal e a crise dos sindicatos no Brasil.* São Paulo: Boitempo Editorial, 2003.

CARNEIRO, Ana; CIOCCARI, Marta. *Retrato da repressão política no campo* — Brasil 1962-1985 — Camponeses torturados, mortos e desaparecidos. Brasília: MDA, 2011.

CARNEIRO, Maria José. *Herança e gênero entre agricultores familiares.* Rev. Estud. Fem., v.9, n.1, p. 22-55, 2001.

CARNEIRO, Maria José. *Mulheres no campo:* notas sobre a sua participação política e a condição social do gênero. Estudos Sociedade e Agricultura, n° 2, p. 11-22, jun./1994.

CARVALHO, Lucas Correia. Emprego e mudança socioeconômica no Nordeste. In: Associação Nacional de Pós-graduação e Pesquisa em Ciências Sociais, Caxambu. 4º Encontro Anual da ANPOCS, 2016.

CARVALHO, Lucas Correia. *Projeto, conhecimento e reflexividade:* estudos rurais e questão agrária no Brasil dos anos 1970. Tese de doutorado. Rio de Janeiro: PPGSA/IFCS/UFRJ, 2015.

CARVALHO, Priscila Delgado de. *Controvérsias e a Produção do Transnacional*: Os Casos da Contag e do MPA. Dados, 64 (2), 2021. DOI: https://doi.org/10.1590/dados.2021.64.2.234

CARVALHO, Priscila Delgado de. *Transformações do internacionalismo sindical na experiência da Contag.* Trabalho apresentado na IV Conferência Internacional Greves e Conflitos Sociais. São Paulo: Faculdade de Filosofia, Letras e Ciências Humanas da Universidade de São Paulo, 2018.

CARVALHO, Priscila Delgado de; TEIXEIRA, M. A., MOTTA, R.; Penna, C. *Sistemas alimentares em disputa:* respostas dos movimentos sociais à pandemia Covid-19. Revista Brasileira De Ciências Sociais, *37* (108), 2022. DOI: https://doi.org/10.1590/3710808/2022

CASTORIADIS, Cornelius. *A experiência do movimento operário*. São Paulo: Brasiliense, 1985.

CEFAÏ, Daniel. ¿Qué es una arena pública? Algunas pautas para um acercamiento pragmático", tradução corrigida e ampliada por Mariela Hemilse Acevedo, 2012. [Tradução da versão original do texto: "Qu´est-ce qu´une arene publique? Quelques pistes pour une approche pragmatiste". In: CEFAÏ, Daniel; JOSEPH, Isaac. *L´Heritage du pragmatisme. Conflits d´urbanité et épreuves de civisme*. La Tour d´Aigues: Editions de l´Aube, 2002].

CLEMEN, Elisabeth; HUGHES, Martin. Recovering past protest: historical research on social movements. In: KLANDERMANS, Bert; STAGGENBORG, Suzanne. (orgs.). *Methods of social movement research*. Minneapolis: University of Minnesota Press, p. 201-230, 2002.

COHN, Gabriel. *Weber:* Sociologia. São Paulo: Ática, 2003.

COMERFORD, J. *Fazendo a luta:* sociabilidade, falas e rituais na construção de organizações camponesas. Rio de Janeiro: Relume Dumará, Núcleo de Antropologia da Política, 1999.

CONTAG. 5ª *Marcha das Margaridas:* Pauta de reivindicações para o governo federal. Brasília: DF, 2015b.

CONTAG. *A mulher e o Movimento Sindical dos Trabalhadores e Trabalhadoras Rurais*. Trajetória de lutas. Brasília: DF, 2002.

CONTAG. *Anais do I Congresso Nacional dos Trabalhadores Rurais*. Brasília: DF, 1966.

CONTAG. *Anais do II Congresso Nacional dos Trabalhadores Rurais*. Brasília: DF, 1973.

CONTAG. *Anais do III Congresso Nacional dos Trabalhadores Rurais*. Brasília: DF, 1979b.

CONTAG. *Anais do IV Congresso Nacional dos Trabalhadores Rurais*. Brasília: DF, 1985b.

CONTAG. *Anais do IX Congresso Nacional de Trabalhadores Rurais*. Brasília: DF, 2005.

CONTAG. *Anais do V Congresso Nacional de Trabalhadores Rurais*. Brasília: DF, 1991.

CONTAG. *Anais do VI Congresso Nacional de Trabalhadores Rurais*. Brasília: DF, 1995.

CONTAG. *Anais do VII Congresso Nacional de Trabalhadores Rurais*. Brasília: DF, 1998.

CONTAG. *Anais do VIII Congresso Nacional de Trabalhadores Rurais*. Brasília: DF, 2001.

CONTAG. *Anais do X Congresso Nacional de Trabalhadores Rurais*. Brasília: DF, 2009a.

CONTAG. *Anais do XI Congresso Nacional de Trabalhadores Rurais*. Brasília: DF, 2013a.

CONTAG. *Anais do XII Congresso Nacional de Trabalhadores Rurais*. Brasília: DF, 2017.

CONTAG. *Ata da diretoria do Conselho Fiscal da Contag*. 1989. 3fls. Disponível em: http://r1.ufrrj.br/cpda/als/corpo/html/atas/ata_conselho.htm. Acesso em: 11 mar. 2023.

CONTAG. *Ata da sessão solene de posse da Dietoria da Contag*. 1974. 10fls. Disponível em: http://r1.ufrrj.br/cpda/als/corpo/html/atas/ata_dircon.htm. Acesso em: 11 mar. 2023.

CONTAG. *Ata da solenidade de posse da Diretoria da Contag*. 1971. 8fls. Disponível em: http://r1.ufrrj.br/cpda/als/corpo/html/atas/ata_posdir.htm. Acesso em: 11 mar. 2023.

CONTAG. *Ata da solenidade de posse dos diretores da Contag*. 1968. 4fls. Disponível em: http://r1.ufrrj.br/cpda/als/corpo/html/atas/ata_posse.htm. Acesso em: 11 mar. 2023.

CONTAG. *Ata de posse da Diretoria e Conselho Fiscal da Contag*. 1980. 3fls. Disponível em: http://r1.ufrrj.br/cpda/als/corpo/html/atas/ata_sesol.htm. Acesso em: 11 mar. 2023.

CONTAG. *Ata de posse da Diretoria e Conselho Fiscal da Contag*. 1986. 3fls. Disponível em: http://r1.ufrrj.br/cpda/als/corpo/html/atas/ata_direto.htm. Acesso em: 11 mar. 2023.

CONTAG. *Ata de posse da Diretoria e do Conselho Fiscal da Contag*. 1983. 3fls. Disponível em: http://r1.ufrrj.br/cpda/als/corpo/html/atas/ata_contag.htm. Acesso em: 11 mar. 2023.

CONTAG. *Ata de posse da Diretoria e do Conselho Fiscal de efetivos e suplentes da Contag*. 1977. 5fls. Disponível em: http://r1.ufrrj.br/cpda/als/corpo/html/atas/ata_confis.htm>. Acesso em: 11 mar. 2023.

CONTAG. *Chapa eleita na assembléia de sua constituição*. 1963. 1fl. Disponível em: http://r1.ufrrj.br/cpda/als/corpo/html/variedade/diversos/sind_chapa.htm. Acesso em: 11 mar. 2023.

CONTAG. *Contag 30 anos de luta — dignidade e cidadania*. Brasília, novembro de 1993.

CONTAG. *Estatuto da Contag*. Brasília: DF, 2009b.

CONTAG. *Marcha das Margaridas 2011:* Margaridas na Luta por desenvolvimento sustentável com justiça, autonomia, igualdade e liberdade. Caderno de textos para estudos e debates. Brasília: CONTAG/Fetags/STTRs/ — MMTR-NE, MIQCB, CNS, MAMA, MMM, AMB, UBM, REDELAC, COPROFAM. Disponível em: http://www.contag.org.br/imagens/fcaderno_textos_marcha_2011.pdf. Acesso em: 04 ago. 2021.

CONTAG. *Marcha das Margaridas 2015:* Desenvolvimento Sustentável, com democracia, justiça, autonomia, igualdade e liberdade. Caderno de textos para estudos e debates. Brasília: CONTAG/

Fetags/STTRs — MMTR-NE, MIQCB, CNS, MAMA, MMM, AMB, UBM, GT Mulheres da ANA, UNICAFES, CTB, CUT, COPROFAM, 2015a. Disponível em: http://www.contag.org.br/imagens/f24537_contag_livreto_marcha_2015_210x297_final-1.pdf. Acesso em: 04 ago. 2021.

CONTAG. *Marcha das Margaridas:* 2000 razões para marchar contra a fome, pobreza e violência sexista. Texto-Base. Brasília: CONTAG, 2000. Disponível em: http://transformatoriomargaridas.org.br/?page_id=243. Acesso em: 04 ago. 2021.

CONTAG. *Marcha das Margaridas:* 2003 razões para marchar contra a fome, pobreza e violência sexista. *Texto-Base*. Brasília: CONTAG, 2003. Disponível em: http://transformatoriomargaridas.org.br/?page_id=243 content%2Fuploads%2F2015%2F02%2FAvalia%25C3%25A7%25C3%25A30-da-Marcha-2003.pdf&usg=AOvVaw02xr1ivEei64qXRocCVfHX. Acesso em: 04 ago. 2021.

CONTAG. *Marcha das Margaridas:* 2007 Razões para marchar. Caderno de textos para estudos e debates. Brasília: CONTAG/Fetags/STTRs/ — MMTR-NE, MIQCB, CNS, MAMA, MMM, CUT, REDE LAC, COPROFAM, 2007. Disponível em: http://www.contag.org.br/imagens/fcaderno-de-textos-cnmtr-2007.pdf. Acesso em: 04 ago. 2021.

CONTAG. *Publicação referente ao 40º aniversário da Confederação Nacional Dos Trabalhadores Na Agricultura — Contag — fundada em 22 de fevereiro de 1963b*. s/d. Disponível em: http://www.contag.org.br/imagens/CONTAG-Revista40anos.pdf. Acesso em: 11 mar. 2023.

CONTAG. *Regimento Interno do XI Congresso Nacional de Trabalhadores Rurais*. Brasília: DF, 2013b.

CONTAG. *Relatório Anual*. Brasília: DF, 1970.

CONTAG. *Relatório Anual*. Brasília: DF, 1971.

CONTAG. *Relatório Anual*. Brasília: DF, 1972.

CONTAG. *Relatório Anual*. Brasília: DF, 1975.

CONTAG. *Relatório Anual*. Brasília: DF, 1977a.

CONTAG. *Relatório Anual*. Brasília: DF, 1979a.

CONTAG. *Relatório Anual*. Brasília: DF, 1980.

CONTAG. *Relatório Anual*. Brasília: DF, 1981.

CONTAG. *Relatório Anual*. Brasília: DF, 1982.

CONTAG. *Relatório Anual*. Brasília: DF, 1983.

CONTAG. *Relatório Anual*. Brasília: DF, 1984.

CONTAG. *Relatório Anual*. Brasília: DF, 1985a.

CONTAG. *Relatório Anual*. Brasília: DF, 1986.

CONTAG. *Relatório das atividades da Contag*. 1966. 5fls. Disponível em: http://r1.ufrrj.br/cpda/als/corpo/html/relatori/rel_contag.htm. Acesso em: 11 mar. 2023.

CONTAG. *Relatório Trienal — 1971-1974*. Brasília: DF, 1974.

CONWAY, Janet M.; PAULOS, Anabel. *By Popular feminist politics of cross-movement alliances in Latin America and the decolonial challenge*. Germany: Paper presented at the International Conference on cross--movement mobilization, Ruhr-University Bochum, 5-7 de abr./2017.

CORCUFF, Philippe. *As novas sociologias*: construções da realidade social. Bauru, SP: EDUSC, 2001.

CORRÊA, É. G. O sindicalismo de trabalhadores rurais como objeto de disputa e como agende de construção de Centrais Sindicais no Brasil (2003-2017). *Caderno CRH*, 34. https://doi.org/10.9771/ccrh.v34i0.42338

CORRÊA, É. G. *Sindicalismo rural e centrais sindicais no Brasil: disputas e aproximações nas primeiras décadas do século XXI*. 2018. Tese (Doutorado em Ciência Política) —Universidade Estadual de Campinas, Campinas, 2018.

D'INCAO E MELLO, M. C. *O boia-fria:* acumulação e miséria. Petrópolis: Vozes, 1975.

DEERE, C. D. *Os direitos da mulher à terra e os movimentos sociais rurais na reforma agrária brasileira.* Estudos Feministas, Florianópolis, v. 12, n. 1, p. 175-204, jan./abr. 2004.

DELGADO, G. C.; BERGAMASCO, Sonia Maria Pessoa Pereira. (org.). *Agricultura Familiar Brasileira*: Desafios e Perspectivas de Futuro. 1. ed. Brasília: Secretaria Especial de Agricultura Familiar e do Desenvolvimento Agrário, v. 1. 470p, 2017.

DELLA PORTA, Donatella; TARROW, Sidney. Transnational processes and social activism. An Introduction. In: DELLA PORTA, Donatella; TARROW, Sidney. (orgs). *Transnational processes and social activism*, p. 1-20. 2005.

DIANI, M. *The Concept of Social Movement*. Sociological Review, 40(1), p. 1-25, 1992.

DILL, Brian; AMINZADE, Ronald. Historians and the Study of Protest. In: KLANDERMANS, Bert; ROGGEBAND, Conny. *Handbook of Social Movements Across Disciplines. Handbooks of Sociology and Social Research*. Springer, Boston, MA, 2007.

ELIAS, Norbert. Conceitos sociológicos fundamentais: civilização; figuração; processos sociais. In: *Escritos e ensaios*: 1: Estado, processo, opinião pública. Rio de Janeiro: Jorge Zahar Ed., 2006.

ELIAS, Norbert. *Introdução à Sociologia*. Lisboa: Edições 70, 2008.

ELIAS, Norbert. *O processo civilizador*. Rio de Janeiro: Jorge Zahar Ed., v.1, 1994.

EMIRBAYER, Mustafa. *Manifesto for a relational sociology*. The American Journal of Sociology, v. 103, n. 2. p. 281-317, sep/1997.

ESTEVEZ, A.; TEIXEIRA, M. A. *Le conseguenze del golpe del 1964 sul movimento sindacale brasiliano*. Diacronie. Studi di Storia contemporanea, v. 24, p. 1-29, 2015.

ESTUDOS HISTÓRICOS. N. 42. 2008. Disponível em: http://virtualbib.fgv.br/ojs/index.php/reh/issue/view/185. Acesso em: 23 abr. 2010.

FACÓ, Rui. *Cangaceiros e fanáticos*. Rio de Janeiro: Civilização Brasileira, 1963.

FAVARETO, Arilson. *Agricultores Trabalhadores* — os trinta anos do novo sindicalismo rural no Brasil. Revista Brasileira de Ciências Sociais, v. 21, 2006.

FAVARETO, Arilson; BITTENCOURT, Gerson Luis. Agricultura e sindicalismo nos anos noventa: notas para um balanço. In: TEDESCO, J. C. (org.). *Agricultura familiar*: realidades e perspectivas. 2 ed. Passo Fundo, Editora da UPF, 2000.

FEDERICI, Silvia. *Calibã e a Bruxa:* mulheres, corpo e acumulação primitiva. São Paulo: Editora Elefante, 2004.

FEDERICI, Silvia. *Revolution at Point Zero:* Housework, Reproduction, and Feminist Struggle. PM Press [Common Notions], Oakland, 2012.

FERNANDES, Bernardo Mançano; MEDEIROS, Leonilde Servolo de; PAULILO, Maria Ignez. (orgs.). *Lutas camponesas contemporâneas*: condições, dilemas e conquistas. O campesinato como sujeito político nas décadas de 1950 a 1980. São Paulo: Editora Unesp; Brasília, DF: Núcleo de Estudos Agrários e Desenvolvimento Rural, v. 1, 2009.

FERREIRA DOS SANTOS, Carlos Nelson. *Movimentos urbanos no Rio de Janeiro*. Rio de Janeiro, Zahar, 1981.

FIGUEIREDO, Argelina. *Intervenções sindicais e o novo sindicalismo.* Dados, v. 17, p. 135-155, 1978.

FORMAN, Shepard. *Camponeses, sua participação no Brasil.* Rio de Janeiro: Paz e Terra,1979.

Framings. New York: Cambridge University Press, 1996.

FREDERICO, Celso. *A imprensa de esquerda e o movimento operário (1964-1984)*. São Paulo: Expressão Popular, 2010.

GALINDO, Eryka Danyelle Silva. *Pois, sem mulher a luta vai pela metade*: a participação das mulheres jovens trabalhadoras rurais e as repercussões no sindicalismo. Dissertação (Mestrado em Sociologia) — Programa de Pós-Graduação em Sociologia, Universidade de Brasília. Brasília, 2017.

GILL, Lorena de Almeida; DOS SANTOS NETO, Martinho Guedes. (orgs.). *Trabalho, gênero, raça e sociabilidade no mundo dos trabalhadores da cidade e campo.* 1 ed. Rio de Janeiro e São Paulo: Arquivo Nacional e Central Única dos Trabalhadores, v. 2, 2016.

GIULIANI, P. Silenciosas e combativas: as contribuições das mulheres na estrutura sindical do NE, 1976-86. In: COSTA, A.; BRUSCHINI, C. (org.). *Rebeldia e submissão*: estudos sobre condição feminina. São Paulo: Fundação Carlos Chagas; Vértice, p. 255-300, 1989.

GOHN, Maria da Gloria. *Teorias dos Movimentos Sociais* — Paradigmas Clássicos e Contemporâneos. 1. ed. São Paulo: Edições Loyola, p. 220, 1997.

GOODWIN, Jeff; JASPER, James M. (eds.). *Rethinking Social Movements:* Structure, Meaning, and Emotion. Lanham, MD: Rowman & Littlefield, 2003.

GRIEBINGER, Andreas. *Das symbolische Kapital der Ehre*. Streikbewegungen und kollektives Bewußtsein deutscher Handwerksgesellen im 18. Jahrhundert. Frankfurt/Berlin/Wien, 1981.

GRISA, C.; SCHMITT, C. J.; SILVA, A. P. D.; LEITE, S. P.; ZIMMERMANN, S.; BARBOSA, Y. R. D. S. *A desestruturação das políticas públicas de fortalecimento da agricultura familiar:* mudanças institucionais, estratégias de desmonte e novas configurações. 2022.

GRISA, Catia; SCHNEIDER, Sérgio. (org.). *Políticas de Desenvolvimento Rural no Brasil*. 1. ed. Porto Alegre: UFRGS, v. 1. p. 624, 2015.

GRYNSZPAN, Mário. *Mobilização camponesa e competição política no estado do Rio de Janeiro*: (1950-1964). 2 v. Dissertação (Mestrado em Antropologia Social) — Programa de Pós-Graduação em Antropologia Social, MN/UFRJ, Rio de Janeiro, 1987.

GRZYBOWSKI, Cândido. *Os movimentos sociais e o processo de organização dos camponeses.* Cadernos do CEAS, n. 87, set/out 1983.

GURZA LAVALLE, A.; CASTELLO, G.; BICHIR M., Renata. *Quando novos atores saem de cena* — Continuidades e mudanças na centralidade dos movimentos sociais. Florianópolis: Política & Sociedade, v. 5, n. 2, p. 35-54, 2004.

HALBWACHS, M. *A memória coletiva*. São Paulo: Edições Vértice, 1990.

HANNERZ, U. *Being there... and there... and there!:* Reflections on multisite Ethnography. Ethnography, Vol 4, Issue, 2pp. 201-216, 2003.

HEREDIA, B.; CINTRÃO, R. Gênero e acesso a políticas públicas no meio rural brasileiro. In: UNIFEM. *O progresso das mulheres no Brasil*. Brasília: Unifem; Fundação Ford; Cepia, p. 103-131, 2006.

HONNETH, Axel. Desrespeito e resistência: a lógica moral dos conflitos sociais. In: *Luta por reconhecimento*: a gramática moral dos conflitos sociais. São Paulo: Editora 34, 2003.

HORA, Karla; MACEDO, Gustavo; REZENDE, Marcela. (orgs.). *Coletânea sobre estudos rurais e gênero*: Prêmio Margarida Alves 4ª Edição. Brasília: Ministério do Desenvolvimento Agrário, 2015.

JOSEFA: *uma mulher na luta camponesa*. Direção: Roberto Maxwell e Luiz Cláudio Lima. Virtual Filmes com o apoio do Centro de Documentação e Memória da Baixada Fluminense e APPH-Clio, 2002 (22min 11s).

KAUCHAKJE, Samara. 35 anos de pesquisa sobre movimentos sociais: permanências e diversidades nas teses e dissertações realizadas na USP e UNICAMP. *Revista Brasileira de Ciência Política*. Brasília: nº 3, p. 113-132, jan.-jul./2010.

KOURY, Mauro Guilherme Pinheiro. *Práticas instituintes e experiências autoritárias*: o sindicalismo rural na mata pernambucana, 1950-1974. Tese (Doutorado) — Universidade Federal de São Carlos. 2010. 370 f.

KOVARICK, L. *Movimentos Urbanos no Brasil Contemporâneo*: Uma análise de literatura. Revista Brasileira de Ciências Sociais, s.l, v. 1, n.3, p. 38-50, 1987.

LEITE LOPES, J. S.; HEREDIA, B. *Movimentos cruzados, histórias específicas*. Estudo comparativo das práticas sindicais e de greves entre metalúrgicos e canavieiros. 1. ed. Rio de Janeiro: Editora UFRJ, v. 1. 573p, 2019.

LEITE LOPES, J. S.; MENEZES, M.; SANTOS JR, J. Movimentos grevistas de operários e trabalhadores rurais. *Política & trabalho* (UFPB. IMPRESSO), p. 12-19, 2020.

LEITE LOPES, J. S.; PEREIRA, José Carlos Matos; CARRIÇO, Antonio; STAROSKY, Míriam. *Memórias cruzadas de movimentos específicos*. Política & trabalho (UFPB. IMPRESSO), p. 20-39, 2020.

LENIN, V. I. *O Estado e a Revolução:* o que ensina o marxismo sobre o Estado e o papel do proletariado na Revolução. [Trad. Aristides Lobo] São Paulo: Centauro, 2007.

LEVI, Lúcio. Governo. In: BOBBIO, Norberto; MATTEUCCI, Nicola; PASQUINO, Gianfranco. *Dicionário de político*. Brasília: Editora Universidade de Brasília, 1998.

LIEDKE FILHO, Enno D. *A Sociologia no Brasil:* história, teorias e desafios. Sociologias, Porto Alegre, ano 7, nº 14, p. 376-437, jul./dez. 2005.

LOPES, Carla; REGOS, T. C. (org.). Arquivo e memória dos trabalhadores da cidade e do campo. 1ª. ed. São Paulo: Central Única dos Trabalhadores (CUT), v.2, 2015.

LOPES, José Sergio Leite. *Entrevista com Moacir Palmeira*. Horiz. antropol., Porto Alegre, v. 19, n. 39, p. 435-457, June 2013.

LUIZ, Juliana. *As linhas vermelhas para o desenvolvimento rural*: a internacionalização da agricultura familiar brasileira e seu impacto na governança global. Tese (Doutorado em Ciência Política) — Instituto de Estudos Sociais e Políticos, Universidade do Estado do Rio de Janeiro, Rio de Janeiro, 2018.

MALUF, Renato S.; FLEXOR, G. (org.). *Questões agrárias, agrícolas e rurais*: conjunturas e políticas públicas. 1. ed. Rio de Janeiro: E-papers, v. 1. 330p, 2018.

MARQUES, Antonio José; TROITIÑO, Sonia. (orgs). *Arquivos do mundo dos trabalhadores da cidade e do campo Rio de Janeiro:* Arquivo Nacional. São Paulo: Central Única dos Trabalhadores, vol. 1, 2016.

MARTINS, José de Souza. *Os camponeses e a política no Brasil*. 1a ed. Petrópolis: Editora Vozes, v. 1, 1981.

MARX, Karl; ENGELS, Friedrich. *O Manifesto Comunista de 1948 & Cartas Filosóficas*. São Paulo: Centauro, 2005.

MATTOS, Marcelo Badaró. Do Golpe à nova transição democrática. In: *Trabalhadores e Sindicatos no Brasil*. São Paulo: Expressão popular, 2009.

MCADAM, D. *Political process and the development of black insurgency*. Chicago: University of Chicago Press, 1999.

MCADAM, Doug; MCCARTHY, John; ZALD, Mayer. (eds.). *Comparative Perspectives*

MCADAM, Doug; TARROW, Sidney; TILLY, Charles. *Dynamics of contention*. Cambridge, Cambridge University Press, 2001.

MCCARTHY, John D.; ZALD, Mayer N. Resource mobilization and social movements: a partial theory. *American Journal of Sociology*, v. 82, n. 6., 1977.

MEDEIROS, L. S. *Os movimentos sociais como campo de pesquisa nas ciências humanas*. S.l.: Revista Mundos do Trabalho, v. 4, n. 7, p. 7-31, jan.-jun./2012.

MEDEIROS, L. S.; SORIANO, J. Reflexões sobre o sindicalismo rural brasileiro: a Contag. *XXXVI Reunião Anual da SBPC*. São Paulo, 1984. (Mimeogr.).

MEDEIROS, L. S.; TEIXEIRA, M. A. (orgs.). *Repressão, resistência e memória dos trabalhadores da cidade e do campo*. 1a ed. São Paulo: Arquivo Nacional e Central Única dos Trabalhadores, v. 3, 2016.

MEDEIROS, Leonilde Servolo de. (org.). Conflito e repressão no campo no Estado do Rio de Janeiro (1946-1988). Rio de Janeiro: Consequência Editora, 2018.

MEDEIROS, Leonilde Servolo de. *História dos Movimentos Sociais no campo*. Rio de Janeiro: Fase, 1989.

MEDEIROS, Leonilde Servolo de. *Lavradores, trabalhadores agrícolas e camponeses:* os comunistas e a constituição de classes no campo. Tese (Doutorado) — Instituto de Filosofia e Ciências Humanas, UNICAMP, São Paulo. 1995.

MEDEIROS, Leonilde Servolo de. *Marcha das Margaridas:* novas nuances nas lutas por direitos no campo. 2007. Disponível em: http://www.cartamaior.com.br/templates/analiseMostrar.cfm?colu-na_id=3718. Acesso em: 10 ago. 2016.

MEDEIROS, Leonilde Servolo de. O sindicalismo rural nas últimas décadas: mudanças e permanências. In: OLIVEIRA, Roberto Veras de; BRIDI, Maria Aparecida; FERRAZ, Marcos. *O sindicalismo na era Lula:* paradoxos, perspectivas e olhares. 1ª ed. Belo Horizonte-MG: Fino Traço, 2014a.

MEDEIROS, Leonilde Servolo de. Trabalhadores do campo, luta pela terra e o regime civil-militar. In: Milton Pinheiro. (org.). *Ditadura:* o que resta da transição. 1a ed. São Paulo: Boitempo, p. 195-230, 2014b.

MEDEIROS, Leonilde Servolo de. *Trabalhadores rurais, agricultura familiar e organização sindical.* Revista São Paulo em Perspectiva, 11 (2): 65-72, abr.-jun., 1997.

MEDEIROS, Leonilde Servolo de; NEVES, Delma Pessanha. (org.). *Mulheres Camponesas: trabalho produtivo e engajamento político.* 1a ed. Niterói: Alternativa, v. 1., 2013.

MELUCCI, Alberto. *A invenção do presente:* movimentos sociais nas sociedades complexas. Petrópolis, RJ: Vozes, 2001.

MELUCCI, Alberto. *Acción colectiva, vida cotidiana y democracia.* El Colégio de México, 1999.

MENDONÇA, Marco Aurélio Alves de *et al. Expansão da Produção de Álcool Combustível no Brasil:* uma Análise Baseada nas Curvas de Aprendizagem. S.l.: Trabalho apresentado no Congresso da Sociedade Brasileira de Economia, Administração e Sociologia Rural, 2008.

MENEZES, R.C.; PEREIRA, Edmundo M. M. *Produção do CD Lutando e Cantando*: Música e Política dos Trabalhadores Rurais de Pernambuco. 2008.

MOORE JR., Barrington. *Injustiça:* As bases sociais da desobediência e da revolta. São Paulo: Brasiliense, 1987.

MOREIRA, S. L. S. A contribuição da Marcha das Margaridas na construção das políticas públicas de agroecologia no Brasil. Dissertação (Mestrado em Meio Ambiente e Desenvolvimento Rural) — Universidade de Brasília, DF, 2019.

MOTTA, Márcia; ZARTH, Paulo. *Formas de resistência camponesa*: visibilidade e diversidade de conflitos ao longo da história. Concepções de justiça e resistência nos Brasis. São Paulo: Editora Unesp; Brasília, DF: Núcleo de Estudos Agrários e Desenvolvimento Rural, v. 1, 2008.

MOTTA, Márcia; ZARTH, Paulo. *Formas de resistência camponesa*: visibilidade e diversidade de conflitos ao longo da história. Concepções de justiça e resistência nas repúblicas do passado (1930-1960). São Paulo: Editora Unesp; Brasília, DF: Núcleo de Estudos Agrários e Desenvolvimento Rural, v. 2, 2009.

MOTTA, R. *Feminist Solidarities and Coalitional Identity:* The Popular Feminism of the Marcha das Margaridas. Latin American Perspectives, 48(5), 25-41, 2021. DOI: https://doi.org/10.1177/0094582X211017896

MOTTA, R.; TEIXEIRA, M. A. Allowing rural difference to make a difference: the Brazilian Marcha das Margaridas. In: CONWAY, Janet M.; DUFOUR, Pascale; MASSON, Dominique. *Cross-border solidarities in twenty-first century contexts:* feminist perspectives and activist practices. 1ed. London: Rowman & Littlefield, p. 79-99, 2021.

MOTTA, R.; TEIXEIRA, M. A. Food sovereignty and popular feminism in Brazil. *Anthropology of food [Online]*, 16, 2022, 1-16, 2022.

NIERDELE, Paulo. *A construção da Reunião Especializada sobre Agricultura Familiar (REAF) do Mercosul:* Sociogênese de uma plataforma de diálogos entre governos e movimentos sociais: Estudos Sociedade e Agricultura, vol. 24, nº2, pp.569-619, out. 2016.

OLSON, Mansur. *A Lógica da Ação Coletiva*. São Paulo: EDUSP, 1999.

OLSON, Mansur. *The Logic of Collective Action: Public Goods and the Theory of Groups.* Harvard University Press, 1st ed. 1965, 2nd ed. 1971.

PALMEIRA, M. A diversidade da luta no campo: luta camponesa e diferenciação do campesinato. In: PAIVA, Vanilda. (org.). *Igreja e questão agrária.* São Paulo: Edições Loyola, 1985.

PALMEIRA, M. Desmobilização e conflito: relações entre trabalhadores e patrões na agroindústria pernambucana. In: FERNANDES, Bernardo Mançano; MEDEIROS, Leonilde Servolo de; PAULILO, Maria Ignez. (orgs.). *Lutas camponesas contemporâneas*: condições, dilemas e conquistas. O campesinato como sujeito político nas décadas de 1950 a 1980. São Paulo: Editora Unesp: Brasília, DF: Núcleo de Estudos Agrários e Desenvolvimento Rural, v. 1, p. 171-200, 2009.

PALMEIRA, M. Feira e Mudança Econômica. *Vibrant* (Florianópolis), v. 11, p. 324-360, 2013.

PEREIRA DE QUEIROZ, Maria Isaura. *La guerre sainte au Brésil:* le mouvement messianique du Contestado. São Paulo: Faculdade de Filosofia, Ciências e Letras da USP, 1957.

PEREIRA, Edmundo M. M.; MENEZES, R.C. *Lutando e Cantando*: música, política e memória social dos trabalhadores rurais de Pernambuco. In: *26ª Reunião Brasileira de Antropologia.* Porto Seguro. 26a. RBA: Resumos e artigos, 2008.

PEREIRA, Rita de Cássia Mendes; GARCIA, Dayane (org.). *Arquivo e memória dos trabalhadores da cidade e do campo.* 1a ed. Rio de Janeiro/São Paulo: Arquivo Nacional/Central Única dos Trabalhadores, v. 1, 2014.

PERRUSO, Marco Antonio. *Em busca do "novo":* intelectuais brasileiros e movimentos populares nos anos 1970/80. São Paulo: Annablume, 2009.

PESSANHA, Elina; MEDEIROS, Leonilde Servolo de. (org.). *Resistência dos Trabalhadores na Cidade e no Campo*. 1a ed. São Paulo: Cedoc/CUT, v. 1, 2015.

PICOLOTTO, Everton Lazzaretti. *A formação de um sindicalismo de agricultores familiares no Sul do Brasil*. Sociologias, v. 16, n. 35, 2014.

PICOLOTTO, Everton Lazzaretti. *As mãos que alimentam a nação:* agricultura familiar, sindicalismo e política. Tese (Doutorado em Ciências Sociais) — Programa de Pós-graduação de Ciências Sociais em Desenvolvimento, Agricultura e Sociedade, UFRRJ, 2011.

PICOLOTTO, Everton Lazzaretti. *Os atores da construção da categoria agricultura familiar no Brasil*. Rev. Econ. Sociol. Rural [online]. v.52, suppl.1, p. 63-84, 2014. ISSN 0103-2003. Disponível em: http://dx.doi.org/10.1590/S0103-20032014000600004.

PICOLOTTO, Everton Lazzaretti; MEDEIROS, Leonilde. *A representação política no sindicalismo rural*: antigos e novos atores. Paper apresentado no 40º Encontro Anual da Anpocs. Minas Gerais, 2016.

PIMENTA, S. D. C. *Participação, poder e democracia: mulheres trabalhadoras no sindicalismo rural*. Cadernos de Trabalho NETSAL, v. 1, p. 1-29, 2013a.

PIMENTA, S. D. C. Participação, poder e democracia: mulheres trabalhadoras no sindicalismo rural. In: SILVA, E. M.; SOARES, L. B. *et al*. (org.). *Políticas públicas e formas societárias de participação*. Belo Horizonte: Fafich/UFMG, p. 155-184, 2013b.

PIMENTA, S. D. C. Trabalhadoras do campo e da floresta: diversidade, protagonismo político e desafios na construção da unidade. In: *Congreso de la Asociación Latinoamericana de Sociología Rural*, 9, Cidade do México, 2014.

PIMENTA, S. D. *Experiências em trajetórias de mulheres rurais: engajamento sindical, feminismos e subjetividades*. Tese (Doutorado em Psicologia) — Universidade Federal de Minas Gerais, Belo Horizonte, 2019.

PINTO, L. G. *A Contag de 64 a 76:* reflexões sobre a agricultura brasileira. Rio de Janeiro: Paz e Terra, 1979.

PINTO, L. G. *A Contag de 64 a 76:* reflexões sobre a agricultura brasileira. Rio de Janeiro: Paz e Terra, 1979.

POLLAK, Michel. Memória e Identidade Social. In: *Estudos Históricos*, Rio de Janeiro, v. 2, n. 3, p. 3-15, 1992.

POLLAK, Michel. Memória, esquecimento, silêncio. In: *Estudos Históricos*, Rio de Janeiro, v. 2, n. 3, p. 03-15, 1989.

POULANTZAS, Nicos. *O Estado, o Poder e a Revolução.* Rio de Janeiro: Edições Graal, 1981.

PRICE, Robert. *Rural Unionization in Brazil*. Pesquisa nº 14. Madison, Wisc.: Land Tenure Center, 1964.

RAMOS, Carolina. *Capital e trabalho no sindicalismo rural brasileiro:* uma análise sobre a CNA e sobre a CONTAG (1964-1985). Tese (Doutorado), Programa de Pós-Graduação em História, Universidade Federal Fluminense, Niterói, 2011a.

RAMOS, Carolina. *Contag:* distantes abordagens e base social. Anais do XXVI Simpósio Nacional de História — ANPUH. São Paulo, julho 2011b. Disponível em: http://www.snh2011.anpuh.org/resources/anais/14/1300648291_ARQUIVO_textoanpuh.pdf. Acesso em: 11 mar. 2023.

REIS, M. José; SCHERER-WARREN, Ilse. *As Barragens do Uruguai*: A Dinâmica de um Movimento Social. Boletim de Ciências Sociais, n. 42, p. 25-48, 1986.

RIBAS, Luiz Otávio. *Direito insurgente na assessoria jurídica de movimentos populares*. 2015. 205 f. Tese (Doutorado em Direito) — Programa de Pós-Graduação em Direito, Universidade do Estado do Rio de Janeiro, Rio de Janeiro, 2015.

RICCI, Rudá. A maior estrutura sindical do Brasil: papel do sindicalismo de trabalhadores rurais no pós-1964. In: FERNANDES, Bernardo Mançano; MEDEIROS, Leonilde Servolo de; PAULILO, Maria Ignez. (orgs.). *Lutas camponesas contemporâneas*: condições, dilemas e conquistas. O campesinato como sujeito político nas décadas de 1950 a 1980. São Paulo: Editora UNESP; Brasília, DF: Núcleo de Estudos Agrários e Desenvolvimento Rural, v. 1, 2009.

RICCI, Rudá. *Terra de ninguém:* Representação sindical no Brasil. Campinas, Editora da Unicamp, 1999.

RODRIGUES, Iram Jácome; LADOSKY, Mario Henrique Guedes. *Paradoxos do sindicalismo brasileiro:* a CUT e os trabalhadores rurais. Lua Nova, São Paulo, n. 95, p. 87-142, ago. 2015.

SADER, Eder. *Quando novos personagens entraram em cena:* experiências, falas e lutas dos trabalhadores da Grande São Paulo, 1970/1980. Rio de Janeiro: Paz e Terra, 1988.

SANTANA, Marco Aurélio. *Homens Partidos*. Comunistas e sindicatos no Brasil. São Paulo: Boitempo, 2001.

SANTANA, Marco Aurélio; BRAGA, Ruy. O pêndulo oscilante: sociologia do trabalho e movimento sindical no Brasil. Salvador: *Caderno CRH*, v. 22, n. 56, p.297-309, maio/ago. 2009.

SANTANA, Marco Aurélio; RODRIGUES, Vicente A. C. *Direito à memória e à verdade.* Rio de Janeiro: Arquivo Nacional; São Paulo: Central Única dos Trabalhadores, 2015.

SARTI, Cynthia A. *Feminismo e contexto:* lições do caso brasileiro. Cad. Pagu, no.16, p.31-48, 2001.

SAUER, S. *et al. Comissão Camponesa da Verdade*: Relatório final: violações de direitos no campo 1946 a 1988. 1. ed. Brasília: Dex-Unb e Senado Federal, v. 1. 638p, 2015.

SAUER, Sérgio. (org.). *Lutas, memórias e violações no campo brasileiro*: conflitos, repressão e resistência no passado e presente. São Paulo: Outras Expressões, 2020.

SAWICKI, Frédéric; SIMÉANT, Johanna. *Inventário da sociologia do engajamento militante:* nota crítica sobre algumas tendências recentes dos trabalhos franceses. Sociologias, v. 13, n. 28, p. 200-255, 2011.

SCHAAF, A. V. D. *Jeito de mulher rural:* a busca de direitos sociais e da igualdade de gênero no Rio Grande do Sul. Passo Fundo: UPF, 2001.

SCHERER-WARREN, Ilse. *Das mobilizações às redes de movimentos sociais*: Revista Sociedade e Estado, Brasília, v. 21, n. 1, p. 109-130, jan./abr. 2006.

SCHERER-WARREN, Ilse. *Redes de Movimentos Sociais*. São Paulo: Loyola, 1993.

SCOTT, James C. Formas cotidianas de resistência camponesa. In: *Raízes*. Campina Grande, vol. 21, nº 01, p. 10-31, jan./jun. 2002.

SIGAUD, Lygia. *A luta de classes em dois atos*: notas sobre um ciclo de greves camponesas. Dados, v. 29, 1986.

SIGAUD, Lygia. A luta de classes em dois atos: notas sobre um ciclo de greves camponesas. In: FERNANDES, Bernardo Mançano; MEDEIROS, Leonilde Servolo de; PAULILO, Maria Ignez. (orgs.). *Lutas camponesas contemporâneas*: condições, dilemas e conquistas. O campesinato como sujeito político nas décadas de 1950 a 1980. São Paulo: Editora UNESP; Brasília, DF: Núcleo de Estudos Agrários e Desenvolvimento Rural, v.1, 2009.

SIGAUD, Lygia. *Greve nos engenhos.* Rio de Janeiro, Paz e Terra, 1980.

SIGAUD, Lygia. *Os clandestinos e os direitos*. São Paulo: Duas Cidades, 1979.

SIGAUD, Lygia. Para Que Serve Conhecer o Campo? In: SÉRGIO, Miceli. (org.). *Temas e Problemas de Pesquisa em Ciências Sociais*. São Paulo: Sumare, p. 30-42, 1992.

SILIPRANDI, E.; CINTRÃO, R. Mulheres rurais e políticas públicas no Brasil: abrindo espaços para o seu reconhecimento como cidadãs. In: GRISA, C.; SCHNEIDER, S. (org.). *Políticas públicas de desenvolvimento ruralno Brasil*. Porto Alegre: Editora da UFRGS, 2015. (Série Estudos Rurais).

SILVA, B. R.; MEDEIROS, Leonilde Servolo de. (org.). *Bráulio Rodrigues da Silva.* Memórias da luta pela terra na Baixada Fluminense. 1. ed. Rio de Janeiro: Mauad e Editora da UFRRJ, v. 1., 102 p., 2008.

SILVA, Fabricio Pereira da. Entre nação e cidadania. Um olhar sobre as relações entre movimentos sociais e Estados refundados nos Países Andinos, a partir de teorias participativas da democracia. In: *XVI Congresso Brasileiro de Sociologia, 2013.* Salvador: XVI Congresso Brasileiro de Sociologia, 2013.

SILVA, Fabricio Pereira da. Estado, movimentos sociais e democracia nos Andes. In: V Seminário Nacional Estado e Políticas Sociais, 2011, Cascavel. *As políticas sociais nas transições latino-americanas no século XXI:* tendências e desafios, 2011.

SILVA, Iby Montenegro de. *A Contag em perspectiva:* um estudo sobre a formação política. Dissertação (Mestrado em Ciências Sociais) — Universidade Federal Rural do Rio de Janeiro, Instituto de Ciências Humanas e Sociais, 2013.

SILVA, José. Graziano. *A modernização dolorosa*. Rio de Janeiro, Zahar, 1981.

SILVA, M. K. *De volta aos movimentos sociais?* — Reflexões a partir da literatura brasileira recente. Revista Ciências Sociais Unisinos, v. 46, p. 2-9, 2010.

SILVA, Marcelo Kunrath; ARAUJO, Gabrielle Oliveir; PEREIRA, Matheus Mazzilli. Análise de Eventos de Protesto no Estudo dos Repertórios Associativos. In: ROBERTT, Pedro; RECH, Carla M.; LISDERO, Pedro; FACHINETTO, Rochele Fellini. (org.). *Metodologia em Ciências Sociais Hoje:* práticas, abordagens e experiências de investigação. 1ed., Jundiaí: Paco Editorial, v. 2, p. 311-330, 2016.

SOCIEDADE E ESTADO. 2006. Volume 21, número 1. Disponível em: http://www.scielo.br/scielo.php?script=sci_issuetoc&pid=0102-699220060001&lng=pt&nrm=iso. Acesso em: 23 abr. 2010.

SOUZA, C. A. A. de. *Os empates como forma de resistência no modo de vida dos seringueiros da amazônia ocidental:* a constituição social de um termo. CLIO: Revista de Pesquisa Histórica, 18(1), 1998.

STAMPA, Inez; MARQUES, Antonio José. (org.). *O Mundo dos Trabalhadores e seus Arquivos*. 2. ed. São Paulo e Rio de Janeiro: CUT Brasil e Arquivo Nacional, 2010.

STAMPA, Inez; NETTO, Rodrigo de Sá. (org.). *Arquivos da repressão e da resistência:* comunicações do I Seminário Internacional Documentar a Ditadura. 1. ed. Rio de Janeiro: Arquivo Nacional — Centro de Referência Memórias Reveladas, v. 1, 2013.

TARROW, Sidney. *Democracy and Disorder*: Protest and Politics in Italy, 1965- 1975. Oxford: Clarendon Press, 1989

TARROW, Sidney. *O poder em movimento:* movimentos sociais e confronto político. Petrópolis: Vozes, 2009.

TATAGIBA, L.; GALVÃO, A. *Os protestos no Brasil em tempos de crise (2011-2016).* Opinião Pública, 25 (1), 2019. DOI: https://doi.org/10.1590/1807-0191201925163

TAVARES DOS SANTOS, José Vicente. *A construção da viagem inversa:* ensaio sobra a investigação nas ciências sociais. Cadernos de Sociologia, Porto Alegre, v. 3, n. 3, p. 55-88, 1991.

TAVARES, Ricardo. *CONTAG, da ditadura à transição* — memória social e construção política do "campesinato". Dissertação de Mestrado apresentada ao Instituto Universitário de Pesquisa do Rio de Janeiro. Rio de Janeiro, 2 v, 1992.

TEIXEIRA, M. A. Formas de ação coletiva: reflexões a partir dos conflitos por terra em Magé, RJ, *Política e Sociedade,* V. 15, N. 29, may-august, 2015.

TEIXEIRA, M. A. *Movimentos sociais populares em tempos de ascensão das novas direitas:* a Marcha das Margaridas. Caderno CRH, 34, 2021. DOI: https://doi.org/10.9771/ccrh.v34i0.42777

TEIXEIRA, M. A. S. *Conflitos por terra em diferentes configurações:* um estudo de caso em Magé, RJ. Dissertação (Mestrado em Ciências Sociais) — Programa de Pós-graduação de Ciências Sociais em Desenvolvimento, Agricultura e Sociedade, Instituto de Ciências Humanas e Sociais. Departamento de Agricultura e Sociedade, Universidade Federal Rural do Rio de Janeiro, 2011.

TEIXEIRA, M. A.; LUIZ, J.; CARVALHO, P. D. *Cross-Movement in Latin America:* Lessons from the Mercosur Confederation of Family Farming Organisations (Coprofam). Moving the Social: Journal of Social History and the History of Social Movements, v. 63, p. 41-63, 2020.

TEIXEIRA, M. A.; MOTTA, R. *Unionism and feminism:* alliance building in the Brazilian Marcha das Margaridas. Social Movement Studies, v. 21, Issue 1-2, 135-151, 2020.

TEIXEIRA, Marco Antonio dos Santos. *Conflitos por terra em diferentes configurações:* um estudo de caso em Magé, RJ. Dissertação (Programa de Pós-graduação de Ciências Sociais em Desenvolvimento, Agricultura e Sociedade). Instituto de Ciências Humanas e Sociais. Departamento de Agricultura e Sociedade, Universidade Federal Rural do Rio de Janeiro (UFRRJ), Seropédica/RJ, 2011.

TEIXEIRA, Marco Antonio dos Santos. *Os trabalhadores rurais e as lutas no campo na Baixada (1964-1979)*. Monografia (Bacharelado). Escola de História do Centro de Ciências Humanas e Sociais da Universidade Federal do Estado do Rio de Janeiro (UNIRIO), 2009.

TELLES, Vera da Silva. Movimentos sociais: reflexões sobre a experiência dos anos 70. In: SCHERER-WARREN, Ilse; KRISCHKE, P. J. (orgs.). *Uma Revolução no Cotidiano?* Os Novos Movimentos Sociais na América Latina. São Paulo: Brasiliense, 1987.

THOMPSON, E. P. *A formação da classe operária inglesa:* A árvore da liberdade. Tradução Denise Bottmann. Rio de Janeiro: Paz e Terra, v. 1, 1987.

THOMPSON, E. P. *A miséria da teoria ou um planetário de erros:* uma crítica ao pensamento de Althusser. Rio de Janeiro: Zahar Editores, 1981.

THOMPSON, E. P. *Costumes em comum:* estudos sobre a cultura popular e tradicional. São Paulo: Companhia das Letras, 1998.

THOMPSON, E. P. *Plebeische Kultur und moralische Ökonomie.* Aufsätze zur englischen Sozialgeschichte des 18. und 19. Jahrhunderts. Ausgewählt und eingeleitet von Dieter Groh. Ullstein. Frankfurt/Berlin/Wien: 1990.

TILLY, Charles. Contentious repertoires in Great Britain, 1758-1834. In: TRAUGOTT, Mark. (org.). *Repertoires and cycles of collective action.* Durham, NC: Duke University Press, p. 15-42, 1995.

TILLY, Charles. *From mobilization to revolution.* Nova York: Random House, 1978.

TOURAINE, Alain. *O retorno do ator* — Ensaio sobre sociologia. Trad. Armando Pereira da Silva. Lisboa: Instituto Piaget, 1984. (Colecção Economia e Política).

TURA, Letícia Rangel. *Gritos do campo*: reconhecimento político e exercício da cidadania no Pará. 1996. Dissertação (Mestrado em Sociologia) — Rio de Janeiro: PPGSA/IFCS. 1996.

WEBER, Max. *Ensaios de sociologia*. Rio de Janeiro: Zahar Editores, 1979.

WEFFORT, Francisco. *Participação e conflito industrial:* Contagem e Osasco. São Paulo: CEBRAP, 1972.

WILKIE, Mary W. A *Report of Rural Syndicates in Pernambuco*. Mimeografado. Madinson, Wisc.: Land Tenure Center, 1964.

ZARZAR, Andrea Lorena Butto. *Movimentos sociais de mulheres rurais no Brasil*: a construção do sujeito feminista. Tese (doutorado) — Universidade Federal de Pernambuco, CFCH. Programa de Pós-Graduação em Sociologia, Recife, 2017.

LISTA DE ABREVIATURAS E SIGLAS

ADI	Ação Direta de Inconstitucionalidade
AIAF	Ano Internacional da Agricultura Familiar
AMB	Articulação das Mulheres Brasileiras
AMRU	Associação de Mulheres Rurais do Uruguai
ANA	Articulação Nacional de Agroecologia
Anvisa	Agência Nacional de Vigilância Sanitária
AP	Ação Popular
BNDES	Banco Nacional de Desenvolvimento Econômico e Social
Capoib	Conselho da Articulação dos Povos Indígenas no Brasil
CCP	Central Campesina do Peru
CCV	Comissão Camponesa da Verdade
CEAAL	Conselho de Educação Popular da América Latina e Caribe
Cecosne	Centro de Comunicação Social do Nordeste
Cese	Coordenadoria Ecumênica de Serviço
Cesir	Centro de Estudo Sindical Rural
CGT	Comando Geral dos Trabalhadores
CID/Contag	Centro de Documentação e Informação da Contag
CIOEC	Coordenador de Integração de Organizações Econômicas Campesinas da Bolívia
Ciosl	Confederação Internacional de Operários e Sindicatos Livres

CLT	Consolidação das Leis do Trabalho
CNETTR	II Congresso Nacional Extraordinário dos Trabalhadores e Trabalhadoras Rurais
CNJTTR	Comissão Nacional de Jovens Trabalhadores e Trabalhadoras Rurais
CNMTR	Comissão Nacional das Mulheres Trabalhadoras Rurais
CNPJ	Cadastro Nacional da Pessoa Jurídica
CNS	Conselho Nacional dos Seringueiros
CNTA	Confederação Nacional dos Trabalhadores na Agricultura
CNTR	Congresso Nacional dos Trabalhadores Rurais
CNTTR	Congresso Nacional dos Trabalhadores e Trabalhadoras Rurais
Conab	Companhia Nacional de Abastecimento
Conae	Conferência Nacional de Educação
Conclat	Conferência Nacional da Classe Trabalhadora
Concut	Congresso Nacional da CUT
Conjuve	Conselho Nacional de Juventude
Consir	Comissão Nacional de Sindicalização Rural
Contag	Confederação Nacional dos Trabalhadores e Trabalhadoras na Agricultura
Contag	Confederação Nacional dos Trabalhadores Rurais Agricultores e Agricultoras Familiares
Contar	Confederação Nacional dos Trabalhadores Assalariados Rurais
Contec	Confederação Nacional dos Trabalhadores nas Empresas de Crédito
Contraf Brasil	Confederação Nacional dos Trabalhadores e Trabalhadoras na Agricultura Familiar do Brasil

Coprofam	Confederação de Organizações de Produtores Familiares, Campesinos e Indígenas do Mercosul Ampliado
CPT	Comissão Pastoral da Terra
CTB	Central dos Trabalhadores e Trabalhadoras do Brasil
CUT	Central Única dos Trabalhadores
DETRs/CUT	Departamentos Estaduais de Trabalhadores Rurais da CUT
Dieese	Departamento Intersindical de Estatística e Estudos Socioeconômicos
DNT	Departamento Nacional do Trabalho
DNTR/CUT	Departamento Nacional de Trabalhadores Rurais da Central Única dos Trabalhadores
DOPS	Departamento de Ordem Política e Social
Embrapa	Empresa Brasileira de Pesquisa Agropecuária
Enafor	Encontros Nacionais de Formação
Enfoc	Escola Nacional de Formação da Contag
FAA	Federação Agrária Argentina
FAO	Organização das Nações Unidas para Alimentação e Agricultura
Fase	Federação de Órgãos para Assistência Social e Educacional
FAT	Fundo de Amparo ao Trabalhador
Feraesp	Federação de Empregados e Assalariados Rurais
Fetaesp	Federação de Trabalhadores Rurais de São Paulo
Fetag/RJ	Federação dos Trabalhadores na Agricultura do Estado do Rio de Janeiro
Fetagri-PA	Federação dos Trabalhadores na Agricultura do Pará
Fetags	Federação de Trabalhadores na Agricultura
Fetape	Federação dos Trabalhadores na Agricultura do Estado de Pernambuco

Fetraf	Federação dos Trabalhadores na Agricultura Familiar
Fetrafesc	Federação dos Trabalhadores na Agricultura Familiar de Santa Catarina
FHC	Fernando Henrique Cardoso
FIDA	Fundo Internacional de Desenvolvimento Agrícola
Finep	Financiadora de Estudos e Projetos
Fiocruz	Fundação Oswaldo Cruz
FNE	Fórum Nacional de Educação
FNO	Fundo Constitucional de Financiamentos do Norte
FNUAP	Fundo de População das Nações Unidas
Fundo SAAP	Fundo Serviço de Análise e Assessoria a Projetos
Funrural	Fundo de Assistência ao Trabalhador Rural
GTA da Amazônia	Grupo de Trabalho Amazônico
GTB	Grito da Terra Brasil
GTZ	Deutsche Gesellschaft für Technische Zusammenarbeit
IBGE	Instituto Brasileiro de Geografia e Estatística
Ibra	Instituto Brasileiro de Reforma Agrária
Iesp	Instituto de Estudos Sociais e Políticos
IICA	Instituto Interamericano de Cooperação para a Agricultura
Incra	Instituto Nacional de Colonização e Reforma Agrária
Inda	Instituto Nacional de Desenvolvimento Agrário
INSS	Instituto Nacional do Seguro Social
Ipea	Instituto de Pesquisa Econômica Aplicada
ITR	Imposto Territorial Rural
JEC	Juventude Estudantil Católica
JOC	Juventude Operária Católica

JUC	Juventude Universitária Católica
MAB	Movimento dos Atingidos por Barragens
Mama	Movimento Articulado de Mulheres da Amazônia
Mapa	Ministério da Agricultura, Pecuária e Abastecimento
Master	Movimento dos Agricultores Sem Terra
MDA	Ministério do Desenvolvimento Agrário
Mercosul	Mercado Comum do Sul
MIQCB	Movimento Interestadual das Quebradeiras de Coco
MLT	Movimento de Luta pela Terra
MMA	Movimento de Mulheres Agricultoras de Santa Catarina
MMC	Movimento das Mulheres Camponesas
MMM	Marcha Mundial de Mulheres
MMTR-NE	Movimento de Mulheres Trabalhadoras Rurais do Nordeste
MMTR-RS	Movimento de Mulheres Trabalhadoras do Rio Grande do Sul
Monape	Movimento Nacional dos Pescadores
MPA	Movimento dos Pequenos Agricultores
MQCB	Movimento das Quebradeiras de Coco
MST	Movimento dos Trabalhadores Rurais sem Terra
MSTR	Movimento Sindical dos Trabalhadores Rurais
MSTTR	Movimento Sindical dos Trabalhadores e Trabalhadoras Rurais
MTE	Ministério do Trabalho e Emprego
MTPS	Ministério do Trabalho e Previdência Social
MUCHECH	Movimento Unitário de Campesinos e Etnias do Chile
Nead	Núcleo de Estudos Agrários e Desenvolvimento Rural

NMSPP/CPDA/UFRRJ	Núcleo de Estudos, Pesquisa e Referência sobre Movimentos Sociais e Políticas Públicas no Campo do Programa de Pós-graduação em Desenvolvimento, Agricultura e Sociedade da Universidade Federal Rural do Rio de Janeiro
OEA	Organização dos Estados Americanos
OIT	Organização Internacional do Trabalho
ONGs	Organizações Não Governamentais
ONU	Organização das Nações Unidas
PAA	Programa de Aquisição de Alimentos
PADRS	Projeto Alternativo de Desenvolvimento Rural Sustentável
PADRSS	Projeto Alternativo de Desenvolvimento Rural Sustentável e Solidário
PCB	Partido Comunista Brasileiro
PCdoB	Partido Comunista do Brasil
PDS	Partido Democrático Social
PFL	Partido da Frente Liberal
PIB	Produto Interno Bruto
PMDB	Partido do Movimento Democrático Brasileiro
PNAE	Programa Nacional de Alimentação Escolar
PNRA	Plano Nacional de Reforma Agrária da Nova República
PNTTR	Plenária Nacional dos Trabalhadores e Trabalhadoras Rurais
PPA	Plano Plurianual
PPGAS/MN	Programa de Pós-graduação em Antropologia Social do Museu Nacional
Pronaf	Programa Nacional de Fortalecimento da Agricultura Familiar
Provap	Programa de Valorização da Pequena Produção Rural

PSB	Partido Socialista Brasileiro
PSDB	Partido da Social Democracia Brasileira
PT	Partido dos Trabalhadores
PTB	Partido Trabalhista Brasileiro
Reaf	Rede Especializada sobre Agricultura Familiar
Rede LAC	Rede de Trabalhadoras Rurais Latino-Americana e do Caribe
SAF	Secretaria de Agricultura Familiar
SAR	Serviço de Assistência Rural
SDT	Secretaria de Desenvolvimento Territorial
SNJ	Secretaria Nacional de Juventude
SOF	Sempre Viva Organização Feminista
Sorpe	Serviço de Orientação Rural de Pernambuco
SPM	Secretaria Especial de Políticas Para as Mulheres
SSB	Sindicalismo Socialista Brasileiro
STR	Sindicato dos Trabalhadores Rurais
STTR	Sindicato dos Trabalhadores e Trabalhadoras Rurais
Supra	Superintendência da Reforma Agrária
Supra	Superintendência de Política Agrária (Supra)
SUS	Sistema Único de Saúde
TRT	Tribunal Regional do Trabalho
UBM	União Brasileira de Mulheres
Uerj	Universidade do Estado do Rio de Janeiro
UFRJ	Universidade Federal do Rio de Janeiro
Ultab	União dos Lavradores e Trabalhadores Agrícolas do Brasil
UnB	Universidade de Brasília

Unicafes	União Nacional das Cooperativas de Agricultura Familiar e Economia Solidária
Unicef	Fundo das Nações Unidas para a Infância
Unifem	Fundo de Desenvolvimento das Nações Unidas para a Mulher
Unirio	Universidade Federal do Estado do Rio de Janeiro
WRF	World Rural Forum

ANEXO 1 | DESCRIÇÃO DAS AÇÕES DA CONTAG CONFORME TIPOLOGIA DAS AÇÕES

AÇÕES DE REPRODUÇÃO SOCIAL

AÇÕES INTERNAS	
Ações de expansão do Sistema Contag	Criação de novos sindicatos, federações, polos sindicais e demais instâncias do MSTTR.
Apoio e/ou participação em atividades promovidas por entidades de base da Contag	Apoio, participação em ações, reuniões e encontros diversos das entidades de base – federações, filiadas à Contag, e STTRs, filiados às federações.
Atividades administrativas, financeiras e eleitorais	Ações de gestão da entidade e o trabalho de organização das eleições internas da própria Contag.
Atividades de avaliação, pesquisa, debate ou planejamento da Contag	Reuniões de diretoria, da diretoria com assessores e funcionários, do conselho fiscal, dos conselhos de representantes, das comissões eleitorais, encontros e seminários nacionais, regionais, estaduais ou municipais de avaliação, planejamento, debates, preparação de congressos, realizações de pesquisas, estudos ou levantamentos de dados, entre outros. Os temas tratados nessas ações incluem questões relativas ao escopo temático e à rotina, administração e manutenção da entidade.
Atividades de formação da Contag	Ações que explicitam claramente que são de formação, como cursos, capacitações, treinamentos de líderes, aperfeiçoamento de equipes. O que o MSTTR chama de "formação programada".

AÇÕES DE REPRODUÇÃO SOCIAL (cont.)

AÇÕES INTERNAS	
Eventos	Solenidades de posses, festas de confraternização, inaugurações de sedes e novas instalações da própria Contag.
AÇÕES DE ARTICULAÇÃO COM ATORES DA SOCIEDADE CIVIL	
Articulação com instituições de classe	Participação em atividades promovidas por instituições de classe, como reuniões, visitas técnicas, congressos. As instituições de classe se referem a organizações de trabalhadores, diferenciando-se das instituições da sociedade civil somente em termos descritivo, para identificar as situações em que a Contag se relaciona com organizações de trabalhadores daquelas em que interagem com outras organizações, de setores populares, identitários etc. (classificadas como da sociedade civil).
Articulação com instituições internacionais	Situações de contato ou participação em atividades promovidas por instituições internacionais, como eventos, reuniões e visitas.
Articulação com instituições religiosas	Participação em atividades promovidas por instituições religiosas, como reuniões, e do envio de documentos para instituições religiosas diversas, como CPT, CNBB e até mesmo para o Papa.
Outros	Participação em fóruns e atividades promovidas por instituições da sociedade civil, como reuniões, visitas a alguma entidade ou a algum local e congressos.

FORMAS DE AÇÕES COLETIVAS

AÇÕES DIRIGIDAS À SOCIEDADE	
Concessão de entrevista	Geralmente destinadas à sociedade em geral. Podem ser de apoio a uma causa, de esclarecimento, de opinião, de repúdio, de protesto, de denúncia, de reivindicação. Tratam de temas como a denúncia de situações de violência, prestam solidariedade às lutas de trabalhadores rurais e outros setores populares, criticam decisões do governo, esclarecem a opinião pública etc.
Participação da Contag em palestras e atividades de pesquisa	Falas de membros da Contag nas universidades, entidades sindicais, instituições estatais, instituições religiosas e outros espaços tratando de temas variados, como a problemática agrária ou agrícola no país, com intenção de difundir uma determinada visão política sobre dada questão. Compreende a participação em seminários, congresso, reunião de debate, almoço, encontros. Também trata da participação da confederação em atividades em colaboração com universidades, como o acompanhamento e colaboração com pesquisas e participação como patrono de turma concluinte de um curso.
Publicações	Produção e divulgação de materiais sobre a visão da Contag em relação à determinados temas. Isso é feito por meio dos jornais, boletins, publicações, apostilas, livros etc. Vale destacar que muitos desses materiais são elaborados com fim formativo e informativo para os trabalhadores rurais.

FORMAS DE AÇÕES COLETIVAS (cont.)

AÇÕES DIRIGIDAS AO ESTADO	
Ação institucional (poder executivo estadual)	Audiência com representante do Estado; participação em atividades promovidas por instituições do Estado; reunião com instituições estatais.
Ação institucional (poder executivo federal)	Audiência com representante do Estado; convênio com o Estado; envio de documento à instituição do Estado; gestão junto a autoridades do Estado; participação de representante do Estado em atividade promovida pela Contag; participação em atividades promovidas por instituições do Estado; participação em espaços participativos do Estado; reunião com instituições estatais; visita à projetos de assentamento; visita de instituições do Estado; visita técnica com representantes do Estado.
Ação institucional (poder judiciário)	Qualquer relação com entidade do Poder Judiciário desenvolvida pela Contag.
Ação institucional (poder legislativo estadual)	Participação em atividades promovidas por instituições do Estado (poder legislativo estadual).
Ação institucional (poder legislativo federal)	Participação em atividades promovidas por instituições do Estado (poder legislativo municipal).
Ação institucional (poder legislativo municipal)	Audiência com representante do Estado, participação em atividades promovidas por instituições do Estado, visita de instituições do Estado, reunião com instituições estatais e envio de documento à instituição do Estado.

FORMAS DE AÇÕES COLETIVAS (cont.)

AÇÕES DIRIGIDAS À SOCIEDADE E ESTADO	
Abaixo-assinado	Formas de apresentar uma demanda coletiva por meio de adesão de pessoas e grupos.
Ações dirigidas às empresas	Tratam basicamente de tentativas de negociações com empresários e contam com a participação ou mediação de entidades estatais.
Campanhas	Referem-se às ações organizadas geralmente com a intenção de criar um debate público, informar a sociedade sobre determinado tema, reivindicar algo ao poder público. Muitas vezes, é desenvolvida em colaboração com outros movimentos, organizações ou entidades.
Campanhas salariais	São manifestações de assalariados rurais em busca de melhorias salariais e condições de trabalho. Nesse caso, geralmente o foco da ação é a negociação com o patrão. O Estado participa como interlocutor permanente que acompanha e regula o processo de negociação.
Manifestações coletivas	Marchas, protestos e ações de massa no espaço público, que geralmente buscam denunciar algum aspecto e/ou demandar alguma mudança ao Estado ou a algum agente privado, principalmente. Podem ser locais, estaduais, regionais, nacionais ou internacionais e podem ocorrer em diferentes locais ao mesmo tempo. Provavelmente as formas de ação mais conhecidas e associadas à atuação de movimentos sociais.

ANEXO 2 | ENTREVISTAS CONSULTADAS[355]

ENTREVISTADO(A)	UF	PERFIL NO MOMENTO DA ENTREVISTA
Alessandra da Costa Lunas	RN	Secretária de Mulheres da Contag
Antoninho Rovaris	SC	Secretário de Meio Ambiente da Contag
Aristides Veras dos Santos	PE	Secretário de Finanças e Administração Sindical
Aristides Veras dos Santos	PE	Secretário de Finanças e Administração Sindical
Armando Santos Neto	PE	Assessor de Jovens Trabalhadores e Trabalhadoras Rurais
David Wylkerson Rodrigues de Souza	CE	Secretário de Política Agrícola
Dorenice Flor da Cruz	MT	Secretária geral da Contag
Elias D'Ângelo Borges	GO	Secretário de Assalariados Rurais da Contag
Elias D'Ângelo Borges	GO	Secretário de Assalariados Rurais da Contag
Francisca Rocicleide Pereira da Silva (Roci)	CE	Ex-assessora de mulheres da Contag. Diretora no MDS
Francisco Urbano Araújo Filho	RN	Ex-dirigente da Contag, tendo sido presidente entre 1992 e 1998

355 Todas as entrevistas foram feitas por mim, com exceção das entrevistas com Josefa Martins Reis (Zefinha), José Francisco da Silva e Maria José Costa Arruda (Zezé), conforme indicado na tabela.

DATA	LOCAL	TEMPO TOTAL DO ÁUDIO
26/10/2015	Contag, Brasília	02:03:26
27/10/2015	Contag, Brasília	01:17:49
26/11/2015	Contag, Brasília	01:37:56
27/11/2015	Contag, Brasília	01:28:49
27/11/2015	Contag, Brasília	01:26:46
23/10/2015	Contag, Brasília	01:47:37
20/10/2015	Contag, Brasília	01:06:24
20/10/2015	Contag, Brasília	01:02:41
21/10/2015	Contag, Brasília	01:10:06
29/11/2015	Casa da entrevistada, Brasília	02:11:24
22/10/2015	SRA/MDA, Brasília	02:57:29

ENTREVISTADO(A)	UF	PERFIL NO MOMENTO DA ENTREVISTA
Francisco Urbano Araújo Filho	RN	Ex-dirigente da Contag, tendo sido presidente entre 1992 e 1998
Ivaneck Perez Alves	BA	Assessor Jurídico da Presidência da Contag
José Gonçalves	PE	Ex-assessor educacional da Contag
José Wilson de Souza Gonçalves	CE	Secretário de Políticas Sociais da Contag
Josefa Martins Reis (Zefinha) e José Francisco da Silva	PI e PE	Ex-assessora e ex-presidente da Contag, respectivamente. Entrevista feita para a pesquisa "Movimentos sociais e formação de militantes: uma reflexão sobre as experiências do meio rural brasileiro" por Leonilde Medeiros
Josefa Martins Reis (Zefinha) e José Francisco da Silva	PI e PE	Ex-Assessora e Ex-Presidente da Contag entre 1967 e 1989
Juraci Moreira Souto	MG	Secretário de Formação e Organização Sindical da Contag
Luiz Vicente Facco	RS	Assessor da Presidência da Contag
Margarida Pereira da Silva (Ilda)	PE	Ex-dirigente da Contag, coordenadora da CNMTR
Maria Elenice Anastácio	RN	Ex-Secretária de Jovens Trabalhadores e Trabalhadoras Rurais
Maria José Costa Arruda (Zezé)	MA	Assessora da Secretaria de Política Agrária da Contag. Entrevista feita por Leonilde Medeiros e Rosângela Cintrão
Maria José Costa Arruda (Zezé)	MA	Assessora da Secretaria de Política Agrária da Contag

DATA	LOCAL	TEMPO TOTAL DO ÁUDIO
24/10/2015	Contag, Brasília	03:48:51
28/10/2015	Contag, Brasília	02:35:43
24/10/2015	Casa do entrevistado, Brasília	02:32:39
29/10/2015	Contag, Brasília	02:00:47
Sem informação	Recife	Sem informação
17/03/2017	Centro de Convenções Ulysses Guimarães, Brasília	02:49:50
21/10/2015	Contag, Brasília	01:26:47
24/11/2015	Contag, Brasília	01:56:56
28/11/2015	Casa da filha da entrevistada, Brasília	01:42:06
16/03/2017	Centro de Convenções Ulysses Guimarães, Brasília	02:17:32
Sem informação	Sem informação	Sem informação
19/03/2015	Contag, Brasília	01:50:44

ENTREVISTADO(A)	UF	PERFIL NO MOMENTO DA ENTREVISTA
Maria José Morais Costa (Mazé)	PI	Secretária de Jovens Trabalhadores e Trabalhadoras Rurais
Maria Lúcia Santos de Moura	SE	Secretária de Trabalhadores e Trabalhadoras Rurais da Terceira Idade
Paulo Jarbas de Caldas Osório	RJ	Coordenador do Setor de Convênios e Projetos
Raimunda de Mascena	CE	Ex-dirigente da Contag, tendo sido coordenadora da CNMTR e secretária de formação e organização sindical
Raimunda de Mascena	CE	Ex-dirigente da Contag, tendo sido coordenadora da CNMTR e secretária de formação e organização sindical
Willian Clementino da Silva Matias	TO	Vice-presidente da Contag

DATA	LOCAL	TEMPO TOTAL DO ÁUDIO
27/11/2015	Contag, Brasília	00:43:00
24/11/2015	Contag, Brasília	01:34:26
25/11/2015	Contag, Brasília	01:25:24
25/10/2015	Casa da entrevistada, Brasília	02:45:40
22/10/2015	SPM/PR, Brasília	01:42:58
23/10/2015	Contag, Brasília	03:16:19

ANEXO 3 | DIRETORIAS DA CONTAG, 1963-2023

CARGOS	DEZ. 1963 - ABR. 1964
PRESIDENTE	Lyndolpho Silva (RJ)
1º VICE-PRESIDENTE	Manoel Gonçalo Ferreira (PE)
2º VICE-PRESIDENTE	José Leandro Bezerra da Costa (CE)
3º VICE-PRESIDENTE	José Gomes Novais (AL)
SECRETÁRIO-GERAL	Sebastião Lourenço de Lima (MG)
1º SECRETÁRIO	José Rodrigues dos Santos (PR)
2º SECRETÁRIO	João Almeida Cavalcante (PB)
TESOUREIRO-GERAL	Nestor Vera (SP)
2º TESOUREIRO	Manoel Lito Muniz (BA)

FONTE: Contag (1963a; 1993; s/d.); Jornal Terra Livre (Ano IV, nº 130, SP, janeiro de 1964).

CARGOS	ABR. 1964 - 1965
PRESIDENTE	José Rotta (SP)
1º VICE-PRESIDENTE	Ambrósio Ivo Aureliano (PE) e Agostinho José Neto (RJ)

FONTE: Silva (2013); Diário.

NOTA: Antes de José Rotta assumir a presidência da Contag, o Ministério do Trabalho e Previdência Social nomeou Nilton Horácio dos Santos como interventor no dia 08 de abril de 1964 para administrar a Contag por 15 dias.

CARGOS	1965-1968
PRESIDENTE	José Rotta (SP)
1º VICE-PRESIDENTE	Euclides Almeida do Nascimento (PE)
2º VICE-PRESIDENTE	Joaquim Batista Sobrinho (SE)
SECRETÁRIO-GERAL	João de Almeida Cavalcante (PB)
1º SECRETÁRIO	José Lázaro Dumont (PR)
2º SECRETÁRIO	Nabor Brito (SP)
TESOUREIRO-GERAL	Agostinho José Neto (RJ)
1º TESOUREIRO	Joaquim Damasceno (RN)
2º TESOUREIRO	Antonio João de Faria (RJ)

FONTE: Contag (1966; 1993; s/d.); Ramos (2011a); Tavares (1992).

NOTA: Os cargos foram descritos aqui conforme Contag (1966) e Tavares (1992). Ramos (2011a) descreveu João de Almeida Cavalcante como 3º vice-presidente, José Lázaro Dumont como secretário-geral, Nobor Bito como 1º secretário, Agostinho José Neto como 2º secretário, Joaquim Damasceno como tesoureiro-geral e Antonio João de Faria como 2º tesoureiro.

CARGOS	1968-1971
PRESIDENTE	José Francisco da Silva (PE)
1º VICE-PRESIDENTE	José Félix Neto (SE)
2º VICE-PRESIDENTE	Joaquim Alves Damasceno (RN)
SECRETÁRIO-GERAL	José Ary Griebler (RS)
1º SECRETÁRIO	Geraldo Francisco Miqueletti (PR)
2º SECRETÁRIO	João de Almeida Cavalcanti (PB)
TESOUREIRO-GERAL	Agostinho José Neto (RJ)
1º TESOUREIRO	José Benedito da Silva (AL)
2º TESOUREIRO	Otávio Ferreira Gomes (CE)

FONTE: Contag (1968; 1993; s/d.); Ramos (2011a).

NOTA: Os cargos foram descritos aqui conforme a ata de posse (Contag, 1968). Os dados citados por Ramos (2011a) divergem do que foi encontrado na ata. A autora citou que José Ary Griebler era 3º vice-presidente, Geraldo Francisco Miqueletti era secretário-geral, João de Almeida Cavalcanti era 1º secretário, Agostinho José Neto era 2º secretário e José Benedito da Silva era tesoureiro-geral..

CARGOS	1971-1974
PRESIDENTE	José Francisco da Silva (PE)
1º VICE-PRESIDENTE	Otávio Ferreira Gomes (CE)
2º VICE-PRESIDENTE	Francisco Urbano Araújo Neto (RN)
SECRETÁRIO-GERAL	Zacarias Pedro Schmitz (SC)
1º SECRETÁRIO	Acácio Fernandes dos Santos (RJ)
2º SECRETÁRIO	Agenor Procópio Machado (SP)
TESOUREIRO-GERAL	José Félix Neto (SE)

FONTE: Contag (1993; s/d.); Ramos (2011a).

CARGOS	1974-1977
PRESIDENTE	José Francisco da Silva (PE)
1º VICE-PRESIDENTE	Octávio Adriano Klafke (RS)
2º VICE-PRESIDENTE	Paulo Fernandes Trindade (ES)
3º VICE-PRESIDENTE	Jonas Pereira de Souza (MT)
SECRETÁRIO-GERAL	Francisco Urbano Araújo Neto (RN)
1º SECRETÁRIO	José Félix Neto (SE)
2º SECRETÁRIO	Leocádio Nunes de Oliveira (PI)
TESOUREIRO-GERAL	Acácio Fernandes dos Santos (RJ)
2º TESOUREIRO	José Benedito da Silva (AL)

FONTE: Contag (1993; s/d.); Ramos (2011a); Contag (1974); Maria José Costa Arruda (Zezé), ex-assessora da Contag.

NOTA: Contag (1993; s/d.) e Ramos (2011a) citam Otávio Ferreira Gomes como 1º vice-presidente. A ata de posse cita Octávio Adriano Klafke (Contag, 1974).

CARGOS	1977-1980
PRESIDENTE	José Francisco da Silva (PE)
1º VICE-PRESIDENTE	Roberto Toshio Horiguti (SP)
2º VICE-PRESIDENTE	Paulo Fernandes Trindade (ES)
3º VICE-PRESIDENTE	Orgenio Rott (RS)
SECRETÁRIO-GERAL	Francisco Urbano Araújo Neto (RN)
1º SECRETÁRIO	José Félix Neto (SE)
2º SECRETÁRIO	Henrique Gomes Vilanova (PI)
TESOUREIRO-GERAL	Acácio Fernandes dos Santos (RJ)
2º TESOUREIRO	José Benedito da Silva (AL)

FONTE: Contag (1993; s/d.; 1977; 1979a); Ramos (2011a).

CARGOS	1980-1983
PRESIDENTE	José Francisco da Silva (PE)
1º VICE-PRESIDENTE	Roberto Toshio Horiguti (SP)
2º VICE-PRESIDENTE	André Montalvão da Silva (MG)
3º VICE-PRESIDENTE	José Benedito da Silva (AL)
SECRETÁRIO-GERAL	Gelindo Zulmiro Ferri (RS)
1º SECRETÁRIO	Jonas Pereira de Souza (MT)
2º SECRETÁRIO	Eraldo Lírio de Azevedo (RJ)
TESOUREIRO-GERAL	Francisco Urbano Araújo Neto (RN)
2º TESOUREIRO	Henrique Gomes Vilanova (PI)

FONTE: Contag (1993; 1980; s/d.); Ramos (2011a).

CARGOS	1983-1986
PRESIDENTE	José Francisco da Silva (PE)
1º VICE-PRESIDENTE	Roberto Toshio Horiguti (SP)
2º VICE-PRESIDENTE	André Montalvão da Silva (MG)
3º VICE-PRESIDENTE	Estevam Nunes de Almeida (BA)
SECRETÁRIO-GERAL	Gelindo Zulmiro Ferri (RS)
1º SECRETÁRIO	Jonas Pereira de Souza (MT)
2º SECRETÁRIO	Eraldo Lírio de Azevedo (RJ)
TESOUREIRO-GERAL	Francisco Urbano Araújo Neto (RN)
1º TESOUREIRO	Osmar Antônio Araújo (PI)

FONTE: Contag (1983); Contag (1993; s/d.; 1985b); Ramos (2011a).

NOTA: Os cargos foram descritos aqui conforme a ata de posse, que menciona Osmar Antônio Araújo como 1º tesoureiro (Contag, 1983). Ramos (2011a) o citou como 2º tesoureiro.

CARGOS	1986-1989
PRESIDENTE	José Francisco da Silva (PE)
1º VICE-PRESIDENTE	Ezídio Vanelli Pinehiro (RS)
2º VICE-PRESIDENTE	Divino Goulart da Silva (GO)
3º VICE-PRESIDENTE	Francisco Sales de Oliveria (MA)
SECRETÁRIO-GERAL	André Montalvão da Silva (MG)
1º SECRETÁRIO	Jonas Pereira de Souza (MT)
2º SECRETÁRIO	Elio Neves (SP)
3º SECRETÁRIO-GERAL	Eraldo Lírio de Azevedo (RJ)
TESOUREIRO-GERAL	Francisco Urbano Araújo Neto (RN)
1º TESOUREIRO	Aloísio Carneiro (BA)
2º TESOUREIRO	Pedro Ramalho (MS)
3º TESOUREIRO	José Amadeu de Araújo (CE)

FONTE: Contag (s/d.; 1986; 1993; 1986); Maria José Costa Arruda (Zezé), ex-assessora da Contag.

CARGOS	1989-1992
PRESIDENTE	Aloísio Carneiro (BA)
1º VICE-PRESIDENTE	José Francisco da Silva (PE)
2º VICE-PRESIDENTE	José Amadeu Araújo (CE)
3º VICE-PRESIDENTE	Antenor Beni (PR)
SECRETÁRIO-GERAL	Erny Knortst (RS)
1º SECRETÁRIO	André Montalvão da Silva (MG)
2º SECRETÁRIO	Norberto Kortmann (SC)
3º SECRETÁRIO-GERAL	Vidor Jorge Faita (SP)
TESOUREIRO-GERAL	Francisco Sales de Oliveira (MA)
1º TESOUREIRO	Francisco Urbano Araújo Neto (RN)
2º TESOUREIRO	Pedro Ramalho (MS)
3º TESOUREIRO	Adevair N. de Carvalho (ES)

FONTE: Contag (1989; 1993; s/d.)

CARGOS	1992-1995 (5º CNTR)
PRESIDÊNCIA	Francisco Urbano Araújo Filho (RN)
1ª VICE-PRESIDÊNCIA	Aloísio Carneiro (BA)
2ª VICE-PRESIDÊNCIA	José Francisco da Silva (PE)
SECRETARIA-GERAL	Juarez Lopes Pereira (MG)
1ª SECRETÁRIA	Tereza dos Santos da Silva (MG)
TESOUREIRO-GERAL	Hilário Gottseling (SC)
1º TESOUREIRO	José Fialho (MS)
SECRETARIA DE POLÍTICA AGRÍCOLA	Itálico Cielo (RS)
SECRETARIA DE POLÍTICA SALARIAL	José Raimundo de Andrade (PB)
SECRETARIA DE POLÍTICA AGRÁRIA	Francisco Sales de Oliveira (MA)

FONTE: Contag (1991; s/d.); Maria José Costa Arruda (Zezé), ex-assessora da Contag.

NOTA: Pela primeira vez a diretoria é eleita em Congresso. Cria-se as primeiras secretarias por áreas ou setoriais.

CARGOS	1995-1998 (6º CNTR)
PRESIDÊNCIA	Francisco Urbano Araújo Filho (RN)
VICE-PRESIDÊNCIA E SECRETARIA DE RELAÇÕES INTERNACIONAIS	Avelino Ganzer (PA)
VICE-PRESIDÊNCIA E SECRETARIA DE RELAÇÕES INTERNACIONAIS	José Gerônimo Brumatti (ES)
SECRETARIA-GERAL	Francisco Miguel de Lucena (CE)
1ª SECRETÁRIA	Maria Santiago de Uma (RO)
TESOUREIRO-GERAL	Hilário Gottseling (SC)
1º TESOUREIRO	Norival Guadaghin (SP)
SECRETARIA DE POLÍTICA AGRÍCOLA	Alberto Ercílio Broch (RS)
SECRETARIA DE POLÍTICA SALARIAL	Guilherme Pedro Neto (GO)
SECRETARIA DE POLÍTICA AGRÁRIA	Francisco Sales de Oliveira (MA)
SECRETARIA DE POLÍTICAS SOCIAIS	Airton Luiz Faleiro (PA)
SECRETARIA DE ORGANIZAÇÃO E FORMAÇÃO SINDICAL	Sebastião Neves Rocha (MG)
COORDENADORA DA COMISSÃO NACIONAL DE MULHERES TRABALHADORAS RURAIS (CNMTR)	Margarida Pereira da Silva (PE)

FONTE: Contag (1995).

NOTA: Nesse Congresso foi aprovada a filiação a CUT e a chapa foi uma composição entre CUT e Contag, sendo que a CUT ficou com cinco cargos. O cargo da Coordenadora da CNMTR não foi escolhido por chapa, mas por meio de negociação com as mulheres, que conquistaram o cargo com status de diretora. O nome "Secretaria de Relações INternacionais" só aparece nos anais dos congressos da Contag ao apresentar a diretoria eleita em 2005, embora a secretaria exista desde 1995.

CARGOS	1998-2001 (7º CNTTR)
PRESIDÊNCIA	Manoel José dos Santos (PE)
VICE-PRESIDÊNCIA E SECRETARIA DE RELAÇÕES INTERNACIONAIS	José Gerônimo Brumatti (ES)
VICE-PRESIDÊNCIA E SECRETARIA DE RELAÇÕES INTERNACIONAIS	Francisco Urbano Araújo Filho (RN)
SECRETARIA-GERAL	Agnaldo dos Santos Meira (BA)
1ª SECRETARIA	Maria do Ó do Nascimento Melo (TO)
SECRETARIA DE ADMINISTRAÇÃO E FINANÇAS	Hilário Gottseling (SC)
1º TESOUREIRO	Mário Plefk (PR)
SECRETARIA DE POLÍTICA AGRÍCOLA	Alberto Ercílio Broch (RS)
SECRETARIA DE ASSALARIADOS	Guilherme Pedro Neto (GO)
POLÍTICA AGRÁRIA E MEIO AMBIENTE	Sebastião Neves Rocha (MG)
SECRETARIA DE POLÍTICAS SOCIAIS	Maria da Graça Amorim (MA)
SECRETÁRIA DE FORMAÇÃO E ORGANIZAÇÃO SINDICAL	Maria de Fátima Rodrigues da Silva (PI)
COORDENADORA DA COMISSÃO NACIONAL DE MULHERES TRABALHADORAS RURAIS (CNMTR)	Raimunda Celestina de Mascena (CE)

FONTE: Contag (1998); Maria José Costa Arruda (Zezé), ex-assessora da Contag.

CARGOS	2001-2005 (8º CNTTR)
PRESIDÊNCIA	Manoel José dos Santos (PE)
VICE-PRESIDÊNCIA E SECRETARIA DE RELAÇÕES INTERNACIONAIS	Alberto Ercílio Broch (RS)
VICE-PRESIDÊNCIA E SECRETARIA DE RELAÇÕES INTERNACIONAIS	Manoel Cândido da Costa (RN)
SECRETARIA-GERAL	Hilário Gottseling (SC)
SECRETARIA DE FINANÇAS E ADMINISTRAÇÃO	Juraci Moreira Souto (MG)
1º TESOUREIRO / SECRETARIA DE ADMINISTRAÇÃO E FINANÇAS	José de Jesus Santana (PB)
SECRETARIA DE POLÍTICA AGRÍCOLA	Aírton Luiz Falairo (PA)
SECRETARIA DE ASSALARIADOS	Guilherme Pedro Neto (GO)
POLÍTICA AGRÁRIA E MEIO AMBIENTE	Maria da Graça Amorim (MA)
SECRETARIA DE POLÍTICAS SOCIAIS	Maria de Fátima Rodrigues da Silva (PI)
SECRETARIA DE FORMAÇÃO E ORGANIZAÇÃO SINDICAL	Francisco Miguel de Lucena (CE)
COORDENADORA DA COMISSÃO NACIONAL DE MULHERES TRABALHADORAS RURAIS (CNMTR)	Raimunda Celestina de Mascena (CE)
COORDENADORA DA COMISSÃO NACIONAL DE JOVENS TRABALHADORES E TRABALHADORAS RURAIS (CNJTTR)	Simone Battestin (ES)

FONTE: Contag (2001); Maria José Costa Arruda (Zezé), ex-assessora da Contag.

CARGOS	2005-2009 (9º CNTTR)
PRESIDÊNCIA	Manoel José dos Santos (PE)
VICE-PRESIDÊNCIA E SECRETARIA DE RELAÇÕES INTERNACIONAIS	Alberto Ercílio Broch (RS)
SECRETARIA-GERAL	David Wylkerson Rodrigues de Souza (BA)
SECRETARIA DE FINANÇAS E ADMINISTRAÇÃO	Juraci Moreira Souto (MG)
SECRETARIA DE POLÍTICA AGRÍCOLA	Antoninho Rovaris (SC)
SECRETARIA DE ASSALARIADOS(AS) RURAIS	Antonio Lucas Filho (GO)
POLÍTICA AGRÁRIA E MEIO AMBIENTE	Paulo de Tarso Caralo (ES)
SECRETARIA DE POLÍTICAS SOCIAIS	Alessandra da Costa Lunas (RO)
SECRETÁRIA DE FORMAÇÃO E ORGANIZAÇÃO SINDICAL	Raimunda Celestina de Mascena (CE)
COORDENADORA DA COMISSÃO NACIONAL DE MULHERES TRABALHADORAS RURAIS (CNMTR)	Carmen Helena Ferreira Foro (PA)
COORDENADORA DA COMISSÃO NACIONAL DE JOVENS TRABALHADORES E TRABALHADORAS RURAIS (CNJTTR)	Maria Helenice Anastácio (RN)

FONTE: Contag (2005).

CARGOS	2009-2013 (10º CNTTR)
PRESIDÊNCIA	Alberto Ercílio Broch (RS)
1ª VICE-PRESIDÊNCIA / VICE-PRESIDÊNCIA E SECRETARIA DE RELAÇÕES INTERNACIONAIS	Alessandra da Costa Lunas (RO)
SECRETARIA-GERAL	David Wylkerson Rodrigues de Souza (BA)
SECRETARIA DE FINANÇAS E ADMINISTRAÇÃO	Manoel José dos Santos (PE) / Aristides Veras dos Santos (PE)
SECRETARIA DE POLÍTICA AGRÍCOLA	Antoninho Rovaris (SC)
SECRETARIA DE ASSALARIADOS(AS) RURAIS	Antonio Lucas Filho (GO)
SECRETARIA DE POLÍTICA AGRÁRIA	Willian Clementino da Silva Matias (TO)
SECRETARIA DE POLÍTICAS SOCIAIS	José Wilson de Souza Gonçalves (CE)
SECRETÁRIA DE FORMAÇÃO E ORGANIZAÇÃO SINDICAL	Juraci Moreira Souto (MG)
SECRETARIA DE MULHERES TRABALHADORAS RURAIS	Carmen Helena Ferreira Foro (PA)
SECRETARIA DE JOVENS TRABALHADORES(AS) RURAIS	Maria Helenice Anastácio (RN)
SECRETARIA DE TRABALHADORES(AS) NA TERCEIRA IDADE	Natalino Cassaro (ES)
SECRETARIA DE MEIO AMBIENTE	Rosicléia dos Santos (SE)

FONTE: Contag (2009).

NOTA: Manoel José dos Santos interrompeu o mandato na Contag para assumir o mandato de deputado estadual em Pernambuco. Aristides Veras dos Santos assumiu o cargo na Contag em seu lugar.

CARGOS	2013-2017 (11º CNTTR)
PRESIDÊNCIA	Alberto Ercílio Broch (RS)
VICE-PRESIDÊNCIA E SECRETARIA DE RELAÇÕES INTERNACIONAIS	Willian Clementino da Silva Matias (TO)
SECRETARIA-GERAL	Dorenice Flor da Cruz (MT)
SECRETARIA DE FINANÇAS E ADMINISTRAÇÃO	Aristides Veras dos Santos (PE)
SECRETARIA DE POLÍTICA AGRÍCOLA	David Wylkerson Rodrigues de Souza (BA)
SECRETARIA DE ASSALARIADOS(AS) RURAIS	Elias D'Ângelo Borges (GO)
SECRETARIA DE POLÍTICA AGRÁRIA	Zenildo Pereira Xavier (ES)
SECRETARIA DE POLÍTICAS SOCIAIS	José Wilson de Souza Gonçalves (CE)
SECRETÁRIA DE FORMAÇÃO E ORGANIZAÇÃO SINDICAL	Juraci Moreira Souto (MG)
SECRETARIA DE MULHERES TRABALHADORAS RURAIS	Alessandra da Costa Lunas (RO)
SECRETARIA DE JOVENS TRABALHADORES(AS) RURAIS	Mazé Morais (PI)
SECRETARIA DE TRABALHADORES(AS) NA TERCEIRA IDADE	Lúcia Santos de Moura (SE)
SECRETARIA DE MEIO AMBIENTE	Antoninho Rovaris (SC)

FONTE: Contag (2013a).

CARGOS	2017-2021 (12º CNTTR)
PRESIDÊNCIA	Aristides Veras dos Santos (PE)
VICE-PRESIDÊNCIA E SECRETARIA DE RELAÇÕES INTERNACIONAIS	Alberto Ercílio Broch (RS)
SECRETARIA-GERAL	Thaisa Daiane Silva (MS)
SECRETARIA DE FINANÇAS E ADMINISTRAÇÃO	Juraci Moreira Souto (MG)
SECRETARIA DE POLÍTICA AGRÍCOLA	Antoninho Rovaris (SC)
SECRETARIA DE POLÍTICA AGRÁRIA	Elias D'Ângelo (GO)
SECRETARIA DE POLÍTICAS SOCIAIS	Edjane Rodrigues Silva (AL)
SECRETARIA DE FORMAÇÃO E ORGANIZAÇÃO SINDICAL	Carlos Augusto Santos Silva (PA)
SECRETARIA DE MULHERES TRABALHADORAS RURAIS	Mazé Morais (PI)
SECRETARIA DE JOVENS TRABALHADORES(AS) RURAIS	Mônica Bufon Augusto (ES)
SECRETARIA DE TRABALHADORES(AS) NA TERCEIRA IDADE	Josefa Rita da Silva (BA)
SECRETARIA DE MEIO AMBIENTE	Rosmarí Barbosa Malheiros (MA)

FONTE: Contag (2017).

NOTA: Secretaria de Assalariados(as) extinta com a dissociação sindical da categoria.

CARGOS	2021-2025 (13º CNTTR)
PRESIDÊNCIA	Aristides Veras dos Santos (PE)
VICE-PRESIDÊNCIA E SECRETARIA DE RELAÇÕES INTERNACIONAIS	Alberto Ercílio Broch (RS)
SECRETARIA-GERAL	Thaisa Daiane Silva (MS)
SECRETARIA DE FINANÇAS E ADMINISTRAÇÃO	Juraci Moreira Souto (MG)
SECRETARIA DE POLÍTICA AGRÍCOLA	Vânia Marques Pinto (BA)
SECRETARIA DE POLÍTICA AGRÁRIA	Alair Luiz dos Santos (GO)
SECRETARIA DE POLÍTICAS SOCIAIS	Edjane Rodrigues Silva (AL)
SECRETÁRIA DE FORMAÇÃO E ORGANIZAÇÃO SINDICAL	Carlos Augusto Santos Silva (PA)
SECRETARIA DE MULHERES TRABALHADORAS RURAIS	Mazé Morais (PI)
SECRETARIA DE JOVENS TRABALHADORES(AS) RURAIS	Mônica Bufon Augusto (ES)
SECRETARIA DE TRABALHADORES(AS) NA TERCEIRA IDADE	Antonio Oliveira (SE)
SECRETARIA DE MEIO AMBIENTE	Sandra Paula Bonetti (PR)

FONTE: Disponível em: https://ww2.contag.org.br/diretoria. Acesso em: 11 mar. 2023.

AGRADECIMENTOS

Todo livro é um projeto coletivo. Esse aqui não é diferente. Ainda bem! Diversas pessoas se envolveram no processo de elaboração, de maneiras variadas, e o tornaram realidade. Mais do que isso, tornaram o processo mais leve e cheio de aprendizado. Sem dúvidas, eu não teria conseguido sozinho. Por isso, sou extremamente grato a todos e todas que de alguma forma apoiaram esse trabalho.

No universo sindical, agradeço a Aristides Veras dos Santos, presidente da Contag, e Mazé Morais, Secretária de Mulheres, e em nome deles, a todos os diretores e diretoras da entidade. Agradeço especialmente a Raimunda Oliveira Silva, assessora de formação, por tornar esse projeto realidade com toda a sua generosidade e afeto. Agradeço ainda a Alonso Batista dos Santos, Anna Carolina Batista Teixeira, César Ramos, Cláudia Maria dos Santos Ferreira, Marleide Sousa Rios, Givanilson Porfirio da Silva, Verônica Tozzi Martins e Vilênia Venâncio Porto Aguiar que, de diferentes maneiras, me ajudaram no processo editorial, sobretudo com esclarecimentos e fontes sobre a atuação da Contag nos anos recentes. A todos e todas vocês, que fazem a Contag funcionar no dia a dia, agradeço por compartilharem suas histórias.

No mundo acadêmico — agradeço imensamente a Leonilde Servolo de Medeiros, pela leitura e revisão final do manuscrito, apoio absoluto ao projeto e interlocução permanente. Por me dar honra de escrever o prefácio do livro e pela amizade de quase 20 anos; a Breno Marques Bringel, que orientou minha tese, me ajudou a entender melhor o mundo editorial e apoiou a publicação. Por ser um interlocutor constante e estimulante e pelo texto da quarta capa do livro;

a Renata Motta, amiga e parceira de trabalho, que nunca me deixou desistir. Renata me apoiou e proporcionou as condições para que eu me dedicasse à edição do livro e foi uma das principais incentivadoras para que essa publicação se tornasse realidade; a Eryka Galindo e Lea Zentgraf, com quem tenho a sorte e a alegria de trabalhar no momento, pelo apoio, amizade e incentivo constantes; a Priscila Delgado e José Sérgio Leite Lopes, pela interlocução e esclarecimento sobre questões relacionadas à Contag; finalmente, à Rede de Estudos Rurais, pela premiação da tese na terceira edição do prêmio Maria de Nazareth Baudel Wanderley, em 2021.

No meio editorial, agradeço a toda equipe da mórula, especialmente a Vitor Castro, coordenador editorial, pelo acolhimento à proposta de publicação, pelo diálogo próximo e cuidadoso ao longo de todo o processo editorial; e a Marília Gonçalves, pela edição da primeira versão do manuscrito, e pelas dicas sobre o melhor formato para o livro.

Para aqueles que interconectam todos os universos, mundos e meios — amigues e familiares: sem vocês não teria dado! Obrigado a Alejandra Estevez, Jaqueline Ferreira, Marina Gusmão e Maria José Costa Arruda. Agradeço à minha mãe, Emair dos Santos Teixeira, ao meu pai Antonio Teixeira (*in memoriam*), ao meu irmão Eduardo dos Santos Teixeira, cunhada Michelle Dominguez e sobrinhos Antônio Dominguez Teixeira e Pedro Dominguez Teixeira (que já vai chegar!). Um livro também é feito de amor, incentivo, apoio e esperança.

A todas e todos que me concederam entrevistas e dedicaram algum tempo para debater sobre essa pesquisa, espero que esse livro possa ser usado como instrumento de registro e memória das histórias de luta da Contag e dos trabalhadores e trabalhadoras rurais do país.

Este livro foi impresso em 2023 e faz parte das celebrações dos 60 anos de fundação da Confederação Nacional dos Trabalhadores Rurais Agricultores e Agricultoras Familiares (Contag). Com apoio da Escola Nacional de Formação da Contag (Enfoc), foi impresso na gráfica Rotaplan em papel pólen natural 80g/m² no miolo e cartão triplex 300g/m² na capa, com a tipografia Calluna e Bebas Neue.